WEICHENGNIANREN
JIANKANG RENGE ZIZHU PEIYANG YANJIU

未成年人
健康人格自主培养研究

主编　常若松
副主编　刘时勇　郭双

教育科学出版社
·北京·

前 言

本书系国家社会科学基金“十一五”规划2010年度教育学一般课题（BBA100017）《未成年人健康人格自主培养研究》的主要成果之一。

尊重个性发展是教育不断进步和社会走向文明的表现。因此，传统的教育观念面临着挑战。人性化的教育，要求教师充分尊重学生的主体地位，重视学生之间的发展差异，充分尊重学生的个性，“研究每一个”、“发展每一个”。本课题所提倡的对不同发展水平的学生进行个别指导，是促进其最大限度发展的新趋势，也是提高我国素质教育质量的一个重要手段。创新人才的核心要素是创造性人格，而其关键和基础在于个体健康人格的培养。自主学习是健康人格个性化培养的内在要求，是创新人才教育模式变革的努力方向，而网络技术的应用是自主学习的物质前提和基础，代表着网络学习时代的发展趋向。所以，本研究着眼于关注未成年人的身心发展，尊重青少年的个性差异，激发未成年人的潜在创造力，依托信息化高科技手段，建构促进我国未成年人健康人格塑造的教育模式，力求全面展现现代教育的基本理念特征。

本书介绍了未成年人健康人格研究的基本内容和最新进展。全书共分为六大部分。第一部分着重讨论了当代社会未成年人健康人格的研究现状，主要内容包括健康人格概述，健康人格的发展及目前所面临的问题；第二部分介绍了当代社会未成年人健康人格的认知发展特征及其培养，主要从认知概述、感觉统合、注意、归因方式、认知方式、创造性等几个方面进行讨论；第三部分介绍了当代社会未成年人健康人格的情绪发展特征及调节，从情绪概述、主观幸福感、抑郁、焦虑、自信、厌学等几个方面阐述；第四部分介绍了当代社会未成年人行为特征及塑造，主要从行为概述、人际交往、社交退缩、利他行为、攻击行为、说谎行为等几个方面加以介绍；第五部分介绍了影响未成年人健康人格的环境因素，主要阐述家庭、学校、网络环境对健康人格发展的影响，包含家庭结构、家庭关系、父母教养态度、父母教养方式、家庭功能、师生关系、班级环境、网络社会环境等几个方面；第六部分介绍了未成年人健康人格与自主学习培养研究，主要阐述了什么是自主学习，未成年人自主学习的现状及如何培养自主学习等。

在本书的编写过程中，我们注意了以下几个方面。

一、全面反映未成年人健康人格研究的最新内容。由于人格心理学发展迅速，近年来已取得了大量研究成果，也提出了不少新问题，因而，我们在编写过程中，不但阐述了健康人格理论研究的基本内容，还特别注意结合未成年人健康人格研究的最新内容，力求把完整的、先进的学科内容介绍给大家。

二、课题使用最新的方法和工具进行研究。在一般的心理与教育研究中，掌握正确的方法是获取成功的必要条件。本研究所使用的研究工具来自国家科技基础性工作专项重点课题“中国儿童青少年心理发育特征调查”（2006FY110400）。该项目承担单位是北京师范大学认知神经科学与学习国家重点实验室，项目负责人是董奇教授和林崇德教授。研究工具新，研究方法科学，感谢“中国儿童青少年心理发育特征调查”项目为本研究提供研究工具，从而保证了研究方法和研究工具的新颖和准确。

三、以素质教育作为根本立足点。素质教育究其本质是“尊重个性、发展个性”的教育。我们所开展的课题研究根据学生的年龄特点，从知、情、意、行四个维度入手，确定个体不同时期自身发展水平，在充分满足学生个性发展需要的基础上，开发其创造潜能，塑造健康人格，促进学生全面发展。

本书主编为常若松，副主编为刘时勇、郭双，具体分工如下：第一部分董悦；第二部分刘时勇、李敏玉；第三部分琚芳艳、李冬；第四部分邱欢、张娜；第五部分张艺严、田峰溶；第六部分郭双、张静。常若松对全书做了审阅。

在本书编写过程中，我们参阅了国内外多种教材和文献，并引用了部分资料。在此，谨向有关作者表示衷心的感谢。另外，本书的完成得到了许多人无私的帮助和支持，特此感谢。

作　者

2014年5月

目　录

第一部分　未成年人健康人格的研究现状

第二部分　未成年人认知发展的特征及其培养

第三部分　未成年人情绪特征及调节

第四部分 未成年人行为特征及塑造

第五部分　影响未成年人健康人格的环境因素

第六部分　未成年人健康人格与自主学习培养研究

第一部分

未成年人健康人格的研究现状

第一节　概述

一、什么是健康人格

舒尔茨（Schultz，1988）曾在《成长心理学》一书中指出：“健康人格是什么？迄今为止，在这个领域工作的心理学家，一致的意见是很少的。关于健康人格，有足够写满一本小册子的定义。”可见，健康人格作为一个极为抽象的概念，其内涵是十分复杂的。

（一）西方心理学家眼中的“健康人格”

精神分析学派的弗洛伊德（Freud）以病态人为研究对象，认为健康人格的核心就是要达到自我不再受本我的冲击和超我的压抑，成为一种协调的综合力量，使人格各成分能和平共处，充分发挥出人的一切能力（郑雪 等，2007）。

行为主义学派认为健康人格需要能力和自我控制，它能抑制那种不再产生积极强化物的行为，学习那种能成功地得到美好事物的行动，这种快速的适应性使需要得到满足，危险得以排除（常若松，2004）。

人本主义学派是真正以“健康的人”为研究对象的，他们认为健康人格是一种在结构上和动力上趋向崇高人性发展的人格特质。这是一种人性的自然需要，也是人的一项义务和责任。它既不同于非理性的变态人格，又高于适应性的正常人格，是一个具有崭新的心理学规范意义的概念（常若松，2004）。

（二）中国传统文化中的“健康人格”

在我国传统文化中，也探讨过健康人格的内涵。燕国材先生曾将《周易》中对理想人格的描述进行了概括，得到了 18 种心理特征，包括天人合一的主客观念，奋发有为的积极态度，自强不息的进取精神，谦虚礼让的美好德行，认真负责的工作态度，刚柔并济的处事方式等（郑雪 等，2007）。

儒家的理想人格——“内圣外王”，是千百年来中华传统文化提倡的处世宗旨，即对一个君子来说，首先要通过修养来战胜人性的弱点，改变不良的气质、性格，开发本身的心灵潜能，然后才可以最大限度地创功立业，奉献社会，参赞天地之化育。这种理想人格的关键特征是中庸之道，即在具体的行为情境中避免“过”与“不及”。

道家推崇的理想人格与儒家学派的观点相去甚远。在老子的理想人格中，“无为”是首要内容，无为并不等于什么事都不做，而是指一切顺其自然，不去强求。可见，在道家眼中，健康的人格即保持住自己的心性，不为物欲蒙蔽，不为他人所累，安时处顺，全真保性，达到本性与大道的统一（郑雪，2007）。

由此可见，健康人格确实是一个非常复杂的概念。在这里，我们认为：健康人格（*healthy personality*）是具有积极倾向性的心理品质或特征的综合，是适应人自身存在和发展的，有利于发挥人的潜能，完成自我实现的理性追求，个体表现于外、体现于内的整体精神面貌（常若松，2004）。

二、健康人格的特点

（一）整体性

首先，整体性意味着全面性，即健康人格是人格诸成分或特质尽可能充分发展的结果，而不是只有某一方面特别突出、占统治地位的片面人格，不能以某一方面特征的健康来代替整个人格的健康。

其次，整体性意味着协调性，即人格诸要素的有机统一。人格诸要素之间不是独立存在的，而是密切联系，综合成一个有机的组织。某一要素的充分发展不会阻碍另一要素的发展，如逻辑思维的发展不仅不压制形象思维的发展，而且促进它的发展；情感丰富不仅不会冲击理智的严密，而且使理智更富于创造性；道德的提高不仅不限制想象的丰富，而且使想象更深厚。健康人格内部是和谐的，而不是分裂的、冲突的。

（二）独特性

健康人格虽然有着共同的标准，但在具体的表现形式上，却体现出个体的独特性。如同样是热爱工作、专注于工作的人格健康者，一个表现得朝气蓬勃，一个表现得沉稳有致。健康人格的独特性是由于人格的形成与发展是遗传素质和环境交互作用的结果。每个人都从其父母身上继承了特定的基因素质，它限定了人的发展界限。加之，每个人所处的环境又千差万别，两者的相互作用，使得每个人格健康者都具有各自的心理面貌和精神状态，表现出独特性。

（三）稳定性

健康人格具有一定的稳定性，那些偶然的行为所反映出来的特质并不属于健康的人格特征。但健康人格的稳定性并不表明健康人格是静态的，它是一个动态的、发展的过程。一方面，时代的发展会对健康人格提出新的客观要求，这就要求人格健康者要不断地发展自己以适应时代的需要。另一方面，人格健康者是一个现实的人、真实的人，而不是神。因此，他们并不是任何时候都不会有适应不良或人格障碍。他们之中也可能在某一特定的时期内，出现短暂的心理危机与心理障碍，关键是他们能够及时地进行自我调整。

三、健康人格的研究范式

在心理学发展史上，人格心理学是唯一建立在多种不同范式之上的研究领域。目前，健康人格的研究基本上多采用人格心理学的研究范式，并且在经典研究范式的基础上有了进一步的发展。

（一）经典研究范式

1. 精神分析范式（psychoanalytic paradigm）

这一人格研究范式采取临床个案研究的方法，通过梦的解析、自由联想、投射测验等具体的评价、分析技术来获得个体潜意识层面的情感体验信息。但是由于该范式没有进行实证研究，所以从其诞生之日起就不断地受到质疑。但随着人格研究的不断深入，人们开始意识到个体无意识想法（如通过内隐认知对健康行为的影响）对行为的重要性。因此，在今天，精神分析范式仍有其重要的应用价值（张兴贵 等，2002）。

2. 特质论范式（trait paradigm）

特质论范式在早期以成熟的人为研究对象，主要采用因素分析、多变量分析以及自陈量表等方法来进行研究。但由于技术发展的局限和变量控制的困难，特质论范式的生理研究目前还难以有所进展。今天的特质论者已经不再像以前那样热衷于建构大而全的理论，而是注重在具体情境中研究具体的特质问题，这似乎已成为该范式发展的主流趋势。

3. 行为主义范式（behavioristic paradigm）

早期的行为主义范式主张研究人的行为，而不重视人的心理、意识，并且强调从刺激与反应的关系上客观地研究行为，而不赞成从主观上加以描述。到了20世纪中叶，许多杰出的行为主义者转向了社会学习和认知理论。例如米歇尔（Mischel）的"认知—情感人格系统"，就是受到了认知平行加工模型的影响，他把认知的概念置于人格心理学的中心，这与早期的行为主义者将认知概念从心理学当中剔除出去的做法形成了鲜明的对比（张兴贵 等，2002）。

4. 人本主义范式（humanistic paradigm）

20世纪50年代至60年代兴起于美国的人本主义心理学，以其鲜明的"自我实现"的旗帜立足于当代心理学界，从人的积极向上的本质方面出发，采用访谈、自我报告、自由联想、投射技术、传记分析等技术来研究人格的发展，逐步形成了人本主义的健康人格思想。马斯洛（Maslow）曾指出，我们必须研究最好的、最健康的、最成熟的人类榜样。这在某种程度上既矫正了行为主义的机械特质，又使得人格研究摆脱了精神分析悲观绝望的影响。

（二）新研究范式

1. 社会—认知范式（social-cognition paradigm）

社会—认知范式源自于行为主义范式，它正尝试着从个体的认知过程（主要是直觉和记忆）来研究个体的人格。例如，班杜拉（Bandura）的社会—认知理论，强调了认知在个体人格形成中的作用，并且把人格看成是人与环境相互作用的结果。从目前发展状况来看，这一范式还未形成系统的理论，正处于发展的初级阶段。有学者认为，应当积极地寻求社会—认知范式与特质范式的整合，并且采用多种测量方法和工具对两者构想的相关性加以检验。

2. 生物学范式（biological paradigm）

健康人格的生物学范式来源于特质论范式所使用的特质研究方法，强调个体行为模式差异的生理起源，主要涉及解剖学、生理学、行为遗传学（包括量化遗传学和分子遗传学）、进化心理学等领域。

该范式往往从神经系统结构与功能的角度探讨人格产生的内在机制及它们之间的相互关系。它的目的就是分析在人格特质的个体差异中，能够分别用遗传和环境的差异来解释的程度，但更强调遗传的影响。例如，有学者指出，人格有较大的遗传力，遗传可解释人格个体差异的43%，很少或基本没有能够归结为共享环境效应的成分，非共享环境和测量误差可以解释人格特质差异的51%（刘继亮 等，2001）。

3. 文化范式（cultural paradigm）

不同文化中的个体具有不同的动机、兴趣、态度以及价值观，其行为有很深的文化印记，因此把人格研究与多元文化的研究整合起来有着非同寻常的重要意义。

目前，该范式主要从个体主义、集体主义、生态学（地域、气候、植被群和动物群、自然资源等）、支持系统（基本生活和小村落模式、社会结构、生产方法）等方面来进行研究（宋怡 等，2004），并试图寻找能够融合文化普遍性和文化特殊性的研究方法来探讨文化和人格的关系。此外，随着社会经济的不断发展以及全球化的运动，每一种文化都或多或少地发生了变化，由此也引发了一系列的新问题。例如，社会新型文化的出现对人们生活观念的影响是否引起了人格某些方面的变化等，这些都有待进一步研究（艾娟 等，2006）。

四、未成年人健康人格的培养途径

20 世纪 50 年代后期以来，随着人格研究的不断深入，健康人格已经逐步成为教育心理学、人格心理学、发展心理学、临床心理学、健康心理学等多个心理学科以及社会学、教育学等相关学科研究的重点。怎样从小抓起，让未成年人拥有健康完善的人格，实现自己的人生价值，已成为教育实践领域一个极富吸引力的研究课题。

辛占香（2005）认为培养未成年人健康人格的途径和方法有以下几个方面：（1）树立健康人格的新观念，营造良好的社会氛围；（2）探索家庭、学校合作的心理健康教育模式；（3）在学校的各项工作中渗透人格教育的内容；（4）将健康人格的培养融于儿童成长的全过程之中；（5）培养大众的健康人格，以促进未成年人健康人格的发展。

黄俊官（2007）也探讨了未成年人健康人格的培养途径，包括以下几点：改善对儿童的教养方式，全面提高家长的教养水平；改善学校教育环境，加强对儿童健康人格的培养；加强儿童之间的友好往来，为儿童提供更多互相学习的机会；加强对儿童意志的锻炼，培养顽强的意志。

王旭丽（2010）则认为未成年人健康人格塑造的核心内涵在于德性、创造性、幸福感这些本质的东西，这些内涵反映了人性的本质以及生活和时代的要求，体现了人格的社会性、时代性、生命性的基本维度。塑造未成年人健全人格的基本途径包括体育运动、内心体验、沟通、经典阅读、评价、审美、表现自己、人际交往、良好习惯养成以及净化、优化社会文化环境等。

张罕育等人（2012）认为，未成年人健康人格的培养应该包括理想教育、行为养成、文化传承、心理疏导、性健康教育 5 项基本内容。而在培养途径上则强调要将科学教育与人文教育结合起来，协调好理性教育与非理性教育的关系，具体通过阅读、体验、交流、静思等途径来进行。

以上学者的论述包含了一些共同的观点，如自我塑造、学校教育、家庭教育等。通过分析这些观点，我们认为培养未成年人健康人格的途径并不是单一的、片面的，而应该是各个领域、各种途径的协调整合。所谓整合，是指系统内各要素的整体协调、相互结合，任何一个系统只有通过整合，形成整体结构，才能发挥整体的功能（张大均，2012）。未成年人健康人格的培养也是一个系统，也需要通过整合的途径来促进其生理、心理和环境等多要素的协调作用，以发挥整体功能，只有这样才能最终达到维护学生心理健康，促进人格健全发展的目的。

具体的整合研究可以概括为以下几点：未成年人健康人格结构的探讨以及测评工具的开发、研制；解决未成年人健康人格发展过程中已经出现的问题；健康人格培养模式以及培养策略的研究，包括专题训练模式、学科渗透模式、家长学校合作模式、多媒体辅助模式（特别是网络培养模式）等；学校及社会心理健康教育工作者的胜任特征研究；在学校及社会建立心理健康教育、健康人格教育保证体系的探索性研究等。

第二节　未成年人健康人格的发展

一、幼儿健康人格的发展

有很多的研究表明，未成年人的个体差异在生命的早期就非常明显，如一些新生儿被抱时会不停地哭闹、挣扎，而另外一些则喜欢被轻轻地抱着。这些生命早期所表现出来的差异，即气质的差异。人格源于气质，气质是特质取向人格结构的一部分，它所产生的结果之一就是人格（杨丽珠等，2006）。

（一）中班到大班阶段是人格发展的关键期

杨丽珠等人（2006）采用幼儿人格发展教师评定问卷对 3 ~ 6 岁的幼儿进行了研究，发现小、中、大班幼儿在人格的智能特征、认知自控、情绪性、亲社会性 4 个维度上均存在显著的年龄差异。从总体上看，中班到大班阶段是人格发展的重要时期，其中聪慧性、独立进取、认真尽责、攻击反抗、坚持自制、羞愧内疚、开朗活泼、急躁执拗等特质在这一阶段的发展尤为明显。

3 ~ 6 岁的儿童已经逐步脱离母亲的怀抱，进入到人生当中的第一个大集体，突然出现的规则、系统知识的学习、陌生的新伙伴等，都会让他们感到再也不能像以前那样无拘无束了。因此，刚进入幼儿园的孩子一般都很难适应新的环境和教育方式，其人格的发展也在某种程度上受到了抑制。随着时间的推移，幼儿开始逐渐适应幼儿园的新生活，其自身人格的发展也由于心理的发展和幼儿园的教育而开始加快。尤其是到了大班时期，幼儿的聪慧程度、独立意识、创造精神、自我控制的能力、积极的心态、对人对事认真负责的态度、与同伴交往的渴望等方面都明显地得到提高。尤其是与同伴共同玩耍、合作的增多，使得他们的人际关系也愈加和谐，他们越来越少地表现出情绪上的激烈性与不稳定性，而敏感性、焦虑性也在一定程度上有所下降，任性、固执等不好的特征也在逐渐地减少。

由此看来，对于幼儿来说，从中班到大班这一阶段，是其人格发展的重要时期，因此在对未成年人健康人格的培养过程中要抓住这一关键期。

（二）男生、女生已表现出不同的人格特点

通过近几年的研究结果，我们发现：女生相较于男生而言，有更强的独立性与进取性，更容易管教，对自我的约束和控制能力也较强，同时，女生更乐于关心、帮助他人，更愿意与同伴交往；但是，女生也表现出更多的焦虑不安，情绪的激烈程度和敏感性也比男生更高。

例如，杨丽珠等人（2006）的研究表明，男生和女生在认知自控、情绪性、亲社会性三个人格维度上存在显著的性别差异，但在智能特征维度上没有差异。我们认为这种差异与儿童性别角色认同、性别观念、性别行为等方面的发展有关。

二、小学生健康人格的发展

（一）男生、女生表现出不同的人格特点

相关研究表明，小学阶段的女生比男生自控能力更强，亲社会程度更强。她们能更好地约束、控制自己的言行，也能更好地与同伴和谐相处，有更强的同情心，愿意帮助他人，具有更强的责任心和集体荣誉感，合作意识也比男生强。而男生在认真程度和控制能力上都不及女生，并且表现出更多的攻击性和欺负行为，更加叛逆、独立、不服从管教。

在大多数的社会文化中，人们期望男生具有独立、果断、支配、竞争的特性和强烈的成就动机，而期望女生具有细腻、敏感、柔和、服从、谦逊、合作的品质。社会为男女两性规定了行为发展的标准，两性儿童就按照这一标准来形成和发展自己的人格特征，而这往往是通过父母教养方式以及社会的潜在压力来完成的，凡是与社会要求的性别角色标准相一致的

行为就会不断地受到强化，因此就有可能被保留下来，成为比较稳定的人格特征。

（二）认知发展呈现出新的特点

小学生认知能力的发展，一方面表现为有意识记开始占据主导地位，另一方面表现为思维发展进入具体运算阶段。

小学低年级学生一般采用死记硬背、机械识记的学习方式。到了高年级，由于学习任务的要求，迫使小学生更多地运用有意识记，主动地、有目的地去记忆所学的内容，并保持和再现。大约从小学三年级开始，有意识记占据主导地位，并随着年龄的增长不断增强。

小学生的思维发展已经进入具体运算阶段，其思维已具有可逆性与守恒性。在整个小学时期，小学生的思维逐步发展到以抽象逻辑思维为主，但仍带有很大的具体形象性。他们已经逐渐具备了人类思维的完整结构，但是这个思维结构还有待进一步完善和发展。

（三）情绪情感越发丰富、稳定

小学生的情感随着年龄的不断增长变得越来越丰富，与同学和老师有关的社会性情感占据了主导地位，出现了与学习兴趣、学习成败相关的优越感，与班集体有关的责任感，与同学之间的友谊感，等等。

小学低年级学生情绪很不稳定，往往因为一件小事而闹得不可开交，但一转眼又烟消云散了。而小学高年级学生的情感逐渐内化，对情感的控制力也逐渐增强。另外，随着学习科目的增多，课业任务的繁重以及家长、老师不断提高的要求，小学生也越来越多地表现出焦虑情绪。高年级的小学生在长辈面前更加拘束，不愿意在公共场所表现自己，并且担心即将到来的升学考试。

（四）攻击行为和利他行为都开始增多

小学高年级学生与其他年级相比，表现出更强的攻击性与反抗性，具体表现为愿意打人、骂人，欺负比自己弱小的同学，顶撞老师或班级干部等。这是因为，随着年龄的不断增长，他们的自主性和独立意识不断增强，不再像低年级时那样认同老师、班级干部的管理，对事对人都有了自己的看法，不再盲从于大人的指挥，这是小学高年级学生最为显著的人格特点。而这种意识上的独立性往往导致了行为上的不合作，同时使得他们在同伴交往中的攻击行为也增多了。

此外，小学生在助人意识上有所进步，会随着年龄的增长，表现出更多的利他行为。杨丽珠等人（2006）的研究发现，小学高年级学生在同情利他特质上的得分要高于中年级学生，也充分地证实了这一点。

（五）人际交往能力不断提高

小学生的人际交往有以下几个特点：（1）与同伴交往的时间增多，交往形式更为复杂；（2）在同伴交往中传递信息的技能增强；（3）更善于利用各种信息来决定自己对他人所采取的行动；（4）更善于协调与其他儿童的活动；（5）开始形成同伴团体。

进入小学阶段以后，随着人际交往范围的不断扩大和交往需求的不断增强，小学生的人际交往能力大大提高。杨丽珠等人（2006）采用《小学生人格发展教师评定问卷》对6～12岁的小学生进行了研究，发现从小学低年级到中年级阶段，学生的协调能力和交往能力发展比较缓慢，但从中年级到高年级阶段，发展速度较快，对于他们而言，“朋友”似乎比任何时候都更加重要，具体表现为更为渴望结交新朋友和对同学之间矛盾的处理上。

三、初中生健康人格的发展

（一）认知能力快速发展

初中生的记忆能力逐渐过渡到成熟阶段。他们不但在单位时间内的记忆量随年龄而持续递增，而且在记忆目的、内容和方法上也呈现出新的特点：记忆的有意性明显增强；意义识记增多，机械识记减少；抽象记忆的能力明显提高。

初中生在思维方式上则表现为由形象思维向抽象逻辑思维转变，并且抽象逻辑思维开始逐渐占据主导地位，但这种抽象逻辑思维在很大程度上还需要感性经验的支持。初中生思维的独立性和批判性显著发展，已不满足于简单的说教和现成的结论，但由于思维发展还不成熟，所以容易出现固执和偏激。

（二）情感世界充满矛盾

由于青春期的到来，初中生表现出的情感体现着半成熟、半幼稚的特点，他们更容易感情用事、有较大的依赖性、时常忧虑和烦恼。这种矛盾的情感表现和青春期有着很大的关联。个体的自我意识发展也进入了第二个飞跃期，他们的内心世界变得更加丰富，表现为很强的独立性，他们要求得到尊重、不愿落后，情绪也十分强烈，甚至是极端。另外，初中生的情感体验也变得更为细腻丰富。他们不仅感受直接由外部刺激引起的情绪，而且还感受其他主观因素引起的情感体验。

（三）自我意识高度发展

自我意识的发展是初中生个性逐渐成熟，并趋于稳定的一个重要标志。他们开始从比较单纯地接受别人的评价转向能够自觉地进行自我评价，开始学会从思想水平、道德修养、智慧程度、人生态度等多方面评价自己和他人。

他们还表现为特别关注自己的形象；特别关注他人对自己的看法；想要得到他人尊重的愿望比过去任何时候都要强烈；遭受误解或经历失败时所体验到的挫折感也格外的沉重，因此经常会在极端的自卑和极度的自信之间摇摆不定（翁春兰，2008）。

（四）社会性和主观能动性逐渐增强

初中生由于有了更为深刻的内心体验，所以其社会性的、精神的需要范围扩大了，对需要的质量要求也提高了，满足需要和需要得到满足的体验都较过去更为强烈和丰富。

随着实践的增加和思维的发展，他们的各种动机都开始表现出间接性（不直接表现为某种行为）、稳定性（较长久地保持某一动机）、迟效性（动机的行为表现不立即显现效果）等特点。

此外，由于知识面和社会接触面的扩大，初中生的兴趣广度也大为增加，对于所寻求的事物表现出更大的坚持力，即有了较为长久、稳定的兴趣。

（五）心理健康的总体情况一般

翁春兰（2008）采用《心理健康诊断测验》对676名初中生的心理健康状况进行了调查，发现目前初中生心理健康状况非常一般，其中对学习的焦虑是最令人担忧的问题，其百分比为44.71%，其他问题依次为身体状况（19.33%）、过敏（16.62%）、自责（10.27%）、人际焦虑（7.85%）、恐怖（6.50%）、冲动（4.08%）、孤独（2.57%）。

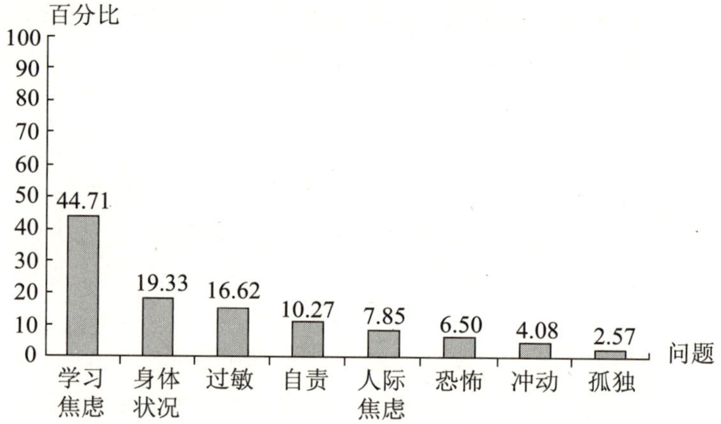

图1　初中生心理健康状况调查

四、高中生健康人格的发展

（一）认知能力进一步提高

高中生认知能力的发展，一方面表现在其观察能力、记忆能力、想象能力等方面的发展变化和完善上，但更主要的是体现在其思维能力的提高上。高中生的形式逻辑思维处于优势地位，且高于辩证逻辑思维的发展水平。他们形式逻辑思维发展较为匀速且稳定，而辩证逻辑思维的发展却比较迅速。形式逻辑思维和辩证逻辑思维是一个人抽象逻辑思维的两个组成部分，前者是后者的基础，后者是前者的发展，两种思维形式的相互促进，使得高中生的思维水平更加成熟、更加完善。

（二）情感体验更为丰富、深刻

高中生情绪情感的内心体验变化较大，带有闭锁性，不易被人发觉。

他们的情感体验比初中生更加丰富、深刻，并且高级情感日益占据主导地位。此外，高中生情感的自我调节、控制能力也不断增强。

高中生情绪情感的发展还表现在以下几个方面。

1. 在集体感方面，高中生特别重视自己在集体中的地位。

2. 在友谊感方面，比较注重共同的心理基础，具有一定的选择性，往往容易选择兴趣相投、性格相近，在理想、信念、世界观上比较接近的人做朋友。

3. 在理智感方面，高中生学科的兴趣分化更为明显，他们能够结合自己的志向和未来所从事职业的需求去学习，产生与兴趣、志向相联系的情感体验，并把这种情感变成一种学习的动力，从而更深入、主动地扩大自己的知识面，并从中感受到快乐。

4. 在美感方面，他们开始把握美的内在质量，越来越看重心灵美。

（三）自我意识的发展呈现新特点

在过去知识积累和智力发展的基础上，高中生由于即将毕业而必须考虑自己未来的生活道路，因而自我意识有了进一步的发展，其主要特点如下（杨丽珠，2006）。

1. 自我意识独立意向的发展，即高中生已能完全认识到自己是一个独立的个体。

2. 自我意识成分的分化，高中生在心理上把自我分成了“理想的自我”和“现实的自我”两个部分，并且这两个部分还存在着差距，常常表现出一种眼高手低的状态，如希望考上好大学，却讨厌学习等。

3. 强烈地关心着自己的个性成长，绝大多数的高中生都很怕别人看低自己，希望得到社会的承认和鼓励，他们会以各种方式，在各个领域表现自己的个性，有时也会发展成争强好胜的性格。

4. 自我评价的成熟，高中生能独立地评价自己的内心品质，其自我评价在一定程度上达到了主客观的辩证统一。

5. 有较强的自尊心，高中生在其言行受到肯定和赞赏时，会产生强烈的满足感，更好地投入到学习中去；反之，也易产生强烈的挫折感，并采用不符合社会角色规范的方式去寻求满足，如寻衅滋事、打架斗殴、搞恶作剧等。

6. 道德意识的高度发展。

（四）同样面临诸多心理问题的困扰

周慧娟（2003）采用《卡特尔16种人格因素问卷》对552名高中生的人格现状进行调查时发现，许多高中学生存在着自卑、任性、孤僻、嫉妒、焦虑、逆反心理、情绪反常、神经衰弱、社交困难及吸烟酗酒等心理行为问题。其中30%属于学习类问题，30%属于人际关系类问题，20%属于情感类问题，还有20%属于其他社会化问题。

高中阶段是未成年人成熟之前所经历的最后一个阶段，在这个阶段中所形成和发展的许多人格特点都将对完成以后几个人生阶段的发展任务产生直接的影响（聂衍刚 等，2004），因此，教育教学工作者要对这一时期的未成年人给予积极的关注，帮助他们克服困难，在顺利完成学业任务的同时，也保证身心的健康发展。

第三节　未成年人健康人格发展所面临的问题

一、学习障碍

案例

“笨小孩”可能不是笨　超过5%儿童存在学习障碍

“我曾是一名中学英语老师，把笨鸟先飞当作至理名言，对记不住单词的学生，经常罚他们抄写，10遍不行就抄100遍。当时我认为，他们学不好是因为学习态度不端正，根本没有意识到，他们也许在学习能力上有缺陷，直到发现自己的孩子也是这样的……”蔡女士的女儿存在读写能力障碍，被同学讥笑为“笨女孩”。她由此联想到自己从前对待“差生”的教学方式可能存在问题，从而做出上述忏悔和反思。

蔡女士的女儿佳佳在武汉市江汉区某民办小学读二年级。从佳佳上幼儿园中班开始，蔡女士就发现佳佳描红怎么也描不准。后来，她又发现佳佳总分不清b和d，写字经常缺笔少画。尤其是写词语，总是左右搞反，写对一个词往往要花几个小时……蔡女士十分烦恼。半年后，她终于找到问题的答案：佳佳是一名有读写障碍的儿童。

“左手摸后背，右手摸左耳，右手摸头发……”如此简单的动作，几名8岁左右的孩子，在老师的口令下却不能全部做对，即使做对的动作往往也要犹豫半天。这是记者前日下午在华中师范大学学习能力训练中心看到的一幕。

这几名孩子都和佳佳一样，存在学习能力障碍。该中心主任、高级心理咨询师梁焕萍介绍，所谓学习能力障碍，是指智力正常的儿童在听、说、读、写、推理、计算等方面，一个或多个未能达到同龄儿童的能力水平，主要表现为反应迟钝、写字困难、做作业速度慢、提笔忘字、注意力不集中等。“从1997年成立至今，我们已收治了1000多名有学习障碍的儿童，一年的就诊量达到3000多人次。每名患者的诊疗期，短则3个月，长则1年。”梁焕萍透露，我国有5% ~8%的学生存在学习能力障碍。

2012 - 01 - 20　来源：荆楚网

（一）什么是学习障碍

学习障碍（*learning disabilities*，*LD*）的概念是柯克（Kirk）于1963年提出的，最早是指儿童在语言、说话、阅读和社会交往方面的发育障碍，其中并不包括视觉、听觉以及智力障碍。到目前为止，国际上对学习障碍的界定已达90多种，一直都没有统一的标准。在我国，对学习障碍的研究也一直多在“差生”的名义下进行。在这里，我们认为学习障碍是指不存在智力低下和视、听觉障碍，也不存在环境和教育剥夺以及原发性情绪障碍，却在听、说、读、写、算等方面出现特殊困难的一组综合征（吴汉荣，2003）。

（二）学习障碍的表现

1. 阅读障碍

略字，加字，将词语前后颠倒，不适时停顿，阅读时皱眉、咬唇、侧头，无法回忆文章的主要内容，无法回答文章中的问题，对文章的理解性不足，难以划分段落、画出重点等。

2. 书写障碍

握笔方式不正确，笔道太深或太浅，常常移动书写纸或放得太斜，字与字大小不一、间距太大或太小，倒下笔，字迹潦草、东倒西歪，分不清6与9、5与2、b与d等。

3. 数学障碍

数数时出现跳数，序数理解有困难，不能理解数位的概念，运算方式混淆，常把数字颠倒或反向，不能解决实际问题等。

（三）学习障碍的现状分析

目前，心理咨询门诊最常见的问题就是与未成年人学习相关的心理问题。

未成年人学习障碍的发病率在不同的文化背景、社会环境和教育条件下存在着差异，并且还受到所采取的标准和定义、研究方法的影响。国外的统计资料表明，约有20%的儿童在学校学习期间会出现学习障碍。国内攀枝花市（1987年）和长沙市（1988年）调查小学生学习障碍的发病率分别是17.4%和13.2%，男女之比约为2∶1。2004年，北京教科院学习障碍研究中心对北京部分地区中小学校进行抽样调查，发现有10%左右的学生认为自己存在不同程度的学习问题，按此比例，北京有近20万名学生正在面临学习障碍的挑战。北京这样的一线教育城市尚且如此，其他地区的情况就可想而知了。

此外，还值得我们注意的是，学习障碍并不是一个阶段性的问题，它具有发展的连续性，也就是说学习障碍一旦从儿童时期开始就会一直延续至成年（赵晶 等，2010）。

学习是未成年人成长过程中最为重要的任务，如果学习上出现问题，会继而引发一系列的情绪情感障碍和不合理的行为反应，对健康人格的形成以及身心的发展都是极其不利的。值得强调的是，矫治这类问题必须有医疗、教育和家庭的协同介入，并且依据相应的理论框架和操作方法来进行。而在我国，针对有学习问题的未成年人所开展的心理治疗和干预还很少，由学校或教育部门开设的专门指导则更为少见。

（四）学习障碍的成因

1. 遗传因素

以往的研究结果表明 LD 在双生子家庭中的发病率比一般家庭要高出很多。以阅读障碍为例，一级亲属患病率为 45%，同卵双生子同病率为 87%。

近年的研究结果还发现 LD 患者 6 号染色体、15 号染色体、23 号性染色体存在异常（李雅妹 等，2003）。第 23 对染色体为 XO 异常模式时，儿童在韦氏智力测验中的操作量表上得分较低，常出现视动协调障碍以及书写方面的问题；第 23 对染色体为 XXX 异常模式时，虽然不会造成智能不足，但儿童多项认知能力的发展都普遍偏低；第 23 对染色体为 XYY 异常模式时，儿童多存在阅读障碍，并且语文成绩不佳。

2. 神经系统结构及功能异常

通过现代化的医学手段，目前已经发现 LD 患者存在微小脑回、皮层异位、神经元移行和结构异常、双侧颞叶不对称以及枕－颞叶皮层神经通路改变等。电子断层扫描的结果也发现，LD 儿童功能区域有明显的变异、代谢降低和诱发电位潜伏期延长等。另外还发现，有阅读障碍的儿童其右侧间脑灰质和左脑后侧部言语中枢以及双侧尾状核体积缩小（吴汉荣，2006）。

3. 家庭环境因素

家庭环境因素对未成年人学习的影响是深远而广泛的，它包括父母自身的受教育水平、家庭经济条件、对子女的关怀和期望等。

有研究表明，LD 患儿的父母通常文化素质较低，能够提供给孩子的生活和学习条件较差，给予的爱护、关心、情感支持较少（程玉兰 等，2000）。

特别是在单亲家庭中，由于一个人要同时担当两个人的角色，难免使孩子在成长过程中缺乏爱护，承受更多的压力，不容易将全部身心投入到学习中去。例如，单身母亲带着的男孩缺乏父亲阳刚之气的熏陶，容易养成孤僻、胆怯和吝啬的性格，往往脱离于男孩子圈的活动；而女孩则因为缺乏与异性亲切交流的训练，往往变得冷漠、拘谨，缺乏幽默感和与异性相处的能力（刘玲，2000）。陈家麟（1993）对 1095 名中小学生的家庭结构及其心理健康关系的调查结果发现，生活在不完整家庭里的中小学生，有心理健康问题者所占的百分比（13.8%）明显高于完整家庭（0.2%）。

4. 学校教育因素

学校教育因素对未成年人学习的影响体现在教师的管理方式、教师态度及期望等方面。

有学习障碍的未成年人一般学习的自觉性不高，不能独立、按时地完成作业，考试成绩也不好。因此，教师很容易给这类学生贴上“差生”的标签，对他们产生“鄙视”、“冷落”、“挖苦”的歧视态度，班上的同学也会受到老师的影响，效仿而为之。这样一来就会严重刺伤学习障碍学生的自尊心，使他们产生自卑的心理，对学习也逐渐丧失兴趣，甚至产生紧张、恐惧、厌学的情绪，陷入自暴自弃的被动局面（胡淬砺，1992）。

5. 社会环境因素

在我国，注重考试的教育之风把老师和学生都卷入了一种旨在在考试中取得高分的模式化训练中。学生的课业负担越来越重，所需承受的心理压力也越来越大。受到升学率的影响，一般的学校和老师也往往对学习成绩差的学生持放弃的态度，偏爱学习成绩优异、“听老师话”的学生。这样一来，在传统的教育模式和条件下，“差生”想要改变学习成绩的愿望很难得到照顾和实现，学生因此承受了巨大的压力，并逐渐产生厌学情绪，加剧了学习障碍的发生。

二、情绪障碍

案例

中学生因长期受欺致情绪障碍起诉同学

小可（化名）、小雨（化名）是海淀区一所师范大学附属中学的同班同学。小可由于长时间受到小雨的欺负，没有办法，将之告上法庭。

庭审时，小可诉称，从上初一开始小雨经常辱骂、殴打自己，为此父母曾多次找到学校和小雨的家长反映，学校做出相应处罚但仍未得到改观。2010年下半年，家长发现小可经常出现惊恐的语言、动作，甚至害怕上学，到回龙观医院和安定医院检查，确诊为儿童期情绪障碍症。小可起诉要求小雨承担责任并赔偿医疗费等70余万。

法庭上，小可父母情绪激动地表示“事发至今两年多，孩子看到穿校服的就害怕，我们一家子都被迫搬了家”。

2012－03－27　来源：新京报

（一）什么是情绪障碍

情绪障碍（*emotional disorders*）是发生在儿童少年时期以焦虑、恐怖、抑郁或躯体功能障碍为主要临床表现的一组心理疾病，过去多称为儿童神经症（childhood neurosis）。国家教育部在实施第二次全国特殊儿童普查工作时，将有情绪障碍的儿童划分为“性格与行为异常儿童”，并对其做出了定义：*情绪障碍儿童*是指儿童由于生理、心理或环境因素的影响，导致其生活内容、思考方式或行为表现僵滞或偏差，而在生活中表现出显著异于生活常规或年龄发展常态之行为，并妨碍到自己或他人之学习、情绪或人际关系者。

未成年人的情绪障碍问题主要包括学习焦虑、对人焦虑、孤独倾向、自责倾向、过敏倾向、身体症状、恐怖倾向、冲动倾向等，具体表现为焦虑、烦恼、忧郁、沮丧、自卑、冷漠、妒忌、愤怒等不良情绪（郭娟，2009）。

（二）情绪障碍的表现

1. 情绪持续障碍

情绪反应强度和持续时间发生障碍（包括情绪高涨、情绪低落、情绪淡漠、焦虑、抑郁等）。

2. 情绪发生障碍

情绪发生过程的失调（包括情绪不稳、情绪脆弱、易激惹、易出现损物伤人的行为等），如对不必要的小事大动感情等。

3. 情绪协调障碍

环境刺激与情绪体验不相符或内心体验与外部表情相矛盾（包括情绪倒错、表情倒错、情绪矛盾等），如对不幸的事情感到高兴、对一个人既讨厌又喜欢等。

情绪障碍的早期表现主要以心境不良、退缩、哭泣、遗尿、学习困难、生活邋遢、睡眠问题、易激惹为特征，甚至可以发生在婴幼儿时期，最终会发展成为典型的焦虑障碍、抑郁障碍、恐怖症及强迫症等。

（三）情绪障碍的现状分析

20世纪90年代之前关于未成年人情绪障碍的报道并不多见，英国伦敦1981年的报道指出未成年人各类情绪障碍的患病率为2.5%，而90年代之后，情绪障碍的发病率呈现出逐渐升高的趋势。1999年至2000年上海市心理咨询中心的数据显示，儿童情绪障碍患病率为14.1%（姜季妍 等，2003）；1999年至2001年广州市中山大学附属三院心理咨询门诊的数据显示，儿童情绪障碍患病率高达20.5%（温盛林 等，2003）。

单就抑郁障碍而言，在小学生中的检出率为3.4%～11.5%；在中学生中的检出率为42.3%，其中轻度抑郁、中度抑郁、重度抑郁分别为14.6%、15.3%和12.4%（冯正直 等，2005），这些数字令人堪忧。

同样，未成年人焦虑障碍的检出率也让人触目惊心，对我国南方中小学生进行的调查就显示，在16727名学生中有焦虑倾向的为26.49%，其中男生为21.43%，女生为31.77%（姚敏 等，2009）。

由于我国特殊的独生子女政策以及近年来离异家庭的增多，未成年人情绪障碍的发病率呈现出上升的趋势，在未成年人常见的心理问题中，情绪障碍占第二位。

（四）情绪障碍的成因

1. 生物学因素

情绪障碍与遗传的关系很早就受到了研究者们的注意，有资料显示：家族内发生抑郁症的概率约为正常人口的8～20倍，且血缘关系越近，发病率越高。异卵双生子同病率为19.7%，自幼分开抚养的同卵双生子后期同病率高达66.7%，且遗传因素的影响会随着年龄的增加而增加（张莉，2006）。

除了遗传的作用之外，母孕期的感冒史、母孕期堕胎未成、母孕期有毒物接触史、母孕期有精神创伤和难产等也是造成未成年人情绪障碍的危险因素（韦邦贵 等，2001）。

2. 家庭环境因素

家庭环境因素是造成未成年人情绪障碍的首要因素。

早在20世纪70年代，鲍尔比（Bowlby）就发现亲子关系的异常会导致学校恐怖症的发生，这种异常主要表现为：母亲多为慢性焦虑患者，总希望把子女留在家中与自己做伴；母亲担心孩子上学会发生不幸事故；儿童害怕自己上学时，父母会遭遇不幸，因此自己要求留在家中；儿童担心自己离开家时会受到意外伤害，所以硬要留在家中。而对于有离别焦虑的儿童而言，父母对他们既表现出苛刻或冷淡，又要求孩子依赖自己（姚正丽 等，2013）。

而关于教养方式对情绪障碍的影响，通常认为，父母严厉惩罚、过度干涉和保护将导致或加重未成年人的情绪障碍，相反，如果给予更多的关注理解和情感上的温暖，将能减少未成年人情绪障碍的患病率（王春莉 等，2005）。

此外，处于结构不完整的家庭或重组家庭中的未成年人，普遍无法得到应有的关注、接纳与情感支持，极易陷入强烈的情感冲突当中，因此就很容易形成各种情绪障碍。并且，家庭暴力、家庭成员关系紧张（尤其是父母之间）、家庭成员间缺乏相互支持和鼓励，相互的猜疑和排斥甚至斗争也是儿童情绪障碍的重要诱发因素（李志专，2010）。

3. 社会环境因素

步入现代社会以来，随着工业化和城市化进程的加快，人们的生活方式发生了翻天覆地的变化，未成年人的学习压力也越来越大，这种快节奏、高竞争的学习方式所造成的心理压力，使得越来越多的未成年人长期处于应激状态之下，得不到片刻的放松。临床资料的数据表明，高中生情绪障碍在心理咨询门诊中居于首位（张劲松 等，2003），这与他们面临的高考压力有着密不可分的关系。

与此同时，随着现代医学水平的提高，以往严重影响未成年人身体健康的感染性疾病和营养性疾病的发病率有了明显的下降，这就使得未成年人心理方面的问题日益凸显出来。

三、品行障碍

案例

数个未成年人残忍砍人抢劫

6 月 17 日深夜，泉州市国道 324 线展览城附近发生一起特大入室抢劫案，4 名蒙面歹徒持刀闯入一家超市，不由分说，举刀砍伤店主张某双手，其中一只手掌几乎被砍断。歹徒不顾张某夫妇的苦苦哀求，抢走超市营业款 9000 元、高档香烟及两台电脑等物品，后驾驶一部小轿车逃离。

而此前两天的 15 日晚 11 时，在晋江工作的汪先生与女友行走在晋江池店路段，遭遇到该伙歹徒，两人被强行拖进他们的轿车内，并被劫持到晋江紫帽山下一水库边，两人身上的手机、现金及金器等全部被抢走，并被威胁不许报案，他们还将汪先生扔到水库边，将其女友抛弃在泉州开发区的路边，作案后迅速驾车逃窜。

经过专案组串并案分析，很快锁定了他们。20 日晚上，泉州、南平警方在南平顺昌某网吧抓获 16 岁的陈某、未满 14 周岁的程某和翁某、17 岁的李某和 15 岁的吴某；在晋江陈埭、泉州开发区抓获 17 岁的杜某、19 岁的陈某和 21 岁的章某。办案民警说，此团伙中有两人还未满 14 周岁，其中程某还是小学生，这些人作案手段异常残忍，如“6·17”超市抢劫案，又如 6 月 11 日，他们在紫帽水库抢劫一个钓鱼男子，捡起石头，狠砸受害人后脑勺。抢走财物后，用鞋带把受害人绑着，扔到水库里，幸好该男子会游泳。

2010 - 06 - 26　来源：台海网

（一）什么是品行障碍

品行障碍（*conduct disorders*，*CD*）是指未成年人反复持久地出现严重违反与其年龄相应的社会规范的行为，并以反复而持久的反社会性、攻击

性或对立性品行模式为特征的障碍。它主要包括反社会性障碍（dissocial conduct disorder）和对立违抗性障碍（oppositional defiant disorder）两种。

10岁以前出现的品行障碍称为儿童期发作型，多表现为单独行动，因此又称为非社会化型、非团伙型；而10岁以后出现的品行障碍称为少年期发作型，多表现为结伙行动，又称为社会化型、团伙型。16岁以后，品行障碍往往会发展成为未成年人违法行为或反社会人格。

（二）品行障碍的表现

品行障碍儿童是意外伤害、物质依赖、自杀、性病、违法犯罪高风险人群，他们因为品行问题所导致的早亡率是普通儿童的5倍，其主要表现为以下几点。

1. 攻击他人或动物（包括殴打、恐吓、威胁他人；虐待小动物或欺负比自己小的同学；使用刀、枪、棍、棒等器械对他人造成躯体伤害；强迫对方发生性行为等）。

2. 对立违抗性行为（包括对家长或老师表现出不服从、挑衅、违抗；撒谎成性；常常怀恨在心、心存报复；经常违反纪律、不接受批评等）。

3. 故意损坏财物（包括故意破坏公共财物、在公共场合乱涂乱画、以放火等方式给他人造成经济损失等）。

4. 违反社会准则（包括厌学、逃学；夜不归宿、四处游荡等）。

5. 偷窃、欺诈（包括偷取家里的钱财、结伙抢劫路人和商店等）。

（三）品行障碍的现状分析

由于社会制度以及客观存在的地区、文化、经济条件的差异，品行障碍的检出率也有所不同。

1970年，鲁特（Rutter）报告的英国怀特岛10岁儿童品行障碍检出率为3.2%，城市为4.5%。1987年，卡莎尼（Kashani）报告的14～16岁儿童品行障碍检出率为8.7%。1989年，安德森（Anderson）采用DSM－Ⅲ诊断标准，报告的品行障碍检出率为3.4%（陆小英，2001）。

1984年，我国的向孟泽等人在四川省四个地区开展调查，结果发现品行障碍的检出率为2.9%～13.6%。1990年，罗学荣对湖南省6911名7～16岁儿童品行障碍的检出率仅为1.45%，远低于以上研究结果（杨翠 等，2006）。但是，无论各类研究结果所揭示的患病率为多少，品行障碍是未成年人客观存在的行为障碍这一事实不容否认。

此外，品行障碍存在着显著的性别差异。早在1987年，奥弗德（Offord）的研究就发现男生品行障碍检出率为8.1%，而女生仅为2.7%。国内的研究结果也支持了这一结论，罗学荣（1994）发现男生品行障碍检出率为2.48%，女生为0.28%，男女生之比为8.85∶1。这与特定文化背景下父母、社会对儿童的性别角色标准有关，如禁止女孩做出危险、调皮的举动，而认定男孩的粗野、打闹十分正常。

需要注意的是，童年期持续性的攻击行为和反社会行为模式，往往是成年期反社会人格障碍的先兆，约有40%的品行障碍儿童可发展为成人期反社会人格障碍，并且在其成长过程中还常常伴有不同程度的抑郁和焦虑情绪障碍（李岳玲 等，2007）。

（四）品行障碍的成因

1. 生物学因素

首先，遗传因素对品行障碍的作用已被许多研究所证实。早在20世纪70年代，医学工作者就发现47号染色体异常（XYY或XXY）与反社会行为有关。国外著名的寄养子研究结果显示，父母有反社会性行为的，孩子也将更多地出现反社会性行为。父母之一有犯罪史的，孩子的犯罪危险性是其他人群的1.9倍（静进，2002）。

其次，神经递质含量的异常变化也是造成品行障碍的重要因素。例如，有研究表明5－羟色胺（5－HT）功能的降低与攻击、冲动、注意缺陷、多动障碍等破坏性行为的发生有很大关系（徐莉萍 等，2006）。

2. 家庭环境因素

家庭环境因素对品行障碍的发生和发展往往起着非常重要的作用，它包括家庭暴力、父母婚姻不合、父母离异、父母受教育水平低、家庭社会经济状况差，以及父母教养方式不当、态度不一致等。

大量证据显示，儿童期被虐待、遭受家庭暴力的孩子，对小伙伴多采用攻击性行为，在与人交往中也怀有敌意，不会以正常的行为方式解决人际关系的问题（孙黎红，2008）。

黄广文和苏林燕（2006）对34名品行障碍患儿进行了分析，发现父母受教育程度越高，其子女品行障碍的检出率就越低；父母受教育程度为大学者，其子女的检出率是最低的；父母亲为个体职业者，其子女的检出率高达50%。

邱传谦（2006）研究了品行障碍患儿的父母养育方式及应付方式，发现品行障碍组父母的情感温暖因子分明显低于正常对照组，而父母的惩罚、严厉、过分干涉、拒绝、否认等因子分均高于对照组，说明品行障碍患儿的父母大都采用了不恰当的教养方式。

3. 社会环境因素

首先，随着社会的不断变迁，人们的价值观念也不断发生着改变，一些“高消费”、“性解放”等非理性的观念冲击着未成年人尚不成熟的人生观、价值观。缺乏社会经验的他们，往往会为了满足欲望而罔顾道德规范和社会法纪，使得犯罪行为屡屡发生。

其次，一些报纸、杂志、电影、电视等传播媒介以不恰当的方式报道犯罪，露骨地展示性行为，渲染暴力以招徕读者和观众，也加剧了未成年人品行障碍的患病率。安德森等人（2003）的研究表明，暴力的游戏、电视和音乐会增加青少年的攻击性以及暴力行为，短期接触攻击性信息会提高个体的生理和语言攻击性行为、攻击性观念和情绪体验；而长期接触暴力信息，会导致未成年人习得攻击性脚本、图式和攻击性信念，减少对于攻击性的消极感受。

最后，结识不良的交往同伴、团体也是导致品行障碍的重要因素。韦斯特（West）认为，从某一未成年人的朋友或熟人违法乱纪的次数和频率就可以预测出他将来可能出现的违法行为（杨翠 等，2006）。由违法乱纪者构成的集体，其成员的道德意识都很薄弱，易于接受不良的影响，他们往往难于通过理智的行动和社会所能接受的方式来满足自己的表现欲和被承认的渴望，如打群架、聚众赌博等。

四、心身障碍

案例

10岁女孩高血压　高血压越来越低龄化　肥胖儿患病率是正常儿童的12倍

沙坪坝区10岁女童娇娇（化名）常常喊头昏。家人带他到儿童医院检查，娇娇竟然患了老年病高血压。

经过询问，医生发现，娇娇可能是因为学习压力太大而诱发的高血压。“我好想去玩啊。”娇娇苦恼地说，她读四年级，在班上担任班长。父母都是白领，平时对她要求很严格，不仅学习成绩要好，还让她参加各种培训班——跳舞、画画、弹琵琶，压力非常大。

儿童医院心血管内科主任易岂建教授介绍，高血压是一种常见病和多发病，以中老年人群发病率较高，但是近年来儿童高血压的发病率呈上升趋势。国内一项调查显示，儿童的高血压发病率为1% ~7%。

同时，医生们调查发现，肥胖、吃得咸、长期精神紧张、熬夜、性格急躁、噪声等都易诱发高血压。正常儿童、超重儿童、肥胖儿童高血压的检出率分别为2.65%、10.76%、24.49%，肥胖儿童患高血压的概率是正常儿童的12倍。因此，家长一定要培养孩子养成合理的生活和饮食习惯。

2010-05-18　来源：重庆晚报

（一）什么是心身障碍

心身障碍（*psychosomatic disorder*）是指由于心理因素导致躯体功能出现缺失或改变的一类障碍。据国内外的调查资料表明，心身障碍患者占综合医院各科患者总数的25% ~35%，它受到生物因素和心理社会因素的双重影响，其中心理社会因素占据了主导作用（侯永梅，2004）。

（二）心身障碍的表现

心理因素对躯体产生的影响主要是通过神经系统、神经内分泌以及免疫系统来进行的，所以心身障碍的表现也十分复杂。对于未成年人而言，常见的心身障碍有以下几种（苏林雁，2003）。

1. 哮喘（哮喘患儿出现心理或行为障碍的比率为10.5% ~35.0%；父母的过度保护和剧烈的情绪刺激是主要的成因；患儿多表现出焦虑、抑郁的情绪，常常看不到自己的价值，没有自信）。

2. 癫痫（癫痫患儿出现行为问题的比率为28.6%，是普通人群的5倍；学校考试和家庭冲突是最主要的成因；患儿多表现为焦虑、自卑的情绪，常常自我封闭，不愿与人交往，自我意识差，依赖性强；长期慢性癫痫会带来脑器质性损害，出现精神病的症状或人格的改变）。

3. 单纯性肥胖症（发达国家最常见的营养障碍，近年来有升高的趋势；不适当的摄食和缺乏运动是最主要的成因；患儿多表现出抑郁、自卑的情绪，不愿参加集体活动，社会适应能力较差）。

4. 头痛（14 岁之前，约有 65% 的未成年人出现过头痛；不良的情绪以及应激生活事件都可以促发头痛；在学校恐怖症、广泛性焦虑症、抑郁症、癔症都有所表现）。

5. 再发性腹痛（常见于 5～12 岁的未成年人，患病率为 5%～10%；这种疼痛没有器质性病变，持续几个小时后会有所缓解，并且往往并不剧烈；患儿多表现出紧张的情绪）。

（三）心身障碍的现状分析

随着现代化生活节奏的不断加快，心身障碍的低龄化趋势已经十分明显。

就肥胖而言，1986 年全国 0～7 岁儿童的检出率仅为 0.91%，1996 年攀升至 4.2%；经过对上海地区 468 名肥胖儿童 8 年的追踪观察，肥胖的检出率已由最初的 4.9%（6 岁）升至 16.2%（13 岁），并且 9～11 岁是肥胖发病的高峰期（王明华 等，2008）。

在未成年人肥胖成倍增加的同时，以往儿童期罕见的 2 型糖尿病（T2DM）已经出现数十倍增长的情况，几乎每 10 年就翻一番（米杰 等，2008）。天津市儿童医院 1991 年 T2DM 患儿仅占到糖尿病患儿总数的 2%，2010 年却已经高达 8.8%，其中年龄最小的患儿仅有 6 岁；北京市儿童医院 1990 年 T2DM 的患儿还尤为罕见，但 1993 年 T2DM 患儿占到了糖尿病患儿总数的 3.5%，2002 年这一比例已攀升至 39%（徐奚如 等，2011）。

就以上趋势看来，未成年人心身障碍应当引起全社会的广泛关注，并投入大量的人力、物力、财力加以研究和应对。

（四）心身障碍的成因

1. 应激因素

应激（*stress*）是个体面临或察觉到环境的变化会对机体构成威胁或挑战时做出的反应。应激过程是一种强烈的能量代谢过程，在这一过程中神经内分泌系统会释放诸如茶酚胺、可的松等多种激素，以适应急剧变化的环境刺激（吕淑杰 等，2006）。流行病学的调查资料显示，脑力劳动者比

体力劳动者更容易受到心身疾病的侵扰，因为他们经常处于紧张或竞争的状态之中，未成年人由于学业上的巨大压力就更是如此。

2. 情绪因素

正性的情绪可以平衡内分泌和协调身体机能；反之，负性的情绪会直接影响大脑皮质对下丘脑内分泌系统及自主神经系统的作用，造成体液、激素和酶等的异常，导致各种急性或慢性内环境的不稳定（侯永梅，2004）。有研究显示，心身疾病患者焦虑和抑郁的发生率分别为49.0%和37.3%，高于国内综合医院住院患者焦虑和抑郁的发生率（40.3%和34.8%）。

3. 人格因素

人格因素是与心身障碍密切相关的一大因素。多年来的研究结果表明，冠心病患者通常表现出急躁、紧迫、易冲动、持续的攻击性、精力充沛等人格特征；高血压患者通常表现出主观刻板、求全责备、易激动、易愤怒的人格特征；而癌症患者则表现为内向、多愁善感、小心翼翼、压抑的人格特征；哮喘患者多表现为焦虑、情绪不稳、易受暗示、内向、依赖性强的人格特点（姚如珍，2006）。

4. 生活方式因素

现代化的工业以及新兴科学技术的发展使人们的生活方式越来越趋于一种“静坐”的模式，许多未成年人以电视、电脑取代了原本的体育活动，每天一放学就窝在家里。有研究显示，青少年每增加一小时的看电视时间，肥胖的发生率就会增加2%（童梅玲，2006）。与此同时，快节奏的生活也带来了无穷无尽的压力，一些学校为了升学率，更是用做不完的习题取代了音体美课程，这也加剧了未成年人心身障碍的发病率。

五、性心理障碍

案例

12岁男孩竹竿屡挑邻居内衣

最近，家住合巢路某小区的林小姐发现一件怪事，自己和同居室友在两个星期内接连发现放在阳台晾晒的内衣不见了，到底是什么人干的？林小姐一次偶然看到，隔壁邻居家的12岁小男生竟然在用竹竿挑自家阳台的内衣。

据林小姐介绍，自从三年前从省城某高校毕业后，她和两个女同学就一直租住在省城合巢路一老旧小区内。最近，接连发生的怪事让林小姐动起了搬家的念头。4月底，林小姐发现自己刚买的一套新内衣不见了，她向室友询问时，室友不仅称自己没看见，而且还说自己也丢失了一件内衣，起初还以为是不小心塞到哪儿去了。直到这时同居的三人才发觉，丢失的内衣已经不止一两件了。

昨天下午，林小姐有事提前回家，远远地看到一楼阳台附近好像有个人，正拿着一根细竹竿在往她家阳台上捅什么。林小姐仔细一看，这人竟然是邻居家的12岁小男生，他正在用竹竿挑自己放在其他衣服里晒的内衣。在林小姐记忆中，这个名叫亮亮（化名）的小男生平时不怎么爱说话，除了父母，偶尔跟陌生人说话都会脸红。林小姐当场呵斥了拿竹竿挑内衣的小男孩，而小男孩发现自己被人发现，吓得竹竿都没敢捡，一溜烟跑开了。

合肥市芝麻开门心理咨询中心主任张量常年从事青少年心理教育，对于林小姐的遭遇，张量表示，这是恋物的一种倾向，严重可导致恋物癖，而这种心理疾病一般都是从童年时期开始的。张量解释道，12岁的少年刚刚跨入青春期，随着身体急剧发育，而心理却不成熟，对于性知识既渴望又懵懂，受社会上一些不良信息的影响，就会对女性用品产生一种好奇、兴奋的心理，如果不能及时得到纠正，严重可造成恋物癖。张量说起自己治疗过的一个案例，曾经有一位38岁的中年男子前来求医，自己已经结婚生子，却喜欢收集女性用品，明明知道不对，却控制不住自己，而这种习惯从青少年时期就开始了。

2013－05－13　来源：中安在线－安徽商报

（一）什么是性心理障碍

未成年时期的*性心理障碍*（*psychosexual disorder*）是指发生于未成年时期的性心理紊乱行为。这一问题多发生在处于青春期的未成年人身上，由于青春期性生理、性心理、性道德等方面的发展不平衡，容易出现各种各样的性心理问题。

（二）性心理障碍的表现

未成年人性心理障碍主要包括以下几种。

1. 性识别障碍，主要表现为性的认同障碍，即对自己性别的认识、行为与真实的性别特征相反，例如女性的着装与行为偏男性或坚决否认自己所具有的性特征等。

2. 性困惑，对生理变化缺乏必要的心理准备而产生不适，出现紧张、焦虑、不安、自卑等不良情绪体验。

3. 性敏感，对书籍、电视、电影中的性描述表现出强烈的好奇心，甚至达到了迷恋的程度。

4. 性压抑，未成年人把正常的性心理当作一种罪恶，不断地压抑自己，造成烦躁、焦虑等情绪体验（徐勇，2006）。

5. 性幻想，本来是一种正常的心理现象，但处于青春期的孩子，思维活跃，自制力差，在强烈的性刺激下有可能“跑偏”，以至于影响正常的学习，取代必要的人际交往，甚至发展为“强迫性性幻症”和“自闭症”。

6. 性倒错行为，是指性对象和满足性欲的方式异于常态，如露阴癖、恋物癖、摩擦癖等。

（三）性心理障碍的现状分析

由于营养水平的提高、食品中激素含量的增多等原因，我国未成年人性生理发育有提前的趋势，这就势必带来了性心理发育的提前，但由于传统观念和社会道德的束缚，一部分未成年人只能通过手淫、幻想的方式来满足欲望。《北京青年报》公布的调查结果显示，有近半数的初中生缺乏正确的性认知和性卫生保健常识，有 4.5% 的青少年经常手淫，28.1% 的青少年偶尔手淫，经常性冲动的占 1.5%，偶尔性冲动的占 31.6%，且男生均高于女生。

其实性幻想、性梦、手淫等性问题都是青春期非常普遍、正常的现象，然而由于缺乏正确的知识，这些性心理活动却成了未成年人的一大困扰。据石家庄市的一项调查指出，对性梦产生“害怕”和“厌恶”心理的初中生占 16.8%（其中男生占 11.9%，女生占 25%），高中生占 24%（其中男生占 44%，女生占 15.1%），中学生总体比率为 12.2%。性困扰使 66.6% 的男生和 71.7% 的女生出现了失眠、注意力不集中、抑郁或不愿与异性交往的现象（刘小林，2007）。

当然，也有一部分未成年人对性的态度过于开放。万珊（2011）的调查结果发现，有50.9%的学生认为可以接受婚前性行为，这也从侧面反映出未成年人的性知识缺乏道德约束力，这与西方的性解放思想以及现代化的网络环境有着必然的联系。

（四）性心理障碍的成因

1. 性教育的缺失

由于长久以来根深蒂固的封建思想，我国一直是“谈性色变”的国家，性对未成年人而言更是绝对的禁区。因此，学校对于未成年人的性教育相当谨慎，中小学所开设的生理卫生课程对青春期出现的性困惑解答甚少，也不曾涉及性道德、性理论、性法制等内容；同时，深受传统文化影响的家长们也无法坦然地教授孩子们有关性的知识，这就使得我国未成年人的性教育呈现出大面积的空白（李峰，2011）。由此看来，性教育课程的缺失是造成未成年人性心理障碍的首要原因。

王菊芳（2006）总结了几点我国性教育中存在的问题：（1）性教育观念陈旧落后（如认为谈性是低级下流的表现、不懂性知识才是纯洁的表现等）；（2）性教育内容不够全面（如只讲生理方面的知识，而不涉及性心理、性道德的教育）；（3）性教育对象偏窄（如认为性教育就是青春期教育，只对中学生进行就可以了）；（4）性教育方法简单；（5）性教育教材缺乏。

2. 不良的传播媒介

未成年人性生理发育提前，而性心理发育却滞后，当朦胧的性意识开始觉醒时，他们往往喜欢通过一些报刊、杂志、书籍、影视、网络等便捷的途径来获得相关的知识。据统计，我国未成年人的性知识有70%来自黄色杂志、三级片、同伴或成人网站，24%来自各类书籍，仅有1.66%和1.32%来自学校和家长。

现如今，大众传媒的商业性与公益性兼有的特性使得部分媒体在获取自己利益的时候不择手段，电影、电视中的色情镜头，杂志上的黄色刊物、网络中的裸体照片等，都在不断鼓吹“性”的乐趣，强调对“性”的追求。充满好奇心的未成年人只要动一动鼠标就能满足“我也试一试”的性欲冲动。如果未成年人缺乏道德和法制观念，这种性欲冲动便会逐步强化，造成性心理障碍，未来甚至会发展成性犯罪。颜翠芳（2007）的调查结果显示，未成年人在实施性犯罪之前都接触过大量网络黄毒、黄色书刊等，其中55.9%的人曾经通过租买碟片的方式来获取黄色影像。

六、网络成瘾

案例

17岁少年沉迷游戏　半路下火车去网吧上网被盗

4月17日上午，东营市救助管理站工作人员接到济南救助站电话称，今天送一个未成年孩子到东营，希望工作人员做好现场交接手续。17日下午，记者与东营市救助管理站工作人员一起来到汽车总站，见到了这个17岁男孩——小顺（化名）。据了解，辍学在家无聊的小顺，原本打算和一名远房叔叔一起去东北玩儿，结果在半路上与一名网友取得了联系相约去网吧打游戏，随即决定在枣庄车站下车。但没想到，在枣庄网吧玩游戏时，自己的手机和内有一万多存款的银行卡被盗，网友也失去了消息。小顺知道自己半路下车玩游戏不对，因不敢与家人联系，就拨打了当地的110。警察随即把他送到了枣庄市救助管理站，三天后经过辗转到达济南救助站，随即回到东营。

“我不想上学，找工作不够年龄，我不玩游戏我能干什么?”面对救助站工作人员的询问，小顺这样回答。记者了解到，小顺迷恋网络游戏几乎已经到了“不可自拔”的地步。为帮小顺戒掉网瘾，小顺的父亲曾将其送到河北秦皇岛某传统文化学校接受正规的网络学习，以为这样小顺就可既接触网络又不耽误学习。但却没想到，小顺不仅将大部分学费和生活费用于购买网络点卡游戏币，而且还从学校逃回家，不去上学。学校只好决定，孩子可以由家长在家看管，允许他白天上网晚上好好睡觉，但小顺却说：“不行，那样我更受不了。”

面对孩子这种情况，小顺的父亲很无奈。小顺的父亲目前在广饶某企业上班，他计划今年四月份辞职，然后等孩子年满18岁，父子俩找一个能在一起工作的环境，以便能更好地看管和照顾孩子。“都是网络游戏害了孩子，希望在东营能够找到帮助孩子戒掉网瘾的地方。”

2014－04－21　来源：互联网

（一）什么是网络成瘾

1994年，戈德伯格（Goldberg）最早提出了“*网络成瘾综合征*”（*internet addiction disorder*，*IAD*）的概念，他认为网络成瘾是由于过度使用网络而造成沮丧，或是身体、心理、人际、婚姻、经济或社会功能的损害（马庆国 等，2006）。到目前为止，关于网络成瘾的概念有很多种，但大都囊括了以下几点：（1）网络成为生活的中心；（2）需要增加上网的时间；（3）不能成功减少、控制或停止使用网络；（4）一旦减少或停止使用网络会导致无聊、愤怒、抑郁等消极情绪；（5）网络使用时间往往超过预定计划（宋维虎，2008）。

（二）网络成瘾的表现

未成年人患上网络成瘾症后，开始时只是精神上的依赖，渴望上网冲浪，随后会逐渐发展为躯体上的依赖，表现为情绪低落、头昏眼花、双手颤抖、疲乏无力、食欲不振等。

由于上网持续时间过长，大脑神经中枢持续处于高度兴奋的状态，引起肾上腺素水平异常增高，交感神经过度兴奋，血压升高，体内神经递质分泌紊乱等。这些改变随即引起一系列复杂的生理和生物化学变化，将会导致机体免疫力下降，诱发诸如心血管疾病、胃肠神经官能症、紧张性头痛、焦虑症、抑郁症等疾病（宋维虎，2008）。

同时，由于眼睛长时间注视电脑屏幕，视网膜上感光物消耗过多，若未能补充其合成物质维生素A和相关蛋白质，就会导致视力下降、眼痛、怕光、暗适应能力降低等（祺建梅 等，2006）。

（三）网络成瘾的现状分析

北京师范大学2002年对北京市九个区600多名中学生的调查显示，每天上网时间在3～6小时的为23.3%，7～10小时的为13.3%，昼夜连续超过20小时的占7%，这样的数字可谓相当惊人。

虽然近几年来，国家一直在开展远离网瘾的各项活动，但未成年人网络成瘾的趋势并没有减缓。2007 年 1 月 23 日，中国互联网络信息中心发布了《第 19 次中国互联网络发展状况统计报告》，报告显示，截至 2006 年年底，我国网民人数已达到 1.37 亿，其中未成年人占到了 17.2%，在网民的年龄分布中排在第三位（宋维虎，2008）。

2009 年 9 月至 11 月，"未成年人网络成瘾状况及对策"课题研究组对全国 12080 名未成年人开展了问卷调查，发现其中网民占 73.5%，网络成瘾占 6.8%，程度较为严重的占 1.4%（每天上网时长超过 5 个小时），并且男性远高于女性（9.0% >4.8%）（中国青少年研究中心课题组，2010）。

值得注意的是，未成年人上网更多使用的是网络的娱乐功能，尤其热衷于网络游戏。中国青少年研究中心课题组 2010 年的报告就显示有 77.5% 的未成年人沉迷于网络游戏。早在 2007 年，赵靖茹对 1000 多名 6 ~18岁未成年人的调查结果就显示，有 40.1% 的未成年人上网是为了打游戏，其次依次为查资料（33.3%）、听音乐（27.4%）、聊天（14.6%）、看新闻（9.6%）、看电影（5.3%）、收发邮件（2.6%），在这其中娱乐项目占到了 87.4%（如图 2 所示）。

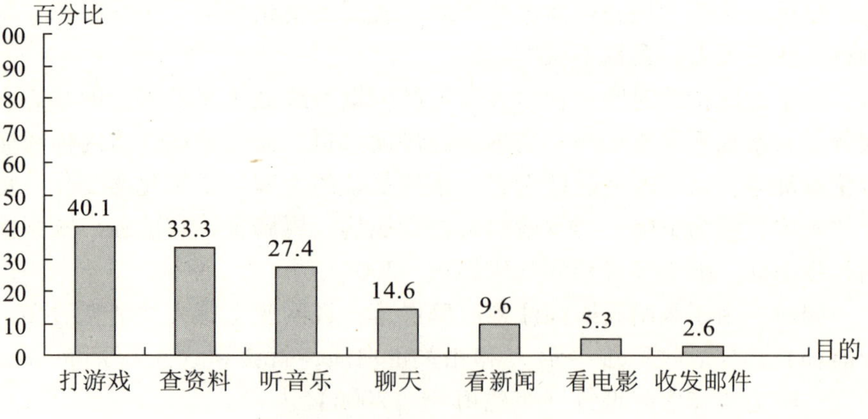

图 2　未成年人上网的目的

此外，网络成瘾所带来的其他问题也愈发严重。如图 3 所示，在学习和生活方面，网络成瘾的未成年人更不喜欢学习（42.8%）、学习成绩较差（33.4%）、对现实存在诸多不满（28.6%）、对未来悲观失望（25.3%）；在人际交往方面，网络成瘾未成年人与亲友的关系很差（28.3%）、时常感到孤独（63.2%）（中国青少年研究中心课题组，2010）。

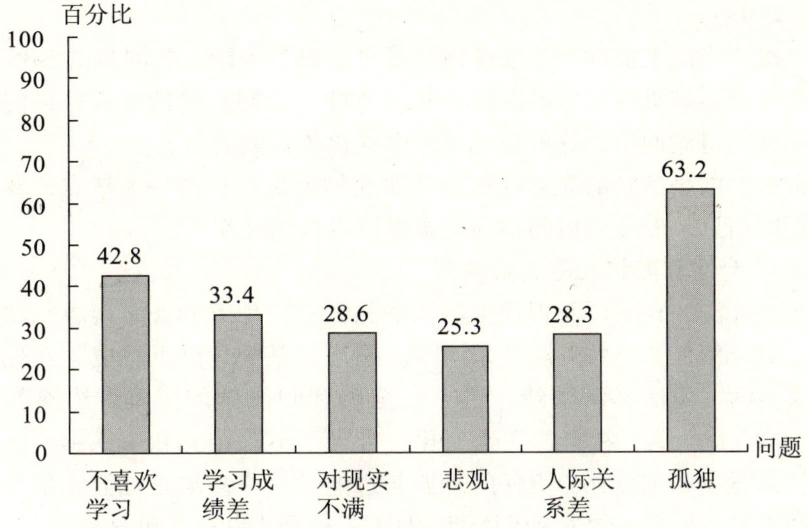

图 3　网络成瘾带来的其他问题

（四）网络成瘾的成因

1. 未成年人自身的性格特点

未成年人对新事物敏感且容易接受、寻求自我并实现自我的愿望强烈、好奇心强、渴望友谊和交流、自制力相对较弱，丰富的网络世界刚好能够满足他们在不同时期的各种需要（王蔚，2002），所以很容易使他们深陷其中、不能自拔。

此外，网络成瘾患者大都表现出一些不良的性格特点，如喜欢独处、不善于交际、敏感、抑郁、倾向于抽象思维、警觉、不服从社会规范等。有调查发现，多数网络成瘾患者患有躁狂症、抑郁症、社交恐怖症（李小雁 等，2005）。

2. 网络固有的特点

首先，网络的链接方式十分快捷，使用者可以很方便地同时浏览不同内容的网页。这种链接方式非常容易造成"时间扭曲"的现象，即不受到时空的限制，大大扩展了交流的范围和自由度，使得很多未成年人在几次链接之后就忘记了最初上网的目的。

其次，网络的匿名性带来了网络行为的去抑制性，在现实社会中受到各种规则限制的自我，在虚拟的网络世界里可以任意妄为、不受约束（宋维虎，2008）。

再次，交流上的即时互动性使平等对话成为可能。非同步的BBS论坛可以就某个话题进行深入的探讨而备受青睐，而同步性的聊天可以使自己的言论立刻得到回应，这就在无形之中强化了上网的行为。

最后，网络信息的先进性更是其他媒体无法比拟的一大特点，新鲜出炉的新闻信息、专业领域的最新动态都可以从网络获得。

3. 社会性分离和人际关系淡漠

市场经济的转变以及现代生活节奏的加快，使人和人之间越来越缺少沟通、缺乏信任，导致人际关系淡漠。网络从某个角度上就成了现代人逃避现实生活、发泄不满情绪、追求安全感和归属感的工具。约翰苏勒尔（John Suler）认为，社会的飞速变化，带来了不确定感和焦虑感，以及对残酷社会竞争和沉重社会责任的恐惧与逃避，使许多缺乏社会竞争力的个体选择上网，以期在虚拟的网络世界中寻求暂时的安宁和友情（张运红，2006）。

4. 缺乏相应的管理措施

我国的教育制度十分缺乏网络信息素养的培养，导致很多未成年人缺少对信息进行收集、选择、判断的能力，因而常常误入不良的网站，沉迷于不良的网络内容（游戏、色情、赌博等）。并且很多学校只看重学习成绩和升学率，使未成年人的心理素质及应变能力、控制能力都存在着不足，造成未成年人不能正确地利用网络资源，控制自己的网络行为。

此外，国家对网吧缺乏有效的监控管理，这就给一些自控能力差的未成年人提供了便利的条件。据报道，我国无证和证件不全的网吧占所有网吧总数的30%，部分地区甚至达到了50%以上（崔丽娟，2005）。一些网吧在经营过程中缺乏管理，管理人员根本没有相关的专业技术，法律意识和网络安全意识非常淡薄，甚至想方设法诱使未成年人长时间上网。

关键术语表

健康人格（healthy personality）是具有积极倾向性的心理品质或特征的综合，是适应人自身存在和发展的，有利于发挥人的潜能，完成自我实现的理性追求，个体表现于外、体现于内的整体精神面貌。

学习障碍（learning disabilities，LD）是指不存在智力低下和视、听觉障碍，也不存在环境和教育剥夺以及原发性情绪障碍，却在听、说、读、写、算等方面出现特殊困难的一组综合症。

情绪障碍（emotional disorders，ED）是发生在儿童少年时期以焦虑、恐怖、抑郁或躯体功能障碍为主要临床表现的一组心理疾病，过去多称为儿童神经症（childhood neurosis）。

情绪障碍儿童是指儿童由于生理、心理或环境因素的影响，导致其生活内容、思考方式或行为表现僵滞或偏差，而在生活中表现出显著异于生活常规或年龄发展常态之行为，并妨碍到自己或他人之学习、情绪或人际关系者。

品行障碍（conduct disorders，CD）是指未成年人反复持久地出现严重违反与其年龄相应的社会规范的行为、并以反复而持久的反社会性、攻击性或对立性品行模式为特征的障碍。

心身障碍（psychosomatic disorder）是指由于心理因素导致躯体功能出现缺失或改变的一类障碍。

应激（stress）是个体面临或察觉到环境的变化会对机体构成威胁或挑战时做出的反应。

性心理障碍（psychosexual disorder）是指发生于未成年时期的性心理紊乱行为。

网络成瘾综合症（internet addiction disorder，IAD）是指由于过度使用网络而造成沮丧，或是身体、心理、人际、婚姻、经济或社会功能的损害。

第二部分

未成年人认知发展的特征及其培养

第一节　认知概述

一、什么是认知

认知（*cognition*）指的是个体的认识活动或认识过程，即人们看待世界的方式（常若松，2004）。它包括一个人的思想观念、阐释事物的思维风格、评价是非的标准以及对人、对事的基本观点等方面，有时亦称为认识。

认知可以分为感性认知与理性认知两类。感性认知是认知的低级阶段，它反映的是事物的表面属性与外部联系，涉及的是事物的非本质特征，通常所说的感觉和知觉就属于此类认知。理性认知涵盖的是事物的内在特征与内部联系，反映事物固有的本质属性，是认知的高级阶段。思维作为人脑对客观事物间接、概括的反映，就是一种典型的高级认知活动。其他像判断、推理、决策与问题解决等作为思维活动的具体表现形式，更是人们常用的认知手段。

二、认知与健康人格的关系

（一）认知对于健康人格的意义

认知作为一种基本的心理活动方式，是心理过程的首要环节，影响到个体的情绪情感、动机需要、意志过程以及行为表现，最终影响到个性心理特征的形成与发展。

从儿时开始，人们在认识事物、适应环境的过程中，就对自我、他人以及世界积累了一定的认知经验，形成了一定的信念。但是，人们的认知能力毕竟是有限的，能够同时注意、记忆、加工的信息也是有限的，不可能对所有的信息都进行处理，必然有所取舍，这也是认知偏差出现的根本原因。从这一角度来说，认知的有限性是人不可克服的一个局限，任何人多多少少都会存在一定的认知问题，完全没有认知缺陷的人是不存在的。

当不合理的认知成为一种稳定的思维方式后，它便具有了无意识性和自动性，成为人们生活中的一部分，并且根深蒂固，让人不能自拔，你想要认识到这种思维方式的不合理性是异常困难的。不仅如此，这些不合理的信念具有自我保护的功能，在很多时候会缓解内心的焦虑，例如常见的“酸葡萄”和“甜柠檬”心理，虽然这种认知方式并不合理，但它确实在某种程度上缓解了心理上的不平衡感。认知平衡理论认为，我们对认知单位内的两个对象的认知和评价通常是一致的，如果评价不一致就会产生不平衡的状态（Heider，1958）。例如，你喜欢某位老师的课，却不喜欢他的衣着打扮，此时心理上就会产生不快感，消除这种情绪的方法有两种，一是喜欢这位老师的服饰，二是不上这位老师的课。显然解除这个不一致情绪的过程就是人们认知和态度转变的过程，它说明认知不平衡具有明显的动力性质，反映出人的认知结构具有趋向平衡的本质特征。

综上所述，不合理、不健康的认知从某种意义上说是无法避免的。而人们通常又无法自主发现其认知的不合理性，长此以往，就给认知带上了一种个性化的色彩，这就是人格化了的独特认知方式，反映为个体在感知、记忆、思维、想象和问题解决过程中所偏爱的、习惯化了的态度和方式。由此可见，不合理的认知最终也会导致不健康的人格。

（二）健康人格应具备的认知特征

1. 全面，不狭隘

任何事物都处于错综复杂的网络之中，既作为一个部分、元素，同时亦作为一个整体与系统而存在，共同构成一个完整的世界。认知健康者在思考、认识、处理和解决问题时，能够全面而系统地分析和探索，善于从不同角度去考虑，对待事物既坚持其独立性，也不否认其联系性；既注意事物光明的一面，也不忽视其消极的一面；既能够抓住其主要特征，也不放过其次要特征；既看到事物的现状，也重视其过去和将来，从而提出多种假设，提供多种解决问题的方式与可能性。而认知不健康的人往往相反，他们眼光短浅、思维狭隘，看问题常常片面、孤立且静止。

2. 本质，不浅薄

健康的认知在面对模棱两可、混乱、矛盾及怀疑状态等错综复杂的现象时，不会被表面假象所迷惑，而是力求透过表面现象深入到事物的内在本质，不断地尝试和探索，不墨守成规，寻求更加有效的、新颖的、独特的解决办法，最终达到真理性认识，而非肤浅、幼稚的理解。

3. 积极，不悲观

拥有健康认知的人总是能够乐观地看待一切，积极向上；而拥有不健康认知的人常常看到的是事物消极的一面，因而生活色调比较悲观。正如同样在饥渴的时候得到了半瓶水，积极的认知会认为“还有半瓶可以解渴”，消极的认知则抱怨“就只剩下半瓶了”。亦如“两个人从监牢的铁栅栏向外看，一个人看到的都是地上的尘土，而另一个人看到的却是满天繁星”（Hergenhahn，1986）。这说明决定我们所感与所为的主要不在于客观的物质环境，也不是我们的智力水平高低，而是我们看问题的角度，我们的思维方式与认知方式。认知健康者看到的往往是事物光明的一面，体验到的是快乐的情绪；而认知不健康者关注的往往是问题的阴暗面，体验到的是悲观的情绪。

4. 灵活，不固执

健康的认知能够克服思维定式的影响，根据现实情况的发展变化迅速改变思维的角度与方式，不循规蹈矩，而是有效地进行知识的迁移，常常能举一反三、触类旁通，表现出很高的思维灵活性。例如，路金斯（Luchins，1942）做过的著名的量水实验，要求被试计算同类性质的一组算术题，即用不相等容量的水桶量出等量的水，其研究结果表明人们在思维过程中容易受到习惯定式的影响。

5. 实际， 不理想化

认知健康者常常能本着实事求是的态度，着眼于客观现实，考虑问题从实际出发。而不健康的认知往往沉溺于妄想之中，追求理想化的、虚无缥缈的环境，有完美主义情结。这些人整天想入非非，好高骛远，眼高手低，把个人的标准定得过高，不切合实际，而且带有明显的强迫倾向，要求自己去成为不可能成为的人，往往落得个“心比天高，命比纸薄”的悲凉下场。正像英国前首相丘吉尔所说“完美主义等于瘫痪”。

6. 有主见， 不易受干扰

健康的认知具有独立、自信、坚决果敢等品质，这类人往往有主见，不易受无关信息的干扰，能超越无关因素的影响以及其他一些无谓的限制。与此相反，不健康的认知常常表现为优柔寡断、犹豫不决，遇到实际问题往往不知从何开始。

三、健康人格认知理论研究

健康人格的认知观认为，一个人的思想和信念正确合理与否是决定其人格健康与否的根源，也就是说不健康的人格往往来自于不合理的认知。在这方面最具代表性的理论是艾利斯（Ellis）的情绪调节 ABC 理论和贝克（Beck）的情绪障碍认知理论。其他比较有影响的认知理论和治疗技术有梅肯鲍姆（Meichenbaum）的“认知行为矫正技术”，鲍恩斯（Bauens）的“实用宽心术”，拉扎勒斯（Lazarus）的“多模式疗法”等。

（一）艾利斯情绪调节 ABC 理论

该理论是艾利斯于 20 世纪 50 年代发展的人格理论及心理治疗体系，它强调认知、情绪、行为三者之间的交互作用及因果关系。艾利斯认为，人的情绪来自人对所遭遇的事情的信念、评价、解释或哲学观点，而非来自事情本身。情绪和行为受制于认知，认知是人心理活动的“牛鼻子”，把认知这个“牛鼻子”拉正了，情绪和行为的困扰就会在很大程度上得到改善。

1. 十一种不合理的信念

艾利斯认为个体的非理性信念，即对事件的认知偏差是导致其产生心理问题和行为障碍的直接原因，并由此提出了十一种非理性信念。

（1）自己绝对要获得周围的人，尤其是周围重要人物的喜爱和赞许。

（2）要求自己是全能的，有价值的人应该在各个方面都比别人强。

（3）世界上有许多无用的、可憎的、邪恶的坏人，对他们应歧视和排斥，给予严厉的谴责和惩罚。

（4）当生活中出现不如意的事情时，就有大难临头的可能。

（5）人生道路上充满艰难困苦，人的责任和压力太重，因此要设法逃避出来。

（6）人的不愉快均由外在环境因素造成，因此人是无法克服痛苦和困扰的。

（7）对危险和可怕的事情应高度警惕，时刻关注，随时准备它们的发生。

（8）一个人的以往经历决定了现在的行为，而且是永远无法改变的。

（9）人是需要依赖他人而生活的，因此总希望有一个强有力的人让自己依附。

（10）人应该十分投入地关心他人，为他人的问题而伤心难过，这样才能使自己的情感得到寄托。

（11）人生中的每一个问题，都要有一个精确的答案和完美的解决办法，一旦不能如此，就十分痛苦。

2. 非理性信念的三个特征

韦斯勒（Wessler）对这 11 条进行了系统的归纳，总结出非理性信念的三个特征。

（1）绝对化的要求

指人们以自己的意愿为出发点，对某一事物怀有其必定会发生或不会发生这样的信念。这种信念通常是与“必须”、“一定”、“应该”这类字眼联系在一起的。例如，“我应该取得第一名”、“我必须是最优秀的”等都是绝对化要求的体现。由于很多情况下，事情无法按照这些要求进行，甚至与之相悖，因而持有这些信念的个体就会难以接受，出现心理困扰。

（2）过分概括化

一方面是指人们对其自身的不合理评价，即以某一件或几件事的结果来评价自己整个人，例如一次失败，就会认为自己一无是处。另一方面是指对他人的不合理的评价，即别人稍有差错就给予全盘否定。例如，别人因事拒绝了邀请，就认为这个人冷漠、自私、狂妄。过分概括化是一种以偏概全的认知偏差，既会导致个体自责自卑的心理体验，也会导致对他人的敌意情绪和不良的人际关系。

（3）糟糕至极

是指个体认为如果一件不好的事一旦发生，其结果将是非常可怕、极其糟糕的。例如，有人把感情或工作上的失败看作灭顶之灾。这种认知偏差会导致其陷入绝望、焦虑、自责、悲观及抑郁等不良情绪中，严重危害个体的心理健康。一般来说，糟糕至极是与绝对化的要求相联系的。由于对事件持有必须或应该怎样的高期望，那么一旦不如己愿，就会体验到消极的情绪，出现非适应性行为。

3. 艾利斯的人性观点

正如埃皮克提图（Epictetus）所说："人不是受事情的困扰，而是受到他们对这些事情看法的困扰。"艾利斯以此作为其人格理论的哲学起点，并提出了如下主张。

（1）人同时具备理性与非理性的特质。

（2）人具有理性思考的潜能，也具有非理性思考的倾向。

（3）人们的困扰来自于自身的非理性思考，而非外在世界的某个事件。

（4）人在进行理性思考时，会产生积极正面的情绪；反之，人运用非理性思考时，会产生消极负面的情绪。

（5）人的好的情绪会带来好的行为，人的不好的情绪则会带来不好的行为。

（6）人们单凭思考及想象就可以形成观念或信念：理性的思考方式会形成"理性信念"，非理性的思考方式则会形成"非理性信念"。

（7）人具有改变认知、情绪以及行为活动的天赋。

4. 理性情绪疗法

艾利斯提出的理性情绪疗法的精华所在即 ABC 理论。A（activating events）是指诱发性事件，B（beliefs）是指个体在遇到诱发性事件后产生的信念，C（consequence）是指特定情境下，个体的情绪及行为的后果。通常认为，是 A 引起了 C，但是艾利斯却认为 A 只是引起 C 的间接原因，B 才是最直接的原因。

例如，两个同事在饭店迎面碰到了他们的领导，但对方并没有与他们打招呼就直接走了过去。一个人可能会想："领导可能没有注意到我们，或是在想其他的事情，因而对我们没有理睬，这没什么关系。"另外一个人可能会想："是不是我上次的工作完成得不好，领导故意装作没看见我，他以后不会再器重我了。"两种不同的想法就会导致截然不同的情绪反应和行为表现，前者觉得无所谓，该干什么干什么，而后者会觉得忧心忡忡、寝食难安，影响自己的工作和生活。从这个例子可以看出，人的情绪及行为和其对事物的看法有着直接的关系：合理的信念会引起人们对事情适当、适度的反应；而不合理的信念则会逐步导致情绪障碍的产生，引发异常的行为。因此，在理性情绪疗法中，最常用的技术就是与不合理的信念辩论以及合理的情绪想象技术。

（二）贝克情绪障碍认知理论

贝克根据对抑郁症患者的临床观察以及前人对情绪的认知研究，在20世纪60年代提出了情绪障碍认知理论。该理论的基本出发点在于确认思想和信念是情绪状态和行为表现的原因。贝克认为，每个人的情感和行为在很大程度上是由其自身认识世界、处事的方式或方法决定的，即一个人的思想决定了他的内心体验和反应。

1. 两个层次

情绪障碍认知理论包含两个层次，即浅层的*负性自动想法*（*negative automatic thoughts*）和深层的*功能性失调假设*（*underlying dysfunctional assumptions*）。前者是指由情绪伴随着的、个体熟悉而无视、自发的想法，如"我真没用"、"我怎么总是做不好"；后者是指不良的过去经验或精神创伤导致功能失调的认知模式。负性自动想法是状态性的，而功能性失调假设是特征性的，即一种较稳定的心理特征。

2. 六种常见认知偏差类型

贝克在对抑郁症患者的研究中发现，有以下六种常见的认知偏差。

（1）任意推论。在没有证据或证据不足的情况下，凭借主观想象得出结论。生活中的很多误会都是由任意推论引起的。例如，一名学生去商店买东西的时候，发现商品缺货，就觉得自己很无能。

（2）选择性概括。个体通过局部、片面的特性来对事物的整体做出结论。例如，朋友由于堵车而迟到一次，便认为其是一个不可信赖、没有责任感的人。

(3) 过分概括化。从少量的具体事件中得出普遍性的结论，从个别事物推论到整个现象。例如，一次考试成绩不理想之后，就完全否定自己的学习能力，认为自己一无是处。

(4) 过分夸大或缩小。对客观事物的意义或实际结果做出偏离的评价，表现为把自己的不足、缺点过分夸大或把自己的优点、能力过分缩小等。例如，我听不懂这堂课，我是世界上最笨的人。

(5) 个人化。把外在的、与自己无关的事都与自己联系起来，把实际上与自己无关的所有错误和责任都归咎于自己。例如，别人在抱怨心情很差的时候，就认为对方是在指责自己。

(6) “全或无”的思维方式。个体对于事物的评价要么全对，要么全错，世界“非白即黑”，没有过渡的中间环节。例如，一次面试失败，会得出我没有任何优点，再也不会有任何单位雇用像我这样的人。

第二节 感觉统合

案例

“问题孩子”或是感统失调

5岁的颖颖是个很聪明的孩子，但他从来不肯刷牙，如果有人不小心碰到他的嘴巴，他就会开始呕吐。不仅如此，只要一闻到垃圾的味道，他就会非常恶心。不但这样，颖颖吃饭时还总是将饭菜掉在地上，往往掉的比吃的还多，而且总是喜欢到处乱跑，即使是被强迫坐在椅子上，也喜欢敲敲打打，从来闲不下来，把整个家搞得鸡犬不宁。“孩子怎么这么难教啊?”颖颖的妈妈余女士对此很头痛。直到在医院检查之后，她才发现，原来孩子患上一种名叫“感觉统合失调症”的感觉系统疾病。

“有些孩子的注意力特别不易集中、记忆力差、做事丢三落四、学习成绩差、做作业拖拉、调皮、多动、任性、行为冲动、冒险、精细动作差如系鞋带扣纽扣困难、讲话结巴不流畅、词不达意；有的又易紧张、胆小、退缩、偏执、爱哭、不合群、吃饭挑食或暴饮暴食。这些都是感觉统合失调惹的祸。”广州中医药大学附属第一医院儿科副主任医师许双虹分析。

感觉统合失调是近年来才被国内儿童保健专家重视的一种心理行为疾病，该病在城市儿童中的发病率不低于小儿多动症。它并不是智能发育有问题，也不是教育上的问题，而是儿童大脑功能发育不协调，与大脑整合功能不完善、不健全有关。

造成儿童感觉统合失调的原因很复杂，除了中枢神经系统不健全，如发育迟缓、轻度大脑功能失常等先天因素外，还与生产过程中的问题和出生后的抚育方式有关。

2011－01－14　来源：羊城晚报

一、概述

（一）什么是感觉统合、感觉统合失调

1. 感觉统合

艾尔斯（Ayres）在研究行为问题儿童时发现，有的孩子看着聪明，注意力却不集中，学习成绩差；有的孩子看着懂事，却脾气暴躁，爱哭闹；有的孩子看着机灵，动作却不协调；而有的孩子看着可爱，却害羞胆小，缺乏自信（陈文德，1995）。根据这些现象，她在 1972 年率先提出了感觉统合的概念。感觉统合（*sensory integration*）即指人脑将各种感觉器官传来的感觉信息进行多次分析、综合处理，并做出正确的应答，使个体在外界环境的刺激中和谐有效地运作（李旭东 等，2001）。

2. 感觉统合失调

感觉统合失调（*sensory integrative disfunction*）是指当大脑对感觉信息的统合发生问题，机体不能有效地协调运作（罗增让，2002）。感觉统合失调在未成年人中发病率较高，容易引起未成年人学习与行为障碍，严重影响他们的心理健康（王美英 等，2009），因此探讨和解决与感觉统合相关的问题，具有很重要的现实意义。

（二）感觉统合的脑机制

从大脑作用机制来看，感觉统合是指大脑对输入的各种感觉信息通过脑干及内耳的前庭平衡系统进行组织、分析和决策，从而将信息输入到大脑皮质，大脑皮质通过和以往的经验进行比较、筛选、加工、决策后，形

成对事物的认知和反应，指挥系统完成相应的动作（张炼，2005）。

因此，感觉统合是一个信息加工的过程，在这一过程中，大脑会以相应的方式对输入的感觉信息进行比较、选择、决策和解释，从而使进入的各种感觉信息能在中枢系统形成有效的组合，如图 4 所示。这一过程可以分为两个层次，一是初级统合，它包括了身体双侧协调、手眼协调、注意力、情绪稳定及从事目的性的活动；二是高级统合，它包括了注意力集中、组织能力、自我控制、学习能力、概括和推理能力（任桂英，1994）。

这个过程中的任何一个环节出现故障，都可能引起感觉统合方面的问题，比如在感觉信息输入大脑形成感觉的过程中，丘脑出现了问题，就会出现感觉过敏或者感觉减退，从而影响到整个感觉统合的过程。

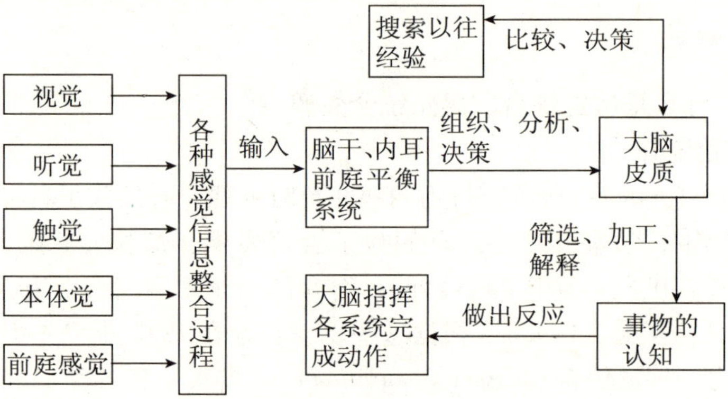

图 4　感觉统合的脑机制作用

（三）感觉统合失调的表现

1. 身体运动协调障碍

身体运动协调障碍主要是指身体运动的协调能力出现了问题。其主要表现为：动作笨拙不协调，写字时忽重忽轻，字的大小不一，经常出现写字出格或把数字写颠倒等现象；身体平衡能力不佳，重心不稳，经常无缘无故摔倒；不会翻跟头，不敢走平衡木，在做跳马、跳箱等技术性动作时显得很笨拙，系鞋带、扣扣子等精细活动比正常人慢（张冬梅，2007）。

2. 身体平衡功能障碍

身体平衡功能障碍与前庭功能关系密切，具体表现为：上课不能专心听讲、自控能力差、爱搞小动作；任性、黏人、情绪不稳定、容易和他人发生冲突；不能考虑他人的需要，很难和别人分享玩具和食物；害怕尝试新的东西，自卑，缺乏耐心等（张冬梅，2007）。

3. 视听语言障碍

视听语言障碍主要表现为：语言发展迟缓、语言表达能力不佳；学习困难，做作业的时间很长；在阅读时常常跳字、跳行，常把数字写颠倒，做事经常丢三落四；对他人说的话心不在焉、答非所问，并且与人交流时伴有口吃的现象；常常会自言自语、大喊大叫。

4. 空间知觉障碍

空间知觉障碍多表现为不同的形式，一方面可能与身体过程有关，另一方面可能与右脑半球的功能有关（张炼，2005）。这类儿童通常方向感差，外出不记路，易迷路；闭上眼睛容易摔倒；左右不分；过分怕黑等。

5. 触觉防御障碍

触觉防御障碍主要分为触觉过分敏感和过分迟钝两种。这类儿童表现为：害怕陌生的环境，爱哭闹，爱玩弄生殖器；讨厌别人的触摸，洗头、洗澡、剪指甲都要反抗；讨厌摇晃、旋转，恐高；味觉不敏感，极端偏食或暴饮暴食；对疼痛不敏感，经常吃手或咬指甲等（张炼，2005）。

二、未成年人感觉统合能力的现状分析

（一）未成年人感觉统合失调普遍存在

通过整理大量国内外学者多年以来的研究，我们发现，未成年人感觉统合能力发展状况一般，感觉统合失调普遍存在。

1. 在不同地区普遍存在

有研究者调查了北京市1994名学龄儿童感觉统合能力的发展情况，发现感觉统合轻度失调率与重度失调率分别为35.9%和10.3%（任桂英 等，1995）。

同样，在合肥市的调查也得到了类似的结果，在随机抽取的933名小学生中，感觉统合失调的发生人数为324名，检出率为34.7%，其中轻度失调率为23.5%，重度失调率为11.2%（曹秀琴 等，2004）。

还有研究者在沈阳市随机抽取了716名儿童，发现其感觉统合失调的发生人数为273名，检出率为38.13%，轻度失调率与重度失调率分别为32.9%和9.81%（高臣，2012）。

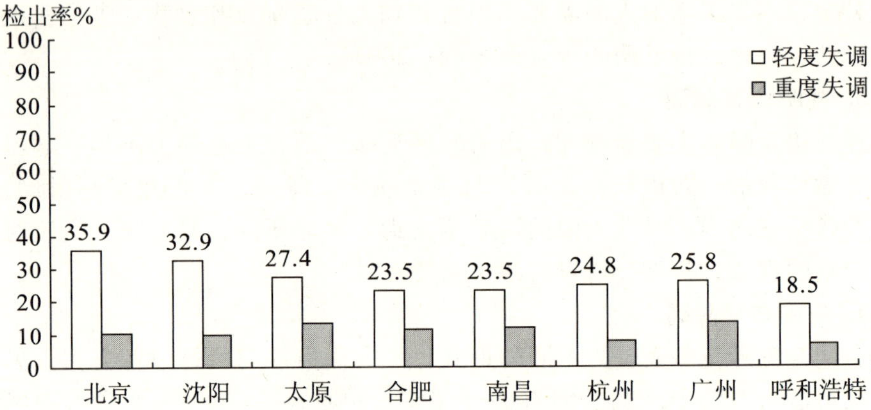

图5　不同地区未成年人感觉统合失调的检出率

如图5所示，在我国不同地区的普通人群中约有15%～30%的未成年人存在不同程度的感觉统合失调。在北京、沈阳这样经济文化比较发达的城市，感觉统合轻度失调率都超过了30%，而在呼和浩特这类经济发展状况一般的城市，感觉统合轻度失调率也接近20%。这种地区间的普遍性说明：我国未成年人感觉统合能力的发展情况不容乐观。

2. 在学龄前期、学龄期普遍存在

有研究者对200名4～6岁的学龄前儿童进行了感觉统合能力的调查，发现其感觉统合失调率为25.89%（男童为28.26%，女童为23.81%）（曹丽娟 等，2007），这说明感觉统合失调的情况在学龄前期就已经出现了。

如图6所示，研究者采用北京医科大学修订的《儿童感觉统合能力发展检测表》对南昌市769名4～10岁学生的感觉统合能力进行了测量和分析，发现只有4～7岁感觉统合失调率较低，其他年龄都较高，并且随着年龄的增长，随着身体各器官功能的不断完善，感觉统合失调的情况并没有得到改善（朱小玲，2010）。

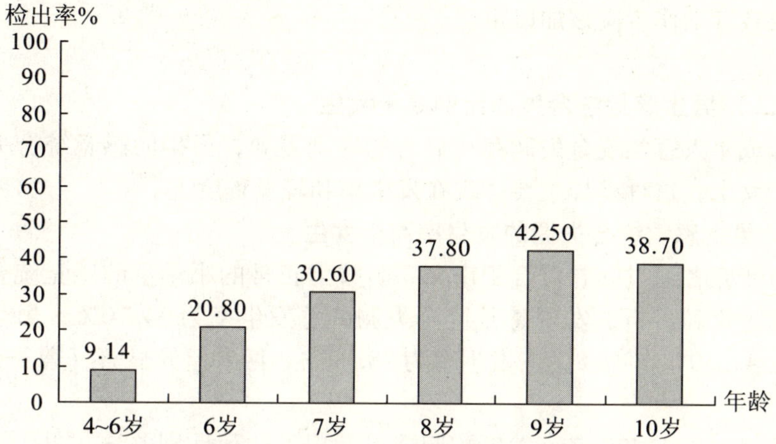

图 6　南昌市不同年龄段未成年人感觉统合失调的检出率

还有研究者采用任桂英等修订的《儿童感觉统合能力发展评定量表》对武汉市 1976 名小学生的感觉统合失调情况进行了分析，发现不同年龄组的轻度失调率为 17. 81% ~30. 23%，重度失调率为 12. 96% ~11. 30%（张岚 等，2001）。如图 7 所示，虽然从 9 岁开始，感觉统合失调率呈下降的趋势，但仍然占有很高的百分比，特别是那些重度失调的未成年人，更需要得到特别的关注。

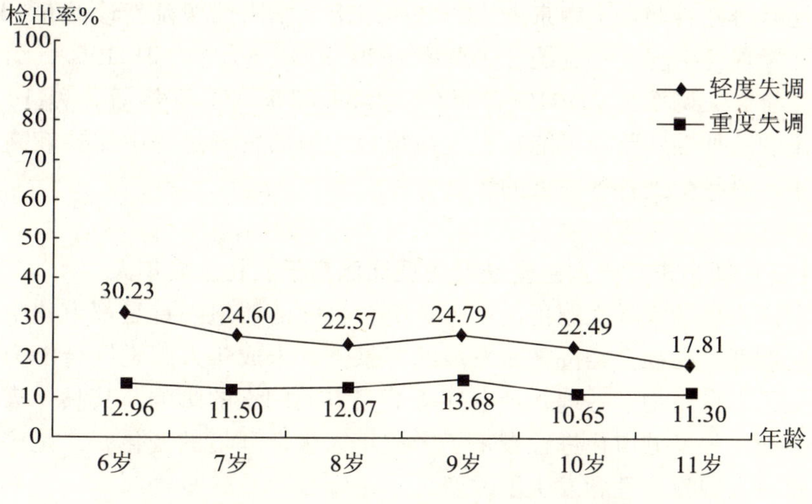

图 7　武汉市不同年龄段未成年人感觉统合失调的检出率

以上研究结果说明，感觉统合失调在学龄前期、学龄期已普遍存在，家长及教育工作者应该加以重视。

（二）男生感觉统合失调比例高于女生

未成年人感觉统合失调存在显著的性别差异，男生的感觉统合失调率要高于女生，这种差异主要体现在发生率和轻重程度上。

1. 男生感觉统合失调的发生率高于女生

有研究者通过问卷对合肥市 933 名智力正常的小学生的感觉统合能力进行了评定和分析，发现感觉统合失调的总发生率为 34.70%，男生的发生率为 42.30%，而女生的发生率为 28.80%，两者差异显著（曹秀琴 等，2004）。

而对太原市 427 名小学生的调查也发现了这种性别差异，男生感觉统合失调的发生率为 47.98%，女生感觉统合失调的发生率为 34.50%（刘晓莉 等，2007）。

2. 男生感觉统合失调的程度比女生严重

有研究者采用《儿童感觉统合能力发展评定量表》对上海市 200 名 4～6岁儿童的感觉统合能力进行了分析，发现男生轻度感觉统合失调率为 23.91%，女生为 21.91%；男生重度感觉统合失调率为 4.35%，女生仅为 1.91%（曹丽娟 等，2007）。

还有研究者调查了南京市 432 名在东南大学附属医院就诊的 6～12 岁儿童，发现男生轻度感觉统合失调率为 29.30%，女生为 21.19%；男生重度感觉统合失调率为 42.04%，而女生为 39.83%（王颖奕 等，2011）。

出现这种性别差异可能与男生在统合能力的发展过程中需要较高的活动水平，更易受到各种因素的影响有关。

（三）城市未成年人感觉统合失调比例高于农村未成年人

台湾心理学家陈文德指出：感觉统合失败的罪魁祸首是都市化生活和小家庭制度。在社会经济飞速发展的背景下，未成年人感觉统合能力的发展受到了来自生物、心理和社会环境等多方面因素的影响，其具体表现在两个方面：一是城市化进程带来了未成年人生活环境的变化；二是多元文化导致成人的教育理念发生了改变。

1. 城市未成年人居住空间更为有限， 更易受到环境污染的影响

都市化的生活使得城市未成年人的居住空间十分有限，自然活动空间也越来越小，很多的未成年人失去了庭院玩沙、玩水的体验。有研究者采用《感觉统合评定量表》对755名学龄儿童进行了检测和分析，发现在家居环境面积较大、远离路旁的居住环境中成长的儿童，发生触觉过分防御的可能性较低（黄娟 等，2003），感觉统合能力发展较好。

并且，城市家庭中学步车、婴儿车的使用，也在很大程度上限制了孩子的活动方式和活动范围，极易导致前庭功能障碍（张冬梅，2007）。

此外，居住在城市的未成年人比农村未成年人更易受到来自空气污染、水污染、噪声污染、放射性物质污染等不良环境因素的影响。例如，国内外相关研究发现，高水平铅暴露是当今对未成年人危害极大的一种不良环境因素，室内尘屑、装修涂料、儿童玩具、城市工业区的空气污染均是铅的来源。郭建华等人（2005）的研究表明，慢性高铅负荷会导致神经递质含量失衡，产生自控能力不稳定、注意力涣散、手脚笨拙等感觉统合失调的神经行为症状。

2. 城市未成年人家庭规模更小， 更易受到父母的过度保护

小家庭化的结构特点使城市未成年人从小就缺少玩伴，缺少学习交流的机会。并且，当今我国城市家庭多为独生子女，婴幼儿时期应有的“摸、爬、滚、打”被很多家长的“过分保护”无情地破坏。特别是在婴儿7～9个月时，如果家长抱得太多，让孩子自己活动得少，就会使孩子缺乏各种感觉相互协调、配合的经验，大脑也就失去了应有的多种刺激，从而导致感觉统合失调。还有一些家长害怕孩子哭闹，孩子一哭就立刻跑去制止，这样的行为将会导致孩子的口腔肌肉以及心肺功能得不到锻炼，增加感觉统合失调的发生率（张冬梅，2007）。

（四）感觉统合失调的未成年人更易出现学习上的问题

综合国内外学者的研究我们发现，感觉统合能力发展良好的未成年人，其学习专心，学业成绩优秀；相反，感觉统合能力发展失调的未成年人，会出现学习困难、学业成绩差、学习适应不良等一系列问题。

1. 易出现学习障碍

海燕等人（1998）的研究表明，学习障碍儿童的感觉统合能力要明显低于非学习障碍的儿童，他们在语文、体育以及社会行为的发展上存在很大的不足，研究者们认为感觉统合能力发展不良是引发未成年人学习障碍和行为问题的主要因素。

张轶勋（2002）的研究也发现，学习困难组的感觉统合能力低于学习优秀组，并且其学习能力的发展状况显著落后于优秀组，学习困难组的学生通常存在手眼协调不良，反应速度、准确性、控制运动的能力差，听课方法、学习技巧以及学习态度不良等问题。

2. 学习成绩不佳

杨志武等人（2002）将被调查儿童的学习综合成绩分为上、中、下三等，其相应的感觉统合失调率分别为8.08%、15.07%、42.62%，且差异显著。因此，他们认为，感觉统合能力与学习成绩密切相关，感觉统合能力发展得越不好，学习成绩就越差。

有研究者调查了武汉市232名小学一年级学生的感觉统合能力以及他们的学习成绩，发现感觉统合失调的学生（109名）在语文、数学两门主课的平均成绩上都显著低于感觉统合正常的学生（123名）（李丹 等，1998），并且语文的影响要大于数学。

曹秀菁等人（2002）的研究则显示，语文、数学、英语、体育、美术和音乐六门课程成绩差的学生，其感觉统合失调率都要明显高于成绩好的学生。

三、未成年人感觉统合的影响因素

（一）生理因素

生理因素对感觉统合能力的影响主要体现在神经递质浓度以及微量元素的含量上。

有研究者采用放射免疫疗法对40例感觉统合失调儿童进行了测试，发现血清肾上腺素（A）、去甲肾上腺素（NE）、多巴胺（DA）的递质水平的失衡与感觉统合失调有很大的关系，并表现出与其相关的交感神经活动性行为，如易激动、兴奋、多汗等；且不当行为表现十分突出，如多动、手脚笨拙、容易跌倒、反应迟钝、害羞不安等（郭建华 等，2001）。出现这种情况是因为大脑内的儿茶酚胺递质NE、DA、A，分别参与机体觉醒、注意力、情绪以及精神运动等功能，当交感神经异常兴奋时，神经末梢释放NE等递质增加、突触间隙神经化学改变、受体活性紊乱，同时影响血液递质浓度，表现为兴奋、易激动、出汗多、心跳加快等交感神经兴奋状态（许绍芬 等，1990）。

未成年人体内的微量元素含量也与感觉统合有密不可分的关系。例如，血锌原卟啉（Zpp）含量高的儿童，感觉统合失调比率高；此外，血清锌、铁含量低也容易引起感觉统合失调（张炼，2005）。

（二）母亲孕期的生活特点及分娩方式

母亲在孕期休息不够、工作焦虑、行动姿势不佳、运动量不够、生活没有规律等，都会对胎儿产生不利影响。而且母孕期过程中大量地饮用酒、浓茶、咖啡等会造成胎儿脐带毛细血管的萎缩，阻碍营养输入，影响胎儿大脑的发育。仅以母亲在孕期及产后的情绪状态为例，母亲情绪状态良好，孩子发生本体感失调的可能性较低；母亲情绪状态低落，孩子发生触觉过分防御的可能性较大（黄娟 等，2003）。

母亲在怀孕期间出现妊娠水肿、骨盆狭窄、阴道出血、胎位不正、早产、先兆流产或采用剖腹产、电吸引等分娩方式，或在分娩过程中使用催产素、产钳等会造成儿童中枢神经系统感染或损伤，胎儿出生时会出现产伤，如头部外伤、高烧、脑炎等，这些都会导致感觉统合失调（张冬梅，2007）。有研究者认为，剖腹产的婴儿，由于在出生过程中没有经过正常的产道挤压，从而失去了一次重要的触觉学习机会，这也是导致感觉统合失调的重要原因（鞠红珍 等，2000）。

此外，王晓箫等人（2003）的研究发现，母亲避孕药无效受孕、孕期感染、过期产及分娩期并发症等因素也会增加 6 ~ 12 岁儿童感觉统合失调的危险性。

（三）气质因素

气质主要是由生物学因素决定的相对稳定而持久的心理特征，以行为的速度、强度、灵活性等动力特点为表现方式，它是直接影响儿童心理活动和行为发展的因素，因此它和感觉统合之间也有着紧密的联系（张劲松，1995）。

有研究者认为，难抚养型气质儿童生物功能不规律、对新的事物和陌生人退缩、适应较慢、经常表现出消极情绪且反应强烈，他们通常会出现感觉统合功能中的前庭平衡障碍、身体运动协调障碍等问题。而易抚养型气质儿童以生物功能的规律性强、容易接受新的事物和陌生人、积极情绪多、反应强度中等或较低、适应能力快等为特点，他们多表现为前庭平衡障碍，但可以通过治疗得到显著改善（张劲松，1995）。

还有研究者通过问卷对感觉统合失调儿童和正常儿童的气质特征进行了比较，发现前者在活动水平、节律性、适应性、心境、持久性五个气质维度上的得分都与后者差异显著。出现这种情况的原因在于：消极的气质特征（如交往退缩、注意力分散、适应性差等）会影响教师对未成年人的评价及管理，也容易使未成年人和父母、周围环境产生矛盾和冲突。如果这种情况持续发展，就会严重挫伤未成年人的自信心和自尊心，导致他们不愿积极投入到环境中去，不愿尝试学习经验，从而导致感觉统合失调（叶彬 等，2002）。

（四）家庭环境因素

1. 家庭教养方式

很多家庭环境因素都对未成年人感觉统合能力的发展有着重要的影响，如家庭教养方式、家庭氛围、父母的文化程度等都会影响到未成年人感觉统合能力的发展（王美英 等，2010）。

有研究者分析了父母教养方式与感觉统合的关系，发现父母对孩子的过度保护易引起感觉统合失调（刘宝花 等，2001）。由于现在独生子女较多，父母通常过分担心孩子的健康和安全，不允许未成年人做一些力所能及的事情，不信任他们会独立完成事情，限制他们的活动方式和活动范围，这种教养方式无形中剥夺了未成年人许多学习的机会，减少了刺激的来源，非常不利于感觉统合能力的发展。

有人对幼儿感觉统合失调进行多因素分析时发现，父母的拒绝、过度保护是幼儿五种类型的感觉统合失调共同的危险因素。父母长期的拒绝、否认会造成儿童缺乏自信、无主见、缺少创造力，儿童往往因为缺乏内驱力而不愿意积极地投入到环境中去，不愿意尝试学习新知识，从而导致感觉统合失调（刘宝花 等，2001）。

2. 家庭氛围

有研究表明，家庭氛围越融洽，暴力、争吵、冷漠等行为越少，儿童的感觉统合能力发展得就越好（王芙蓉，2000），经常吵架的父母其子女发生感觉统合失调的危险程度是很少有家庭矛盾儿童的 2.7 倍（王晓笳 等，2003）。这说明，家庭成员之间互相承诺、帮助和支持的程度越大，家庭成员参加社交和娱乐活动越多，越有利于儿童感觉统合能力的发展；反之，家庭成员之间公开表露愤怒、攻击和矛盾，都将在不同程度上削弱儿童感觉统合能力的发展（姜峰 等，2004）。

3. 父母的受教育程度

王颖奕等人（2011）选取了503名6～12岁就诊儿童，通过《儿童感觉统合能力发展评定量表》和《家庭环境因素调查表》考查了感觉统合失调与家庭因素的关系，发现父母的受教育程度，特别是母亲的受教育程度是未成年人感觉统合的“保护因素”，即母亲的文化程度越高，未成年人感觉统合能力发展得越好。

吴海磊等人（2005）关于儿童神经行为功能的研究结果也表示，母亲的文化程度与孩子感觉统合能力的发展关系密切。母亲文化程度为高中、中专的未成年人神经行为功能最差，最易发生感觉统合失调。

在一个家庭中，母亲是与儿童接触最多、最密切的家庭成员，母亲对儿童早期的认知和行为发育有很重要的影响，母亲文化程度高有利于接受新的知识理论，从而提高对子女教育的意识以及选择正确的教养方式。

此外，父母情绪不佳、家庭结构不完整或是重组家庭，父母的健康状况差、年龄偏大等，也会影响到未成年人感觉统合能力的发展（彭幼清 等，2004）。

四、未成年人感觉统合的培养

（一）加强感觉统合训练

在美国，每100个幼儿园中就有98家设有“儿童感觉统合馆”；台湾地区感觉统合训练系统在幼儿园的普及率也高达95%，每100家大型社区内就有80个大型的“儿童感觉训练馆”（高臣，2012）。由此可见，感觉统合训练对未成年人感觉统合能力发展的重要性。而我国开展这方面的训练只有10年左右的时间，且大多集中在医院。因此，我们应该通过社会各界的力量把创办儿童感觉统合馆作为学校教育的有益补充，作为未成年人成长过程中必不可少的课程。

1. 什么是感觉统合训练

感觉统合训练是一种游戏式的训练方法，但它又有别于一般的游戏，它是由专业人员依照儿童的生理和心理发展的特点，针对个体差异，有计划地设计活动。其中包括圆桶、滑梯、跳床、阳光隧道、平衡木、独脚椅、球池、羊角球、刷子、海绵、平衡吊缆等，让儿童在多种变化的活动过程中，得到丰富、适当的感觉刺激，以促进感觉统合能力的发展（王琦，2009）。

图 8　平衡木

图 9　感觉统合训练室

感觉统合训练的作用机制是针对未成年人感觉、动作方面的障碍，制订出符合其需要的活动计划，并有意识地加强其活动，使其产生顺应性反应，以改善大脑对该感觉的加工和组织能力，通过感觉信息的不断输入来促进大脑的成熟（沈理笑 等，2002）。

2. 如何进行感觉统合训练

进行感觉统合训练要根据未成年人各自不同的特点来进行。例如，对触觉统合失调的儿童，应该多进行户外活动，可以采用球池、橡皮泥、时光隧道等游戏项目；而对于平衡统合失调的儿童，应着重锻炼平衡能力，吊缆、旋转咖啡杯、溜滑梯等都是不错的选择。训练的关键点即控制感觉输入，改善大脑的信息加工过程，使个体在适应环境中形成并巩固良好的行为（罗均令，2000）。

加强感觉统合训练，需要医疗、保健、家庭、学校等社会各界的共同配合，也需要一定的科学规范和社会投入，但其最终达到的效果却非常好。郭玉芹等（2000）针对不同类型的感觉统合失调，采取不同的训练方法，分密集训练、间隔训练或家庭训练，在半年之后取得了显著的效果：对胆小、内向、黏人儿童的治愈率达到了100%；对多动、注意力不集中、学习困难儿童的治愈率达到了86.6%；对孤独症儿童的显效率达到了87.5%。还有研究者运用感觉统合训练治疗未成年人的情感行为障碍，他们通过滑板运动、平衡木、旋转浴盆、平衡木、跳床、阳光隧道、彩虹桶、袋鼠跳等项目训练感觉统合失调患儿，一段时间后发现，这种感觉统合训练对感觉统合失调、运动不协调、注意力不集中以及情绪不稳定有较好的疗效，并且总的改善率达到了90.55%（刘海玲 等，2012）。

（二）改善家庭教育方式

1. 提高家长们的意识

一般来讲，约70%的孩子在3岁以前就可以完成感觉统合的初级过程，在身体、大脑和感官之间建立起协调的关系，但尚有10%～30%的孩子在这一过程中发展比较落后，到9岁、10岁甚至更大的时候还没能完成（任桂英 等，1994）。虽然随着年龄的增长，这种障碍会在18～25岁不治而愈，但是感觉统合失调却使未成年人失去了学习和掌握知识的大好时机。

有些家长并不愿意承认自己的孩子存在感觉统合失调，认为平衡力、方向感等小问题不好，并不会影响到学习，所以无关痛痒。但是正是这样的小问题，长时间得不到改善，就会发展成为大问题，如注意力不集中、学习的动力不足、缺乏自信心等，贻误治疗的关键期，从而对孩子的发展造成更大的伤害。

所以家长们一定要充分地认识到感觉统合能力发展不好将会带来的潜在危害，主动提高培养未成年人感觉统合能力的意识。

2. 改变家庭教育的传统模式

良好的家庭氛围、合理的教养方式对未成年人感觉统合能力的发展至关重要。随着社会竞争的激烈和生活节奏的加快，父母们不要忘记给未成年人提供一个自由的空间，不要无情地剥夺他们运动和游戏的权利，充足的活动和游戏会给未成年人提供更多的感官刺激，使他们能更好地统合各种感觉信息，有助于个体与环境更加顺利地接触（Erin et al，1997）。家长们要尽量创造未成年人与外界社会接触的机会，使孩子在与人交往和沟通的过程中刺激、调整与强化自己的各类感觉能力，减轻学习的压力，增加孩子对活动的兴趣。

家长们不要将成人社会的竞争意识过早地灌输给孩子，加重他们的心理负担。在日常生活中，要有意培养孩子的自理能力，不要因为溺爱或者不信任就包办孩子的一切事务。孩子的事就交给孩子自己去做，充分发挥他们的想象力，如孩子在吃“水果”时，家长可以通过“水果”问孩子问题，让孩子与颜色、味道、季节、产地等产生联想，长此以往，就可以使未成年人的感觉统合能力在原有基础上得到提高。

还有，家长对孩子不要过分娇惯与宠爱，以免造成其孤傲、任性、依赖性强、自理能力差等问题。父母应给予未成年人更多的情感温暖和鼓励，减少拒绝、否认、批评、过度保护和偏爱，以增强他们的自信心和创造性，促进未成年人人格的健康发展（来松海，2005）。

（三）开展全面的学科教学

在未成年人的成长阶段，学校所开设的体育、美术、音乐等课程，从学科性质来说，可以从多方面促进未成年人感觉统合能力的发展（来松海，2005）。例如，体育活动中自由活跃的气氛，鲜艳夺目的各色玩具和运动器材，优美协调的身体动作，促使孩子产生广泛的兴趣和快乐的情绪体验，孩子在积极向上的氛围中观察和理解周围的事物，促使自己的感知能力得到发展；同时，记忆力、思维能力、想象力和创造力也会得到提高，促进其心智能力的发展；此外，体育活动也是一种社会化活动，能够锻炼未成年人的人际交往能力、社会适应能力，使其形成活泼、开朗、大方、自信、勇敢和进取等良好的个性特征，为健康人格的形成打下基础。因此，应该充分发挥各个学科的学科性质和学科特点，这将会对未成年人感觉统合能力的发展起到良好的促进作用。

人类对世界的认识是从感觉、知觉开始的，它为人们提供了内外环境的基本信息。感觉统合能力是认知能力、社会能力、情绪及自我发展的一个重要前提，也是促进大脑充分发育的一个重要学习过程，它为今后德、智、体的健全发展奠定了必需的基础。所以要培养未成年人的健康人格，首先必须要重视对其感觉统合能力的培养。

第三节　注意

案例

特殊训练　让孩子注意力集中

离地半米、长约五米的平衡木，一群娃娃赤着脚踩在上面，正全神贯注地努力从一端走向另一端；一个小男孩趴在荡起的网兜里，一只手拿着黄色塑料小棍，在网兜前后剧烈的晃动中，正专心致志地寻找机会，要将小棍插入地面的小洞里……记者发现，方才没上这些训练器材的孩子，个个心不在焉地玩闹，一上器械旋即变了模样，一脸严肃，注意力高度集中起来。中心毛德衡主任说，他们这家机构就是专门纠正孩子上学注意力不集中、做练习老出错、写作业磨磨蹭蹭等“毛病”的。

走进这家中心，每间教室都铺着黄色的地板，一组组训练器材有序地分布在不同的区域，一些孩子正在老师的指导下，在器械上进行训练。正在现场指导的周玲玲老师说，上课注意力不集中、好动坐不住；计算时看错加减符号、忘记进位；写作业磨蹭、多笔少画、偏旁部首写颠倒；念书时加字、漏字、跳行、对阅读的内容不理解……这些“毛病”在中小学生中特别是小学生身上很常见，受这些“毛病”困扰的孩子，基本上学习成绩都不理想，成了父母的一块心病。孩子这些毛病产生原因复杂，有先天性带来的，也有后天家教缺陷导致的。基本都表现出学习注意力难以集中，脑力开发比较迟缓。但少儿教育专家从长期实践中发现，通过专门的训练和有针对性的开发，可以减轻或消除孩子身上的“毛病”。

2013－10－22　来源：大江晚报

一、概述

（一）什么是注意

注意（*attention*）是指心理活动或意识对一定对象的指向与集中（彭聃龄，2004）。它和人们的认知过程紧密相连，在各种认知活动（感觉、知觉、语言、记忆、思维、想象）中都起到了主导性的作用。可以说，离开了注意力，人们的学习、工作、生活都不可能顺利地进行下去。

（二）不随意注意、随意注意和随意后注意

不随意注意（*involuntary attention*）是指事先没有目的、也不需要意志努力的注意。例如，学生们正在教室里安静地自习，突然外面发出了一声巨响，大家都不约而同地看向了窗外。这种注意的引起与维持并不依靠意志的努力，而取决于刺激物本身的性质，因此是一种消极、被动的注意。

随意注意（*voluntary attention*）是指有预定目的、需要一定意志努力的注意。例如，在学习过程中遇到某种干扰时，我们通过意志的努力，使注意力坚持在所要学习的东西上。它是一种积极、主动的注意。

随意后注意（*post voluntary attention*）是指有预定目的、但不需要意志努力的注意。它同时具备了不随意注意和随意注意的某些特征，既服从于当前的活动目的与任务，又能节省意志的努力，对于完成长期的、持续性的任务有着特别的意义。

（三）注意的特征和功能

1. 注意的特征

（1）注意的范围

注意的范围，也称注意广度，是指一个人在同一时间内能清楚地观察到对象的数量（黄希庭，1996）。它主要受到知觉对象特点和知觉者的活动任务、知识经验两方面因素的影响。

（2）注意的稳定性

注意的稳定性，是指注意保持在某一对象或某一活动上的时间久暂特性（黄希庭，1996）。广义上所指的注意稳定性是注意保持在对一定活动的总的指向上，而行动所接触的对象和行动本身可以发生变化。例如，学生在写作业的过程中，可能要看参考书、写字、演算、思考等，虽然所从事的活动内容会发生变化，但是他的注意力仍然集中在写作业这一总的任务上，这时，他的注意力就是稳定的。

要使注意力持久地集中在一个对象上并不容易。例如，我们在倾听钟表的嘀嗒声时，时而能听见，时而又听不见，这就是注意的起伏现象。注

意的起伏，又称注意的动摇，是指短时间内注意周期性的不随意跳跃的现象。注意的起伏周期一般为 2 ~ 3 秒至 12 秒。

注意的起伏与注意的不稳定性并不是同一个概念。注意的不稳定性，又称注意分散，是指注意被无关刺激所吸引不自觉地离开当前应当完成的活动。注意分散主要是因为无关刺激的干扰或单调刺激的长时间作用。

（3）注意的分配

注意的分配是指在进行两种或多种活动时能把注意指向不同对象的现象。最早进行这个问题研究的是我国北齐时期的文学家刘昼，他解释道"如果一个人可以同时左手画方，右手画圆，则协调能力强；反之，画不成，则一心不可二用"。

注意的分配是有条件的，同时进行的几种活动的复杂程度、熟悉程度和自动化程度都会影响注意分配的难易程度。

（4）注意的转移

注意的转移是指人有意识地把注意从一个对象上转移到另一个对象上，或从一种活动上转移到另一种活动上。注意的转移和注意的分散也是有根本区别的，前者是有意地根据活动任务的需要把注意力从一个对象转向另一个对象；而后者则是在需要注意稳定的时候，不随意地改变了注意的对象。注意转移的快慢与难易依赖于原来注意的强度和新注意对象的特点。

2. 注意的功能

（1）选择功能

从各种可能的动作中选出与完成当前活动有关的动作，从保存在头脑中的大量记忆中选出与当前智力活动有关的记忆，这些都有赖于注意的选择功能。由于注意的选择作用，进入我们意识中的感知、动作和记忆的范围大大地缩小了，其中一些占着优势，而另一些则受到了抑制。如果心理活动没有注意的选择功能，我们就不可能将有关的信息检索出来，意识就会处于一片混沌状态。

（2）维持功能

我们从外界感知到的信息、从记忆中提取的信息，只有加以注意才能保持在意识中或进行精细的加工，没有这种维持的功能，头脑中的信息就会很快消失在意识里，导致任何的智力操作都无法完成。

（3）调节和监督功能

在注意状态下我们才能对自己的行为和活动进行调节和监督，使之与特定的目标相一致。如果行为与目标不一致就需要进一步调节，直至达到目标为止。

（四）注意的理论

1. 注意的选择理论

（1）过滤器理论（filter theory）

1958 年，布罗德本特（Broadbent）根据双耳分听实验的结果提出了过滤器理论，他认为：神经系统在加工信息的容量方面是有限的，不可能对所有的感觉刺激都进行加工。当信息通过各种感觉通道进入神经系统时，要先经过一个过滤机制，只有其中的一部分信息可以通过这个机制，并接受进一步的加工；而其他的信息就被阻隔在外面，完全丧失了（彭聃龄，2004）。

（2）衰减理论（attenuation theory）

该理论是在 1964 年由特瑞斯曼（Treisman）提出的，他认为信息通过过滤装置时并不是完全丧失了，只是在强度上有所减弱而已。例如，有些刺激对个体有重要的意义，如自己的名字、生日等，这类信息的激活阈限较低，容易激活，当它们出现在非追随通道时，就容易被人们接受，而进行进一步的加工。

（3）完善加工理论（late selection theory）

多伊奇（Deutsch）和诺尔曼（Norman）认为，所有输入的信息在进入过滤或衰减装置之前，已经受到充分的分析，然后才进入过滤或衰减装置，因而对信息的选择发生在加工后期的反应阶段（彭聃龄，2004）。这就是完善加工理论的主要观点，它与前两种理论的不同之处在于：假定信息的选择发生在对信息充分加工之后。

（4）多阶段选择理论（multi stage selective theory）

约翰斯顿（Johnston）等人的多阶段选择理论认为：选择过程在不同的加工阶段上都有可能发生。这一理论的主要假设是：在进行选择之前的加工阶段越多，所需要的认知加工资源就越多；选择发生的阶段依赖于当前的任务要求。与之前的理论相比，多阶段选择理论更为灵活，强调了任务要求对选择阶段的影响。

2. 注意的资源分配理论

（1）认知资源理论（cognitive capacity theory）

1973 年，卡尼曼（Kahneman）提出了认知资源理论，该理论把注意看作是对刺激进行识别和加工的认知资源，这个资源是有限的，任务越复杂，占用的认知资源就越多，当认知资源完全被占用时，新的刺激便得不到加工了（未被注意）。

（2）双加工理论（dual-processes theory）

谢夫林（Shiffrin）等人在认知资源理论的基础上，提出了双加工理论。该理论认为人类的认知加工分为两种：自动化加工（automatic processing）和受意识控制的加工（controlled processing）。前者不受认知资源的限制，不需要注意，是一个自动化的过程，一旦习得，很难改变；而后者受到认知资源的限制，需要注意的参与，可以随环境的变化而不断地进行调整。例如，一边看电视一边织毛衣，织毛衣个体已经非常熟悉了，不再消耗认知资源，因此个体可以把注意力集中在看电视这一其他认知过程上。

（3）多重资源理论（multiple resources theory）

威肯斯（Wickens）提出的多重资源理论认为，资源是多维度的（知觉调节加工处理、信息码、反应模式）、相互独立的。如果同时进行的任务消耗了同一维度的资源，它们就会互相干扰；相反，如果进行的任务消耗的是不同维度的资源，它们将会比较顺利地进行下去（McDowd，2007）。

3. 注意的特征整合理论

在 20 世纪 80 年代初期，特瑞斯曼基于视觉搜索范式及表现，提出了特征整合理论，该理论把注意和知觉加工的内部过程紧密地结合了起来。特征，如颜色、方位、大小、距离等，可以不受容量与能量的限制而被感知（王科英 等，2009）。

二、未成年人注意力的现状分析

（一）随年龄增长不断提高，但还有待加强

以往的经验表明个体的注意力时长为：2 岁约为 7 分钟，3 岁约为 9 分钟，4 岁约为 12 分钟，5 岁约为 14 分钟，小学生平均为 15 ~ 25 分钟，初中生平均为 25 ~ 35 分钟，高中生平均为 35 ~ 60 分钟（金志艳，2011）。可见，未成年人的注意水平在不同年龄之间存在差异，并呈上升趋势。

例如，梁宁建（2007）通过研究小学生注意特点发现，随着年级的升高，小学生的注意水平呈不断上升的趋势，而注意稳定性和注意广度这两个因素对各个年级小学生的注意水平都有重要的影响，其中注意稳定性的影响力更大。

许其瑞（1997）总结了中学生注意力的发展特点，发现：（1）有意注意随着年龄的增长有了进一步的发展，并逐渐占据主导地位；（2）注意稳定性和集中性不断增强；（3）注意分配能力不断发展；（4）注意转移能力不断提高；（5）对抽象材料的注意水平也明显提高。

但是，我国未成年人的注意力还有待提高。2006 年，中国关心下一代工作委员会事业发展中心与中国社会心理学会对我国五大区域八个城市的青少年注意力发展状况进行了调查，被访学生中自认为上课时能集中注意力的仅占 58.8%，其中有 39.7% 的学生表示其注意力的持续时间能达到 30 分钟以上；而在自习课上，能够集中注意力的比例为 48.6%，还有超过 20% 的青少年出现“经常走神”的问题（刘欣欣，2011）。由此可以看出，我国未成年人注意力发展状况不容乐观，亟待加强。

（二）注意力发展不良的后果

1. 注意力缺陷多动障碍

注意力缺陷多动障碍（*attention deficit hyperactivity disorder*，*ADHD*），也称脑功能轻微失调综合征，是一种在注意、调节活动和冲动控制方面的缺陷。主要的临床表现为：自控能力差、明显的注意定向障碍和注意持续时间短暂、活动过度、冲动任性和学习困难等，并常伴有其他心理行为异常，如焦虑、抑郁、双相情感障碍、社会适应能力差、反社会行为、学习障碍、语言障碍以及物质滥用障碍等（Shii et al，2003）。

ADHD 主要表现为：（1）注意缺乏（注意力不能集中、丢三落四、粗心大意、易受到外界刺激的干扰等）；（2）活动过度（不遵守课堂纪律、跑来跑去、话多且声音大、很难安静地学习或游戏等）；（3）行为冲动（思考落后于行动、经常打断他人的谈话、无法等候或排队等）（张立新 等，2005）。

国外流行病学调查资料显示，在不同文化背景、不同地域下的 ADHD 检出率为 5% ~20%（戚元丽 等，2005）。还有研究表明，有 65% 的患儿会延续至成人，进一步影响其社交能力、教育机会、事业成就以及家庭关系（Bradley et al，2001）。

在我国，20 世纪 80 年代不同研究者得到的 ADHD 检出率为 1.9% ~ 13%（陈顺珍 等，2004）。90 年代后，由于 ADHD 的诊断标准发生了变化，因此各地区的检出率也不尽相同。2007 年，有研究者从北京、哈尔滨、开封、汕尾、石家庄、萧山六个城市中选取了 17 所小学，共计 1268 名小学生，采用 DSM – IV 问卷对 ADHD 进行了评估（注意缺陷和多动冲动），其总检出率为 5.4%，男女检出率之比为 1.6∶1（张微 等，2007）。虽然总检出率并不像以往研究结果那么高，但仍有一些问题值得关注，例如，在整个小学阶段 ADHD 的检出率并没有随着年龄的增长而呈下降的趋势，这说明 ADHD 始终都是影响未成年人身心发展的重要问题（如图 10 所示）。

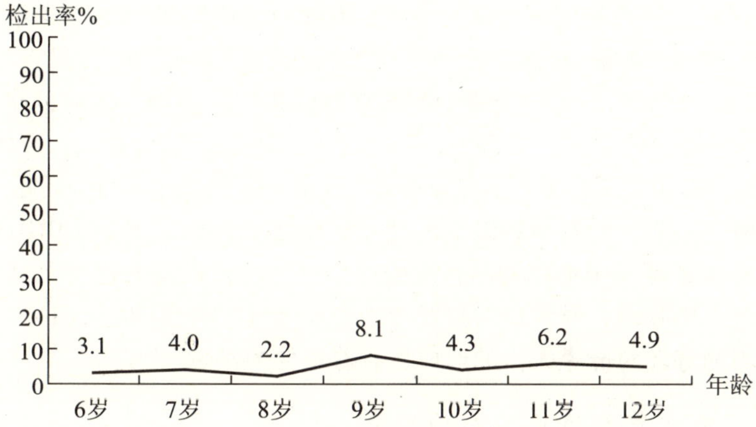

图 10　六城市 6 ~ 12 岁儿童 ADHD 的检出率

未成年人阶段恰恰是为未来各种能力发展打基础的关键阶段，因此对 ADHD 的早发现、早治疗、早预防，不仅能使未成年人更好地适应家庭、学校和社会生活，并且也有助于未成年人的成长以及个人价值的实现。

2. 学习困难

一般而言，注意使人的心理活动朝向某一事物，有选择地接受某些信息，从而抑制其他无关活动和信息，并集中全部的心理能量用于所指向的事物。反之，当注意力不集中时，就无法将心理活动指向某一具体的事物，或者无法将全部精力集中到这一事物上来（巴晓娜 等，2012）。因此，注意能力发展的好坏，会直接影响未成年人学业成绩的高低，甚至是认知、社会性情感等身心各方面的发展。

早在1973年，安德森就在他的研究中发现，学习困难儿童通常做作业时间延长，并且错误率也很高，因此他认为学习困难儿童的注意力差。斯旺森（Swanson，1981）采用持续性操作测试（continuous performance test，CPT）测试未成年人的注意稳定性，发现在该测试中，学习困难儿童的错误率和漏报率都很高。

张曼华等人（2004）对学习困难儿童和正常儿童进行了注意广度、注意稳定性、注意分配以及注意转移的测试，研究发现，除了注意转移能力外，学习困难儿童在其他三项能力上都与正常儿童存在着差异。

3. 犯罪行为的发生

未成年人注意力发展不好还会导致犯罪行为的发生。马纽哲（Mannuzza，1987）通过跟踪调查研究发现，有注意力缺陷障碍的青少年与正常人相比，更多地被逮捕、定罪、监禁，其比率分别为47%：24%，42%:14%，15%:1%。这类青少年通常难以集中注意力、多动、冲动不计后果，并且难以控制自己的行为，随之而来的还有自信心缺乏、自我贬低、自暴自弃、孤僻、不合群、不参加集体活动等一系列情绪和行为问题。

有研究表明，约有半数以上的注意缺陷多动障碍儿童（ADHD）伴有对立违抗性障碍（ODD）和品行障碍（CD），后者在很大程度上又会发展为反社会人格障碍，导致违法犯罪行为的发生（闫秀萍 等，2010）。可见，注意能力的好坏对健康人格的形成也有着重要的影响。

三、未成年人注意的影响因素

（一）生理因素

注意发展不好的未成年人主要是由于内在中枢神经系统的发育或大脑生化问题而导致的。

2002年，美国精神健康协会使用核磁共振成像技术（MRI）发现，注意力缺陷多动障碍患者的症状越严重，其额叶、颞叶、灰质尾状核以及小脑的体积就越小（郭传辉，2011）。

将注意力缺损障碍儿童与正常儿童进行神经解剖结构的比较发现，额叶区的功能失调与注意力缺损有相当大的关系。主要表现为注意力缺损者在此区域的代谢活动要少于正常儿童，但在感觉和感觉动作为主的区域的代谢活动却比正常儿童要多（张立新 等，2005）。

神经科学方面的研究则发现，注意力发展不良可能与多巴胺神经系统有关，多巴胺活动功能的减弱会导致注意力分散。此外，注意力缺损障碍者在神经通路上的兴奋和抑制上与正常人也是不同的（张立新 等，2005）。

此外，血铅水平也是影响注意力发展的重要因素。曼德拉（Mandera）等的研究发现，围生期低水平铅暴露与儿童注意力损失有很大的关系（邹时补 等，2006）。儿童的脑组织发育还不完善，所以铅很容易在儿童脑部蓄积，并沉积在大脑的不同区域，例如大脑皮质的额前区，该区域的损害可以引起认知功能的损害以及进行性的注意力分散（邹时补 等，2008）。

（二）缺乏运动

未成年人在运动的过程中，需要各部分的肌肉、神经、感官之间的相互配合，也就是说要有良好的协调能力和平衡能力才能完成某一个动作。近年来的研究表明，注意力发展不好的儿童多数都伴有感觉统合功能失调的症状，这个比率高达 56. 38%，且大部分是重度的。这部分儿童通常存在前庭平衡及大脑分化功能异常；大脑神经抑制功能严重失调；触觉防御功能异常；发育性运动功能异常；学习和情绪状态严重异常；承受压力和自我形象认识能力严重异常等（穆莉芳 等，2008）。

出现这些异常的原因在于，缺乏运动的未成年人，其大脑得不到相应的感觉信息的刺激，在进行加工统合的时候就会出现问题，从而导致笨手笨脚、坐也坐不住……而在这一过程中，他又花费了很大一部分注意力去关注自己的难受，因而就没有多余的注意力资源从事其他的活动了（巴晓娜 等，2012）。

（三）无意注意过剩

幼儿时期的孩子如果受到过多的无意注意刺激，就会影响其有意注意的发展，以至于进入学龄期后仍然无法发展有意注意，不能集中注意力认真听课，甚至到了初中阶段，注意发展水平也仅仅能达到小学二三年级的程度（张立新 等，2005）。

（四）人格因素

刘翔平和张微（2005）采用《艾森克人格问卷》（儿童版）和《注意力障碍教师评定量表》对 10 名注意力缺陷多动障碍儿童进行了测试，发现内倾型儿童多表现出唤醒不足的特征，而外倾型儿童则多表现出多动和冲动的特征。如果一个内倾型的人有注意力方面的问题，其内部表象是混乱的、断裂的、无序的，不能像正常的人那样进行深刻的思考，其完成工作的效率也很低；而如果一个外倾型的人有注意力方面的问题，多表现为外部控制的失调、行为冲动、交往受损、不能控制动作和遵守纪律。

由此可见，虽然人格类型并没有好坏之分，但一旦与注意力缺陷结合起来时，就会造成不同行为方面的损害。

（五）家庭环境因素

有研究表明，早期的母婴剥夺和孤儿院养育的儿童，在成长过程中往往会出现坐立不安、注意力分散的问题。还有研究表明，注意力发展不好的未成年人，其成长环境较正常家庭的子女而言，缺乏情感温暖、理解、信任和鼓励，取而代之的是过多的惩罚和拒绝。

王雪（2007）对139名ADHD患儿和1572名小学生的家庭环境、家庭教育方式等进行了比较研究，发现ADHD组在单亲家庭、隔代教育、家庭关系不和、父母教育子女的观点不一致、父母教育子女的方式不当这五个因素上的百分比都显著高于正常组（如图11所示）。

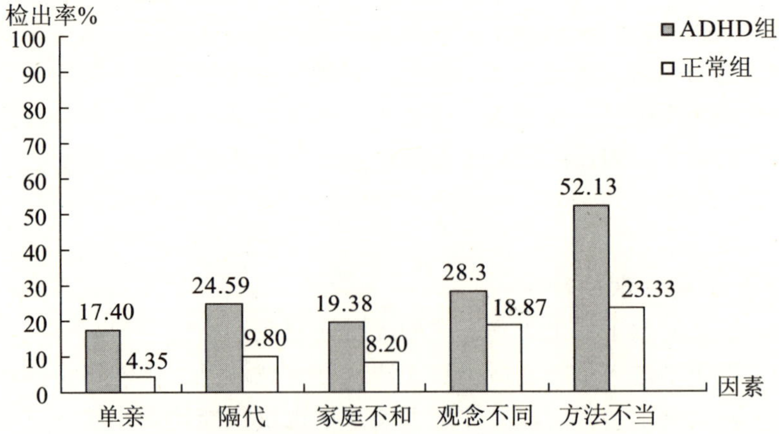

图11　ADHD儿童与正常儿童家庭因素的比较结果

父母的文化程度也是影响注意力发展的重要因素。有研究表明，父母的文化程度越高，ADHD的检出率越低；父母的文化程度在小学或小学水平以下，ADHD的检出率高达9.4%（张微 等，2007）。

此外，家庭因素对未成年人注意力发展水平的影响还体现在家长的心理病态、看护者的问题行为、婚姻关系不协调、家庭解体、较低的社会经济地位、机构抚养问题等方面（郭传辉，2011）。

四、未成年人注意能力的培养

（一）合理安排学习时间

学习依靠大脑的活动，如果大脑活动所消耗的氧气和养料得不到及时的补充，人就会感到生理上的疲劳，这种疲劳自然会使人无精打采，难以集中注意力。长时间的持续学习还容易造成心理上的疲劳，导致注意涣散、兴趣丧失，出现厌倦情绪，感到疲惫不堪，不能再坚持学习。

一般而言，5 ~7 岁儿童集中注意力的平均时间为 15 分钟，7 ~10 岁为 20 分钟，10 ~12 岁为 25 分钟，12 岁以上为 30 分钟（许积德 等，2000）。因此，不论是教师还是家长，都要合理地安排未成年人的学习时间，保证他们充足的睡眠、营养和体育锻炼，尽可能地用最少的时间取得最好的效果。

同时，也要让未成年人明白大脑兴奋与抑制交替的规律，教会他们学会自己管理时间。无论是学习还是休息，都要及时变换和采用多种方式，不能从早到晚只学一门，每门课程的学习最多不要超过两个小时，使大脑皮层的各个中枢轮流兴奋，让大脑可以均衡地运转，最大限度地利用注意资源（王平，2007）。

（二）加强感官训练

有研究者认为，注意广度体现着未成年人视觉能力和视觉分辨能力的高低，而注意分配则体现未成年人视—听—动多种能力的结合（张曼华 等，2004）。因此，对未成年人的感官训练，重点要从视觉和听觉这两个方面来进行。例如，在某一时间里只盯住一个目标看，忽略周围其他的事物；在某一时间里，从众多声音中抽离出一种声音来听等。在这个过程中一定要用心去感受，久而久之，是可以使注意力得到提高的。

（三）加强体育锻炼

有学者认为体育运动能增强注意力缺陷障碍儿童的自我控制能力，并且能够提高他们应对外界刺激的反应能力，同时可以减少消极的情绪体验，如抑郁、焦虑等，还能降低心理行为异常共患病的发生（朱庆庆，2007）。

运动是人类进行思维活动的前提条件，同时也是心理障碍的调试剂。体育运动能够促进大脑内啡肽的释放，而这种物质能够起到镇定情绪、缓解紧张的作用（Dasarivr et al，2007）。当人们能够全身心地投入到体育活动当中时，会体验到来自运动本身的最直接的享受，这种感受是在日常的学习、生活中无法获得的。在对体育锻炼与人的心理之间关系的调查研究表明，适量的运动能带来心境、主观良好感、焦虑、紧张、自信心、抑郁等变化，有60%～90%的参与者能获得良好的心理感觉。

因此，鼓励注意发展水平较低的未成年人多参与体育活动是一条非常有效、经济、便捷的培养途径。

（四）发展有意注意

教师及家长要着重发展未成年人的有意注意，首先必须使他们明确活动的目的，并使行为能够服从于这个目的，从而不断积极、主动、自觉地保持注意。如果活动完成得好，要及时给予鼓励；如果完成得不够好，要重新来过，一点一点地克服障碍。经常这样要求未成年人，即使他们平时注意不够集中、坚持性差、粗心大意，也会自然而然地学会聚精会神地努力完成老师交给的任务。当然，在提出任务和要求时，一次不要过多，应遵循循序渐进的原则。此外，还要控制好无意注意的干扰，如看动画片等。

（五）激发广泛的学习兴趣

兴趣是最好的老师，是人们积极探究某个事物或进行某些活动的原动力。无论有着怎样的个体差异，每个学生都会有他喜欢或感兴趣的事物，这些事物会让他们自然而然地投入更多的注意资源。注意在幼儿时期完全是自发的（无意注意），而与它关联最大的就是兴趣，只要学生感兴趣，再枯燥的事情也能让他兴趣盎然，集中注意力，全神贯注地去投入。

学习兴趣可分为直接兴趣和间接兴趣两种。就学生而言，学习的直接兴趣是由学习活动本身引起的；而学习的间接兴趣则是由学习活动的结果所引发的。如果一个学生对学习具有浓厚的直接兴趣，就会在学习过程中保持稳定的有意注意，积极、主动地去学习；与此同时，优异的成绩和学业成就感又会激发他的间接兴趣，再一次促进他继续努力地学习。

因此，教育工作者要培养学生广泛的学习兴趣，让学生保持心情舒畅，在轻松愉快的学习氛围中去学习。可以在课堂上设置生动有趣的问题情境，来解除知识的单调和乏味，调动学生的积极性和参与意识，使他们能够全身心地投入到课堂学习中去。

乌申斯基（Ushinski）曾经说过："注意是我们心灵的唯一门户，意识中的一切都必须要经过它才能进来。"可以说，注意是人们心理活动的一种积极状态，脱离各种认识过程的、单纯的注意是不存在的；同样，脱离注意的各种认识过程也是没有任何意义的。因此，我们要充分重视对未成年人注意力的培养，为他们的成长和个人价值的实现奠定一个良好的基础。

第四节　归因方式

案例

学业运差女生欲弃学　重视网络迷信毒害青少年

2 月 16 日，记者接到市民苏先生的电话，他的女儿不想上学了。原因是放假期间她在网上做了个测试，"学业运"预测结果说即使努力成绩也不会好，深信不疑的小苏决定放弃。

记者调查中发现，像小苏一样对网络预测、占卜奉若圣旨的青少年不在少数。

"我们班几乎所有同学都在网上算过命，有个同学每次考试前都会在网上的星座占卜中算一卦，看学习运程是好还是坏。"兰州某中学高二的小苏告诉记者。"在网上算命挺有意思的，我们宿舍的人都算过，一般是输入星座看看当天运程，在出远门前也会算一下是否适合。"某大学中文系赵同学说。"你们都相信吗?"对记者的提问，小赵表示："有时相信，比如对某次考试心里没底时，会上网算算，算是一种心理依托吧。选择男友时，很多同学也会上网算算彼此星座是否符合，如不符合就不会用心太多。”

更让人担忧的是，现在网上算命的学生的年龄越来越小。在一所小学附近的几个小卖部里，记者发现，不乏一些带有迷信色彩的玩具混迹其间，如许愿瓶、幸运草、幸运石、祈求符之类，玩具价格在两三元钱左右。小卖部的经营者告诉记者这些东西她都是根据网上算命的结果购买的，不少学生在网络上算命之后，就会来她这里买点“幸运物”来改变自己的运势。

西北师大心理学专业刘老师表示，现行教育体制中的部分因素使青少年不能正确认识互联网。“我们的学生在科学知识方面接受的教育多，在科学精神、科学方法方面接受的教育少，致使学生判断事物的能力很差。”此外，社会和家庭给予青少年的替代选择太少，除了电视几乎没有其他的娱乐方式能与互联网竞争。刘老师建议：学校应坚决反对这种新型迷信现象，要将无神论和科学认知教育列入学校的教学重要日程，有针对性地对中小学生进行这方面的教育，使其自动远离不良文化的“毒害”，更多地培养学生的科学精神。让学生们更多地了解网上算命的结果其实是模棱两可的，是一种心理暗示，只要不对号入座，很快就能发现这只不过是一种骗人的新伎俩。

2009－02－17　来源：兰州日报

一、概述

（一）什么是归因、归因方式

归因（*attribution*）是指人们对他人或自己的所作所为进行分析，找出其性质或推断其原因的过程（常若松，2004）。*归因方式*（*attributional style*）也称“归因风格”或“解释方式”，是指在个体心理的成长过程中形成的比较稳定的归因倾向（赵华，2006）。

归因的概念是1958年海德在他的《人际关系心理学》一书中最先提出的，他把归因界定为“个体根据观测线索推测一般意义的稳定的心理特质”（Heider，1958）。韦纳（Weiner）在海德的基础上研究了人们对成功和失败的归因倾向，将归因理论的研究推向了心理学研究的顶峰。近年来，有很多学者开始关注归因方式与健康人格之间的关系，并将其看作影响未成年人心理健康的主要认知因素之一（邵海燕 等，2006），认为研究和探讨未成年人归因方式的发展特点有着极为重要的意义。

（二）归因方式的理论

1. 海德的“内因—外因”理论

海德认为，人们在对行为原因进行解释时所得到的原因可以分为两大类：内部原因和外部原因。内部原因是指例如人格、努力、态度等个人方面的原因；而外部原因是指例如任务难度、运气、他人影响等环境方面的原因。相应地，人们就存在两种不同的归因方式：内归因和外归因。如果归于外因，则行动者对其行为不负责任；如果归于内因，则行动者就要对其行为结果负责。这些原因与其他心理过程相互作用，导致特定的情感体验、对未来的期望、选择行动：行为结果＝能力×努力×有效环境（熊良斌 等，2009）。

2. 罗特（Rotter）的“内控—外控”理论

罗特在20世纪60年代，从社会学习理论的角度提出了一种关于个人归因方式的理论观点，即用“控制源”的研究来测查人们的归因方式。罗特认为，个体对于自己生活中发生的事件的后果有不同倾向的归因方式，倾向于本性归因的个体更相信自己的能力、努力可以控制事情的发展与行为的结果，这种人称为*内控者*（*internal controller*）；而倾向于环境归因的个体更相信命运、运气等因素对行为后果的影响，这种人称为*外控者*（*external controller*）（侯佳捷 等，2007）。与外控者相比，内控者更注重自我对事件的控制能力，是社会适应良好的表现。

同样一种行为表现，在内控者看来这是由自己的品质引起的，他们相信自己的努力或智力等内部因素是决定行为成败的主要原因，因而表现出坚定的自信心和勤奋努力的精神；而在外控者的眼中，一切后果都是由外部环境引发的，他们相信命运和运气，却忽视了自己的努力，因而常常怨天尤人、不思进取。

3. 韦纳的“成就归因”理论

1972年，韦纳以成功—失败行为的认知成分为中心，提出了成就归因理论，并在前人研究的基础上提出了“稳定—不稳定”的归因维度。他认为，如果个体将成功归于稳定因素，例如能力强或任务简单，就会提高成功期望和学习兴趣，产生自豪、骄傲、兴奋的积极情绪体验；而当个体将成功归于不稳定的因素，例如运气好等，则会降低成功期望，产生侥幸心理。相反，如果将失败归于稳定因素，例如能力太差或任务太难，则会降低今后学习成功的期望，产生沮丧、紧张、焦虑等消极情绪体验；而将失败归于不稳定因素时，例如运气不好或努力不够，会提高对学习成功的期望（李新宇，2004）。

他认为影响个人成败的因素主要有四个：能力、努力、任务难度和运气，并且从内因—外因、可控—不可控、稳定—不稳定三个维度上进行了系统的划分。

（1）能力，属于内部的、稳定的、不可控的因素。

（2）努力，属于内部的、不稳定的、可控的因素。

（3）任务难度，属于外部的、稳定的、不可控的因素。

（4）运气，属于外部的、不稳定的、不可控的因素。

韦纳认为，一个人成功、失败与否，取决于内外因、控制点和稳定性这三者的共同作用：控制点和稳定性对成就动机起绝对作用，前者影响成功的期望，后者影响成功的价值并对后继行为能否成功的期望或预测产生重大影响（侯佳捷 等，2007）。

4. 班杜拉的“自我效能感”归因理论

自我效能感（*self-efficacy*）的概念是1977年，班杜拉在《自我效能：关于行为变化的综合理论》中首次提出的，是指人们自身能否利用所拥有的技能完成某项工作的自信程度（程慧君 等，2008）。班杜拉认为自我效能感高的人，在活动中表现出很高的积极性，愿意付出更多的努力、采取策略来解决所遇到的问题，他们往往把成功的原因归于自己所付出的努力；而自我效能感低的人，则消极、被动甚至是逃避活动中的困难，导致行为结果不尽如人意，将失败归因于运气差等外部因素，消减努力水平和坚持程度，常常导致半途而废。

5. 塞里格曼（Seligman）和艾布拉姆森（Abramson）的“习得无助感”归因理论

1967年，塞里格曼在动物实验中发现：如果将狗放在一个无法逃脱的电击环境中，开始时狗会极力地逃避电击，但都以失败告终后，狗的逃避反应变弱甚至是消失了。他把这种现象称为“*习得无助感*”（*learned helplessness*），即指个体因为多次重复的失败或惩罚而不再做出改变的行为反应和心理状态。塞里格曼认为个体习得无助感的产生不在于消极行为事件或结果本身，而在于个体知觉到自己对该事件或结果难以控制。据此，他把归因方式分为两种类型：一是消极悲观的归因方式，即内部—广泛—稳定的归因方式；二是积极乐观的归因方式，即外部—具体—不稳定的归因方式（侯佳捷 等，2007）。塞里格曼预测，消极归因方式的个体当遇到挫折时，会更多地倾向于习得无助和抑郁。

艾布拉姆森在塞里格曼的基础上，发展了习得无助归因理论。他认为，如果个体将不可控制的消极事件因素归因于内部稳定的因素，那么个体的自我评价和动机水平都会降到最低；反之，归因于外部不稳定的因素，认为无助感的产生只是偶然因素造成的，并不会蔓延开来，因此不足以降低人们的自我评价和弱化人们的动机，甚至有时还会强化随后行为的动机（李雪榴 等，2012）。因此，消极事件原因的可控性、稳定性、普遍性共同决定了无助感的产生和随后的行为动机。

6. 琼斯（Jones）和戴维斯（Davis）的“对应推论”理论

琼斯和戴维斯认为，人们会将行动者的某个外显行为与其某个稳定的人格特质是否对应进行推论。因此，所谓“对应推论”就是一种行动者的行为对应于或能够预示其稳定人格特质的推断。一个人关于行为和行为原因所拥有的信息越多，他对该行为所做出的推论的对应性就越高；一个人的行为越是超乎寻常，则观察者对其原因推论的对应性就越大（熊良斌 等，2009）。

琼斯和戴维斯发现，外部归因常常被忽略，人们往往在找不到内部原因的时候，才可能进行外部归因。因此，为了指导人们能够更加全面地从行为中推断人格特质，他们提出了几个影响因素（张秀，2012）。

（1）非共同性结果，能够产生独特的非共同效应的行为比那些产生共同效应的行为，更能导致人们对行动者做出品质上的归因。

（2）社会赞许，人们对社会赞许的行为比对社会不赞许的行为更可能做出对应推论。

（3）选择自由，通常认为那些能够自由选择的行为比被强迫做出的行为更能反映出行为者的真正人格特征。

7. 凯莉（Kelley）的“共变模式”理论

凯莉将归因方式分为多线索归因和单线索归因两种，前者是指在多次观察同类行为或事件的情况下进行的归因，后者是指依据一次观察就做出了归因。他认为人们在归因时总是涉及三方面的因素，包括客观刺激物、行动者、所处的关系或环境。其中，行动者因素属于内部归因，其他两者属于外部归因。但不论是哪种归因方式，都采用“*共变原则*”（*convariation principle*），即如果某一现象是某一行为的原因的话，那么必须是该行为出现时该现象也出现，而该行为不出现时该现象也不出现，假定的原因和观察的结果必须是共同变化的。如果我们不能明显区分结果与众多可能原因的共变差异，那么我们将某一结果归结于某一原因的自信心就会大受影响。凯莉将这种认知称为“*折扣原则*”（*discounting principle*），即指一旦某一特定事件存在着好几个可能的原因，个体就不大可能将这个结果归因于任何一个特定的原因上。

凯莉认为，当人们在解释某一行为时，通常通过以下三个方面的信息来对共变进行评估。

（1）一致性信息（consensus information），是否所有人在同一情境中也产生同样的行为。

（2）一贯性信息（consistency information），该行为是否反复出现以回应这一情境。

（3）独特性信息（distinctiveness information），该行为是否是特定情况下的具体行为。

若一致性和独特性低，一贯性高，人们很可能对他人的行为做出内部归因；而如果一致性和一贯性低，独特性高，人们很可能做出外部归因；当三种信息都高时，人们就会将原因归结到知觉对象上（张秀，2012）。

表1 以“学生在王老师课上睡觉”为例解释凯莉的归因理论

情境	可利用信息			
	一致性	一贯性	独特性	最可能的归因
1	低；课堂上没有其他学生睡觉	高；他在王老师以前的课上也睡觉	低；他在其他老师课上也睡觉	内部归因：这是个懒惰的学生
2	高；课堂上有许多学生在睡觉	高；他在王老师以前的课上也睡觉	高；他在其他老师的课上不睡觉	知觉对象归因：王老师是个无趣的老师
3	低；课堂上没有其他学生睡觉	低；他在王老师以前的课上不睡觉	高；他在其他老师课上不睡觉	外部归因：他昨天晚上没有休息好

可以看出，凯莉的归因理论设置了更多的变量，既对情境的变化加以考虑，又对一个事件的发生展开纵向、横向两方面的思考，是较为贴近现实的归因理论。

（三）不良的归因倾向

很多时候，人们对行为原因的推测并不理性，甚至有些荒谬和武断，这就会造成归因偏差，导致情绪困扰、人际矛盾和冲突，因此在社会认知过程中，要时刻警惕不良的归因倾向。

1. 非动机性不良归因

所谓非动机不良归因，是指由于加工信息资料及认识上的原因而导致的归因不良，常见的有以下几种类型（常若松，2004）。

（1）观察者常常过高估计行为者内在因素的重要性

这种倾向是归因过程中很常见的“基本规律错误”，指的是人们在解释他人行为时，往往降低情境因素的影响而夸大行为者个人特性的作用。

例如，你约好和朋友下午两点钟见面，可是已经两点半了，朋友还没来，这时，你会怎样解释这件事情呢？一般会有两种解释，一是认为朋友有急事所以耽搁了，二是认为朋友肯定把约会忘记了。从平均情况来看，人们更愿意选择第二种解释方式，即倾向性解释。这说明，我们在对他人行为进行归因时，常常过分强调人格特质而过度低估了环境。

这种归因方式的后果是，人们倾向于责怪不幸事件的受害者，例如，某个人生病了，是因为他平时不注意锻炼身体。有趣的是，这种强调内在因素影响而忽视外在因素作用的归因倾向，只适用于对他人失败行为的解释，在解释他人的成功行为时，多数观察者会转而强调外在因素的影响，例如某人考试取得了好成绩，别人可能会说他运气好，而不承认他所付出的努力。

（2）行为者—观察者倾向

上述归因方式并不适用于自我归因，也就是说，行为者对自己的行为倾向于做外在归因；而观察者对他人的行为，倾向于做内在归因，这就是行为者—观察者倾向。例如，一个学生考试没有取得好成绩，在他自己看来，是老师教得不好、课程太多、负担太重等（外归因）；而在他的父母看来，是由于他自己学习不刻苦、不认真、努力不够（内归因）。对这种倾向有两种解释。

①二者着眼点不同。观察者通常把注意力放在行为者身上，而行为者则更多地注重外在因素对自己的影响。

②二者得到的信息不同。行为者对于自己过去和现在行为的体验，要比观察者多；而观察者很少掌握行为者历史方面的信息，只注意他此时此刻的行为表现。得到的信息不同，自然就会得出不同的结论。

（3）归因中的时间影响

解释并不总是在事件发生的时候就能够做出的，有时在回顾过去的事情时，我们才推断出它的起因。还有的时候，在回忆的过程中，我们可能会用现在的观点重新解释一件事物。米勒（Miller）等的研究表明：随着时间的推移，归因会变得更加情境化，即对人为归因的减少和环境归因的增加。

2. 动机性不良归因

所谓动机性倾向，是指由于某种特殊动机或需要而在解释行为原因时出现的倾向。其中最常见的动机性倾向是自利倾向，即个体在对和自己有关的事情进行解释时，带有明显的自我保护价值倾向。这种偏差的主要表现是：把自己的成功归结为内在原因，如取得好成绩是由于自己的能力、努力等；而把自己的失败归因于外在原因，如没能完成作业是因为老师留的作业太多了，难度太大等。在竞争条件下，个体倾向于把他人的成功外归因，从而减少他人成功对其带来的心理压力；如果他人失败了，则倾向于内归因。虽然这种个人主义价值观有利于提高自信心和进取心，但是过分张扬容易发展成为争名夺利、推卸责任的自私自利者，不利于今后的健康发展。

一般认为，动机性不良归因是因为人们为维护自尊的需要而产生的。也就是说，人们把成功归于自己的能力，把失败归于外在的环境是为了使自己的自尊心免受伤害，不丢面子，反之则会觉得很丢脸。

（四）归因方式对健康人格的影响

归因是人的社会认知活动的一个重要组成部分，标志着对他人以及自己深层认识的开始，也意味着根据感知获取表面的、外在的特征和属性来进一步对他人和自己的社会行为进行推论和判断的开始（常若松，2004）。

在日常的生活中，人们无时无刻不在对自己的行为及别人的行为找原因，如何认识和评价自己以及他人的成功和失败，对行为的结果进行怎样的归因，这些认知因素将直接影响个体的情绪、情感反应甚至改变今后的行为（张彩霞，2008）。有研究者探讨了归因方式和人格特质的关系，发现高敏感性、忧虑性、紧张性、焦虑等特质的学生倾向于消极的归因方式，并且这种消极的归因主要体现在负性事件上（王纯 等，2005）。

不同的归因对同一种行为会有不同的解释，而解释又会对行动者产生动机的作用，引起不同的心理变化，进而影响以后的行动，或使其积极努力，或使其消极落后，最终影响个体的情绪反应和心理状态。例如，把成功归结为自己的努力，会使人感到快乐，体验到自豪感；而把成功归结为运气、环境等外因，会使人产生依赖或感激的心情。喜欢内归因的人在面临困境时，大多依靠自己的努力，奋发向上，全身心地努力投入。而习惯于外归因的人通常看不到个人努力和行为结果之间的关系，在面对挫折和失败的时候，喜欢推卸责任或选择逃避，而不是自己主动去寻求解决问题的方法，长此以往，会引起信心丧失、损害自尊等，不利于形成健康的人格。

总之，态度决定一切，不恰当或不合理的归因方式必然会导致不正确的行为反应，而当这些不良的行为表现成为一种无意识的习惯时，就会“潜移默化”地影响个体的人格特征，影响一个人整个的精神面貌。

二、未成年人归因方式的现状分析

（一）具有明显的阶段性

通过心理学家们多年来对未成年人归因方式的大量研究，我们发现未成年人归因方式的发展呈现出明显的阶段性特征。

沈德立等人（2009）采用《中国青少年心理健康素质调查表·归因风格分量表》，比较了不同年级阶段的未成年人归因风格的发展变化情况。该量表的归因风格维度包括：（1）内在—外在归因；（2）持久—暂时归因；（3）可控—不可控归因；（4）局部—整体归因。通过对参加研究的44063名未成年人的归因风格数据进行分析发现：随着年级的增高，未成年人的归因风格发展呈现出明显的阶段性。从小学五年级到初中二年级，未成年人的归因风格得分较低，并表现出了波动，而在初三到高三年级得分有所升高，发展相对平稳，这可能和未成年人思维发展的特点有关（康廷虎 等，2007）。并且，随着年级的升高，未成年人在内在—外在、局部—整体、持久—暂时维度上的得分呈逐渐上升的趋势，而可控—不可控维度的得分变化并不明显，这表明：随着年龄的增长，未成年人各不同归因维度的发展趋向成熟，因此可以认为未成年人的归因风格在不同年级阶段所表现出来的差异可能是受到了未成年人心理成熟及认知发展的影响（沈德立 等，2009）。

（二）不同性别的未成年人归因方式不同

对不同性别的未成年人归因方式的研究发现，相对于男性而言，女性的自我评价相对较低，这使她们对行为的解释更加倾向于不稳定的、外部的、不可控的归因方式。

沈德立等人（2009）的研究发现，女生在归因风格量表的得分显著高于男生，具体表现为倾向于内归因、不稳定性、可控性、整体性的归因方式；而男生则表现为倾向于外归因、稳定性、不可控性、局部性的归因方式。

皮提皮瑞等人（Petiprin et al，1991）也认为归因方式存在显著的性别差异，男生倾向于自我服务的归因方式（对正性事件做出内在的、持久的和普遍的归因）；而女生则倾向于自我贬低的归因方式（对正性事件做出外在的、暂时的和局部的归因）。

博贾诺（Boggiano）和巴瑞特（Barrett）于1991年的研究发现，女生比男生更倾向于做出不适应的归因，即对负性事件做出内在的、持续的和普遍的归因，而对正性事件做出外在的、暂时的和局部的归因。

祁珍华等人（2012）的研究表明，在对正性事件进行归因时，男生比女生更倾向于对正性事件普遍化；而在对负性事件的归因上，男生更倾向于内部归因，认为是由于自己导致了不好事件的发生。

男女生在归因方式上的性别差异可能与各自不同的性别角色有关，男生通常被认为更加勇敢、独立、具有支配性、攻击性等，所以男生在面对失败和挫折时可能会表现得更为坚强，更勇于去承担责任，敢于正视自己的不足之处（祁珍华 等，2012）。这种差异也可能与不同性别未成年人的自我评价有关。赫斯契（Hirschy）和莫里斯（Morris）于2002年的研究表明，对行为的归因与个体的自我评价有密切的关系，不同的自尊水平会影响个体的归因方式。还有研究者认为这种差异与自信程度和个性特点有关。科尔宾等人（Corbin et al，1983）认为，男性善于吹嘘、自夸，有过高估计自己表现的倾向；而女性则相对比较谦虚，倾向于低估自己的表现。

因此，教育工作者要针对这种差异，对不同性别的未成年人采取不同的培养方式，以保证其形成正确的归因方式。

（三）不同环境下的未成年人归因方式不同

1. 不同的居住环境

研究结果普遍表明，未成年人的归因方式在居住环境上存在着显著的差异，具体表现为，居住在城市的未成年人倾向于外归因；而居住在农村的未成年人倾向于内归因。

沈德立等人（2009）的研究发现，来自大城市、中小城市的未成年人倾向于外在的归因方式，而来自小城镇、农村的未成年人倾向于内在的归因方式。

高长松和明冬艳（2012）的研究发现，城市及城乡结合部的学生更倾向于外控的归因方式，而农村的学生倾向于内控的归因方式。

2. 不同的家庭环境

未成年人归因方式家庭教育的差异主要体现在父母受教育水平、家庭教养方式、家庭收入水平等方面。

沈德立等人（2009）的研究发现，随着父母受教育水平的提高，青少年的归因风格由内在归因向外在归因转变，但是来自父母教育水平较高家庭的青少年，其归因风格仍具有内在性。这种转变可能与不同教育水平的教养方式有关，父母亲教育水平越低，其在学习、问题解决方面能给青少年提供的帮助就越少，因此青少年倾向于内部归因；而父母教育水平越高，能给青少年提供的帮助也就越多，这使得青少年在行为归因时更多地倾向于寻求外部原因。

他们还发现，与其他人教养的青少年相比，父母教养的青少年更倾向于内在的归因方式。这是因为父母的教育有助于未成年人良好行为习惯的养成，而在单亲家庭或离异家庭中，父母对未成年人的管理放任自流或过于严厉，导致未成年人对自己的行为及其后果缺乏正确的判断。

此外，家庭收入水平越低，青少年更倾向于内在归因，而家庭收入水平越高，青少年则倾向于外在归因（沈德立 等，2009）。这可能与不同收入水平家庭的青少年的自我评价和长期以来形成的文化传统有关。

3. 不同的学校环境

有研究发现，一般学校学生归因风格的得分明显低于重点学校学生归因风格的得分，这说明与一般学校学生倾向于内在的、稳定的、可控的、整体的归因风格相比，重点学校的学生倾向于外在的、不稳定的、不可控的以及局部的归因风格（沈德立 等，2009）。这可能是因为重点学校对学生的管理更为严格，降低了未成年人对自我能力的评价和认知，对外部环境过度依赖，因此在对自己行为的归因上往往更多地寻求外部原因作为解释。

三、未成年人归因方式的影响因素

（一）独生子女因素

综合近年来的研究成果我们发现，独生子女较之非独生子女更倾向于外在的、独立的归因方式。

杜林致和赵鸣九（2000）的研究表明，独生子女和非独生子女在学习失败的归因上存在着差异，而这种差异主要是家庭环境因素造成的。说明非独生子女的父母对子女成就期望的降低和学习关心度的减弱，是造成非独生子女学业失败的重要因素。出现这种差异可能是因为独生子女在成长过程中享有更多的自主性，对自己的行为归因有更大的外部空间；而非独生子女由于其独立性相对较差，使其行为归因受到了限制，因此两者表现出了不同的归因倾向性。

高长松和明冬艳（2012）的研究表明，独生子女更倾向于外控的归因方式，而非独生子女则倾向于内控的归因方式。这可能是因为对于独生子女而言，父母给予了他们优良的成长环境，家中所用的资源都归他们所用；而非独生子女因为家中还有其他的兄弟姐妹，父母的经济资源需要平均分配给每个孩子，他们对自己在家中的地位以及父母对自己的情感有很深刻的体会，认为只有通过自己的努力和奋斗才可能实现自己的目标。

（二）教育因素

1. 家庭教育因素

家庭教育方式对未成年人归因方式的形成有着重要的影响。父母经常批评、否定孩子的行为，久而久之，一旦有不好的事情发生，他们就会条件反射地认为所有的过错都是自己造成的；而经常在父母鼓励、支持、肯定的教育下成长起来的孩子，往往比较自信，倾向于将成功归因于自己的努力，而将失败归因于外在的、暂时的、局部的因素（黄宇焓，2011）。

李旭和钱明怡（2000）对青少年的研究发现，消极归因方式的学生回忆起较少的父母温暖，较多的母亲拒绝、否认和父亲惩罚。

王燕和马宁（2008）采用《父母教养方式问卷》（EMBU）和《归因方式问卷》（ASQ）对248名学生进行了考查，发现具有悲观归因方式的学生与具有乐观归因方式的学生相比，感受到较多的过度保护、严厉惩罚、拒绝否认和较少的情感温暖。并且，父亲对男孩有着更多的不良教养行为，要求也更为严格；而母亲则对女孩更加保护，给予更多的感情上的照顾。

从以上研究中我们不难发现，在不良的教养方式下成长起来的孩子容易形成消极的归因方式，往往把坏事情归因于自己，把失败归因于普遍的、持久的、自我内部的原因；反之，把好事情归因于暂时的、局部的和外在的原因。长久持续的消极归因很容易使孩子产生习得性无助感，最终影响其健康心理的发展。

2. 学校教育因素

学校教育也是影响未成年人归因方式的一个重要因素。

有研究者在对不同学校青少年归因风格发展趋势的比较中发现，重点学校学生归因风格变化波动较大，而一般学校学生归因风格量表的得分随着年级的升高而逐渐升高（沈德立，2009）。这表明，与一般学校学生归因方式的发展相比较，重点学校学生归因方式的发展并不稳定，这可能是因为在小学、初中、高中甚至是大学的不同阶段，重点学校在教学水平、人才培养方式等方面并不均衡，缺乏有效的联结，使得未成年人归因发展出现了不连续的现象。

此外，一般学校比重点学校的管理更为宽松，在这种环境中，未成年人更容易形成独立、完善的自我，能够掌握控制自己行为的能力，更倾向于内部的、可控的、稳定的归因方式。

四、未成年人归因方式的培养

（一）加强归因训练

归因训练（*attribution training*）是指通过一定的训练程序，使训练对象掌握某种归因技能，改变其原有的不良归因方式，形成训练者所期望的积极的归因方式（韩仁生，2003）。目前，指导归因训练的主要理论依据是韦纳的成就归因训练模式。

1. 不期望归因：成功→运气好→缺少情绪刺激很少增加成功期望→缺乏趋向任务的倾向；失败→能力低→消极情绪降低对成功的期望→缺乏坚持性、回避成就任务。

2. 期望归因：成功→能力强→积极情绪增加成功期望→趋向成就任务；失败→缺少努力→动机性情绪维持了较高的期望→增强坚持性、趋向成就任务。

由此可见，韦纳特别重视努力和能力归因，在实际训练过程中倾向于让受训练者在成功时做能力归因，在失败时做努力不够归因，通过反复训练来增强和保持对将来成功的期望，提高学习动机，改善或增强行为的积极性（韩仁生，2003）。

归因训练的方法有以下几种（黄秋香，2008）。

1. 强化矫正法。在归因训练时，对学生所做出的积极归因及时给予强化，促使他们形成比较科学的归因方式。每当学生做出比较积极的归因时，立即给予鼓励或奖赏，并对那些很少做出这类归因的学生给予暗示和引导。

2. 替代强化法。一般说来，学生如果看到他人积极的归因方式，进而获得成功的行为，就会增强产生同样的归因倾向；如果看到消极归因方式引起受到惩罚的行为，就会削弱或抑制发生这种行为的倾向。这样一来，对榜样行为的强化，通过学习者的观察、体验转化为学生自身的动机作用。

3. 角色换位法。心理归因的观察者与行为者互换角色，从对方的角度去思考问题，以消除心理归因的偏差。

此外，在归因训练的实践中，还有很多具体的实施方式：（1）讲解，由培训者向学生讲解有关积极归因的专题；（2）活动，通过采访名人、榜样学习等活动引导学生向榜样学习；（3）书面交流，通过让学生写作与成败归因相关的作品，借以了解其内心的发展变化情况。

（二）改善家庭教育模式

首先，父母要改变自己对日常生活中一些事情的归因方式，为孩子树立榜样。由于现在的孩子大多是独生子女，全家人都围着孩子转。在孩子很小的时候如果被什么东西绊倒，家长会马上跑过去扶起他，并且大加指责绊倒孩子的东西，以哄孩子开心。长此以往，家长的这种不合理的归因方式就会对孩子产生潜移默化的影响，在这种影响下成长起来的孩子责任意识差，遇到事情总是先去指责他人，而不能从自己身上找原因，有碍其健康的成长。

其次，父母对孩子成绩的归因也会影响孩子的发展。他们一旦看到孩子成绩不好，往往会厉声斥责孩子，追问没考好的原因。在父母的眼中，自己的孩子都是聪明的，他们把成绩不好往往归因于孩子的粗心大意，而忽略了孩子的理解力问题。这样一来，未成年人由于年龄小，也会认为自己出错是由于不认真造成的，而不是自己能力差、学不会，进而影响他们对知识的理解和掌握（杨秀花，2006）。

总之，家长对孩子进行教育时，不要信口开河、妄加评论，而是要客观地看待问题，以身作则，率先垂范，这对于未成年人健康归因方式的形成将会有很大的帮助。

（三）改善学校教育模式

首先，教师要全面、科学地分析学生各种行为产生的原因，了解学生的归因倾向，因为每一个学生由于个性特点、生活经历、认知风格的不同，他们的归因方式也是多变的，不要一开始就对学生抱有偏见。教师想要了解学生的归因特点，可以通过特定的归因问卷来进行测量，也可以在长期的师生相互交往中留心观察，归纳总结。

其次，教师要引导学生进行积极的归因训练并且给予适当的反馈。正确积极的归因方式能够有效地调动学生学习的积极性，提高学生的学习兴趣。成功时的稳定归因和失败时的不稳定归因，都有利于保持个体的学习动力。教师可以通过小组讨论的形式，让学生自己分析成败的原因，再由教师进行全面分析，渐渐引导他们做内部的、可控制的、不稳定因素（如努力、态度端正）的归因。例如，定期地向学生强调努力对成功的重要作用，另外还应该指出仅仅靠努力是不够的，其他的因素如正确的学习方法、学习策略等也同样重要；也可以采取主题班会的形式围绕成败归因的问题展开讨论，让学生有更深刻的认识（郭敏红，2010）。

再次，还可以运用强化法，定期让学生完成一定难度的任务，对其积极的归因方式给予鼓励，而对于那些很少做出积极归因的学生要给予暗示和引导，促使他们形成比较正确的归因方式（徐速 等，2001）。

总之，归因方式一旦形成就会对未成年人的自尊自信、成就动机、情绪情感、人际交往等很多方面产生重要的影响，进而影响未成年人的心理健康水平。因此，在学校教育的过程中，应注重培养未成年人形成积极的、正确的、科学的归因方式；而对于已有的消极的、不合理的归因方式，要通过归因指导等有效方法加以调整和完善，以保证未成年人健康人格的发展（陈灵泉 等，2012）。

第五节　认知方式

案例

父母陪读　孩子依赖性强

教育专家、社科院研究员关颖指出，家长“陪读”使孩子常常处于依赖、被动的状态，自主学习的动力和能力明显减弱，是件得不偿失的事情。其结果，短期内或许表面上对学生的学习有所帮助，但难以获得长远的教育效益，反而加重了学生、家长的负担。

对于那些家庭困难的孩子，父母白天辛苦打工，晚上陪孩子，往往能起到一定的激励作用。孩子目睹了父母为了能让自己安心读书而终日辛勤劳作，激发了孩子的感激之情，自然而然会化为一种动力，在这种作用下确实会起到一定的促进作用。但同时也会带给孩子一种无形的心理压力，孩子担心高考考不好，怕自己对不起陪读的父母，容易产生一些情绪化，如失意、内疚、消极，甚至是愤怒的极端化情绪状态。

一个人的愤怒若不能通过正常的方式得以发泄时，就会以两种极端的发泄方式表达出来，一是将愤怒指向自身，导致消极、自毁的抑郁心境或行为。还有一种可能就是将愤怒直接指向外界，认为老天不公平，认为是社会造成的，并有可能伴随着冲动而做出破坏性的攻击行为，不仅毁了孩子、毁了一个家，还会成为社会不安定因素之一。

2013－10－08　来源：鹤城晚报

一、概述

（一）什么是认知方式

认知方式（*cognitive style*），又称认知风格，它是指个体在认知过程中经常采用的习惯化的方式，具体说来是在感知、记忆、思维、想象和问题解决过程中个体所偏爱的、习惯化了的态度和方式（李寿欣 等，2006）。认知方式的研究最早起源于荣格（Jung，1923）所提出的心理类型理论，而被称为“认知方式之父”的威特金（Witkin，1954）则开创了认知方式的现代研究，在进行大量实验研究的基础上，提出了著名的场依存—场独立的概念。

在此之后，认知方式的研究便成了心理学研究的热点。很多学者认为认知方式不同于智力，也不同于人格，它是介于两者之间的一个联结桥梁。正如威特金等人在《认知方式的实质与成因》一书中提到的：“认知方式理论家的一个主要目标是探索把有关人类行为的诸领域统一起来。我们认为场依存性理论就提供了一个把诸领域统一在一个共同概念框架中的方法。”（贺雯，2001）心理学家们正试图通过认知方式这个中介，把认知和人格两个分割领域统一起来。

（二）认知方式的类型

认知方式的研究开始于 20 世纪 40 年代，在 70 年代末被介绍到我国。

在短短的几十年里，研究者们提出了种类繁多的认知方式类型，格里戈连科（Grigorenko）和斯腾伯格（Sternberg）1995年的研究认为可以从信息加工、人格、活动三个基本点对认知方式的类型进行归纳。

1. 信息加工方向

（1）场依存—场独立型

该理论是由威特金（1964）在垂直视知觉的研究中提出的，他在身体顺应实验、棒框实验和转屋实验等一系列研究中发现了个体对外部环境（“场”）的依赖程度存在差异，即场独立和场依存的差异。*场独立型*（*field-independent*，*FI*）的人对客观事物做出评价的时候，倾向于利用自己内部的参照物，喜欢自己分析思考，不易受外来因素的干扰和影响；*场依存型*（*field-dependent*，*FD*）的人倾向于把外部参照物作为判断依据，在社会环境中喜欢依赖于他人进行自我评定。

表2　场独立—场依存认知方式各自的特点

	场独立型	场依存型
知觉	脱离周围场或环境感知事物	依靠周围场或环境感知信息
问题解决	对别人提供的社会线索不敏感；以事实为基础；善于抓住问题关键，运用已有知识来独立解决问题	比较注意别人提供的社会线索；依据他人观点做出判断；缺乏灵活性，独立性少；易于接受外来的暗示
动机	参照标准来自内部，以内在动机为主	以外部参照作为信息加工的依据
学习	喜欢独立学习，喜欢尝试新任务；无需教师帮助；偏爱自然科学、数学 对无结构性材料感兴趣 喜欢关心概念与抽象原则	喜欢与他人共同学习；希望得到教师的指导与赞扬；善于学习关于社会内容的知识；偏爱社会科学、人文科学 需要提供严密结构教学；需教师提供外来结构 处于被动地位；优先注意所参与的人与人之间关系的情况
人际关系	对他人不感兴趣；行为是非社会的定向；不善于人际交往；社会能力差；喜欢孤独的与人无关的情况；属于任务倾向	对他人兴趣浓厚；行为是社会定向的；善于与人交往；情感公开；属于社会倾向

（2）冲动型—沉思型

卡根（Kagan，1964）从个体对问题的思考速度上区分出了两种不同的认知方式：冲动和沉思。*冲动型*（*impulsivity*）的特点是反应快，但精确性差；*沉思型*（*reflection*）的特点是反应慢，但精确性高。在有多种选择方案的问题情境中，沉思型的个体往往在做出决策之前会进行反复的思考、酝酿，综合考虑各种因素，从而选择出最佳的解决方案。而冲动型的个体，往往急于验证假设，缺乏系统的思考，导致频频出错。

（3）继时型—同时型

达斯等人（Das et al，1975）对脑功能的研究发现，左脑占优势的个体表现出继时性加工的认知方式，而右脑占优势的个体则表现出同时性加工的风格。*继时性认知方式*（*successive cognitive style*）的个体在解决问题的时候，每一个步骤只考虑一种假设，一步一步地分析问题。*同时性认知方式*（*simultaneous cognitive style*）的个体可以同时考虑多种假设，兼顾各种可能性和影响因素。言语和记忆等过程属于继时性加工，而数学和空间等过程属于同时性加工。

2. 人格方向

（1）心理类型论

荣格（1923）将人格划分为外倾型和内倾型两大类。外倾型的人受客观现实所支配，喜好交往，适应性良好；内倾型的人以自我为中心，注重自己的内心体验。荣格在此基础上提出了感觉、思维、情感和直觉四种机能，由此衍生出八种类型：外倾感觉型、内倾感觉型、外倾思维型、内倾思维型、外倾情感型、内倾情感型、外倾直觉型、内倾直觉型。

（2）MBTI 模型

布里格斯（Briggs）和迈尔斯（Myers）在荣格的基础上，增加了判断—知觉这一新的维度，提出了 MBTI 模型，它包括：内向—外向（Extraversion-Introversion，EI），表示心理能力的倾向性；感觉—直觉（Sensing-Intuition，SI），表示某种与获得信息相关的心理功能或知觉过程；思维—情感（Thingking-Feeling，TF），表示与个体做出判断相关的某种心理功能或过程；判断—观察（Judging-Perceiving，JP），表示与外界相处时的态度或倾向性（敖小兰，2004）。

3. 活动方向

(1) 学习风格模型

瑞丁（Riding）等人根据心理计量设计、对学习的理解和与学习策略形成的关系三方面的相似性，并基于学习过程、学习定向、教学偏好以及认知技能发展提出了四种学习风格模型。前三种关注学习的过程及情境，后一种关注个体的认知能力的形成、认知技能的贮存和学习能力，同时也更为关注那些被认为构成个体的学习侧面的相关行为特征。到目前为止，已有30多种有关学习风格的理论和模型，瑞丁（1998）将其分为了四大类，如表3所示。

表3　学习风格模型及其关键特征、评估方法

分类	维度	关键特征	评估方法
①基于学习过程的风格模型	具体经验/观察反应/抽象概括/主动实践	包含知觉维度（具体/抽象）和加工维度（主动/反映性加工）	学习风格量表（LSI）
	积极型/沉思型/理论家型/实践家型	构成个体的学习方法的学习方式偏好	学习风格问卷（LSQ）
②基于学习定向的风格模型	深层定向/表层定向/策略性定向/缺少方向/学业自信心	把教学偏好整合到个体学习中的信息加工	学习方式量表（ASI）
	表层—深层成就定向/内部—外部成就定向	把学习方法和动机定向整合在一起	学习过程问卷（SPQ）
③基于教学偏好的风格模型	环境的/社会的/情绪的/身体的/心理的成分	学习者对关键刺激的反应：环境，社会性，情绪，身体，心理	学习风格量表（LSI）
	参与—回避型/合作—竞争型/独立—依存型	一种社会性交互作用的测量，一个构念下形成的三个两极维度，描述学习者对学习情境所采取的典型的反应方式	学习互动风格问卷（SLSS）

续表

分类	维度	关键特征	评估方法
④基于认知技能发展的风格模型	视觉型/言语符号型/听觉型/情绪感受型	根据知觉通道界定学习风格	艾德蒙茨学习风格鉴定练习
	认知技能/知觉反应/学习和教学偏好	在学习风格构念中区分出 24 个元素，并组织成三个维度。认为认知技能的发展是有效学习的前提条件	学习风格测查表（LSP）

（2）教学风格模型

利皮特（Lippitt）和怀特（White）1952 年根据教师不同的教育指导态度，将教学风格分为三种：权威型、放任型、民主型。赫颂（Henso）和博斯维科（Borthwick）则在 1984 年的研究中将教学风格分为六种：任务导向型、合作计划型、儿童中心型、学习中心型、学科中心型、情绪兴奋型。

（三）认知方式对健康人格的影响

健康人格的形成与发展受到个体认知方式的影响，健康的人格往往来自健康的认知，而不健康的人格往往来自不健康的认知。

人的心理活动是非常复杂的，因而其认知能力也是有限的，当不合理的认知方式成为一种稳定的思维方式后，它便具有了无意识性和自动性，成为许多人的一种“习惯”，到时想要认识到其中的不合理性就会变得非常困难，例如在社会交往中常见的首因效应、近因效应、刻板印象、光环效应等。这些歪曲的、不合理的、消极悲观的信念或思想，往往会导致情绪障碍和非适应性行为，影响个体的心理状态。

有学者对 361 名高中生的认知方式和焦虑水平进行了测量，他们先采用镶嵌图形测验（EFT）把被试分为场依存、场独立两种类型，随后对其进行心理健康诊断测验（MHT），发现与场独立型的学生相比，场依存型学生体验到更多的焦虑，具体表现在对考试有较多的恐惧心理、无法安心学习、抗干扰能力弱、体验到更多的自卑、怀疑自己的能力、容易为小事情烦恼、自制力差等方面（李寿欣 等，2008）。

还有研究者对不同认知方式个体的自主努力程度进行了研究，发现场独立型的人其自主努力程度更加突出，具有较高的内在学习动机，相反，场依存型的人其内在学习动机就较低了。当具有很高的内在动机的场独立个体感受到较高程度的焦虑时，会对其学习成绩产生较大的负面影响，而不良的学习成绩又会导致低迷的学业情绪，致使学生无法专心学习，这样就陷入到一种恶性循环之中，对于健康人格的发展也是极其不利的（李寿欣，2006）。

由此可见，未成年人在认知方式上的差异，是一种极为重要的个体差异，它往往通过学习这一主要任务来直接影响个体的情绪状态和行为表现，进而影响健康人格的形成和发展。因此，改变未成年人的不合理认知、优化其认知方式是消除消极情绪、建立适应行为、培养健康人格的关键切入点。

二、未成年人认知方式的现状分析

（一）具有明显的阶段性

通过心理学家对未成年人认知方式的广泛研究，我们发现未成年人认知方式的发展具有比较明显的阶段性特征。

沈德立等人（2009）采用《中国青少年心理健康素质调查表·认知风格分量表》，比较了不同年级阶段的未成年人认知风格的发展变化情况。该量表的认知风格维度包括：（1）认知方法（灵活—单一）；（2）认知加工（整体—局部）；（3）认知决策（自我—场景）；（4）认知行为（独立—合作）；（5）认知倾向（冒险—稳重）。通过对参加调查的44063名被试的认知风格数据进行分析发现：从小学五年级到初中二年级阶段，未成年人认知风格各维度的发展变化波动较大，特别是在认知加工、认知行为、认知倾向三个维度上，表现为未成年人倾向于由局部转向整体，由独立转向合作；从初二年级到高三年级阶段，青少年在认知决策、认知方法、认知加工、认知行为方面的变化并不明显，但是认知倾向维度的发展出现了转折，在高一年级之前，未成年人的认知倾向从冒险向稳重过渡，并逐渐保持稳定；到了高三年级之后，未成年人的认知风格整体上转向依赖场景、灵活和整体的认知风格。

（二）不同性别的未成年人认知方式不同

对不同性别的未成年人认知方式发展趋势的研究发现，随着年级的升高，男女未成年人的认知风格发展变化的趋势基本相似，即在认知方式的发展水平上没有差异，但却表现出不同的发展特点。通过进一步比较可以发现，男生倾向于独立的、整体的、具有冒险性的认知方式，而女生倾向于合作的、局部的、稳重的认知方式（沈德立 等，2009）。

男女未成年人认知方式上的这种差异可能和他们的思维特点有关。有研究表明女性的思维较为感性，富有情感，而男性的思维较为理性，善于思考（彭贤 等，2006）。还有研究者认为男生在思想和感觉维度上占优势，而女生在感情和直觉维度上占优势（乌云娜，2001）。这说明女性在认识客观事物的过程中更为感性，而男性则更多地倾向于理性。

（三）不同环境下的未成年人认知方式不同

1. 不同的居住环境

有研究发现，大、中城市的未成年人更倾向于灵活的、独立的、整体的、具有冒险性的认知方式；而小城镇、农村的未成年人则倾向于单一的、合作的、局部的、稳重的认知方式（沈德立 等，2009）。这是因为大中城市的学生课业生活丰富，他们思想开放，兴趣广泛，与农村的孩子相比更加自信，喜欢冒险。

2. 不同的家庭环境

未成年人认知方式的家庭环境差异主要体现在父母受教育水平、家庭收入水平等方面。

以往的研究表明，父母的教育水平越高，其管理方式就越民主，越宽松；而父母的教育水平越低，其管理方式就越专制，越严厉。在民主、宽松的家庭氛围中，未成年人容易形成合作的认知方式；而在专制、严厉的家庭环境中，未成年人容易产生逆反心理，从而表现为单一、局部的认知风格。

此外，低收入的家庭倾向于合作的认知风格，高收入的家庭则倾向于独立、冒险的认知风格（沈德立 等，2009）。

3. 不同的学校类型

相关研究表明：不同类型学校的未成年人，其认知方式的发展趋势具有相似性，但发展水平具有差异性。

由于国家近年来加大了对一般学校教学资源的投入，所以其教育质量和重点学校相比并不存在太大的不足，这从根本上削弱了由学校类型引起的学生认知方式发展趋势上的差异。但是来自重点学校的学生还是更多地倾向于灵活的、独立的、冒险的认知方式；而来自普通学校的学生则倾向于采用稳重的、合作的认知方式来处理、解决问题，这可能是受到长期以来对不同类型学校形成的刻板印象的影响（沈德立 等，2009）。

三、未成年人认知方式的影响因素

（一）生理因素

认知方式到底是由生理因素决定还是由环境因素决定，一直是争论不休的话题，很多心理学家从生理学、遗传学、神经科学等方面进行了广泛的研究。

沃贝尔（Waber，1976）的研究表明，激素水平与认知方式的发展有很大的关系。青春期前，男性与女性在场依存方面的差异并不明显；而青春期后，女性比男性更倾向于场依存。

威特金和古迪纳夫（Goodenough）1977 年发现，具有相同 X 染色体的兄弟在棒框测验和镶嵌图形测验中的相关性明显高于具有不同染色体的兄弟，说明场独立—场依存与 X 染色体有关。

瑞丁等人（1997）认为，如果环境因素对认知方式起主导作用的话，那么就说明父母支持这一因素会直接影响认知方式的形成。他们对家庭背景与认知方式之间的关系进行了研究，以 432 名 12 岁儿童为研究对象，由教师根据家长对孩子可能提供的支持按照由高到低五个等级进行评估，结果发现学生的家庭背景与其形成的认知方式没有明显的关系，所以他们认为认知方式具有先天遗传的基础（Riding et al，1998）。

以上研究结果表明，生物学因素确实对认知方式的发展有很大的影响，并且具体体现在激素、DNA 等生理水平上，因此我们应当从遗传学、神经科学、生理心理学等途径入手，改善个体的身体状态以促进健康人格的发展。

（二）性别因素

有关于性别对认知方式的影响，其结论多表明：女性倾向于更加直觉、保守、细致的认知方式；而男性则倾向于更具分析性、开放性和整体性的认知方式。

王一澜（2011）的研究表明男性的掩饰性明显要高于女性，随着年龄的增长，其掩饰性还会越来越强。男性在社会环境中需要扮演各种不同的角色，他们把更多的时间放在事业上，因此常常承受着更大的压力，他们有时不得不学着用圆滑的方式为人处世。而对于女性而言，她们会把更多的精力放在照顾自己的家庭上，更擅长于处理细微的事情。这一点也很好地解释了为什么在很多的中小学学校里，领导者和管理者多为男性，而工作在教学第一线的多为女性，因为前者的工作对象一般为成年人，需要运用一定的社交手段，而后者的工作对象一般为未成年人，在交往过程中不需要过多的掩饰。

男性和女性在认知方式上的差异提醒我们，在对未成年人进行心理健康教育和学习辅导时，应针对其各自不同的特点采用不同的方法策略。

（三）家庭教育因素

维果斯基（Vygotsky）认为，儿童认知能力的发展受到各种社会因素的影响，其中在问题解决过程中成人所创造的环境及其提供的指导是十分重要的，而这种指导就体现在父母的教养方式上，通过这些指导，儿童的认知能力才能超越现有水平而向前发展。比如，父母亲重视孩子的整体表现而不注重细节，就可能培养出讲究整体性认知方式的儿童；反之，注重细节的父母可能培养出讲究局部性的儿童（杨志良 等，2001）。由此看来，儿童所展示的认知方式实际上就是父母认知方式的一个缩影，并且主要通过教养方式来进行传递。

专制型的父母往往采用严厉、高压、强迫命令式的教育，只从自身的主观意愿出发，不考虑孩子的内心想法，容易使孩子发展为顺从、胆小、懦弱、缺少自信等，或是走上另外一个极端，变得冷酷、叛逆、暴力。溺爱型的父母对孩子百依百顺，包办代替孩子的所有活动，子女会表现出任性、自私、责任感低、独立性差、依赖性强、缺乏创造力和想象力、社会适应能力差等。放任自流型的父母只关注自己的工作和事业，对孩子缺少关心和教育，这样的环境下成长起来的孩子性格比较内向、孤僻，对人冷淡，兴趣狭窄，缺乏理想和追求。以上的这些教养方式对未成年人的身心发展是极为不利的，它会直接影响到未成年人的情绪状态和行为表现，而长时间处于这种不良的教养方式之中，势必会影响到认知方式的固化以及健康人格的形成。

有些研究者研究了智力、父母教养方式与孩子学习成绩的关系，发现优等生与差生的父母在教养方式上有明显的差异。前者偏爱温暖与理解，后者偏爱惩罚与干涉，而这种差异导致的后果是：优等生体验到较多的信任和安全感，能够形成良好的个性与学习习惯，很少产生不合理的信念，有着正确的认知方式，其人格的发展也趋向于积极、稳定的一面；相反，差等生体验到较多的孤独和自卑感，他们厌学、对学习缺乏信心，没有良好的学习习惯，并常常不能意识到自己的不合理信念，其人格的发展便趋向于消极、混乱的一面。

（四）学校教育因素

如果说在未成年人成长过程的早期，家长对其认知方式的塑造起到了非常重要的作用，那么一旦进入学校，未成年人所面临的环境就更具有明显的价值导向。如果未成年人不能按照一定的教育模式发展，他们很可能被界定为社会适应不良。也就是说，学校环境对未成年人人格的塑造起着极为重要的强化作用，将直接影响到他们认知方式的形成与发展。

在学校环境中，教师是学生最经常、最直接、最具权威的榜样，教师每天与学生接触6~9个小时的时间，甚至更长，这个时间远远多于家长，使其更容易用自己的认识、情感、意志、行为去影响学生。有研究者研究了学生认知风格与教师教学策略之间的关系，发现综合利用多种教学策略的教师，其学生的学习成绩高，认知风格也更趋向于场独立型。因为在教学的各个环节中，不同的教学策略可以使学生不同的认知成分都参与到新知识的学习中，并逐渐产生新的学习能力并在新的情境中进行迁移，由此学生的认知结构渐趋完整。概括来说，教学策略与学生认知方式的形成具有因果关系，学生在教师教学策略的引导下，认知策略会发生改变，继而学习策略也会跟着改变，从而促使其认知风格的逐渐形成。

由此可见，“身教胜于言传”的道理正在于此，教师对教育工作的责任感、自身的品德修养、优秀的教学能力……对学生的影响是非常重大的，它直接影响到学生的学习态度、行为表现，继而影响到认知风格的形成以及健康人格的发展。

四、未成年人认知方式的培养

（一）改善家庭教育方式

世界上没有两片完全相同的叶子，同样，也没有完全相同的认知方式。因而，在对未成年人认知方式的培养过程中，不论是家长、老师还是整个社会，都要本着“因势利导，因材施教”的原则，根据未成年人自身的不同特点，采用灵活的方式进行培养。

父母是孩子的第一任老师，家庭是孩子的第一个课堂，因此提高父母在培养孩子良好认知方式方面的意识尤为重要。作为父母，首先应该清楚地了解自己孩子的特性以及不同认知方式的特点，学会从不同的角度去赏识孩子，认识到各类认知方式的不同，做好相应的回应策略。例如，有的孩子非常急躁，做事情的时候往往不考虑后果，被贴上了“冲动型”的标签，但是如果父母能够意识到认知方式其实并不存在好坏之分，就会发现冲动型的人在行为上具有敏捷性的优点。接下来，父母就需要帮助孩子去完善他的认知方式，保留优点，改善缺点。还是以冲动型为例，由于未成年人思维与行动的冲突，作为家长要帮助他们扬长避短，在发挥自己特性的基础上，学会积极主动地融合其他认知方式的优点，既保证自己在处事时的行动力，又培养了全面思考问题的能力。最后，家长们还要注意到自己的认知方式给孩子带来的影响，学会换位思考，三思而后行。

（二）改善学校教育方式

1. 综合运用教学策略，提高教学品质

巴班斯基（Babansky）曾经说过：“没有也不可能有同样有效地解决一切教学任务的万能的教学结构。”不同的教学策略都有其利弊，想要有效地利用教学策略与认知方式之间的因果关系，想要充分地调动学生的积极性和主动性，就必须灵活地运用各种教学策略，使学生最大限度地投入到教学活动中来。

有国外学者认为教学品质与学生的情绪息息相关，好的教学品质能促使学生产生积极的情绪，反之，不良的教学品质会使学生产生消极的情绪（胡保玲，2011），也就是说，良好的学习环境、合作的班级气氛以及教师的关注行为都会增加学生的积极情绪；反之处于竞争的学习氛围中，受到教师的批评，同伴关系不融洽等就会使学生产生如焦虑、愤怒等消极情

绪。因此，教师在平时的教学或活动过程中可加入游戏、比赛等多种多样的活动，这样不仅可以让更多的学生参与到其中，同时还可以创设愉快与轻松的氛围。教学品质提高了，教学活动变得丰富有趣，学生自然体验到更多的积极情绪，在面临学业任务时更具有上进心和求知欲，并且充满希望和信心，良好的认知风格也就在教学过程中逐渐得到巩固。

2. 提高教师认知方式与学生认知方式的适配性

在教学过程中，如果教师所采用的教育策略、指导方法与受教育者的认知方式相适应，就能更大程度地促进其发展，反之则可能阻碍其发展。

杨志良和郭力平（2001）认为：当教师的认知方式与学生的认知方式完全匹配时，学生的学习适应性最好（这里的适应性指学习成绩、学习态度、师生关系等）；当师生认知方式类型不匹配时，学生的学习适应性较差；而当师生的认知方式类型部分匹配时，学生的适应性居中。然而，在现实的教育活动中是不可能按照认知方式的类型给学生进行分类教学的，不仅如此，学生所表现出的个体差异也不仅仅只受到认知方式的影响，那么认知方式对现实教育的启示作用要如何去实现呢?

耶茨（Yates，2000）认为，针对认知方式的不同，教师要在教学中把握好对时间的控制。不同认知风格的学生在解决特殊问题时所需的时间是有差异的，例如一个喜欢观察细节的学生，并不一定不具有反应整体的能力，只是需要更多的时间和他人的引导、鼓励而已，尤其是在编码的阶段。每个人获得一定水平技能所需的时间都是不同的，这是教育心理学的基本原则，而对于认知方式的培养也应该有其特殊的意义。

3. 加强认知引导， 广泛开展教育

艾利斯认为“人的大部分情绪困扰和心理问题都来自于不合理的认知”。在现实生活中，由认知的选择性所带来的心理过滤，往往使人很难做到客观、全面，特别是对阅世不深、生活单一、受到的正面鼓励多、遇到的挫折少的未成年人来说，就更容易出现认知偏差等问题。

因此，学校应该加强学生对认知方式的认识，广泛开展心理健康教育，使未成年人了解认知发展的规律、特点及自身认知发展的水平、不同认知方式的特点。通过常规或特殊训练，帮助未成年人挖掘和认识到自身的不良认知，并学会对认知进行调控，完善自己的认知方式。

（三）培养未成年人正确的人生观、价值观

一个人有什么样的世界观、人生观就决定着他有什么样的思考模式，有什么样的认知方式，同时还影响着他的意志、需要、动机、兴趣等心理活动的进行。认知方式教育中如果能很好地解决未成年人在人生观、价值观上遇到的问题，也就从根本上解决了其人格健康发展的动力机制（郝玉梅 等，2006）。

因此，应高度加强理性教育和认知训练，通过课堂教学、理论知识讲座、专题报告、社会调查研究等方式，使未成年人学会正确的观察、分析和理解客观事物与社会现象，学会以冷静、稳妥、积极的态度审视人生，认识自身、他人以及环境，认真地去对待生活。在当今社会，我们不仅要求未成年人能灵活运用语言，创造性思维和想象，树立正确的人生观，而且还应该具有高尚的情操，能用正确的社会行为规范和价值标准来控制自己的行为，即追求知、情、意、行的统一，避免知、情、意、行相互冲突，培养未成年人积极乐观的人生态度，形成健康的认知方式，遇事多看积极的一面，不要对与自己不利的事情耿耿于怀。

第六节　创造性

案例

15 所中小学试点思维舞蹈课

用舞蹈肢体语言表述世界名画《最后的晚餐》，将“贪吃蛇”电子游戏中的画面用群舞的形式立体呈现……昨天上午，北京师范大学第二附属中学高三（1）班的学生迎来了一周一节的“思维舞蹈课”。

市教委相关负责人表示，思维舞蹈可以培养学生创新能力、团队合作能力，今年，思维舞蹈课将在本市 15 所中小学试点开展。“思维舞蹈课与普通舞蹈课有区别，它不是让学生练习舞蹈基本功，而是通过舞蹈手段，培养学生的创造性思维，提高学生的创造能力、交流合作能力、自我表现力、知识迁移能力等，对

学生实行全脑开发。”据了解，目前本市景山学校、八一中学、师大二附中、北大附小、丰台五小银地分校等学校都已经开设了思维舞蹈课。

市教委有关负责人介绍，目前教委已经将相关舞蹈教师的培训列入了“十二五”规划，北京师范大学已经给本科生开了专门的“思维舞蹈教学课程”。该负责人表示，北京将加强不同形式艺术教育的推广，在思维舞蹈课推进的同时，戏剧课也将在东城率先开始试点。

2012－12－14　来源：北京青年报

一、概述

（一）什么是创造性、创造性思维

1. 创造性

创造性的概念是由吉尔福德（Guilford）在20世纪50年代首次提出的，到目前为止有关创造性的定义多达百余种。从宏观的角度来看，这些概念具有一致性，基本上包括了过程、产品、个人、环境四种成分，只是各自的侧重点不同而已。例如，吉尔福德（1950）从个人的角度来进行界定，认为创造性是指最能代表创造性人物特征的各种能力。还有学者从过程的角度来界定，认为创造性是意识到困难、问题、信息缺口、成分缺失的过程，并对此进行猜想，形成假设，进行修订和再验证，最终形成结论的过程（卢珂 等，2010）。

综合上述观点，*创造性*（*creativity*）是指根据一定目的，动用一切已知信息，产生出某种新颖、独特、有社会或个人价值的产品的智力品质，又称创造力（林崇德，1999）。这个概念主要包括了创造性的过程、创造性的产品和创造性的个人三个方面。

2. 创造性思维

创造性思维（*creative thinking*）是大脑皮层区域不断地恢复联系和形成联系的过程，它是以感知、记忆、思考、联想、理解等能力为基础，以综合性、探索性和求新性为特点的心智活动（张丽华 等，2006）。创造性的过程即创造性思维。

与普通人相比较，高创造力的个体，其思维具有如下特点（黄希庭，

1991）。

（1）思维的流畅性（丰富性）是指在限定的时间内所产生的观念数量，观念越多，思维的流畅性越大。

（2）思维的变通性（灵活性）是指摒弃旧的习惯性思维方式寻找新方向、新途径的能力。例如，在头脑风暴游戏中列举出报纸的50种用途。创造性思维高的个体，能够灵活变通，在困难面前能够另辟蹊径，从而打破僵局。

（3）思维的独特性是指产生不寻常的反应和不落常规的能力，还包括重新定义或按新的方式对所见所闻加以组织的能力。

（4）思维的敏感性是指及时抓住独特新颖观念的能力。创造性观念并不受我们随心所欲的控制，要求我们必须有敏锐的感受性，才能紧紧地抓住它。创造性思维能力高的个体，往往也具有高度的敏感性。

（二）创造性的理论

1. 创造性内隐理论（implicit theory）

创造性内隐理论是在日常生活和工作背景下所形成的以某种形式保留于个体头脑中的关于人类概念、结构及其发展的看法（黄四林 等，2005）。

（1）斯腾伯格的“创造性三维模型”（three-facet model of creativity）

斯腾伯格提出了“创造性的三维模型”，从智力、智力风格与人格三个侧面解释产生创造性的心理过程（孙雍君，2000）。三维模型的每一个维度各自包含着很多的子因素，它们对创造性的产生有重要的影响，三个维度可以以任意形式组合在一起，形成无穷尽的创造力。但是该模型强调的是创造行为的内在心理品质，没有考虑到创造性的环境变量。

（2）斯腾伯格和卢伯特（Lubart）的“投资理论”（investment theory）

投资理论认为创造性是把个体的心理资源投入到那些新颖的、高质量的想法上，并且只有在智力、知识、思维风格、人性、动机和环境这六种心理资源协同出现时，才能产生创造性。其中，智力包括创造智力、分析智力和实践智力；思维风格包括立法型、司法型和执行型（钟祖荣，2012）。

当然创造性绝非各种成分的简单累加，不同成分之间是可以进行互补的，但其薄弱成分必须满足其应具备的最低标准。同时，各种成分之间也可以通过相互作用而增强创造性（宋慧俐 等，2011）。

2. 创造性外显理论（explicit theory）

创造性外显理论是指专家通过大样本的测验后，通过数据分析而建构的关于创造性概念、结构及其发展历程的理论体系。外显理论不能直接帮助人们解决所面临的实际问题，所以人们总是在一定程度上依据自己的创造性原型，对其进行解释和评估。

（1）阿马比尔（Amabile）的“系统理论”（system theory）

阿马比尔的系统理论认为，创造性是动机、相关领域的技能、创造性的技能等因素相互作用的结果。其中，创造性的技能是指认知风格、如何应对困难、如何在问题解决中打破思维定式、启发产生新观念的知识（宋慧俐 等，2011）。

（2）格鲁伯（Gruber）的“发展性进化系统模型”（developmental evolving-systems model）

格鲁伯的发展性进化系统模型包括个体的动机、知识和情感三个子系统。三个系统的交互作用使得个体在解决问题时，那些新颖、独特的思维方式在此过程中不断积累、发展，最终获得创造性的产物。后来，格鲁伯将动机系统换为目的系统，因为目的性是创造性工作的关键，并且是激发个体长时间工作的主要动机。该模型的思想核心是一个人的目的、知识和情感随着时间的推移而发展，个体变异不断放大，最后导致新产品的产生。

3. 元创造性理论（metacreativity theory）

布鲁赫（Bruch）认为元创造性是一种检查方法，用于检查在创造过程中做什么和如何做、选择创造策略和监控这些策略的运用、评估创造过程中人们的心理及情感。在创造过程中，元策略的运用包括问题鉴别、过程选择、策略选择、表征选择、过程分配、解答监控、对反馈的敏感性、将反馈转变为行动计划、行动计划的实施九个方面的内容。

（三）创造性对健康人格的意义

正如爱默生（Emerson）所说：“人的一生就是不断尝试的过程，尝试得越多，生活就越美好。”在人的一生当中，只有具备创造性，个体在发展过程中才不会被各种环境因素所限制，运用更为有效的方法和技能，不断地克服困难，取得成就。

许多心理学家认为，创造性高的个体具有以下几种人格特征：（1）兴趣广泛，求知欲强，喜欢思考新生事物；（2）通常在文章中能自由地表达观点；（3）有幽默感和艺术鉴赏力；（4）思维缜密，反应迅速，工作效率高；（5）喜欢独立行事，不喜欢从众；（6）自信；（7）喜欢研究哲学、宗教领域的问题；（8）交际范围广，不喜欢沿袭传统的生活方式；（9）对未来有抱负；（10）态度坦率、直白等（万成，2004）。由此可见，创造性和优秀的人格特质之间有着很深的联系。

心理学家特曼（Terman）历时 30 年的时间，对智商在 135 以上的 1528 名超常儿童进行了跟踪调查，将成就最大的 20% 和成就最小的 20% 进行了比较，结果发现成就最大的一组在进取心、自信心、坚韧性等人格特质上与成就最小的一组有着显著的差异（饶淑园，1998），这个结果证明了创造性对健康人格发展的重要意义。

创造性对于个体、社会和民族而言都具有深远的意义，因此，从创造性发展的一致性来看，未成年人时期的创造性培养是非常重要的。创造性不单单只由先天因素或环境因素所决定，所以既不能任其自由发展也不能完全依靠后天的教育培训，应充分利用创造性发展的关键期，为未成年人创设尽可能有利的环境，培养未成年人有利于创造性发展的各项素质，为健康人格的形成打下基础。

二、未成年人创造性发展状况的现状分析

（一）呈倒 V 形的趋势

申继亮、王鑫和师保国（2005）采用《创造性倾向问卷》（可测得自信心、好奇心、探索性、挑战性、意志力五个方面的内容）对小学生、初中生、高中生的创造性倾向结构和发展特征进行了研究，他们发现未成年人创造性的发展趋势在总体上呈倒 V 形，初一年级的创造性最高，小学阶段和高中阶段的创造性都较低（如图 12 所示）。

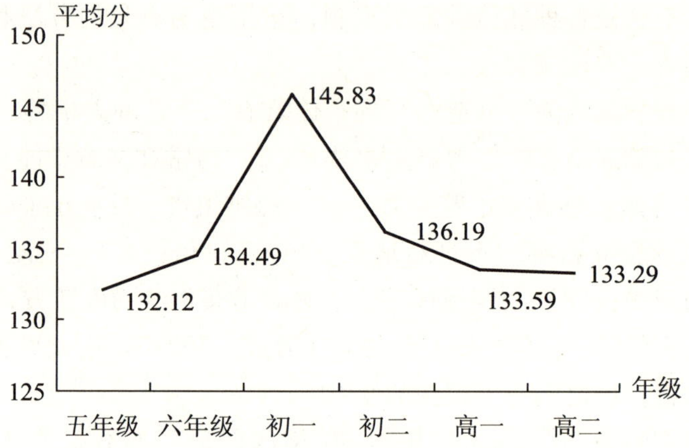

图 12　未成年人创造性倾向测验的平均分

2009 年，有课题组对上海、天津、重庆、南京、杭州、南昌六个城市 106 所学校的 11098 名学生进行了大样本调查，同样也发现了这种变化趋势。如图 13 所示，小学、初中阶段的创造性都较高，而高中阶段却急剧下降，高二达到最低，这与托兰斯（Torrance，1967）在研究中所指出的 17 岁个体创造性发展水平较低的观点是一致的。

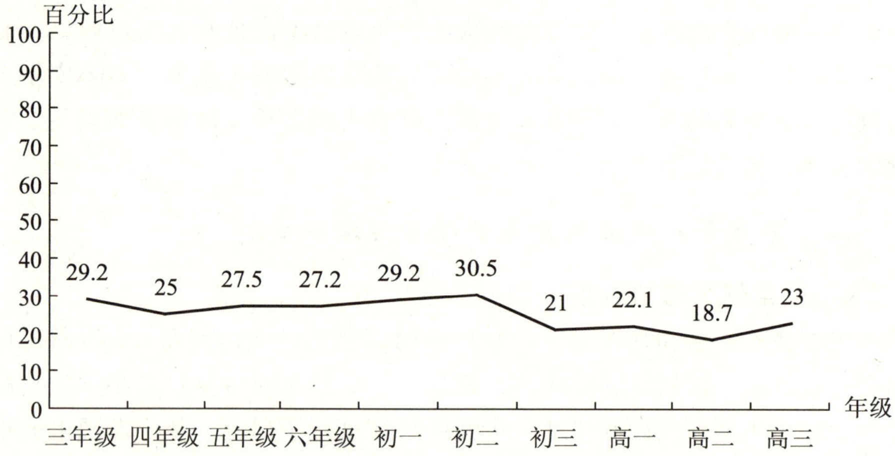

图 13　六城市小学三年级至高中三年级创造性发展变化趋势

出现这种情况的原因主要在于，小学阶段的学生自主能力还较差，他们更易受到教师、家长等外界环境的引导，所以挑战性和探索精神都不强。而到了初中阶段，伴随着生长发育第二个高峰期的到来，他们的心理也随之产生了巨大的变化，想要努力冲破条条框框的限制来展现自己，因此具有很强的创造欲望。进入高中以后，随着知识经验的愈加丰富，其行为表现也越发稳重、内敛，此外，升学考试的压力也大大限制了他们个性和创造性的发展。

（二）总体发展水平并不高

虽然以上研究表明初中阶段是创造性发展的高峰期，但这并不意味着这一时期的未成年人创造力发展得就好，而处于低潮期的小学和高中阶段所面临的问题也就更加严重了。

吴卫东（2009）采用《创造性倾向量表》（可测得冒险性、好奇心、想象力和挑战性四个方面的内容）探究小学生和初中生创造性的发展特点时发现，四、五年级的小学生创造性倾向较低，整个小学阶段创造性的发展在总体上呈波动性变化的趋势；而初中阶段创造性的发展虽然也有一些波动，但各年级之间并没有显著的差异，因此初中阶段创造性的发展比较稳定，但是并不优于小学阶段。这是因为，随着年龄的增长和社会文化程度的加深，初中生越来越倾向于按规范行事，他们所面临的学业压力、教师压力以及青春期心理上的“闭锁性”等，也在不同程度上限制了创造性的发展（胡卫平 等，2003）。

童秀英和沃建中（2002）采用自编的《中学生创造性思维测验》研究了高中生创造性的发展水平，发现创造性思维总分从高一到高二略有下降，从高二到高三有所回升，但是三个年级之间没有显著差异，说明高中生的创造性发展非常平缓，并没有提高的趋势，尤其是高二阶段更是成了创造性发展的低潮期。

由此看来，我国未成年人创造性的发展情况不容乐观。

（三）女生的发展情况优于男生

随着社会的不断进步，性别平等的观念已经深入人心，社会对未成年人的性别角色期望和成就期望愈发平等，女孩子也可以勇于表现出自己的大胆、独立和个性（进行创造性活动所必需的特质），不再像以前那样温顺、服从，甚至很多的研究结果表明女生比男生具有更高的创造性。

聂衍刚和郑雪（2005）采用《威廉姆斯创造性个性倾向测验》测试了3729 名 9 ~ 19 岁的学生，发现女生在冒险性、想象力以及创造力总水平上的得分都显著高于男生。这一结果也从侧面反映了当今我国未成年人的性格有女性化的倾向，学生活动能力表现出“阴盛阳衰”的现象。

三、未成年人创造性的影响因素

（一）生理因素

人的每一项心理功能的发挥都离不开相应的生理基础的支持，创造性活动的进行也不例外。

2009 年，荣格等人利用核磁共振技术在世界上第一次对大脑皮层灰质厚度与创造力成绩之间的关系进行了研究，发现左额叶、舌回、楔叶、角回、顶下小叶和梭状回等脑区的皮质厚度与创造力有很大的关系（钟祖荣，2012）。

一些心理学家认为，高创造性的人比低创造性的人进行更多的初级加工，他们的大脑右半球比左半球表现出更多的激活，说明增加大脑右半球的激活有利于创造性行为的发生。

另外，班彻（Banich）等人的研究发现，要完成的任务难度越大，两半球之间的协作功能越有效，创造性活动需要高层次的整体思维，它依赖于左右脑的协调作用。

维果皮安斯基（Wyspianski）等人还发现，具有高创造性的实验者脑电图 α 波的振幅普遍小于低创造性实验者 α 波的振幅，说明低皮质激活水平是进行创造性活动的最佳状态。

（二）人格因素

整合了国内外多年的研究成果，我们发现，人格是影响创造性发展的一个重要因素，拥有良好人格特质（如好奇、开放、自信等）的个体往往也具有较高的创造能力。

帕洛夫（Parloff）等人 1968 年使用《加利福尼亚人格量表》（CIP）对高、低创造性的青少年及成人进行了研究，结果发现，具有高自信、进取心、坚强等人格特质的个体一般具有较高的创造性。

罗彦红和石文典（2010）在总结前人研究的基础上发现，创造性与外倾性（E）和精神质（P）具有相关性。E 得分高的个体更喜好交际、渴望刺激和冒险，其创造性水平也较高；而 P 得分高的个体更易产生新奇的想法，艺术家就多属于这种类型。

凯莉（2006）采用《五大人格量表》考察了创造性与人格特质的关系，发现开放性特质与创造性存在显著的正相关。这说明那些具有好奇的、新颖的、非传统的、爱好冒险和探索的个体创造性水平较高；而那些保守的、封闭的、兴趣少的、爱好常规和传统的个体创造性水平较低。

菲斯特（Feist）和巴伦（Barron）曾进行了一项长达45年的研究，采用《加利福尼亚人格量表》（CPI）、《明尼苏达多项人格量表》（MMPI）等工具测量了14个不同专业的男性大学毕业生，结果发现，创造性会伴随人格的变化而变化，人格对创造性的影响甚至超过个人潜力和智力对其的影响（Feist et al，2003）。

以上研究说明人格与创造性之间有着密不可分的关系，因此，想要培养、提高未成年人的创造性，要紧紧抓住人格这个切入点。

（三）家庭环境因素

1. 客观的家庭环境

国内外大量的研究结果表明，客观的家庭环境、父母亲职业、受教育程度、子女出生次序、父母教养方式、对孩子的期望、家庭氛围等都是影响创造性发展的重要因素。在这里，客观的家庭环境主要是指不以人的意志为转移的家庭环境，例如家庭的社会经济地位（通过家庭经济收入水平、父母亲受教育水平来衡量）、家庭结构等。

帅保国和申继亮（2007）对家庭社会经济地位（家庭SES）与创造性的关系的研究中发现，家庭社会经济地位不仅对创造性有显著的直接效应，而且还会通过智力对创造性产生间接的影响。这主要是因为家庭经济社会地位较低的未成年人会缺少认知刺激和相关经历，这势必会影响他们创造性的发展。

格策尔斯（Getzels）和杰克逊（Jackson）1961年对高智商青少年和高创造性青少年的家庭环境进行了比较分析，他们发现，高智商青少年的父亲比高创造性青少年的父母更多地从事于学术或教育的职业，而母亲则更多为家庭主妇；两组类型的父母受教育水平均高于一般家庭的父母受教育水平。也就是说，父母的受教育水平越高，越有可能培养出高创造性的孩子。

萨洛韦（Sulloway）的研究发现：出生次序、儿童幼时的反叛与反常规倾向往往可以预测其成年后的创造性（钟祖荣，2012）。此外，盖纳（Gaynor）等人 1992 年对家庭规模、出生次序、年龄间隔和创造性之间的关系研究发现，年龄间隔越大，创造性水平越高。

2. 主观的家庭环境

主观的家庭环境主要是指人为的家庭环境，包括家庭教养方式、父母的期望、家庭氛围、家庭人际关系等。

鲍姆林德（Baumrind，1991）探索了父母教养方式和创造性之间的关系，发现专制型和放任型的父母教养方式不能调动孩子学习的积极性，并且容易养成依赖、服从的习惯，创造性水平较低；只有权威型（民主型）的父母教养方式才有利于孩子创造性的发展。

此外，父母对孩子的期望也是影响创造性发展的重要因素。伦科（RunCo，1992）曾对具有特殊天赋和高创造性的孩子做了近 20 年的跟踪调查，结果发现：母亲对孩子的期望与孩子的发散思维之间有显著的相关。这意味着父母对孩子正确、合理的期望有利于创造性的发展。

同时，良好的家庭氛围也能对未成年人创造性的发展起到促进作用。凯普（Kemple）和南森伯格（Nissenberg）2000 年对家庭环境和创造性的研究表明，家庭环境中的三个维度能促进创造性的发展，即尊重孩子、鼓励独立以及丰富孩子的学习环境。和睦、融洽、民主的家庭气氛更有利于个体创造性的发展；反之，专制、不融洽的家庭气氛容易使个体服从、懦弱，甚至产生精神疾患，从而阻碍创造性的发展。

（四）学校教育因素

学校教育因素对未成年人创造性的影响主要体现在教学风格、师生关系、教学环境氛围等方面。

安德森把教师的课堂行为分成“整合型”和“支配型”两种风格，前者是“灵活的、适应的、客观的、科学的行为”，它将提高“分化的心理过程，促进创造性的发展”；而后者则以“目标的严格性或不灵活性”为特征，它使学生的独立性更差、创造性活动更少（田友谊，2008）。也就是说整合型的教学风格更加有利于学生创造性的发展，而支配型的教学风格则会妨碍学生创造性的发挥。

帕特里克（Pattick）通过实验研究发现，在师生关系融洽、气氛轻松愉快的课堂中，学生学习情绪高涨，对知识信息的感受性强，反应敏捷，思维活跃；反之，在紧张、压抑的课堂气氛下，学生情绪压抑、不安，往往茫然不知所措，理智活动下降，机械、重复、混乱的反应增多，创造性的发挥受到极大的抑制（张文新 等，1999）。

（五）社会因素

社会因素对未成年创造性的影响主要体现在社会文化环境、社会人际环境、社会政治氛围、自然环境等方面。

大量的跨文化研究表明，人类社会中的某些种族，特别是犹太人和亚洲人，有着杰出的创造才能。托兰斯对美国、澳大利亚、印度、德国等国家的文化与儿童创造性的关系进行了研究，发现在这些国家文化发展的不连续期内，儿童的独创性都相应地有一个低潮期，而文化连续性较强、经济比较落后的国家的儿童，其创造性思维发展虽然缓慢，但却呈连续上升的趋势（周立山 等，2002）。

此外，社会中的人际关系对个体创造性的发挥也起到了举足轻重的作用。朱可曼（Zuckerman）曾对 1901 年至 1972 年期间的 286 位诺贝尔奖获得者进行了全面的分析，发现其中近三分之一的人是由于与他人合作而取得成果的。在诺贝尔奖开设以后的最初二十五年中，获奖者的工作中有 41% 是合作性的，到 1972 年，这个比例达到了 79%（Amabile，1987）。

西蒙森（Simonsen）认为，动荡的社会、连绵的灾祸、频繁的政变等消极的政治环境极其不利于创造性的发展，而世界的和平、国家的独立、社会的稳定对创造潜能的发挥有着巨大的促进作用（曹守莲 等，2003）。大量的比较研究表明，在鼓励独立性、创新精神，主张男女平等、民主开放的社会环境中，未成年人的创造性水平普遍较高，并且并不存在男女差异，他们求知欲旺盛，愿意表现自己，也愿意进行创造性的活动；相反，在强制、服从、男女地位悬殊的社会环境里，未成年人的创造性水平普遍较低，男女之间的差异也较大，他们往往表现为退缩、逃避、服从等。

还有研究表明，生活在优美、丰富的自然环境中的儿童，其创造性的发展水平要远远高于生活在单调、机械化环境中的儿童（董奇，1985）。

四、未成年人创造性的培养

（一）加强非智力因素的培养

心理学的研究早已证明，智力并不是创造性的唯一构成成分，也很难说是最重要的成分，非智力因素对创造性的影响同样重要。一般认为，智力以外的一切心理因素统称为非智力因素，其中动机、兴趣、情感、意志与性格最为重要，因此想要培养未成年人的创造性要从这几个因素入手。例如，复杂的创造性活动往往会带来焦虑不安、悲观失望的情绪体验，这种情绪上的波动会降低人们的智力活动水平，影响创造性活动的进行，在这种状态下是难以产生灵感的。只有保持乐观开朗的心态，创造性思维才能活跃，暂时神经联系才容易接通，灵感才会光顾（蒋俊梅，2001）。

（二）培养优良的人格特征，克服不良的人格特征

国外学者认为，在科学技术领域，创造性高者普遍具有如下人格特征：低乐群性，高稳定性，低兴奋性，高有恒性，低情绪性，低妄想性，低忧虑性，高实验性，高独立性，高自律性（燕国材，2009）。而不利于创造性发展的人格特质有以下几种：过分重视成就，害怕失败，出错就是坏事，遵循常规，缺乏自信，胆怯，不敢标新立异等。教育教学工作者对未成年人的创造性进行培养时，要注重这些有积极作用的人格特征，努力改善妨碍创造性发展的不良人格特征。

（三）改善家庭教育方式

1. 警惕扼杀创造性的行为

很多父母并不了解未成年人的身心发展特点，在貌似关爱孩子的过程中也扼杀了他们的创造性。例如，有的家长总是不断地给孩子施加压力，经常把“某某学习真棒，你为什么总是不如他”一类的话挂在嘴边，孩子的潜意识里就会认为“我不如某某，我不能取得好成绩”，在这种绝望的情绪困扰下，又何谈去创新呢？再如，有的家长总觉得自己家的孩子顽皮、叛逆、另类，却从来看不到这些所谓的“缺点”背后隐藏着的好奇心、独立性。

2. 改善家庭教养方式

刘文（2007）对父母教养方式和创造性的研究表明，民主型教养方式

下的儿童创造性得分比较高，而专制型教养方式下的儿童创造性得分则比较低，这说明民主型的教养方式有助于未成年人创造性的发展。尼克尔斯（Nichols）的研究发现放任型母亲教养方式下的儿童，探索持久性较差；而专断型母亲教养方式与儿童的独创性和创造性呈负相关，也就是说放任型和专断型的教养方式都不利于未成年人创造性的发展（刘文等，2010）。

从以上研究中我们不难发现，民主型的教养方式对创造性培养的重要性，因此，父母要先反省一下自己教育孩子的方式，既不能“面面俱到”，也不能“漠不关心”。

3. 营造良好的家庭氛围

宽松、民主、自由、和谐的家庭氛围，是促使孩子进行创造动机的重要条件。在这样的家庭环境中，孩子感受不到任何的精神压力，更容易自发地沉醉于充满乐趣的创造活动之中。家长不能因为孩子年纪小，还需要成人的照顾，就把他看成成人的依附品，一切都得由成人来支配。要知道，孩子也是一个完整、独立的个体，应该对他的好奇心给予支持和鼓励，对表达创造性的行为和产品给予承认和赞扬。例如，对孩子自己制作的手工和绘画作品等，应及时地给予肯定和鼓励，这种正面的积极强化将使孩子产生再创造的愿望。

4. 开阔视野，激发潜能

在家庭教育过程中，父母可以通过各种活动来丰富孩子的生活、开阔孩子的眼界。例如，多带孩子到大自然中去观察，看看天空中各式各样的风筝，思考为什么不同形状的风筝都能飞上天，这背后的原理是什么，最后让孩子根据原理自己制作一个风筝。

培养未成年人的创造性，应该强调让他们主动去寻找一个问题的多种答案，强调思维活动的灵活性和知识的迁移（任国荣，2006）。对于未成年人新颖、独特的想法，父母要给予特别的肯定，即使一些想法很幼稚，甚至是错误的，也要先肯定他的创新意识，再耐心地告诉他错在哪里。不要一上来就劈头盖脸地一味指责，这样只会让孩子止步不前，不敢再做新的尝试。

（四）改善学校教育方式

1. 教育管理者需要树立创新意识

朱智贤教授认为，创造性水平的高低是衡量一个人智力发达与否的根本标准。很多的实验研究表明，智力虽与学业成绩呈正相关，但却与创造性没有必然的联系。因此，要改变当前以学业成绩作为衡量一个人创造性水平高低的意识，走出“智力高，创造性就一定高”的思想误区。

此外，教师自身也要具有良好的创新素质。只有自己拥有强烈的求知欲和探索精神，才能在教学活动中创设宽容、理解、和谐的氛围，才能创造性地运用各种教材、教具、教学方法，才能对未成年人进行最有效的指导。

2. 营造良好的创造氛围

学校教育要大力提倡开放式教学，为学生营造良好的创造氛围。首先，教师要鼓励学生积极地进行探讨，勇于发表自己的观点。其次，要在教学内容上体现探索性和开放性，多为学生设计一些问题情境，甚至有一些教学内容可以贯彻启发性教育的原则，让学生自己探索得出结论（戴冰 等，2004）。教师还可以在常规教学之外，通过开设科技、文艺、体育、制作、劳动等活动课程，为学生提供发现问题和解决问题的机会，提供施展创造性的舞台。

3. 尊重学生的个性特点

具有高创造性的学生个体往往具有鲜明突出的个性特点，而这些个性特点在传统的教育观念中通常并未受到重视，甚至不受欢迎。因为教师为了便于管理，往往用统一的标准来要求所有的学生。但是，任何一项创造性活动都是对已有观念、方法、理论的突破与变革，能不能寻找到新颖、独特、有价值的思想，很大程度上取决于主体是否具有强烈的好奇心、不墨守成规、独立自主等人格特质。

因此，在课堂教学活动中教师应当鼓励学生摆脱“标准答案”的束缚，积极地思考，并鼓励他们怀疑、反驳甚至否定前人的观点，还要给他们提供展现自己个性的机会。即使他们的见解并不正确，也要给予充分的尊重，和他们一起讨论，并允许他们保留自己的看法，只有这样，个体才会敢于质疑，乐于求异。

关键术语表

认知（cognition） 指的是个体的认识活动或认识过程，即人们看待世界的方式。

负性自动想法（negative automatic thoughts） 是指由情绪伴随着的个体熟悉而无视、自发的想法。

功能性失调假设（underlying dysfunctional assumptions） 是指不良的过去经验或精神创伤导致功能失调的认知模式。

感觉统合（sensory integration） 是指人脑将各种感觉器官传来的感觉信息进行多次分析、综合处理，并做出正确的应答，使个体在外界环境的刺激中和谐有效地运作。

感觉统合失调（sensory integrative disfunction） 是指当大脑对感觉信息的统合发生问题，机体不能有效地协调运作。

注意（attention） 是指心理活动或意识对一定对象的指向与集中。

不随意注意（involuntary attention） 是指事先没有目的、也不需要意志努力的注意。

随意注意（voluntary attention） 是指有预定目的、需要一定意志努力的注意。

随意后注意（post voluntary attention） 是指有预定目的、但不需要意志努力的注意。

注意力缺陷多动障碍（attention deficit hyperactivity disorder, ADHD） 也称脑功能轻微失调综合征，是一种在注意、调节活动和冲动控制方面的缺陷。

归因（attribution） 是指人们对他人或自己的所作所为进行分析，找出其性质或推断其原因的过程。

归因方式（attributional style） 也称“归因风格”或“解释方式”，是指在个体心理的成长过程中形成的比较稳定的归因倾向。

内控者（internal controller） 倾向于本性归因，个体更相信自己的能力、努力可以控制事情的发展与行为的结果。

外控者（external controller） 倾向于环境归因，个体更相信命运、运气等因素对行为后果的影响。

自我效能感（self-efficacy）是指人们自身能否利用所拥有的技能完成某项工作的自信程度。

习得无助感（learned helplessness）是指个体因为多次重复的失败或惩罚而不再做出改变的行为反应和心理状态。

共变原则（covariation principle）指的是如果某一现象是某一行为的原因的话，那么必须是该行为出现时该现象也出现，而该行为不出现时该现象则不出现，假定的原因和观察的结果必须是共同变化的。

折扣原则（discounting principle）是指一旦某一特定事件存在着好几个可能的原因，个体就不大可能将这个结果归因于任何一个特定的原因上。

归因训练（attribution training）是指通过一定的训练程序，使训练对象掌握某种归因技能，改变其原有的不良归因方式，形成训练者所期望的积极的归因方式。

认知方式（cognitive style）又称认知风格，是指个体在认知过程中经常采用的、习惯化的方式，具体说来是在感知、记忆、思维、想象和问题解决过程中个体所偏爱的、习惯化了的态度和方式。

场独立型（field-independent，FI）的人对客观事物做出评价的时候，倾向于利用自己内部的参照物，喜欢自己分析思考，不易受外来因素的干扰和影响。

场依存型（field-dependent，FD）的人倾向于把外部参照物作为判断依据，在社会环境中喜欢依赖于他人进行自我评定。

冲动型（impulsivity）特点是反应快，但精确性差。

沉思型（reflection）特点是反应慢，但精确性高。

继时性认知方式（successive cognitive style）的个体在解决问题的时候，每一个步骤只考虑一种假设，一步一步地分析问题。

同时性认知方式（simultaneous cognitive style）的个体在解决问题的时候，可以同时考虑多种假设，兼顾各种可能性和影响因素。

创造性（creativity）是指根据一定目的，动用一切已知信息，产生出某种新颖、独特、有社会或个人价值的产品的智力品质。

创造性思维（creative thinking）是大脑皮层区域不断地恢复联系和形成联系的过程，它是以感知、记忆、思考、联想、理解等能力为基础，以综合性、探索性和求新性为特点的心智活动。

第三部分

未成年人情绪特征及调节

第一节　情绪概述

一、概述

情绪（*emotion*）作为一种基本的心理过程，对人的生活和工作有着十分重要的影响作用。面对不同的刺激事件，不同的人会出现不同的情绪反应。情绪反应程度过高，就会对人的身心产生不良影响。适宜的情绪体验是人与周围的人和环境交流与沟通的手段之一，对自我情绪的调节和控制能够帮助人们更好地适应社会环境的需求，有利于身心健康。同时，情绪作为一种主观体验和人格特质，会直接影响人的活动方向、行为的选择以及人格的形成，对个体的生存和生活有着重要的价值（常若松，2004）。

（一）情绪的概念

每个人在生活中都曾体会到不同的情绪变化，但如何给情绪下个准确的定义却并非易事，因为情绪本身是一种多维度、多形态和多功能的复合体，是一种十分复杂的心理过程。

斯托曼（Strongman，1986）给情绪下的定义是："情绪是感受，是与本身结构有关的身体状态，它是粗糙的或经过精化的行为并发生于特定的情境之中。"实际上，包括斯托曼在内的众多情绪研究者大多从三个方面来考察或定义情绪：主观体验、生理唤醒和外在行为（常若松，2004）。

情绪的主观体验是大脑的一种感受状态，是心理活动中一种带有独特的享乐色彩的知觉或意识。一般所谓的“情绪感受”是指情绪的主观体验。我们会对不同的事物有不同的主观体验，有些事物使我们感到愉悦与快乐，有些则使我们感到厌恶。当我们产生某些情绪体验时，身体内部也会发生相应的变化，这是情绪的第二个基本成分——生理唤醒。任何一种情绪都伴随着一定程度的生理唤醒。例如，当我们害怕时，身体上会出现许多变化：心跳和呼吸加快、四肢发抖、手脚冰凉、冒虚汗、肌肉紧张等。情绪的第三个成分是外在行为。情绪总是伴随着相应的面部表情和身体姿势，当我们体会快乐的情绪时便会有笑的表情，甚至手舞足蹈；当我们害怕时便会睁大眼睛，喊出声音，以致做出逃跑的动作（常若松，2004）。

（二）情绪的分类

从生物进化的角度来看，人的情绪可以分为*基本情绪*（*basic emotion*）和*复合情绪*（*complex emotion*）。基本情绪是人与动物共有的，在发生上有着共同的原型或模式，它们是先天的，不学而能的，每一种基本情绪都具有独立的神经生理机制、内部体验和外部表现，并且有不同的适应功能。复合情绪则是由基本情绪的不同组合派生出来的（常若松，2004）。

伊扎德（Izard）确定基本情绪的标准为：基本情绪是先天生成、不学而能的，并具有分别独立的外显表情、内部体验、生理神经机制和不同的适应功能。按照这个标准，伊扎德用因素分析的方法，提出人类具有 8 ~ 11 种基本情绪，它们是兴趣、惊奇、痛苦、厌恶、愉快、愤怒、恐惧、悲伤以及害羞、轻蔑和自罪感。由此产生的复合情绪有三类，即基本情绪结合、基本情绪与驱力结合、基本情绪与认知结构复合。基本情绪与复合情绪分类举例如表 4、表 5 所示。

表 4　基本情绪

基本情绪	身体驱力	感情—认知倾向
兴趣　厌恶	饥饿	内、外倾
愉快　轻蔑	干渴	自谦
惊奇　恐惧	疲劳	活跃
痛苦　羞涩	疼痛	沉静
愤怒　内疚	性	多疑

表5　复合情绪

基本情绪结合	基本情绪—驱力结合	基本情绪—认知结构复合
兴趣—愉快	兴趣—性驱力	自卑—痛苦
痛苦—愤怒	疼痛—恐惧	自卑—痛苦
恐惧—害羞	疲劳—厌烦	沉静—害羞
轻蔑—厌恶—愤怒	性驱力—兴趣—享乐	多疑—恐惧—内疚
恐惧—内疚—痛苦—愤怒	疼痛—恐惧—愤怒	活力—兴趣—愤怒

克雷奇（Krech）、克拉奇菲尔德（Crutchfield）和利维森（Livson）等人把情绪分为以下四类：第一，原始情绪，将快乐、愤怒、恐惧、悲哀视为最基本的或原始的情绪；第二，与感觉刺激有关的情绪，包括疼痛、厌恶和轻快。这类情绪可以是愉快的，也可以是不愉快的；第三，与自我评价有关的情绪，包括成功的与失败的、骄傲与羞耻、内疚与悔恨等，这些情绪决定于一个人对自身行为与客观行为标准的关系的觉知；第四，与他人有关的情绪，发生在人与人之间的情绪种类似乎无限繁多，按照积极的与消极的维度，可以把它们分成爱和恨两大类（常若松，2004）。

情绪分类的环形模式是罗素（Russell，1980）提出的。他认为情绪可以划分为两个维度：愉快度和强度。愉快度可分为愉快与不愉快，强度分为中等强度和高等强度。由此可以组合成四个类型：愉快—高等强度是高兴，愉快—中等强度是轻松，不愉快—高等强度是惊恐，不愉快—中等强度是厌烦。

（三）情绪状态的分类

情绪状态是在某件事情或情境的影响下，在一定的时间内所产生的某种情绪，其中较典型的情绪状态有心境（*mood*）、激情（*enthusiasm*）和应激（*stress*）三种。

1. 心境

心境是指人比较平静而持久的情绪状态。心境具有弥漫性，它不是关于某一事物的特定体验，而是以同样的态度体验对待一切事物。

心境持续时间有很大差别。某些心境可能持续几小时，另一些心境可能持续几周、几个月或更长一点的时间。一种心境的持续时间依赖于引起心境的客观刺激的性质，如失去亲人往往会使人产生较长时间的郁闷心境。一个人取得了重大成就，在一段时间内会使人处于积极、愉快的心境中。人格特征也能影响心境的持续时间，同一心境对某些人的影响较小，而对另一些人影响则较大。性格开朗的人往往事过境迁，而性格内向的人则容易耿耿于怀。因此，心境持续时间的长短与人的气质、性格有一定的关系。

心境产生的原因是多方面的。生活中的顺境和逆境、工作中的成功与失败、人与人之间的关系是否融洽、个人的健康状况、自然环境的变化等，都可能成为引起某种心境的原因。

心境对人的生活、工作、学习、健康有很大的影响。积极向上、乐观的心境可以提高人的活动效率，增强信心，对未来充满希望，有益于健康；消极悲观的心境会降低认知活动的效率，使人丧失信心和希望，经常处于焦虑状态，有损于健康。人的世界观、理想和信念决定着心境的基本取向，对心境有着重要的作用。

2. 激情

激情是一种强烈的、爆发性的、为时短促的情绪状态。这种情绪状态通常是由对个人有重大意义的事件引起的。重大成功后的狂喜、惨遭失败后的绝望、亲人突然死亡引起的极度悲哀、突如其来的危险所带来的异常恐惧等，都是激情状态。

激情状态往往伴随着生理变化和明显的外部行为表现，例如，盛怒时全身肌肉紧张，双目怒视，怒发冲冠等；狂喜时眉开眼笑，手舞足蹈；极度恐惧、悲痛和愤怒后，可能导致精神衰竭、晕倒、发呆，甚至出现激情休克现象，有时表现为过度兴奋、言语紊乱、动作失调。

激情状态下的人往往出现“意识狭窄”现象，即认知活动的范围缩小，理智分析能力受到抑制，自我控制能力减弱，进而使人的行为失去控制，甚至做出一些鲁莽的行为或动作。人能够意识到自己的激情状态，也能够有意识地调节和控制它，任何人在对激情状态下的失控行为所造成的不良后果都要负责。

然而激情状态并不总是消极的。由于人在激情状态下注意力集中在单一领域内，对该领域的细微变化异常敏感，并伴有创造的突发性，往往会取得较好的成就。

3. 应激

应激是指人对某种意外的环境刺激所做出的适应性反应。例如，人们遇到某种意外危险或面临某种突然事故时，必须集中自己的智慧和经验，动员自己的全部力量，迅速做出选择，采取有效行动，此时人的身心处于高度紧张状态，即为应激状态。例如，正常行驶的汽车意外地遇到故障时，司机紧急刹车；战士排除定时炸弹时的紧张而又小心的行为，等等。在这些情况下，人们所产生的一种紧张特殊的情绪体验，就是应激状态。

应激状态的产生与人面临的情境以及人对自己能力的估计有关。当情境对一个人提出了要求，而他意识到自己无力应付当前情境的过高要求时，就会体验到紧张而处于应激状态。

人在应激状态下，会引起机体的一系列生物性反应，如肌肉紧张度、血压、心率、呼吸以及腺体活动都会出现明显的变化。这些变化有助于适应急剧变化的环境刺激，维护机体功能的完整性。应激状态对人的身心影响最剧烈，在某些情况下可能是导致疾病的机制之一。

（四）情绪的理论

对于情绪的实质，在早期研究的基础上，近现代思想家，特别是心理学家对其做了深入、系统、全面的研究，并提出了对情绪实质做出各自解释的心理学理论（乔建中，1996）。

1. 情绪的生理理论

（1）情绪的外周理论

19 世纪 80 年代，美国心理学家詹姆斯（James）和丹麦生理学家兰格（Lange）分别于 1984 年和 1985 年提出了内容相近的情绪理论，他们认为情绪是植物性神经系统活动的产物。后人称他们的理论为情绪的外周理论，即詹姆斯—兰格情绪学说。

詹姆斯根据情绪发生时引起的植物性神经系统的活动，和由此产生的一系列机体变化提出，情绪就是对身体变化的知觉。兰格认为情绪是内脏活动的结果。他特别强调情绪与血管变化的关系："情感，假如没有身体的属性，就不存在了。""血管运动的混乱、血管宽度的改变以及各个器官中血液量的改变，乃是激情真正的最初的原因。"他们的共同点是都认为情绪刺激引起身体的生理反应，而生理反应进一步导致了情绪体验。

（2）情绪的丘脑学说

坎农（Cannon，1927）不同意詹姆斯和兰格的看法，对他们的理论提出了三点质疑：第一，机体上的生理变化在各种情绪状态下，并无多大的差异，因此根据生理变化很难分辨各种不同的情绪；第二，机体的生理变化受植物性神经系统的支配，这种变化缓慢，不足以说明情绪瞬息变化的事实；第三，机体的某些生理变化可由药物引起，但药物只能使生理状态激活，而不能产生某种情绪。坎农认为，情绪体验和生理变化的中心不在外周神经系统，而在中枢神经系统的丘脑。

坎农认为，由外界刺激引起感觉器官的神经冲动，通过内导神经，传至丘脑；再由丘脑同时向上向下发出神经冲动，由上传至大脑，产生情绪的主观体验，向下传至交感神经，引起机体的生理变化，如血压增高、心跳加速、瞳孔放大、内分泌增多和肌肉紧张，等等，使个体生理上进入应激状态。因此，情绪体验和生理变化是同时发生的，它们都受丘脑的控制。

2. 情绪的认知理论

认知理论的基本思想是将环境影响从客观刺激引向认知评价。客观刺激本身并不是特定的情境刺激，只有经过认知评价，才能成为情境刺激。

（1）情绪“评定—兴奋”说

阿诺德（Arnold）在20世纪50年代提出了情绪的评定—兴奋学说。这种理论认为，情绪情境并不直接决定情绪的性质，从刺激出现到情绪的产生，要经过对刺激的估量和评价，情绪产生的基本过程是刺激情境—评定—情绪。同一刺激情境，由于对它的评估不同，会产生不同的情绪反应。

阿诺德认为，情绪的产生是大脑皮层和皮层下组织协同活动的结果，大脑皮层的兴奋是情绪行为的最重要条件。她提出情绪产生的理论模式是：作为引起情绪的外界刺激作用于感受器，产生神经冲动，通过内导神经上送至丘脑，在更换神经元后，再送到大脑皮层，在大脑皮层上刺激情境得到评估，形成一种特殊的态度。这种态度通过外导神经将皮层的冲动传至丘脑的交感神经，将兴奋发送至血管或内脏，所产生的变化使其获得感觉。这种从外周来的反馈信息，在大脑皮层中被评估，使纯粹的认识经验转化为被感受到的情绪。这就是情绪的“评定—兴奋”学说。

（2）两因素情绪理论

20世纪60年代初，沙赫特（Schachter）和辛格（Singer）提出，对于特定的情绪来说，有两个因素是必不可少的。第一，个体必须体验到高度的生理唤醒，如心率加快、手出汗、胃收缩、呼吸急促等；第二，个体必须对生理状态的变化进行认知性的唤醒。

他们通过实验研究，制作了情绪唤醒模型，这个模型的核心部分是认知，通过认知比较器把当前的现实刺激与存储在记忆中的过去经验进行比较，当知觉分析与认知加工间出现不匹配时，认知加工器就会产生信息，动员一系列的生化和神经机制，释放出化学物质，改变脑的神经激活状态，使身体适应当前的情境要求，这时情绪就产生了。

（3）认知—评价理论

拉扎勒斯（Lazarus，1970）认为，情绪是人与环境相互作用的产物，在情绪活动中，人不仅接受环境中的刺激事件对自己的影响，同时要调节自己对于刺激的反应。也就是说，情绪活动必须有认知活动的指导，只有这样，人们才可以了解环境中刺激事件的意义，才可能选择适当的、有价值的活动组合，即动作反应。按照拉扎勒斯的观点，情绪是个体环境事件知觉到有害或有益的反应。因此，在情绪活动中，人们需要不断地评价刺激事件与自身的关系。具体来说，有三个层次的评价：初评价、次评价和再评价。初评价是指人确认刺激事件与自己是否有利害关系，以及这种关系的程度。次评价是指人对自己反应行为的调节和控制，它主要涉及人们能否控制刺激事件，以及控制的程度，也就是一种控制判断。再评价是指人对自己情绪和行为反应的有效性和适宜性的评价，实际上是一种反馈性行为。

3. 情绪的动机—分化理论

20 世纪 70 年代，伊扎德（1977）建立了情绪的动机—分化理论。伊扎德认为，情绪是人格系统的组成成分，而人格是由体内平衡系统、内驱力系统、情绪系统、知觉系统、认知系统和动作系统六个子系统组成。他认为，情绪是人格系统的核心动力，它组织并驱动认知与行为，为认知和行为提供活动线索。

伊扎德（1991）认为，情绪包含着神经生理、神经肌肉的表情行为、情感体验三个子系统，他们相互作用、联结，并与情绪系统以外的认知、行为等人格子系统建立联系，实现情绪与其他系统的相互作用。

4. 情绪的行为主义理论

行为主义将情绪视为刺激强化和复杂的经典性条件作用中习得的行为模式。华生（Watson）提出了第一个行为主义情绪理论，他强调情绪是一种遗传的反应模式，抚摸等刺激是婴儿产生情绪的强化条件，有了这些条件，婴儿才产生微笑等情绪反应。华生设想了三种基本情绪反应：恐惧、愤怒和爱。哈洛（Harlow）和斯腾格勒（Stangler）认为，人类存在着无差别的基本情感，这些无条件的感情反应是情绪产生的根源。米伦森（Millenson）认为通过经典性条件作用过程引起的情绪变化会增加或抑制其他情绪行为。格雷（Gray）认为情绪是由外部事件引起的内部状态，当外部事件与内部状态之间的关系变得混乱时，就产生了病理反应。通过对古代思想家及近现代心理学家关于情绪实质的观点和理论的分析，我们可将情绪的实质归纳为人对事物的态度体验及相应的行为反应。体验是情绪的心理实体，行为反应是情绪的外化，情绪外化即为情绪表现。

（五）情绪对身心的影响

从心理卫生学的角度看，任何一种情绪的产生都是个体对内外刺激的一种反应，都具有其生理和心理价值。愉快、高兴的心情对人的身心健康是有益的，即使像焦虑、恐惧、愤怒等消极情绪，只要是有适当的原因引起的，就有其存在的价值和意义。这类情绪对人的生理、心理功能是一种信号、一种自我保护、一种自我调整，是人的自我防御机制。这里的关键是情绪的“度”，即情绪的反应在性质、强度、紧张度等方面要与引起情绪反应的刺激相适应，要适时、适度。通过实际考察就会发现，消极情绪不只对人有消极影响，有时也能促进人的活动效能；同样，积极情绪也并非总是对人有利，人在兴奋状态下经常出现情绪异常，比如范进中举而发狂就是一种消极情绪。我们把那种过度的情绪反应和持久的消极情绪称为不良情绪，不良情绪会危害人的身心健康。过度情绪反应包括因重要事件反应过于强烈，因一点小事反应过分，也包括对重大事件的反应过于迟钝，无动于衷，冷漠无情。持久性的消极情绪是指引起消极情绪的刺激因素消失后，在相当长的时间里仍然难以摆脱困扰，沉溺在消极状态中不能自拔。无论是不良情绪还是过度情绪，如果持续的时间较短暂，不会对人的身心造成重大伤害；持续时间较长，则不仅对人当时的生理、心理产生影响，还会影响人以后的情绪状态，使自己很容易陷入情绪低潮中不易解脱出来（常若松，2004）。

1. 良好情绪促进身心健康

良好、愉快的情绪有利于身心健康。良好的情绪不仅是维护心理健康的保证，还是促进生理健康的有效途径。因为，良好的情绪取代引起神经和精神紧张的不良情绪，可以减少对机体的不良刺激，保持人体内分泌功能的适度平衡，保证全身各个系统、器官功能的协调和健全。

人在情绪波动较剧烈的情况下，体内的激素分泌就会显著变化。激素直接影响生命的基本单位——细胞。细胞具有遗传与变异的特性，能够不断自我更新，自我复制。细胞是身体的基本结构，它对身体的影响是全方位的，包括健康、情绪、思维等。稳定的情绪状态可使体内达到较长时间的平衡。心理变化使生理发生变化，而生理变化又反过来影响人的心理状态，二者相互影响，互为因果。因而，保持一个良好的情绪状态才更有利于身心的健康发展（常若松，2004）。

2. 不良情绪导致心理障碍

过度的尤其是过于强烈的情绪反应或是持久的消极情绪，对人的大脑神经系统有较大的影响。突然而强烈的紧张情绪冲击会抑制人的大脑皮层的高级神经活动，破坏高级神经系统兴奋与抑制功能的失衡，使意识范围狭窄，理智感减弱，正常判断力降低，失去自制力，甚至可能使人精神错乱，行为失常，反应性精神病就是这样引起的。持久性的消极情绪常常会使人的大脑功能严重失调，从而导致各种神经症和精神病（常若松，2004）。

巴甫洛夫（Pavlov）曾说：一切顽固沉重的忧郁和焦虑，足以给各种疾病大开方便之门。不良情绪在影响了神经系统功能之后，进而影响内脏器官的功能，从而损害人的生理健康。因为人的内脏器官是受植物性神经系统调节的，影响最大的是心血管系统、消化系统。有调查表明：在250名癌症患者中，有156人有过重大精神打击。美国一位生理学家研究心理状态对人的健康的影响，他将人们在不同情绪状态下呼出的气体收集在玻璃试管中冷却，结果发现：心平气和时呼出的气变成的水澄净透明，无杂无色；悲痛时呼出的气变成水，有白色沉淀；生气时呼出的气变成水，有紫色沉淀。接着他将人在生气时呼出的“水”注射到大白鼠身上，几分钟后大白鼠死亡。经过实验他得出结论，如果一个人生气10分钟，其所耗费的精力，不亚于参加一次3000米的赛跑；人生气时，很难保持心理平衡，同时生理反应非常剧烈，体内还会分泌出带有毒素的物质，对健康十分不利（袁振国 等，2001）。因此，脾气暴躁的人很难健康，母亲切勿在刚生完气时给孩子喂奶。日本学者在对大量职员的调查中发现，经常生气、发怒、攻击性很强的人以及非常压抑的人，其抗癌免疫细胞的免疫力会下降。恐惧、悲哀会造成胃黏膜变白、胃酸停止分泌，引起胃消化不良；愤怒、焦虑会使人的胃充血、胃酸分泌增多，导致胃溃疡；情绪波动过大、易冲动、压抑与高血压有很大的关系；激动、好斗、暴躁易产生冠心病。长期的消极情绪的过度刺激，会使兴奋与抑制功能失调，从而使人的内分泌功能紊乱，免疫能力下降，大大增加人体患病的概率和可能性。青年学生中常见的消化不良、紧张性头痛、心律失常、月经失调等都和不良情绪有关。

二、未成年人情绪的现状分析

（一）小学生情绪状况的特点

1. 小学生情绪状态总体发展良好

沃建中等人（2003）对中小学生的主观幸福感的研究表明，在小学低年级（一到三年级）阶段，小学生的主观幸福感变化不大，比较稳定，而且男女之间也没有显著的性别差异。进一步研究发现，与情感成分相比，低年级的小学生更容易在认知成分上体验到主观幸福感；与负性情感相比，低年级的小学生更多能体验到正性情感。也就是说，小学生在主观幸福感方面，大都能够更多地体验到正性情感。

沃建中等人的研究表明，从总体上来讲，小学生情绪状况良好。在小学生不良情绪的五个维度方面，存在严重焦虑的人数比例为8.8%，严重抑郁的人数比例为6.5%，严重孤独的人数比例为11.0%，严重敌对的人数比例为8.8%，严重恐惧的人数比例为8.2%。从小学生的不良情绪的平均分来看，五个维度的差别不是很大，平均分在30分以下（如表6所示）。

表6　小学生不良情绪的总体状况（%）

	焦虑		抑郁		孤独		敌对		恐惧	
	中度	严重	中度	严重	中度	严重	中度	严重	中度	严重
北京	14.4	11.0	22.3	8.8	10.3	3.4	26.0	12.2	18.2	7.3
重庆	37.7	9.2	19.5	1.5	48.4	22.4	21.5	1.9	30.9	10.2
浙江	12.3	7.5	32.8	10.3	12.5	3.5	26.6	13.9	17.0	6.8
总体	22.8	8.8	25.6	6.5	26.4	11.0	24.5	8.8	22.7	8.2

2. 小学男生的不良情绪普遍高于女生

研究表明，不良情绪的五个维度中焦虑、抑郁都非常显著。经分析发现，男生的不良情绪的状态得分高于女生的得分，抑郁、孤独、敌对，说明男生的不良情绪状态比女生差一些，如表7所示（沃建中 等，2003）。

表7　小学生不良情绪的性别差异

年级	性别	人数	焦虑		抑郁		孤独		敌对		恐惧	
			M	SD	M	SD	M	SD	M	SD	M	SD
三年级	男	（n＝297）	26.49	6.47	27.95	5.90	28.95	6.66	27.64	6.23	26.51	7.66
	女	（n＝275）	26.00	5.27	27.34	5.60	28.73	6.70	26.68	5.76	27.23	6.84
四年级	男	（n＝427）	28.13	7.23	28.84	5.77	26.86	6.47	28.94	7.04	26.81	7.97
	女	（n＝461）	27.09	6.51	28.46	5.55	26.51	7.74	27.44	6.16	26.08	8.01
五年级	男	（n＝485）	28.02	6.28	28.83	5.51	27.26	7.69	29.16	6.56	26.02	7.75
	女	（n＝406）	26.81	6.20	27.71	5.62	26.16	7.87	27.63	5.80	25.25	7.76
六年级	男	（n＝495）	27.04	6.21	27.90	5.43	27.13	7.23	28.19	5.98	25.66	7.65
	女	（n＝469）	26.82	5.75	27.65	5.16	27.18	8.10	27.85	5.91	25.83	7.29

3. 小学生的不良情绪呈现逐渐上升的趋势

研究表明，小学生的焦虑、恐惧、抑郁等情绪随着年级的上升呈现逐渐升高的趋势。在焦虑维度上，年级主效应显著；抑郁维度上，年级主效应显著；恐惧维度上，年级主效应显著。进一步的分析结果表明，在焦虑维度上，除了四年级与五年级、五年级与六年级之间的差异不显著外，其余的各年级间都存在显著性差异，其中三年级学生的焦虑状态得分最低，四年级达到最高，随后逐渐下降，五年级和六年级的状态得分相当；在抑郁维度上，除了三年级与六年级、四年级与五年级之间差异不显著外，其余的各年级间皆存在显著性差异，发展趋势类似于焦虑维度，三年级与六年级学生抑郁状态大致相当；在恐惧维度上，除了三年级与四年级、五年级与六年级之间差异不显著外，其余的各年级间皆存在显著性差异，其中三年级学生的恐惧状态最高，随后逐渐下降，如表8所示（沃建中 等，2003）。

表8　小学生不良情绪的年级差异

年级	人数	焦虑		抑郁		孤独		敌对		恐惧	
		M	SD	M	SD	M	SD	M	SD	M	SD
三年级	572	26. 25	5. 87	27. 66	5. 76	28. 84	6. 67	27. 18	6. 02	26. 85	7. 28
四年级	888	27. 59	6. 88	28. 65	5. 66	26. 68	7. 15	28. 16	6. 64	26. 43	7. 99
五年级	891	27. 47	6. 27	28. 32	5. 59	26. 76	7. 79	28. 46	6. 27	25. 67	7. 76
六年级	964	26. 94	5. 99	27. 78	5. 30	27. 15	7. 67	28. 03	5. 94	25. 74	7. 47

4. 小学生的不良情绪存在地区差异

研究者对不良情绪的五个维度进行4（年级）×3（地区）×2（性别）一般线性模型的多变量分析，结果显示：地区和年级交互作用在五个维度上都非常显著；地区和性别交互作用在五个维度上都显著。进一步分析发现，在北京和浙江地区，男生的水平都高于女生，而在重庆地区，男生的水平都要低于女生（沃建中 等，2003）。

（二）初中生情绪状况的特点

1. 初中生的情绪普遍良好

沃建中等人（2003）的研究表明，整个初中阶段，各个年级之间，初一学生的主观幸福感最高，他们常能体验到更多的正性情绪；初二学生的主观幸福感最低，他们更多地体会到的是消极的负性情绪；初三学生的主观幸福感则处于二者之间，略接近于初一年级的水平。

2. 初中女生的不良情绪总体低于男生

研究表明，初中女生焦虑、抑郁、敌对和孤独情绪方面的得分明显低于男生。这一结果与男女生的性格特点相吻合。一方面，女生善于表达自己的情绪，遇到问题时，喜欢向别人诉说，所以她们在情绪上较之于男生容易得到宣泄。另一方面，男生多不善于表达自己，情绪往往得不到宣泄，因此他们会更加地感到焦虑、抑郁、敌对和孤独。但在恐惧维度上，女生比男生具有更多的恐惧感（沃建中 等，2003）。

3. 初中生的焦虑水平明显高于其他不良情绪

研究表明，较之于抑郁、孤独、敌对、恐惧来说，初中生的焦虑水平较高，即他们常常受到较高水平的焦虑情绪影响。初中生学习任务繁重，是产生焦虑情绪的一个重要原因，尤其是初三学生，他们面对升学的压力和老师、家长的高期望，必然会产生高强度的焦虑感。初二学生由于正处在生理发展相对迅速、心理发展却相对滞后的特殊阶段，因此这一时期的学生常常眼高手低，会给自己提出不切实际的过高要求和目标，在具体的实践过程中，往往又感到力不从心，虚荣心受挫，进而产生了焦虑情绪（沃建中 等，2003）。

初中生，如刚升入初中的新生，他们对新环境中的师生关系、同学关系常常感到不适应。初二、初三学生在与同伴交往的过程中会产生一些问题，这也会给他们带来焦虑情绪。独生子女这一特殊的生活环境，有时也会产生一种焦虑感。现在的中学生几乎都是独生子女，他们往往表现得娇生惯养、依赖性强、缺乏独立性，同时父母对他们的期望过高，这样就不可避免地使他们产生了焦虑感（沃建中 等，2003）。

初中生的抑郁状态略低于焦虑状态，但却高于孤独、敌对、恐惧等状态。

4. 初二学生的不良情绪高于其他两个年级

研究表明，初中二年级是初中生的特殊阶段。在焦虑、孤独、敌对、恐惧这四种不良情绪中，初二学生均处于最高水平。而且在各项指标中，初二学生与初一学生和初三学生都存在着明显的差异。这说明，初二学生在生理、心理方面，以及某些特殊的情绪方面都有较为明显的表现，他们不仅处于学习的分化阶段，而且焦虑、孤独、敌对、恐惧感比较高。初二是初中阶段的一个转折点，是一个关键的年龄阶段，因此教师和家长应对此多加关注（沃建中 等，2003）。

（三）高中生情绪状况的特点

1. 高中生情绪状态总体发展良好

研究表明，高中生总体情绪状态发展良好，高中生的生活满意度整体处于中等以上的水平。如表 9 所示，在主观幸福感的各个维度方面，高中生除了学业满意度偏低以外，在学校、家庭、友谊、环境、自由等方面满意度均较高（刘慧娟 等，2002）。

表9　高中生主观幸福感各维度的基本分布情况

	友谊	家庭	学校	环境	自由	学业	总均分
M	5.0790	5.0540	4.2307	4.2858	4.6996	3.2924	4.4952
SD	0.7471	1.1930	0.7628	0.9001	1.4841	0.9823	0.6157

2. 高中生不良情绪呈逐渐下降趋势

沃建中等人（2003）的研究表明，随着年龄的增长，高中生的不良情绪状态呈缓慢下降的变化趋势。

高中生的焦虑状态处于中等水平，但从年级的变化趋势来看，高一学生的焦虑状态最高，高二学生的焦虑状态有所下降，到了高三焦虑状态又有所回升。高中生在刚一入学时，对高中阶段的学习和生活不太适应，从而导致了自己对自我学习效能感方面的焦虑；到了高二，多数学生能够逐渐适应高中的学习和生活方式，这时候高考也不是迫在眉睫，所以高二学生的焦虑水平有所降低；到了高三阶段，学生面临着人生的重要门槛——高考，这就使他们在学习和生活中表现出更高的焦虑（沃建中 等，2003）。

高中生的抑郁状态随着年级的升高呈下降趋势，且没有表现出明显的起伏。高中阶段是青少年从儿童过渡为成人的关键期，这个时期，高中生的身心发育最为显著，其独立意识明显增强，面临着升学或者就业的压力，这些不仅是高中生焦虑的因素，也是导致高中生抑郁的原因。随着年级的升高，高中生的生理和心理发育趋于成熟，对社会和自我的认识水平提高，其心理应激和承受能力明显增强，抑郁状态也会随之下降（沃建中 等，2003）。

高中生的孤独状态处于中等偏下水平，随着年级的增长呈折线形发展，且男生的孤独状态强于女生（沃建中 等，2003）。

高中生的敌对状态随着年级的增长有下降的趋势，且男生的敌对状态强于女生（沃建中 等，2003）。

高中生的恐惧状态随着年级的升高而表现出一种下降趋势。高中低年级的学生，其行为活动还比较多地受到家人的关注和保护，独立处理事情的能力较低，因此表现了较强的恐惧状态。但是，随着年龄的增长，他们的社会经验不断增多，心智不断成熟，恐惧状态也会减弱（沃建中 等，2003）。

以上研究结果表明，高中生的不良情绪有随着年级的升高而逐渐下降的趋势。

三、未成年人情绪的影响因素

影响情绪变化的因素有很多，概括起来主要有以下四个方面。

（一）认知

情绪是由刺激引起的一种主观体验，情绪产生的原因是刺激，但刺激并不直接导致情绪反应，而是要经过人的认知活动进行评价，而后才决定人体验到什么样的情绪。对同一事物，不同的人由于需要不同、观念不同、理解不一，情绪体验也相差甚远；同样，由于认知不同，表现在不同人身上的同一情绪，其产生的原因可能千差万别。同一种刺激会产生不同的情绪，比如：迎面来了一个熟人，并未向你打招呼，匆匆而过。如果你认为他故意装作没看到你，你的心情会很坏；如果你认为他很忙，根本没注意到你，你就不会懊恼。因此，你对事件的理解，很大程度上决定了你的情绪状态是好还是坏。如果能改变认知观念，转变理解的角度，你就会有一个良好的情绪体验（常若松，2004）。

（二）遗传

遗传因素对情绪的影响主要是人的高级神经活动类型。根据高级神经活动类型的三个基本特征，即兴奋与抑制过程的强度、灵活性、平衡性分为四种类型。胆汁质的人情绪发生迅速猛烈，以兴奋为主，改变很困难；多血质的人情绪发生迅速但不强烈，兴奋与抑制交替出现，变化多；黏液质的人情绪发生缓慢，体验深刻，兴奋与抑制平衡，不易改变；抑郁质的人情绪发生缓慢，体验深刻，以抑制为主，不易改变（常若松，2004）。

（三）精神状态

人的精神状态对情绪也有一定的影响。精神状态好时，情绪会高，有信心；精神状态不好时，情绪低落、疲惫、退缩。影响精神状态的因素有很多，如睡眠不好、过于疲劳、生活压力过大等。因此，养成良好的生活习惯和规律对一个人来讲非常重要，好的生活习惯和规律可以使体力充沛，精力旺盛，效率提高，自信心增强（常若松，2004）。

（四）环境因素

环境因素对人的情绪变化有影响。特定的环境可以增强或者减弱情绪变化的速度和强度。美丽的山水、清新的空气、宽松整洁的办公室等环境条件会使你心情愉快，而嘈杂的街区、拥挤的交通无疑会让你感到烦躁。社会环境条件对人的影响可能更大，他人对自己的关怀和帮助，将使个体出现的焦虑、紧张、痛苦得到缓解，甚至彻底消失。

可见情绪对人身心有较大影响，保持一个平和的心境是非常重要的。然而，现实生活中我们总会遇到各种各样的事情，让我们产生各种不同的情绪状态，对人的影响有大有小（常若松，2004）。对于中小学生来说，能够很好地调控自己的情绪是一件非常重要的事情。

情绪如同催化剂，不同的情绪对不同的人会产生不同的影响。现代心理学、生理学和医学的研究表明，情绪对人的健康具有直接的作用，甚至可以说情绪主宰健康。

四、未成年人良好情绪的培养

在人格世界中，情绪是个内容丰富、复杂而又微妙的组成部分，健康人格的塑造必然包括对情绪的培养。良好情绪的培养包括三个方面的内容：自我情绪的调节和控制的培养、自我情绪体验的培养和社会性情感的培养（常若松，2004）。

（一）自我情绪的调节和控制

情绪与人的心理需要相联系，当人的生理需要得到满足时，就会产生愉快、满意、喜悦、幸福等积极的情绪体验；反之，当人感到饥饿、疼痛、压抑时，就会有不愉快、不满意、痛苦、悲伤等消极的情绪体验。情绪与低级的心理过程相联系，具有情境性和暂时性的特点（常若松，2004）。针对情绪的这个特点，要想保持良好的情绪状态，就要学会如何自我调节和控制。

1. 保持心境平和

心境虽然是一种微弱的情绪状态，但它对人的影响时间较长，进而影响到人的整个精神活动。心境具有弥漫性，当人处于某种心境时，往往以同样的情绪状态看待一切事物。因此，保持平和的心境有利于人的身心健康（常若松，2004）。

2. 调节和控制消极情绪

每个人在生活中都曾体会到不同的情绪变化，不同的情绪对不同的人会产生不同的影响（常若松，2004）。积极的情绪对人的行为有着极大的推动作用，消极的情绪会使人发生认知偏差，意识减弱，控制力下降，可能会丧失对自己行为的约束力，不能正确评价行为的后果。当人产生了消极情绪时，不能一味地受情绪的摆布，要积极调整自己的情绪状态，以下就有三种较好的调节和控制消极情绪的方法。

（1）注意转移法

当学生的情绪激动时，为了使它不至于爆发和难以控制，教师及家长可以有意识地转移学生的注意力，把注意力从引起不良情绪效应的刺激情境转到其他事物或活动上去，这种改变注意焦点的方法即注意转移法。例如，让学生做一些平时最感兴趣的事，可以去游戏、打球、绘画、下棋、听音乐、看电视、阅读报纸等，这样就可以使学生从消极情绪中解脱出来（曹银华，2006）。

（2）情绪宣泄法

合理地发泄消极情绪，也是排除不良情绪的积极方式。当学生在生活或学习中受到挫折或打击后，由于种种原因，当时又无法将受到的委屈或不满表现出来，只好把这种负性情绪压抑下去。但由于人的心理承受力是有限的，不良情绪长期积郁在心中，人的心理就会出现严重的失衡，也很容易导致疾病。所以，为了维持学生的心理平衡，教师及家长就可以引导学生去寻找一个恰当的对象将他们的消极情绪予以宣泄，使心中积压的负性情绪得以稀释，从而摆脱这种负性情绪的干扰，保持心理的平衡。因此，采用适当的宣泄方式，比如大哭一场、向人倾诉、写写日记、发发牢骚、长吁短叹、阵阵大吼等都可以帮助中小学生排除不良情绪（曹银华，2006）。

（3）理智克制法

人是有理智的，在陷入不良情绪，尤其是陷入应激状态时，教师及家长应教会学生进行正确的排解，理智的克制，去控制不良情绪，并且尽力使情绪愉悦起来。这种理智控制情绪的方式也有以下多种办法（曹银华，2006）。

一是宽容谦让。俗话说得好："忍一时风平浪静，退一步海阔天空。"

宽容可以将敌视、嫉妒、不满和愤恨等统统从心里消除。

二是自我暗示。当学生进入考场感到焦虑时，可以通过自我暗示（即自己主动自觉地通过言语、手势等间接、含蓄的方式向自己发出一定的信息，使自己按自己示意的方向去做），不断地、重复地提醒自己："沉住气，别紧张，我会考好的。"这样紧张的情绪就会松弛下来。

三是提醒激励。自我激励可通过多种直截了当的方式，如名言、警句来激励、约束自己，自我激励是一种精神动力，一个人在困难和逆境面前，如果能够有效地进行自我激励，就能从不良情绪中振作起来。

四是逆向思维。逆向思维即反向思考。当一个人情绪冲动，一时又难以控制时，应多想一想别人的处境，想一想一时冲动可能酿成的后果，这样可以把自己的思绪从愤怒的指向中拉回来，使过激情绪降温。

五是升华。可以将痛苦、烦恼、忧愁等其他不良的情绪与头脑中的一些闪光点联系起来，转化成积极而有益的行动，即升华。

总之，作为教师和家长，应充分了解学生的情绪特点，正确认识情绪对中小学生成长的影响，教会其调控情绪的方法，在学习生活中引导学生发展良好的情绪品质，帮助学生培养健全的人格，保持健康的心态。

（二）自我情绪体验的培养

自我情绪体验具有丰富性和深刻性，对人的身心健康有着重大作用。个体的自尊心和自信心是影响情绪体验的重要因素。

1. 要有自尊心

自尊心是人格的脊梁，缺乏自尊心，人格就不会正常发展。自尊心培养的前提是个体要形成理性的自我认识，对自己进行客观的分析和评价。自尊心强的人敢于尝试新的活动，努力完成富有挑战性的任务，易交到新朋友，不会受到外界不良因素的影响（常若松，2004）。

2. 要有自信心

自信心是在实践中形成的。自信心强的人，会有勇气，会用自己的智慧和能力找到克服难题的办法，从而达到目标，获得成功。与此同时，人对于自我价值的肯定，有利于目标的实现，增强自信心。自卑的人，没有形成对自我的正确概念，自我评价低，对人或事物缺乏清醒的认识，最终会导致行为的失败，产生不良情绪（常若松，2004）。

要想形成丰富深刻的自我体验，就要培养自己的自尊心和自信心，这是对自我内在价值的充分认识和高度评价而形成的情绪体验，是人格健康发展的内在源泉（常若松，2004）。

（三）社会性情感的培养

社会性情感是人在社会生活中形成的，反映着人们具有社会性特点的态度和内心体验。社会性情感主要围绕着理智感、道德感和美感三个方面。社会性情感的培养其主要目的在于使人自觉地追求真、善、美，在此过程中形成正确的主体意识，对自身及社会有一个深刻的认识，而非停留于表象（常若松，2004）。

总之，个体要注意自我情绪的调节和控制，培养自尊心和自信心，形成良好的社会情感，这有利于形成健康的人格、良好的情绪反应和情绪状态（常若松，2004）。

第二节　主观幸福感

案例

“寻找幸福”未成年犯管教所里的开学第一课

9月1日，是新学期开学的第一天，江苏省未成年犯管教所也在这天的下午举行了开学典礼。“寻找幸福”是这里的学生上的第一堂课。老师生动的讲授和引导，开启了这些特殊学生们对幸福的思考。

据该所民警丁海军介绍，这里周一到周五上午上文化课，下午劳动。文化教育基本上委托句容市教育局统一安排，根据服刑人员档案上面记载的文化程度重新编班。

新学期，初三的学生们领到了新的思想品德课本、数学课本、练习簿和笔。和往常不同的是，这次上课的主题为“寻找幸福”。

欧阳晓峰老师是句容暨南学校的一名老师，她以自己的亲身经历为切入点，向学生们讲授“什么是幸福”，分析“缺乏幸福感的原因”，引导学生们去发现“身边的幸福”。

幸福是什么？在课堂上，学生们各抒己见。幸福是“爸妈来看自己”，是“和家人吃团圆饭”，是“和父母相处的快乐时光”，是“吃完晚饭，和家人一起散步”……家，是学生们提到最多的一个字眼。

“终于理解了父母的良苦用心，这是我感到最幸福的时候。”在课堂上，张明这样回答欧阳老师。

张明去年因抢劫罪进管教所，最初他并不服管教，时常与人打架。经调查，民警发现，张明的逆反源于父母过于严厉的教育。父母的打骂使张明曾一度认为父母不爱他，甚至有自己不是父母所生的想法。监区民警在了解了张明的心结后，联系了张明的母亲，期望张明的母亲能用写信的方式逐渐消除误解，帮助儿子走出心灵的困境。

一年多来，母亲不断地给儿子写信，以真挚朴实的文字写出了对儿子的爱。在不断地来信、会见和亲情电话中，张明也渐渐地感受到父母的关心与爱意。

张明一直珍藏着母亲来信，厚厚的一摞信按照时间顺序摆放得整整齐齐。空闲时，张明就会情不自禁地翻出来看，看着母亲娟秀的笔迹，仿佛就亲眼见到了她。

“明明娃，爸、妈都很想你，随着时间一分一秒过去，我们渐渐老了，双腿因有劳疾而步履蹒跚的时候，我多么希望你的手能搀扶我一下，就像你小时候我扶你走一样。”每当看到妈妈写的这段话，想起她日渐老去的身影，张明就感到十分难过，恨不得立刻飞奔到妈妈身边。

“幸福课作为开学第一课很特别，讲出了我们的心声。幸福不是索取，而是付出。我现在最大的愿望就是好好表现，争取早日回家，赶上姐姐的婚礼，为爸爸妈妈尽孝。”张明动情地说。（注：张明为化名）

2011－09－02　来源：新华网江苏频道

一、概述

（一）什么是主观幸福感

主观幸福感（*subjective well-being*）是一个广泛的、多层面的领域，指个体根据自定的标准对其生活质量的整体性评估（Diener，1984）。安德鲁斯（Andrews）和威西（Withey）1976年认为，主观幸福感由认知成分和情感成分构成。认知成分是对生活质量的整体评估，包括生活满意度。情感成分包括积极情感和消极情感：积极情感包括愉快、高兴、精神饱满、觉得生活有意义等情感体验；消极情感包括抑郁、焦虑、愤怒、悲伤等情感体验。主观幸福感的三个成分相对独立，并从属于主观幸福感这个高阶因子。在这三个成分当中，生活满意度是主观幸福感的关键指标，作为认知因素，是更为有效的肯定性衡量标准（陈灿锐 等，2012）。

主观幸福感是人性的内在需求，是一种高级的积极情感。主观幸福感是心理健康的重要体现和指标。主观幸福感是影响道德品质以及个性心理品质发展的重要情感和心理因素。情绪、情感心理学研究结果表明，许多积极的情感，如愉快、赞同等都是健康人格的重要心理基础。未成年人的主观幸福感可以激发对自我和社会的乐观感，使个体具有自主性、信心和力量，帮助个体形成健康的个性和积极的心态。注重未成年人的主观幸福感，这是个体健康人格发展的需要。

（二）主观幸福感的特点

主观幸福感作为个人具有的一种独特的心理状态，其基本特点包括以下三点。

1. 主观性

主观性是指以评价者自己内定的标准而非他人标准来评估。主观幸福感就是指人对幸福的主观感受，而不是客观存在，尽管它是基于客观事实的，但相同的客观事实，不同人的感受结果相差很大。说明主观幸福感的重要方面在于主观感受，这种感受会受到多方面的影响。主体对于同一种生活状态的感受之所以不同，可能源于其评价标准、价值定位、预期目标等的不同。这也使主观性成为主观幸福感最鲜明的特点（马杰 等，2009）。

2. 稳定性

主观幸福感主要指长期的情感反应和生活满意度，是一个相对稳定的状态，是一种长期的情感反应，而不是一时的情绪感受。这种评价和感受一旦形成就比较稳定，并且对每天的日常生活和工作产生影响，因此它具有相对的稳定性（马杰 等，2009）。

3. 整体性

主观幸福感是综合稳定的评价，包括对情感反应的评估和认知判断。任何个体在评价主观幸福感时，都要结合自己多方面的情况进行考虑，它是一种综合性评价。有时主体也很难说明哪一个方面占的比重较大（马杰 等，2009）。

（三）主观幸福感的测量

1. 有关总体幸福感的测评量表

坎贝尔（Campbell）编制的《幸福感指数量表》（Index of well-being），包括总体情感指数和生活满意度两个问卷，前者由 8 个情感项目组成，后者则由一个满意度项目组成，两者的得分进行加权相加即为总体幸福感指数。该量表情感指数的内部一致性系数为 0.89，重测信度为 0.43，与生活满意度单一测题的效标相关系数为 0.55（范肖东，1999）。

法奇奥（Fazio）编制的《总体幸福感量表》（Psychological General Well Being Schedule，PGWB）共有 33 个项目，包括对健康的担心、精力、对生活的满足和兴趣、抑郁或愉快的心境、对情感和行为的控制以及松弛和焦虑六个因子，各分量表和总表的相关为 0.56 ~ 0.88，内部一致性系数男性为 0.91，女性为 0.95，重测信度为 0.85，效度指标较好（范肖东，1999）。

阿盖尔（Argyle，2001）发展了《牛津主观幸福感问卷》（Oxford Happiness Inventory，OHI），该问卷是在《贝克抑郁问卷》的基础上发展而来的，包括 29 个项目，主要测量总体幸福感，其内部一致性系数为 0.90，七周后的重测信度为 0.78，结构效度也不错，为近年来应用较多的一个主观幸福感测评量表。

2. 有关生活满意度的测评量表

丹尼尔（Diener）发展了一个包含 5 个项目的《总体生活满意度量表》（Satisfaction With Life Scale，SWLS），采用七级评分，适用于不同年龄阶段的群体，其信度、效度指标较好，应用十分广泛（Pavot et al，1993），已有不少针对青少年的研究开始陆续使用此量表。

阿德尔曼（Adelmand，1989）发展的《感知生活满意度量表》（Perceived Life Satisfaction Scale，PLSS），包括 19 个项目，测查学生对其物质生活条件、身体、与朋友和家人的关系、家庭和学校环境、个人发展、娱乐活动等方面的满意度。对 9～19 岁儿童的测评结果表明，该量表的内部一致性系数为 0.74～0.89，重测信度为 0.85，效度指标基本达到心理测量学的标准。

鉴于丹尼尔的 SWLS 并非专门针对学生所编制的不足，有研究者专门编制了《多维度学生生活满意度量表》（Multidimensional Student's Life Satisfaction Scale，MSLSS），共有 40 个项目，主要测查中小学生对自己的家庭、学校、朋友、自我、生活环境的生活满意度水平，信度、效度指标一直得到不断的验证和积累（Huebner E S，1994）。

3. 有关积极情感和消极情感的测评量表

布拉德本（Bradburn）编制的《情感量表》（Affect scales：positive affect，negative affect，affect banlance），主要测查一般人的积极情感、消极情感及两者的平衡，共有 10 个项目，积极情感和消极情感项目各半，积极情感项目之间的相关为 0.19～0.75，消极情感项目之间的相关为 0.38～0.72，积极情感项目和消极情感项目之间的相关小于 0.10，重测信度为 0.76～0.83，与单个整体幸福感测题的相关为 0.45～0.51（范肖东，1999）。该量表发展较早，应用比较广泛。

沃什顿（Waston，1988）在以往研究的基础上发展了《简式积极情感和消极情感量表》（Positive Affect and Negative Affect Scale，PANAS），该量表共 20 个项目，积极情感和消极情感各有 10 个项目，对采频率和程度两种不同作答形式的量表进行信效度检验，结果表明两者的信度、效度较好。

二、未成年人主观幸福感的现状分析

（一）主观幸福感总体表现的现状分析

1. 主观幸福感随年级升高而逐渐下降

研究表明，小学生的主观幸福感高于中学生（孙婷婷 等，2010），随着年级的升高，主观幸福感呈降低趋势，小学四年级的主观幸福感处于小学阶段的最高水平（如图 14 所示）。

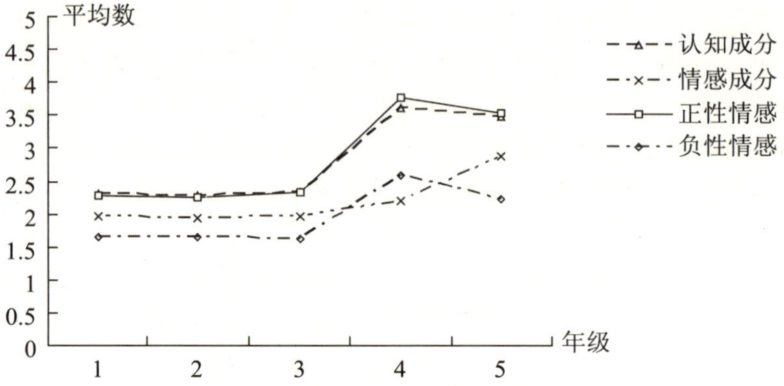

图 14　小学生主观幸福感变化趋势

从整体水平来看，我国初中生的主观幸福感水平在中等程度以上，体验到的正性情绪和情感较多，对家庭、自我、学习、同伴交往、教师及生活条件各方面比较满意（如图 15 所示）（王极盛 等，2003）。

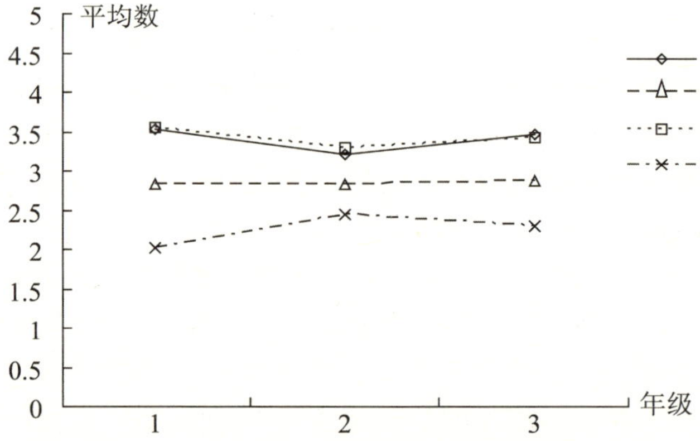

图 15　初中生主观幸福感变化趋势

高中生的心理健康水平整体情况良好，高中生的生活满意度整体处于中等以上的水平，高中生体验到较多的友谊满意感和家庭满意感，较低的学业满意感。

从高中生经历的生活事件来看，高中生经受了过高的学习压力和人际关系带来的紧张（肖建伟 等，2005）。

研究发现，随着年级的上升，高中生的主观幸福感逐渐降低（刘盛，2010）。更进一步的研究发现，在负性情感的得分上，高一年级的得分要低于高二年级；高二年级的得分要低于高三年级。在生活满意感、学习满意感、正性情感和身体满意感上，高一年级的得分要高于高二年级；高二年级的得分要高于高三年级。

2. 女生的主观幸福感高于男生

研究表明，女生在总体幸福感、家庭满意感、自我满意感、同伴交往满意感和生活条件满意感上均高于男生（刘盛，2010；王极盛 等，2003）。

总体上高中女生的主观幸福感要高于高中男生；从负性情感的得分上看，高中男生所体验到的负性情感要显著高于女生；而从正性情感的得分上看，高中女生所体验到的正性情感要显著高于男生。

（二）认知成分表现的现状分析

1. 自尊受挫

青少年自尊与主观幸福感有密切的联系，自尊是主观幸福感的有力预测因子，青少年的低幸福感可能源自低自尊（王钢 等，2011）。

研究表明，整个小学、初中阶段自尊的发展是不稳定的（周碧薇 等，2008），少年儿童的自尊水平在小学四至六年级呈上升趋势，从初一开始下降，然后再逐渐上升（孙凤华 等，2007）。

研究显示，初中生家庭结构中单亲家庭与非单亲家庭在总体情感指数和自尊中也存在极其显著的差异，单亲家庭的学生感受到的幸福感低于非单亲家庭中的学生，单亲家庭学生自尊程度比非单亲家庭低（胡慧，2011）。

2. 自我不和谐

自我和谐（*self-harmony*）是罗杰斯（Rogers）人格理论中最重要的概念之一，它指的是自我内部的协调一致以及自我与经验之间的协调。罗杰斯认为人格是由“经验”和“自我概念”构成。

研究表明，现阶段的在校中学生中有18%的人存在面对自我与经验不协调的情况，不能针对问题准确灵活地做出变动，从而令自我陷入与经验不和谐的状态之中（左银舫 等，2006），导致较高的负性情感，较低的主观幸福感。

3. 应对方式不良

应对（*coping*）是个体面临压力时为减轻其负面影响而做出的认知和行为的努力过程。个体的应对方式（coping style）是个体的稳定因素与情境

因素交互作用的结果。

研究表明，中学生应对挫折和烦恼的方式主要是问题解决，求助、退避、发泄、幻想和忍耐；女中学生比男中学生更多采用发泄和忍耐应对，男生比女生更多采用幻想应对（黄希庭 等，2000）。对不良应对方式的采用，导致青少年较低的主观幸福感。

（三）情感成分的现状分析

1. 生活满意度略高于中等水平

青少年学生生活满意度略高于中等水平。就快乐感的正性情感和负性情感两个维度而言，青少年体验正性情感的频率高于负性情感，与此同时有较少的正性和负性情感（张兴贵 等，2005）。

2. 孤独感和抑郁处于较高水平

孤独感（*loneliness*）是个体在实际情况不能满足其对社会网络的需要时所产生的一种苦恼性心理体验（Fitts et al，2009）。

研究者把孤独感分为两种亚类型：社会孤独感（social loneliness）和情感孤独感（emotional loneliness）。前者源于缺乏社会网络或被同伴拒绝，后者源于缺乏亲密的依恋关系。

抑郁是一种感到无力应对外界压力而产生的消极情绪（张文新，2002）。

研究发现，和其他阶段相比，孤独感和抑郁在青少年期均处于较高水平（田录梅 等，2012）。

三、未成年人主观幸福感的影响因素

（一）遗传因素

有观点认为，人具有幸福或者不幸福的基因素质，这是由于神经系统先天个体差异造成的，气质差异使不同的人倾向于体验不同的主观幸福感。气质指的是与遗传、先天和生命早期有关的个体特质，气质类型包括胆汁质、多血质、黏液质和抑郁质。气质是主观幸福感有效的预测标量。有研究表明，多血质和胆汁质有助于主观幸福感的提高，而抑郁质有碍于主观幸福感的提高（刘盛，2010）。

多血质和胆汁质的人具有外倾性的人格特点，对外界积极事物的反应强于消极事物。一方面，他们有主见，不随波逐流，善于表达自己的想法，即使他们遇到困难和挫折时，也能以乐观的态度面对，并且采取积极的应对方式解决问题。另一方面，他们待人热情，感情丰富，能与周围的人建立良好的关系，发展出深刻的友谊。因此，较抑郁质的人来说，他们能得到更多的社交满意感和社会支持感，这有助于其提高自尊心和自信心的水平，由此可以体验到更多的主观幸福感。相反，抑郁质的人则具有内倾性的人格特点，对外界消极事物的反应强于积极事物。他们多愁善感、情绪抑郁、孤僻离群、不善交际，所以，他们会遇到一定的人际方面的问题，不能与周围的人建立稳定而持久的关系，这就会对他们的主观幸福感造成不良的影响。

大卫·莱肯（David Lykken）说："人一生中大部分时间能否都在快乐的情感中度过，其中一半取决于他的机遇，而另一半已在母亲受孕时决定了。"他与同事在1988年著名的双生子研究中，对2300名来自社会各个阶层、经济状况不同、教育水平不同的双生子进行了长达10年的追踪研究。在不同的家庭环境中抚养长大的同卵双生子，其主观幸福感水平的接近程度高于同一家庭抚养长大的异卵双生子；48%的生活满意度变化、40%的积极情感变化和55%的消极情感变化都是由基因引起的；共同的家庭生活环境机构只能解释13%的生活满意度变化、22%的积极情感变化和2%的消极情感变化。他们得出结论：从双生子的研究中，主观幸福感和遗传有一定的关系。双生子的性格相似，是因为他们共享了一部分的遗传基因，这共享的基因中有一部分就关系到他们的情感生活。

（二）家庭环境

家庭是社会的基本单位，是个体身心发展的重要场所，对儿童青少年的心理健康发展起着重要作用。家庭作为一个系统，是由家庭社会经济状况、家庭结构、父母教养方式等表层特征和深层特征组成的有机整体。研究表明，家庭因素的各个维度都会对未成年人的主观幸福感产生影响。家庭环境、经济状况、家庭结构以及父母的教养方式等因素不仅直接影响未成年人的主观幸福感，而且还通过人格、自尊、应对方式等诸多中介因素对其主观幸福感产生间接影响（张向民 等，2011）。

1. 父母教养方式

父母教养方式（*Parenting style*），也叫抚养方式、养育方式，是指父母在对子女的养育和管教方面的特点。教养方式比较集中地反映了父母对待

子女的态度，同时，也是其教育观念的反映。研究结果显示，父亲对子女的情感理解对中学生的主观幸福感有显著影响。如果父亲很民主，并且家庭成员间相互关心、关系融洽，那么中学生会体验到更多的主观幸福感。因为父爱更加坚强、伟岸，能让中学生体验到更强的同伴支持，同时增强中学生的自信心，降低他们的焦虑感和挫折感。当他们在学校和社会上遭遇挫折时，父亲能够提供一个安全的避风港，凭着丰富的社会经验和人生智慧给予指导，使中学生能够以沉着冷静的态度应付现实世界中的各种纷繁复杂的问题。父母对孩子的惩罚、严厉、过分干涉、拒绝否认等不良教养方式则起负面影响的作用。因为父母对子女的否认和惩罚，会降低孩子的自信心，导致他们对人生和自我价值的消极认知。当学生在学校中遇到问题和挫折时，若得不到应有的支持和辅导，这会给他们带来更多的焦虑、自卑和茫然，从而大大降低中学生对幸福的主观体验（杨冠军，2010）。

2. 家庭经济状况

对于经济状况与主观幸福感的关系一直存在着争论，很多研究发现，收入与主观幸福感呈正相关，因为较高的收入会带来更多的物质享受，更高的权力与地位，伴随更高的自尊心和自信心。里夫（Ryff ）等人的研究支持这种观点，他们的研究表明社会经济状况与生活满意度、目标、控制性、成长相联系。但也有研究表明，收入与主观幸福感无关。1946—1978年，美国的人均收入增加了很多，但平均的快乐水平却没有增加，这可能与分配偏差和相对的剥夺感有关。另有研究表明，收入仅在非常贫穷时有影响，一旦人们的基本需要得到满足，收入的影响就很小了。可见，经济状况的影响是相对的，它更多依赖于社会比较，即向上比较会减少主观幸福感，向下与更穷的人相比则提高主观幸福感。另一方面，收入的增加预示着经济的发展，经济发展的同时带来了噪声、交通拥挤、环境污染等，从而降低主观幸福感。所以，经济状况只是幸福感的一个必要条件，过度地追求财富会导致幸福感水平降低甚至形成病态心理。

（三）社会支持

社会支持（*social support*）是个体在社会生活中获得的帮助与支持，它包括主观支持、客观支持和对支持的利用度。研究表明，友谊支持是预测孤独感的更好指标，父母支持是预测抑郁的更好指标（田录梅 等，2012），

而青少年孤独感和抑郁又会影响其主观幸福感，孤独感和抑郁水平较高，个体的主观幸福感则低。由此，我们可以推测，如果个体获得较多的友谊支持和父母支持，即拥有充足的社会资源，就会使无助感减弱，其孤独感和抑郁水平便会下降，个体就有勇气和信心面对困难，增加个体战胜困难的可能性，则其会体验到更多的主观幸福感；如果个体只有较少或者根本没有友谊支持和父母支持，即个体拥有的社会资源不足，就会感觉到无力面对太多的困难，个体战胜困难的信心不足，从而使无助感增加，主观幸福感减弱。

（四）归因方式

在控制感上，研究结果表明，个体越倾向于外控，其主观幸福感水平越低；反之，越倾向于内控的个体，其主观幸福感水平越高。在自我效能感上，研究表明：自我效能感与主观幸福感、生活满意度之间存在显著的正相关关系，与抑郁水平和焦虑水平之间存在负相关关系。自我效能感不仅对个体的焦虑水平有较强的直接影响，同时还通过影响焦虑水平来影响个体的主观幸福感（张向民 等，2011）。

（五）压力性生活事件

研究表明，主观幸福感与个体在面对压力情境时为了减轻压力而采取的应对方式有着密切的关系。综合前人的研究可以发现：不同应对方式对个体主观幸福感的影响有着显著的差别，积极应对方式与主观幸福感呈显著正相关，而消极应对方式与主观幸福感呈显著负相关，应对方式对于主观幸福感有着很好的预测作用。

综合所有生活事件和主观幸福感关系的研究发现，生活事件对青少年学生的主观幸福感有较大影响。生活事件是指青少年学生在其家庭、学习、生活和生活支持中出现的各种刺激的总和，涉及与青少年生活相关的各种外部因素。当生活事件影响没能消除并积累到一定程度时，个体就可能出现躯体和精神方面的问题。在动力平衡理论看来，每个人都有一套平衡的生活事件水平和主观幸福感水平。当生活事件处于平衡水平时，主观幸福感不变，一旦生活事件偏离正常水平，主观幸福感也会随之升高或降低。目前，人们对生活事件是否会影响主观幸福感还没有完全一致的看法。有学者对初中生的生活事件与主观幸福感的关系研究发现，不喜欢上学和与老师关系紧张对初中生主观幸福感具有较好的预测作用。从高中生经历的生活事件来看，学习压力对高中生的主观幸福感影响较大。黑迪（Heady）和维尔林（Wearing）认为生活事件对主观幸福感的影响应该因研究对象及其研究背景的不同而异，重要的生活事件会对主观幸福感产生影响。

（六）人格特征

研究表明，具有稳定性特征的主观幸福感与稳定的人格特质具有高度的相关性，人格对主观幸福感具有稳定的、良好的预测作用。有研究发现，幸福感是一种与多种人格特质有关的变量。综合前人的研究结果，可以得出一致的结论：五大人格因素都与主观幸福感有着显著的相关关系，但这五个因素对主观幸福感的影响机制和影响效果不同。外倾性与正性情感、生活满意度具有显著正相关，与负性情感具有显著负相关；神经质与负性情感存在显著的正相关，与正性情感和生活满意度存在显著负相关；开放性与正性情感和负性情感同时存在正相关，与生活满意度不相关；宜人性和严谨性与主观幸福感具有相似的模式，都与正性情感和生活满意度具有显著正相关，与负性情感存在显著负相关，增加个体的主观幸福感。

四、未成年人主观幸福感的培养

（一）改善父母教养方式

父母在教养孩子的过程中，要给予足够的关心和爱护，让孩子感受到父母的关心和爱护，体会到家庭的温暖和幸福。

家庭是孩子成长的最初环境和摇篮，亲子关系是他们建立的最早的人际关系。父母的言行、态度和行为方式时时刻刻都影响着孩子的成长。作为家长，应注意从以下几个方面改善父母和孩子的关系。

首先，父母要注意加强自身修养。父母双方应尽量避免在孩子面前表现出消极的不良情绪，避免发生争吵，为孩子创造一个轻松愉快、温馨和谐的家庭环境。

其次，要抽出一定的时间与孩子进行接触和交流。既可以与孩子谈学习的事，也可以与孩子谈社会生活中的小事。在日常生活中，注意多表扬孩子，多给一些赞美。当孩子态度冷漠时，千万不要一味地训斥，不要使他产生厌烦情绪。

最后，还要使孩子的生活丰富多彩。利用周末或假期，带孩子多出去走走。可以去公园里玩玩，到书店看看新书，或者去爬爬山。借以丰富他们的学习和生活，拓宽他们的视野，培养他们开朗的性格。让孩子在与他人的接触中，在与同伴的交往中，享受到生活和学习的快乐，提高其主观幸福感。

（二）给予社会支持

良好的师生关系是学生发展的重要源泉。师生关系作为学校环境的重要组成部分，是教师教育教学的关键，体现在学生对教师的满意度上。学生对教师越满意，对教师越肯定，其学习满意度和主观幸福感才会提高。

教师和学生要建立一种新的关系，教师不仅仅是传授知识，而是帮助学生去发现、组织、管理知识，引导他们而非塑造他们。教师应成为学生学习的促进者、鼓励者、帮助者、辅助者、合作者，而不仅仅是知识的传授者。为建构良好的师生关系，做学生满意的教师，教师应具有真诚一致、无条件积极关注、同理心三种态度品质，对学生坦诚相待，尊重学生的人格和个性差异，把教师的作用定位于“催化”或“促进者”。

（三）训练应对方式

在日常生活中，可以训练未成年人对压力性生活事件的应对方式，让其采用解决问题、求助等积极、有效的应对方式。

学生的自控能力、处事能力、耐挫折能力较弱。我们知道，良好的应对方式是在对压力事件的处理中逐渐发展起来的。生活在温室里自然不曾经历过狂风骤雨，更不用说在狂风骤雨之后顽强生长。所以，应当把学生挫折教育纳入学校思想和心理教育的轨道上，如有组织、有目的地开展学生挫折教育活动，使他们在思想上认识负面的生活事件，在行为上亲身体验如何从压力事件中获取成功。让学生了解在遇到困难时要以积极的态度面对，从困境中寻找益处，把压力事件看作积极经历。授人以鱼，不如授人以渔，我们不能仅从理论上告诉学生哪种应对方式好，哪种应对方式不好，而应该指导学生自己找到解决方法，而不是僵化地学习和应用应对方式。

可以针对学生们的应对方式，采用心理辅导课的形式，来向学生介绍什么是应对方式，应对方式有哪些，怎样才是积极有效的应对方式，在日常生活中如何应用。这样通过心理辅导课的形式，促进学生们了解应对方式，学会运用，提高他们采用积极应对方式的能力，从而让其在面对压力性生活事件时更加从容，这时压力性生活事件对学生产生的影响会更小，更有助于促进学生的主观幸福感。

（四）干预归因方式

学生学习成败归因的不同，直接影响其学习动机及学习效果。如果学生把自己的学习成败归因于主观因素，就更容易激发其自主学习；反之，则会影响其学习主动性。

归因训练体现的是一种新的教育思想，它要求教师必须具备相关的心理学和教育学等知识，更重要的是能够正确地运用它们，以积极的情感对待学生。教师应该帮助学生建立积极的、富有成效的归因信念。教师要及时了解和掌握学生的归因倾向。对能做出积极归因的学生要及时给予肯定和强化，而对做出消极反应的学生则要正确引导，帮助其正视困难。作为学生学习的引导者，教师要了解、掌握和更新教育学、心理学知识，提高自身素质。在训练中，教师绝不能流露出学生笨、提高成绩无望等观念和情绪，教师在训练时，对学生的态度与教师在日常教学中对学生的态度要力求保持一致。另外，参与不同课堂情境训练的教师要形成合力，他们必须在训练的指导思想、训练方法和对待每个学生的态度上尽可能保持一致，否则，就可能抵消或减弱训练的效果。通过教师们在归因训练时的合力，帮助学生建立有效积极的归因模式。

教师可以利用心理辅导课，对学生的归因方式进行集体干预。集体干预面向全体学生，在实际干预过程中采用多种技术，分若干次定期进行。采用的方法有：（1）说服。由教师主持，向学生讲解一些专题，如说明在学习活动中的正确信念和错误信念，指出学习潜力的开发在很大程度上依赖于信心的确立；向学生指出努力程度对于学习成功的重要性；引导学生寻找适合自己的学习方法。（2）讨论。根据若干次学生学业的测验成绩，教师组织学生分若干小组讨论，讨论的问题主要有信心与成功的关系；努力、能力与成功的关系；影响学习成败的主要因素有哪些。（3）示范。让学生观看录像或听录音，了解他人在成功和失败时是如何进行归因的，教师要说明所期望的归因是什么，并让学生联系自己平时的学习情况进行讨论，加深认识，接受归因反馈，形成思维定式。(4) 强化矫正。让学生在规定的时间内完成不同难度的任务，如一个小测验、学唱一首歌等，然后要求学生在事先预备的归因因素中做出选择，对完成任务的情况做出归因。

第三节　抑郁

案例

西安一高中生自家窗户跳下身亡　其生前患抑郁症

3月1日下午2时许，西安市碑林区伞塔路上，西安市体育运动学校附近家属院内，一小伙子躺在地上，周围站满了居民。死者母亲从楼上奔下，拨打了120。

120医生赶到后，确认跳楼小伙已死亡。2日上午，警方认定死者系自杀身亡，家属也认可调查结果。据了解，死者是19岁的高三学生，学习成绩不错，性格有些内向。因为患抑郁症，曾有过自杀行为，但被及时制止。

3月1日，小伙子在家复习功课，父亲到学校给孩子报名，特地让母亲在家看护。事发时，他的房间仅他一人，家长没注意到有什么异常，谁曾想他趁机从7楼家中窗户跳下。

2日，据西京医院预防保健科主任蔡春介绍，抑郁症患者出事比较多，是因为该病病情发生变化，不容易被家人及时发现。她说，19岁高中生之所以跳楼，一方面是因为他本身患有抑郁症，另一方面是学习压力比较大。“只要是抑郁症的患者，都要注意调节压力。”她建议，家长不要给这类孩子过大压力，要多多关心孩子的情况。

2010-03-04　来源：华商报

一、概述

（一）什么是抑郁

苏朝霞（2001）认为，*抑郁*（*depression*）是一种低落、悲伤或苦闷的情绪状态，是一种以心情低落、无望失助为主要症状的心理疾病。它有别于平常人们的情绪低落状况。抑郁患者常常感到悲伤，情绪低落，对以前喜爱的活动或事物缺乏兴趣，无法从生活中体验到乐趣，自信心下降，自责，常感到疲劳，心理活动迟钝。有半数左右的抑郁症患者还会出现自杀行为。

抑郁是青少年群体中普遍存在的一种情绪问题。作为一种负性情绪，抑郁已经成为21世纪影响青少年身心健康的主要危险因素（Holden，2000）。

青少年抑郁（*adolescent depression*）指的是他们对日常学习和生活中的一些不良情境或事件的一种反应，是一种不愉快、悲伤或精神痛苦。这种不愉快、悲伤或精神痛苦可能是暂时的，也可能是持久的、相对稳定的（刘凤瑜，1997）。目前大多将青少年抑郁分为三类（冯正直，2002）。

第一类，抑郁情绪，指一个人悲哀、不幸福和烦躁的心境，是个体对环境和内在刺激的一种情绪反应。

第二类，抑郁行为的症状，指由青少年行为问题而引起的个体悲哀情绪的现象，与青少年退缩、身体不适、社会问题、思维问题、注意问题、攻击行为、过失行为等密切相关。

第三类，基于临床诊断的抑郁障碍，指抑郁的严重状态，即个体由于长时间受到抑郁影响而不能正常学习和生活，表现为食欲下降、睡眠障碍、疲倦、低自尊、注意力难以集中、无望感、想自杀等心理和生理症状。

青少年抑郁在13~15岁急剧增加，约在17~18岁达到高峰（Radloff，1991）。

（二）抑郁心理的一般特征

抑郁最典型的心理特征是缺乏快感。心理上抑郁的学生可能会对任何事物都失去兴趣，即使是对快乐的活动也没有愉快的体验，自我感觉好像是生活在一个空洞里，常常会产生一种沮丧感和失败感，或者感到浑身无力。心理抑郁的学生并不一定很压抑、悲伤或整天哭哭啼啼，但他们的共同点是体会不到快乐或没有愉快的感觉。比如，先前对学习很有兴趣的学生忽然对学习失去了兴趣；先前喜欢打篮球的学生也想不起再去拿起篮球；一个对足球很痴迷的学生突然不想看世界杯了……总之，抑郁的一般心理特征有以下几种表现。

1. 食欲不振

具有抑郁心理的人在进食时，常常会缺乏正常人进食时的享受感。同时觉得吃饭是一件枯燥而无奈的事情，并因此导致食欲不振，进而引起身体的消瘦和体重的下降。这种情况在中小学生中普遍存在。有调查研究表明，曾有抑郁心理体验的中小学生约有 70% 的人会出现食欲不振的现象。有的学生因为情绪低沉，对自身生理发生的变化并不敏感，直到他们的体重下降到一定的程度时，才会忽然发现自己比平时吃得少多了。同时由于中小学生有爱吃零食的习惯，正餐一般都吃得比较少，因此由于抑郁情绪而导致的食欲不振也常常被家长所忽视（刘慧娟，2003）。

2. 睡眠不良

心理上出现抑郁情绪的人常常会出现入睡困难的现象。他们正常的睡眠习惯出现紊乱，害怕夜晚的来临，害怕上床睡觉，往往会用各种借口或理由，想尽一切办法来拖延睡眠的时间。而且，当他们辗转反侧，迟迟不能入睡时，常常会陷入无穷的思索和无尽的苦恼与精神紧张之中。当早晨起床时，则会感到异常的疲倦，或者因精神长时间的紧张而对新的一天中的生活和学习感到恐惧和不安（刘慧娟，2003）。

3. 对身体的主观异常体验

有一些中小学生常常会莫名其妙地感到自己的身体不舒服，有时会觉得不能控制自己的情绪，甚至会对自己的身体状况产生一种恐惧感。比如有一个中学生曾向他的父母说，“我觉得我身体到处都不舒服，是不是我患了什么病了”、“我老是不能集中注意力，我觉得胸口压抑、郁闷”。经医院反复检查后证实该生并无任何生理疾病。这种自我感觉出现异常的现象也是抑郁心理的表现之一（刘慧娟，2003）。

4. 丧失正常自尊心和自信心

处于抑郁情绪之中的人常常会对周围的人和事表现出特有的冷漠，常常会置之不理。而且还觉得自己内心很孤独、寂寞，但又找不到解决问题的办法。同时他们对周围的人和事表现出异常的敏感和怀疑。但是在表面上往往又表现出以自我为中心的极其孤立和封闭的一面，害怕受到他人的冷落和嘲笑。在日常生活和学习中，常常会主观地夸大事情消极的一方面，忽视或看不到事物积极向上的一面。遇事爱钻牛角尖，一点小事便会引起他们情绪的极大波动，且久久不能释怀。此外，还会出现消极的思维或决策能力下降，常常会对过去的事感到内疚，对现在缺乏信心，对未来充满绝望，偶尔会产生自杀或想死的念头（刘慧娟，2003）。

以上所述的抑郁心理的一般特征，可有助于我们识别和理解抑郁的心理情绪。在现实生活中，常常会有一些学生把自身的一些抑郁的心理特征当作是一般的生理疾病。比如睡不好觉时，就吃一些安眠药来强迫自己入睡；食欲不振，就吃一些开胃的药或者强制自己进食。这些错误的判断常常会耽误对抑郁心理的及时治疗和调节，进而加重抑郁的心理状态。

（三）抑郁的测量

1. 《贝克抑郁量表》

《贝克抑郁量表》（Beck Depression Inventory，BDI），是应用最为广泛的抑郁症状自评量表之一，在各种疾病人群和普通人群的抑郁症状评估中均得到应用。该量表的第 1 版（BDI－I）由贝克等人于 1961 年编制，其中文版在国内获得广泛使用。1966 年贝克等人根据 DSM－IV 抑郁症诊断标准对 BDI－I 进行了修订，其中 18 个条目的文字进行了修改，推出了该量表的第 2 版（BDI－Ⅱ），并迅速在临床与研究中推广应用，目前已经被翻译为西班牙语、日语、波斯语等多种语言版本。目前国内使用的仍多为第 1 版，用于评估每种抑郁症状的严重程度（王振 等，2011）。

2. 《儿童抑郁量表》

《儿童抑郁量表》（Children's Depression Inventory，CDI），是当前国际上针对儿童青少年抑郁使用最多的自评量表。科瓦奇（Kovacs）为了统一量表的使用标准专门开发了一套 CDI 的测查手册，并界定其使用年龄段为 7～17 岁。国外研究证明，CDI 具有较好的信效度。CDI 的突出优点在于它在所有抑郁测量工具中所需阅读水平最低（只需一年级阅读水平），且题目内容贴近日常生活。有研究者以香港地区 7～12 年级 621 名中学生为样本考察了 CDI 的结构，结果发现探索性因素分析得到的样本 5 因子结构与 CDI 原量表的 5 因素模型具有很高的一致性。莱姆（Lam）通过验证性因素分析发现，CDI 的 5 因素结构与其调查的香港地区 8～18 岁 876 名学生样本的数据拟合。刘凤瑜、余大维等人对CDI在中国内地儿童青少年中的应用也做了初步的探讨，其得出的初步结论认为CDI适合中国的儿童青少年。

3. 《流调中心抑郁量表》

《流调中心抑郁量表》（the Center for EpidemiologicalStudies Depression Scale，CES－D）由美国国立精神卫生研究院（NIMH）的拉德洛夫（Radloff）于1977年编制，最初为了研究抑郁症状的相关因素以及发展规律。目前在国际上也广泛用于对普通人群进行抑郁症状的筛查，不仅适合最初针对的成年人群，也可用于青少年和老年人群。CES－D的最初编制借鉴了《贝克抑郁问卷》、《Zung氏抑郁自评量表》（SDS）和MMPI等。其测量内容包括情绪低落、无价值感、绝望、食欲下降、注意力差、睡眠困扰等抑郁症状，但并不包括食欲或睡眠增加、精神运动性激越、自罪感、自杀意念等症状（章使 等，2010）。

二、未成年人抑郁的现状分析

（一）抑郁表现的现状分析

在国外的研究中，坎巴斯（Compas，1997）发现，20%的男生和22%的女生有抑郁症状。

在我国的青少年群体中，20%～44%的个体报告有不同程度的抑郁症状，青少年抑郁症状较为严重，体现如下。

王极盛等人（2003）的研究表明，存在抑郁问题的学生占总体的32.9%，其中轻度抑郁者占26.3%，中度抑郁者占5.5%，重度抑郁者占1.1%；罗伏生等人（2009）的研究发现，青少年抑郁的发病率为27.44%。

再来看一下全国各省市的研究资料：香港中学生的抑郁流行率为44.2%（杜召云 等，1999）；重庆市和四川省抽样调查的结果则显示这一比例为42.3%（冯正直，2002）；在北京市和河北省取样调查的资料表明，出现抑郁症状的中学生的比例为32.9%（王极盛 等，2003）；来自安徽省合肥市的调查资料表明，中学生中出现抑郁症状者的比例为23.5%（陶芳标 等，2004）。

这些研究资料可能由于测量方法和数据统计处理的方式不太相同，所以数据有一些不同。但是，这些数据共同显示出一个问题——抑郁已经成为困扰我国青少年的一个重大心理问题，亟待关注和解决。

（二）随着年级增高抑郁症状显著增加

随着年级的增高和年龄的增长，青少年的抑郁水平呈现增高的趋势。具体表现为，初中生和高中生的抑郁水平分别显著高于小学生的抑郁水平（刘凤瑜，1997），高中生的抑郁水平显著性高于初中生（高茗 等，2001；周琳琳 等，2009；罗伏生 等，2009；邓厚才 等，2012；陈海燕 等，2012）。这其中，王极盛和罗伏生的研究最具有代表性：王极盛的研究表明，高中学生的平均抑郁水平显著高于初中学生。他认为，随着年级的增高，中学生面临的升学压力和学业负担随之增大，尤其是高中学生普遍面临高考的重压，可直接导致抑郁的增加。罗伏生等人对初中、高中和大学学生的抑郁水平的研究表明，抑郁症状高中生报告的最多，初中生次之，大学生最少；并且，高三的抑郁症状显著高于高二和高一学生（罗伏生 等，2009）。

（三）女生抑郁的发病率明显高于男生

国外研究表明，成人期的抑郁症状女性约为男性的 2 倍，虽然有关青少年抑郁症状的性别差异尚有争议，但是国外研究者一致认为，女生比男生更易患抑郁症。

有研究调查了芝加哥市一所中学 497 名学生，发现青少年的抑郁症状具有显著性别差异。女生多为指向内部的抑郁症状，而男生则更多表现公开的行为问题，如偷窃、回避或物质滥用。

阿肯巴克（Achenbach）研究了抑郁心境的发生率，其中女生比男生报告出更多的抑郁。

威彻斯特（Wichstrom）调查发现初中二年级以前抑郁情绪不存在性别差异，初二之后女生的抑郁状态显著高于男生，初二女生的抑郁情绪状态显著高于同龄男生的抑郁状态，这一性别差异一直保留至高三（苏朝霞 等，2011）。

国内众多研究发现，抑郁的发病率女生明显要高于男生（张洪波 等，2001；王极盛 等，2003；林东，2007；罗伏生 等，2009；陈海燕 等，2013），这一结果与以往西方的流行病学研究是基本一致的。

另有研究者认为，中学生不同抑郁水平受性别因素影响，轻度和中度抑郁状态女生显著多于男生，重度抑郁状态男生显著多于女生（封丹 等，

2013）。

（四）农村青少年的抑郁水平高于城市青少年

从国内众多研究得出，农村青少年的抑郁水平高于城市青少年（张洪波 等，2001；高茗 等，2001；于凤杰 等，2013）。

但是这些研究的结果显示，农村青少年与城市青少年抑郁水平的检出率不是很一致：有研究者认为，农村与城市的抑郁检出率分别为24.3%和16.2%（高茗 等，2001）。另有研究认为，农村学生有抑郁症状的危险性是城市学生的近2倍（张洪波 等，2001）。还有一些研究者认为，农村青少年与城市青少年抑郁的差别主要表现在躯体化症状上，农村中学生躯体化症状较城市中学生突出（李一云 等，2005）。

三、未成年人抑郁的影响因素

（一）遗传因素

大量研究显示，青少年抑郁和父母抑郁有着高度的相关性，遗传因素和环境因素都是不可忽视的。从遗传角度出发，双生子的研究表明：中重度的抑郁具有中度的遗传性，行为遗传学的研究对于青少年抑郁生物遗传的贡献起到了一定的作用。父母的生育年龄对孩子的抑郁也有影响。

米罗斯基等人（Mirowsky et al，2002）研究发现，个体目前的抑郁和父母生第一个孩子的年龄有关。如果第一个孩子出生过早，则提示这个孩子有着一个很差的生命的开端，过早出生对青春期这个转变过程具有破坏作用，长期的结果是影响情感的健康。在23岁之前生育的父母比在23岁之后生育的父母，其孩子出现抑郁的感觉和指征要多。女性在30岁左右生育的，其孩子的抑郁发生率最低。

（二）家庭环境

1. 依恋关系

鲍尔比（Bowlby，1982）提出了婴儿生来就有发展与照顾者（通常是母亲）情感依恋的需求。婴儿通过与母亲环境的互动与适应，在内心形成了一定的自我与他人的客体关系（通常在出生后的第一年内完成）。婴儿依赖于内心的这些客体关系来体验情感与社交，形成人际关系（包括将来）。婴儿与母亲依恋关系的性质受到他/她所感受到的来自照顾者所提供的安全性的影响。严重生活事件可能会影响个体依恋方式的形成，例如早期丧失父母会导致依恋关系的全面破坏，对将来发生抑郁是一个危险因素。

依恋理论对理解儿童发展的危险与保护因子非常重要。安全型依恋对青少年抑郁发展有良好作用，有助于青少年发展自主与能力，对青少年期与父母良好关系的建立也有一定影响。当青少年在遇到应激时能运用父母作为支持源表现探索与自主。而较差的依恋关系会影响孩子发展内在与人际应对技能，易感抑郁。

鲍尔比提出不安全型方式与抑郁和焦虑有关。后来不断有研究证实了这一点。与安全型依恋青少年相比，不安全型依恋青少年普遍自信水平低，回避解决问题，有更多功能失调性行为与表达愤怒，其中，矛盾型依恋的青少年更容易出现内化症状与自杀行为。

2. 父母的心理健康状况

青少年抑郁与父母抑郁有着高度相关性。孩子的心理健康依赖于生活中主要照顾者（主要指父母）的心理健康状况。父母有心理障碍会产生代际遗传，主要因素有疾病本身的遗传与父母心理障碍所致的家庭环境，如家庭不和谐或功能失调。父母酒精依赖、物质依赖、抑郁、焦虑与青少年的情绪与行为问题有关。父母患心理疾病会导致青少年处于应激环境中，同时影响父母的养育技能。

大量的研究显示，抑郁母亲的孩子比非抑郁母亲的孩子更容易出现行为问题和注意力缺陷，母亲抑郁，其孩子抑郁发生的风险会大幅度地提高。女孩子的抑郁和母亲有显著的相关，但男孩子的抑郁与母亲抑郁的相关不显著。

研究还发现，青少年抑郁和家庭的社会地位、父母的矛盾、婚姻的不和谐以及家庭生活事件有着显著的相关（胡赤怡 等，2004；春丽 等，2005；程文红 等，2005；惠珍 等，2008）。当把这些因素进行回归分析时发现，母亲的抑郁和孩子的抑郁相关不显著，和家庭事件、婚姻矛盾、家庭社会地位相关显著。也就是说母亲的抑郁不是和孩子的抑郁直接相关的，而是以间接的方式产生影响，但是这个研究没有具体描述出抑郁是通过怎样的家庭成员之间的互动起到作用的。

虽然大量的研究显示，孩子的抑郁和母亲更为相关，但是父亲在家庭中的作用也不能忽视。因为家庭是一个大的系统，婚姻关系构成了一个家庭的基石，夫妻之间的互动对孩子是有着影响的。而且夫妻间长期的相处，彼此的心理也有着相互的影响，特别是抑郁这种情绪在夫妻间怎样相互作用是值得考察的。人际理论认为知觉到的敌意是产生抑郁的一个重要因素。负性的情感和行为，如敌意攻击和批评已经发现是抑郁者婚姻关系中特有的成分，尤其抑郁的女性比抑郁的男性更容易表现出这种情感和行为。

3. 父母教养方式

在刘琳等人（2006）的研究中采用《应付方式问卷》（WCQ）及《父母教养方式评价量表》（EMBU）对62例青少年抑郁障碍患者进行了测评，发现青少年抑郁障碍患者的应付方式与父母的不良教养方式有关，青少年抑郁障碍患者的WCQ评分与EMBU评分呈显著性相关，尤其是与父母的情感温暖、父亲的过度保护及过分干涉和母亲的惩罚严厉、过分干涉保护及拒绝否认关系密切。说明父母的情感、温暖、理解有助于青少年采取积极的应对方式，父亲的过分干涉、母亲的拒绝否认将会导致青少年采取不良的应对方式。可见青少年抑郁症状的产生与不良的教养方式有关（Stoneman Brody et al，1989；王高华 等，2006）。

父母教养方式有不同分类法，目前常用的是把教养方式区分为2个维度：父母的要求（控制）与反应（温暖），依次归纳为4种教养类型：权威型（高要求与高反应）、过度溺爱型（低要求与高反应）、专制型（高要求与低反应）、忽视型（低要求与低反应）。

影响父母教养方式的因素有亲子关系、家庭功能、家庭外的社会支持、婚姻关系以及社会文化背景。总体来说，权威型父母的孩子学业与行为最健康；过度溺爱型父母的孩子往往有两种类型，一种是心理健康的，一种是心理与行为有一定偏差的；专制型父母的孩子往往缺乏竞争，而常表现出被动、低自尊、害怕权威以及学业困难；忽视型父母的孩子结局最差，表现为学业、社交困难，行为问题和内化症状。专制与忽视型父母的孩子最容易出现抑郁。

4. 家庭中遭受的应激事件

在影响青少年抑郁的诸多因素中，在家庭中受到的应激事件打击尤其应该引起重视。如父母的离异、父母一方的去世、家庭暴力、被抛弃或早期创伤等重大事件。

有研究表明，生活中的早期负性事件会对人一生产生深远的影响，有的甚至会改变个体的性格和对生活的态度。程文红等人通过对患有抑郁障碍的青少年与随机抽取的中学生对照组的研究表明，抑郁青少年从小经历的创伤（丧失、分离、受虐或忽略）明显多于正常同龄人，有早期创伤史者发生抑郁是无创伤史的 3.79 倍，而且有这些童年创伤体验的患者抑郁严重程度高于无此经历的患者（程文红 等，2007；凌宇 等，2009）。

（三）学校环境

学校环境对青少年抑郁影响因素的研究有学校类型、年级、班级管理方式、学习成绩等。

郭兰婷等人（2003）的研究显示，学校类型、年级等对学生的情绪影响不大，个体所在的班级发生的事件对抑郁情绪影响较大。

冯正直等人（2005）认为，学校类型直接影响学生的人际关系、教师的教育与管理方式等，对学习成绩的影响最大；而学习成绩是引起中学生抑郁症状的直接主要因素。

庄勋等人（2007）的研究显示，学校类型及年级等变量与青少年抑郁情绪有明显关联。

（四）负性生活事件

1. 身体状况

有研究表明长期患病的青少年与同龄青少年相比患抑郁症的倾向显著提高。

据罗贞等人（2003）对 58 名住院青少年的研究显示，该 58 名患儿共检出有抑郁症状者 22 人，检出率为 37.93%。在有抑郁症状的患儿中，轻度 20 人，占 90.91%；中度 2 人，占 9.09%，未发现重度患儿。重病等精神刺激后，易产生悲观、失望、失败等不良情绪，如无他人及时开导，易导致抑郁症状。同时，患儿的病情变化直接影响着情绪的体验和变化，疾病的发展又可产生强烈的不良情绪，两者互为因果，形成恶性循环。

高茗等人（2001）的研究发现，吸烟、饮酒（包括吸烟、饮酒的次数、数量）、体育活动少、体形欠佳（非常瘦或非常胖）的学生中抑郁检出率较高，且差异有显著性意义。青少年正处于第二次自我中心阶段，对自己的形象和身体尤为关注，身体体质欠佳以及肥胖或瘦弱的青少年极易产生自卑心理，导致人际交往和学习等方面的不顺利，从而产生抑郁。

2. 学习压力

据北京精神卫生研究所唐登华等人的研究，应激性生活事件常常是抑郁障碍的重要因素。

学习是当代青少年最主要的任务，也是他们心理压力的主要来源，在生活事件评定中，强度最大的前5位中有4个是有关学习的，且前3个依次是不喜欢上学、考试失败或不理想、学习负担重，学习成绩处于重点学校中等以下及一般学校中等以上的学生，他们通常处于能否考上大学的不确定状态，这种状态的学生可能承受着更多的学习压力，这些都提示学习的压力在青少年抑郁障碍的成因及病情轻重上起着重要的作用（刘贤臣 等，1997；唐登华 等，2003）。

3. 灾难性事件

经受过自然灾害等不可抗拒力量的打击后，青少年易产生抑郁情绪。

国外研究表明，遭受自然灾害后少年儿童的行为和情绪问题明显增加，所以在遭受自然灾难后，应加强对青少年的心理关注与辅导，以减少其不良情绪的发展。

国内刘贤臣等人（1999）对遭受暴雨灾害和龙卷风袭击3个月后1364名13～20岁的中学生进行了抑郁症状调查，灾害后青少年SDS均分为47.11±9.89，抑郁症状检出率为25.07%。自然灾害后青少年容易发生抑郁症状，且抑郁症状的发生受多种因素的影响。

（五）自我认知系统

1. 自我效能感

自我效能感（*self-efficacy*）是指个体对自己是否能够成功地进行某一成就行为的主观判断。对中学生而言，他们的自我效能感主要表现为学业的自我效能感与社会的自我效能感。比奈特等（Benight et al，2002）研究表明，自我效能是灾难性生活事件与激烈应激反应的中介因素，自我效能与抑郁水平之间存在负相关关系。

研究发现，青少年的学业效能感能直接地或通过对亲社会行为、问题行为及学业成绩的作用而影响抑郁。具有低学业效能感的中学生，常表现出一定的脆弱感，认为失败、挫折是不可以克服的，因而放弃退缩，产生失望和抑郁。而具有高效能感的学生，他们的表现正好相反。

另外，强烈的社会效能感可以直接地或通过形成支持性的亲社会关系减少问题行为的发生；而具有较低社会效能感的个体往往对自己的社会交往能力或技巧缺乏信心，缺乏亲密的社会支持网络，因而常会产生抑郁等消极情绪。

另有研究发现，合理的自我认识和自我评价有助于增强中学生的自信心，减少其心理压力，避免抑郁的产生。

中学生正处于儿童向成人过渡的时期，心理结构尚不成熟，人生观、世界观、价值观尚未形成，在社会化的过程中，难免对自己、他人以及世界的认识和评价出现偏离或歪曲。他们往往根据事件某一方面进行不严谨的推论，特别是常常低估自己的能力，忽视自己的优点，夸大或高估问题的难度和严重性。这就使得中学生常常对自己做负向评价，无法对未来做出正确的期望，从而导致抑郁等消极情绪的产生。特别是由于“自我中心”的再度出现，虽然他们能区别自己与他人的想法，但却不能明确区分他们自己关心焦点与他人关心焦点的不同所在，以“假想的观众”与“独特的自我”为主要特点（林崇德，1999）。

因此，无论他们在评价自己，还是在评价他人时，往往带有强烈的主观性色彩，会依照个人的意愿，创造出一套独立的推理体系，并试图按照自己的推理模式对现实中的一切进行分析，结果常由于主观愿望与客观现实的差距而形成挫折。

2. 自尊

自尊心（*self-esteem*）是指一个人对自己的尊重，相信自己能力和自己从事工作和学习的价值。

研究发现，自尊心较强的学生，往往在学习和生活中独立性较强，具有较强的社交能力和较好的同伴关系，对自己的能力有一定的信心。而自尊心丧失的学生，在大部分时间内忧愁伤感，害怕参加社交性活动，对自己的能力缺乏信心，害怕遭到别人的拒绝，感到没有人爱他们，常常处于孤独、无助与压抑中。

许多心理学家认为，青春期是自我意识发展的第二飞跃期，特别是由于“自我中心”的再度出现，中学生的自尊心越来越强烈。但研究也表明，整个中学阶段学生的自尊是不稳定的，存在着极显著的年龄差异（张文新，1997）。这就意味着中学生将会承受更多的情绪、情感波动，更易产生抑郁。

四、未成年人抑郁的改善措施

（一）建立合理有效的认知系统

情绪与认知紧密相连，抑郁这种负性情绪往往是由不合理的认知所导致。不合理认知主要体现在不能对自身、他人以及客观事件进行全面客观的认知，从而导致对事物的负性评价。

建立合理有效的认知系统主要包括建立积极的自我概念并形成客观的思维方式。良好的自我评价与自我感觉，自尊自信的内在体验有助于个体积极乐观地应对现实生活中的应激事件，不易形成内心冲突，产生消极情绪。客观的思维方式有助于个体合理客观判断事物，形成正确的压力应对策略，避免不合理认知导致负面情绪（刘珺 等，2006）。

1. 帮助学生正确认识自我

青春期的中学生，自我意识发展还很不完善，他们对自我的认识和评价往往是片面的。经常处于矛盾和冲突中，使中学生产生无法控制自己的感觉，从而出现自我封闭的抑郁心理。作为教育工作者，应帮助学生正确认识自己。当学生遭受挫折时，要帮助其认识到失败的根源，认识到理想与现实的关系；当学生成功时，在对其表示祝贺的同时，也要委婉地指出其存在的不足，从而帮助学生正确、全面地认识自己（赵庆东 等，2004）。

特别值得一提的是，中学生处于向成人的过渡期，对外界的刺激特别敏感，有较强的自尊心。自尊可以使学生具有较强的成就动机，积极进取；但过度的自尊往往使其不能正视失败，走向自卑。因此，作为教育工作者，应给予学生更多尝试成功的机会，避免其遭受过多的失败和挫折，从而增强其自尊心；当学生失败时，多一些鼓励，注意批评的方式，保护其自尊（赵庆东 等，2004）。

2. 培养学生正确的归因方式

中学生处于“心理上的断乳”时期，在心理上脱离父母的保护及父母的依恋，逐渐成为独立的社会成员。但由于心理发展的不成熟性，往往不能正确理解理想与现实的关系，主观愿望与客观实际常会发生冲突，特别是在学业上由于不能达到既定目标，常会产生一定的失败感。因此，培养学生的正确归因方式就显得尤为重要（赵庆东 等，2004）。

心理学家韦纳认为，在面临失败或成功时，个体往往会从稳定性（稳定与不稳定）与控制性（内部与外部）两种维度进行归因。在教育领域，当学生失败时，教师应引导其将失败的原因归因为运气、任务难度等外部因素，重新唤醒其成就动机以及进取的欲望，避免其将失败归因于能力等不可控制的因素，从而导致习得性无助的产生（赵庆东 等，2004）。

据此，我们可以使用认知行为治疗法和森田疗法，来解决有些青少年的抑郁症状。

（1）认知行为治疗（cognitive behavior therapy，CBT）

认知治疗的基本理论：抑郁通常是由不合理认知导致的，不合理的认知易导致不合理的情绪与行为。抑郁患者的认知通常过度偏离客观事实，以主观愿望绝对化要求事物的发展。如果自己的“绝对化要求”得不到实现则痛苦不已，难以适从；不能对周围事物及他人进行全面评价而产生“超概括化”认知倾向，易导致愤怒与敌意；以点代面地夸大负面信息，产生严重的悲观情绪。

认知疗法则是针对抑郁患者的认知特点，帮助其用理性认知代替非理性认知，区分主观愿望与客观现实，避免泛化自己的体验，全面认识事物从而达到合理认知（刘芳，1997）。由此消除其由不合理认知导致的悲观失望的心理体验，促进其努力适应现实生活（刘珺 等，2006）。

行为治疗的基本理论：抑郁这种负性的内在心理体验如果长久持续作用于个体，会导致个体种种适应不良的外在行为表现，影响生活的各个层面及个体健康正常地成长。从外在行为入手进行治疗也是常用的一种治疗方法。

行为疗法的理论假设是：适应行为与不适应行为都是习得的，个体可以通过学习适应行为从而消除不适应行为。行为治疗技术主要包括角色扮演与自信训练。角色扮演是通过扮演角色来感受自身不适宜之处，同时习得适宜的行为方式，咨询师做一定的指导与鼓励强化。自信训练是帮助患者学会正确地与他人交往，适当地表达自身的情感体验，培养强化自身良好的内在体验。外在与内在是相互影响的，通过这种外在行为表现的学习训练，使个体形成正确的应对方式与适应性行为，内在正性的情感体验也得到培养，从而有效地摆脱抑郁困扰，进而适应现实（刘珺 等，2006）。

在认知理论与行为理论基础上建立的认知行为疗法，综合了认知治疗与行为治疗的优点，其疗效更为显著。

哈姆林等（Hamrin et al，2005）对 CBT 在儿童和青少年抑郁症中的应用做了回顾，认为 CBT 是非常有效的治疗方法，可以在 3 个月内减轻抑郁症状，且疗效在治疗后能够维持 2 年。

雅儿森等（Jayson et al，1998）临床研究显示，与轻、中度的青少年抑郁症相比，重度抑郁症患者对 CBT 的效果不明显，目前并不推荐对重度抑郁症患者采用 CBT 的治疗方法。因此，CBT 也有自己的禁忌症，重度抑郁症、严重认知损害或不稳定家庭的患者不适合进行认知治疗（徐伏莲 等，2013）。

（2）森田疗法

抑郁这种心理体验往往是由一定的负性事件或缘由所引起，而个体正是因为把这种导致抑郁的事件或缘由对自身的负面影响力过分夸大，长久无法释怀，所以才产生抑郁。

森田疗法倡导顺其自然、为所当为，把精力投入到生活中有确定意义的能够见成效的事物中去，把注意力指向外部，从而减轻负性事件导致的内在压力。在实际行动中直面现实，陶冶性格，克服不良心理，提高对现实生活的适应能力。通过意志来改变行为，行为来改变情感，以此来克服抑郁等负面情绪（刘珺 等，2006）。

（二）保持家庭和谐

父母应与婴儿建立良好的依恋关系，为儿童创造一个快乐的童年成长环境（苏朝霞 等，2011）。父母与子女建立一种民主和谐的相处方式，保持家庭内部和谐愉快的氛围，减少家庭冲突，避免不合理的教养方式。父母应积极学习当代教育知识，与孩子共同成长，成为朋友。父母应关注青春期儿童的生理、心理变化，根据其青春期特有的心理特点，相应地改变教养方式，尊重青少年的意见，关心他们的心理成长（Beardslee et al，2003；苏朝霞 等，2005）。

（三）创造舒适宽松的生活和学习环境

个体长期处于紧张疲惫的状态，容易导致心理环境的异常。当有负性事件袭击时，心理的调节能力较正常状态低，心理容易失衡。在条件许可的情况下，尽量创造宽松的生活环境，学会放松自己，学会减压，心理环境相对轻松。

另外，还要及时疏导不良情绪，保持宁静和谐的内心环境。当消极事件发生时，良好的心理背景有利于个体冷静理智地分析处理问题，抑郁等消极不良情绪发生的概率就会减少（刘珺 等，2006）。

（四）提高自身应对负性事件的能力

抑郁通常是由负性事件导致，包括失业、婚姻破裂、经济问题等。负性事件除了有些是人力所不能阻挡的外界因素所致之外，大部分与个人的决策判断以及对事物的处理方式有关。对自身所面临问题的错误决策以及不正确的应对方式通常会导致负性的结果。无论是遭遇重大事件的人生关口，还是日常生活的细微小事，无不要求个体做出正确的决策与应对。而对事物正确的决策与应对都基于个人的能力素质。随着人生阅历的增加与经验的积累，每个社会人都应该着重自身各方面素质的提高。提高自身素质可以帮助自己理性地应对生活，增强对负性事件的事前预期能力和事后应付能力，降低负性事件的发生率，减少抑郁发生的可能性（刘珺 等，2006）。

（五）引导学生培养良好的人际关系

每个个体都是一个社会人，都隶属于若干个社会群体。当面临生活压力时，要学会及时有效地利用周围的社会支持网络来帮助自己摆脱困境，疏导不良情绪。社会支持结构欠缺或获得支持的可利用度不够，实质性困难得不到有效的解决，精神压力又无从释放与排解，个体发生抑郁的可能性就会增加。建立有效的社会支持网络并学会运用，形成良好的人际关系，面临困境时个体的负性情绪得到缓冲，抑郁的发生概率就会减小（刘珺 等，2006）。研究表明，友伴的实质性支持与情绪性支持都会降低抑郁的发生率（刘芳，1997）。

在初中阶段，随着青春期的出现，往往会导致学生与成人之间关系的消极对立，而同伴关系，特别是友谊关系，在青少年的社会性发展中发挥着重要的作用。良好的同伴关系不仅有助于中学生获得社交技巧、安全感、归属感，而且有利于自我概念和人格的发展。而这一切可有效避免中学生抑郁的产生。

初中生更愿意将青春期面临的苦恼向朋友倾诉，渴望能结交更多的朋友。但由于学习压力的增大，交际时间的减少，再加上特定的心理闭锁性等特点，中学生有时很难在同学之间建立真正的友谊。因此，鼓励学生之间的正常交往就显得特别重要。为此，学校或班级可组织一些活动，如运动会、篮球赛、拔河、歌咏比赛等集体性活动，为学生提供交际的机会，促进彼此之间的沟通与了解，从而保证其身心和谐、平衡地发展。但值得注意的是，由于性的成熟所伴随的对异性的好奇与兴趣，往往会导致中学生早恋问题的产生。在鼓励学生正常交往的同时，我们也应对男女之间的交往进行正确的引导，防止不良问题的产生。

在学生人际关系出现问题是，我们可以使用人际关系治疗方法（Inter-Personal Therapy，IPT）进行改善。

人际间的抛弃行为会导致抑郁，尤其来自双亲和同龄人的抛弃与儿童和青少年的抑郁症状关系密切（徐伏莲 等，2013）。穆夫森等（Mufson et al, 2004）对 IPT 进行病例对照研究显示，IPT 治疗能显著减轻抑郁症状，提高人际关系问题解决技能，IPT 组的治疗有效率是 75%，而对照组为 46%，差异有统计学意义。目前一般认为，IPT 治疗并不适合处于急性危机状态或有严重自杀危险的患者（Parker et al，2006）。

（六）进行适度的体育锻炼和养成健康的饮食习惯

有关研究表明，体育锻炼具有缓解抑郁的作用。在锻炼过程中，锻炼者体内血液流速加快，激素分泌发生变化，并刺激神经递质的分泌，去甲肾上腺素和多巴胺分泌提高，大脑内啡肽分泌增加，就会降低个体的抑郁水平（靖华 等，2004）。另外，体育锻炼可以提高个体的身体自尊和身体满意度，有助于个体克服抑郁。

食物中的维生素和氨基酸的含量对人的情绪有重要影响，因此，应注意日常饮食的营养均衡。另外，人体中的血清素有助于稳定情绪、解除焦虑，深海鱼、香蕉、葡萄柚、蔬菜、南瓜、大蒜、低脂牛奶和全麦面包等食物由于能够促进血清素分泌或含有能够有助于心理愉悦的物质而被称为“快乐食物”（刘珺 等，2006）。

第四节　焦虑

案例

广州近四成中学生学习焦虑

一项针对广州市7所中学的初、高中一、二、三年级共42个班1770名学生的调查表明，2.1%的学生存在心理障碍，心理问题以学习焦虑、身体症状、过敏倾向和自责倾向为多见。其中，学习焦虑检出率最高，数据为39.7%，这可能与当今的教育环境有关。专家指出，中学生心理健康问题仍较突出，应根据不同群体的特点采取针对性的干预及预防措施。

广东省人民医院心理精神科戚元丽主任医师介绍，青少年处在身心发展的关键时期，辨别及自控能力都较差，极易受到外界的干扰而产生各种各样的心理和行为问题。同时伴随着经济的发展，网络文化的影响，价值观念的改变，学习竞争的激烈，学生在自我发展的同时，所产生的心理压力也越来越大，心理问题也越来越多。近两年青少年自杀、暴力、成瘾等问题的频频报道，也更加引起了人们对青少年心理健康的关注。

2012－02－10　来源：广州日报

一、概述

（一）什么是焦虑

焦虑（*anxiety*）是一种复杂的综合情绪，是指个体在知觉到不利情况或危险即将发生时，产生的无方向的唤醒状态，它随着自己的神经系统的唤醒表现为主观激动的情绪体验和对忧虑的紧张（张大均，2003），主要指对未来对象的紧张、忧虑、烦躁、坐立不安、神经过敏以及由此而产生的相应的躯体征象等。焦虑并不是坏事，它作为人类固有的一种保护性反应，往往能够促使人们调动自己的力量，去应付即将发生的情况，它在人们的生存及日常生活中起到了有益的作用。只有焦虑发展成为一种强烈的情绪状态时，则成为一种影响个人行动的障碍，不仅影响着学生们的生活质量和学习能力，还会给身心发育造成严重的危害，成为导致学业失败、拒绝上学、物质滥用、社会隔离等问题的主要原因之一（苏林雁，2006）。适度的或偶尔的焦虑是正常的，但若持续时间太久或过度，则会使中小学生长期处于应激状态，易使人免疫力下降，导致一些心身疾病的产生（林崇德，2003）。正确认识和了解未成年人焦虑状况及其产生的原因，对教育工作以及人才培养具有重要的意义。

（二）焦虑的表现

焦虑生理变化和外部表现可以从三个方面进行描述：生理变化、情绪表现、行为反应。

1. 生理变化

焦虑时，有机体的交感神经系统活动占优势，会产生如下一些相应生理变化：头晕、头昏、胸闷、心悸、心跳加快、血压升高、呼吸困难、口干、尿频、出汗、震颤等症状，并有疲劳、肌肉紧张以及运动不安等。另外，有机体可能出现胃肠蠕动减慢、唾液与胃液分泌减少等生化改变。

2. 情绪表现

有机体处于焦虑状态时，首先感到的是担心、恐惧和忧虑。有机体常感觉到躁动不安，心情难以放松，并且会情不自禁地认为必须保护自己不受伤害，但与此同时，有机体感觉到自己是无能为力的，是无助的，自己仍会焦虑。

3. 行为反应

有机体处于焦虑状态时，其运动肌肉系统处于紧张的反应状态，这有利于有机体采取行动去应付随时可能出现的危险，但是因为有机体不知道危险或威胁来自于何处，来自于何时，所以在焦虑的情况下，有机体只能做一些没有目的的、没有效果的动作，比如说：辗转反侧、坐立不安、说话变调、举止僵硬、身体发颤等。这可能是在释放焦虑的能量。

（三）焦虑症状分类

从不同角度认识焦虑，可以有多种分类方法，常见的焦虑分类和有关的概念及临床意义主要表现为以下几种。

1. 正常焦虑与病态焦虑

焦虑是一种情感表现，是一种情绪反应，当人们面对潜在的或真实的危险以及威胁时产生情绪反应，是应激反应的一个组成部分。一般情况下，有明确诱因的和适度的焦虑，属于正常焦虑。病态焦虑则是指不适当的焦虑表现，多没有明确的导致焦虑的因素，或者即使有明确导致焦虑的因素，但焦虑的反应程度、持续时间与致焦虑因素不相称，是“非同寻常”的一类焦虑反应。

正常焦虑与病态焦虑之间是一个连续过程，没有绝对的界限。区别正常焦虑与病变焦虑，我们应注重掌握以下两点。一是焦虑体验持续时间的长短及程度的深浅。正常焦虑持续时间短，程度较浅；病态焦虑持续时间较长，程度较重；二是焦虑症状产生及消失的条件。致焦虑因素解除或受到其他某些活动影响的正常焦虑可减轻、消除；病态焦虑不能减轻，或减轻后又复发，难以消除。正常焦虑的原因经治疗者分析和解释，会比较清晰，但病态焦虑常常找不到真正的原因。

2. 特质焦虑与状态焦虑

斯皮尔伯格（Spielberger）把焦虑分成特质焦虑和状态焦虑。*特质焦虑*（*trait anxiety*）是作为一种人格特质且具有个体差异的相对稳定的焦虑，是一种习得的行为倾向。具备特质焦虑特征的个体，即使面前不存在引起焦虑的刺激情境也会感到忧虑重重、焦灼不安，也称为长期焦虑。*状态焦虑*（*state anxiety*）用来描述紧张、恐惧、忧虑、神经质等复杂主观感受，同时伴有植物性神经系统亢进的症状，一般为短暂性的。多由于某个固定的情境所引起，是个体对环境变化的应激，反映了某一特定时间的焦虑，其焦虑程度随时间和环境的变化而波动。状态焦虑有时又称为情境焦虑。

3. 考试焦虑与社交焦虑

个体面临考试情境这一特定状态下产生的焦虑称*考试焦虑*（*test anxiety*），描述在测验状态下焦虑水平上的个人差异，是一种情境特定化的人格特质，以青少年较多见。*社交焦虑*（*social anxiety*）也是一种特定情境的状态焦虑，个体暴露于陌生人或者可能在受到他人审视的一种或多种社交场合时出现明显而持久的恐惧或害怕等症状，达到影响工作、学习和其他活动的程度，而且痛苦持久，甚至出现回避行为。社交焦虑障碍和社交恐怖症可视为同义词，表现多种多样，如害怕参加集体活动、害怕与人会面交谈、害怕被人注视等。

4. 其他分类

根据焦虑对人的行为影响情况划分，促进行为效果的焦虑称为促进型焦虑，有人称为“积极的焦虑”；减低或妨碍行为效果的焦虑称妨碍型焦虑，又称有害的焦虑。能意识到的焦虑称显性焦虑，不能意识到的焦虑称潜伏焦虑。由个体对自己能力消极评价引起的焦虑称为认知焦虑，感受躯体痛苦（如疼痛）或生理指标变化（如心率加快）引起的焦虑称为躯体焦虑。

（四）《焦虑的测量》

1. 《焦虑自评量表》（Self Rating Anxiety Scale， SAS）

《焦虑自评量表》由杨氏（Zung）于1971年编制。从量表构造的形式到具体评定方法，都与《抑郁自评量表》（SDS）十分相似，用于评定焦虑病人的主观感受。

SAS的主要评定依据为项目所定义的症状出现的频度，分为4级：没有或很少时间、少部分时间、相当多时间、绝大部分或全部时间，包括正向评分题和反向评分题。SAS的主要统计指标为总分。在自评者评定结束后，将20个项目的各项得分相加，即得总粗分，经过换算成标准分。量表协作组对中国正常人1158例研究结果，正评题15项单分均值1.29±0.98；反向题5个项目均分2.08±1.71，20项总粗分均值29.78±10.07。总粗分的正常上限为40分，标准总分为50分，略高于国外的30分和38分。

2. 《汉密顿焦虑量表》（Hamilton Anxiety Scale， HAMA）

《汉密顿焦虑量表》由汉密顿（Hamilton）于1959年编制，它是精神科中应用较为广泛的由医生评定的量表之一。

《汉密顿焦虑量表》包括的14个项目分别是：焦虑心境，紧张，害怕，失眠，认知功能，抑郁心境，躯体性焦虑（肌肉系统），躯体性焦虑（感觉系统），心血管系统症状，呼吸系统症状，胃肠道症状，生殖泌尿系统症状，植物性神经系统症状，会谈时行为表现。HAMA的评分是0～4分的5级评分：（0）无症状，（1）轻，（2）中等，（3）重，（4）极重。

按照全国精神科量表协作组提供的资料，总分超过29分，可能为严重焦虑；超过21分，肯定有明显焦虑；超过14分，肯定有焦虑；超过7分，可能有焦虑；如小于7分，便没有焦虑症状。一般划界分，HAMA14项版本分界值为14分。

3. 《焦虑状态—特质问卷》（State Trait Anxiety Inventory， STAI）

《焦虑状态—特质问卷》由斯皮尔伯格于1977年编制，并于1983年修订的一种自我评价问卷。它能相当直观地反映焦虑病人的主观感受，而且能将当前（状态）和一贯（特质）的焦虑症状区分开来。适用于具有焦虑症状的成年人，具有较广泛的适用性。该调查表共40个项目。以下是1983年版本（即Y版本）的介绍。

STAI问卷共40项，第1～20项为状态焦虑量表（SAI），包含负性情绪、正性情绪5条目各半，用于评定应激情况下的状态焦虑。第21～40项为特质焦虑量表（TAI），用于评定人们经常的情绪体验。其中11项为负性情绪条目，9项为正性情绪条目。所有项目采用1～4分的4级评分法。前20个项目是询问焦虑状态的，其各级评分标准为："1"表示完全没有；"2"表示有些；"3"表示中等程度；"4"表示非常明显。后20个项目是询问焦虑特性的，其各级评分标准为："1"表示几乎从来没有；"2"表示有时有；"3"表示经常有；"4"表示几乎总是如此。

STAI的主要统计指标为两项总分。前20项总和为焦虑状态总分（SAI），反映被试者当前焦虑症状的严重程度；后20项的总和为焦虑特性总分（TAI），反映被试者一贯的或平时的焦虑情况。

4. 《考试焦虑量表》（Test Anxiety Scale，TAS）

《考试焦虑量表》由美国华盛顿大学心理系的著名临床心理学家萨拉森（Sarason）教授于1978年编制完成，适用于大、中学生群体，是目前国际上广泛使用的最著名的考试焦虑量表之一。TAS源自曼德勒（Mandler）和萨拉森于1952年一起编制的《考试焦虑问卷》（Test Anxiety Questionnaire，TAQ）。其后，在TAQ的基础上，通过不断增删修订，萨拉森在1978年完成了共有37个项目的TAS。萨拉森在1958年曾推出过包含有21个项目的TAS，这可看作是TAS的旧版。萨拉森认为，新的版本增多项目有助于提高量表敏感性和可靠性（Sarason，1978）。20世纪80年代以后，虽然又有一些考试焦虑量表被研制开发，如TAI（Spielberg，1980）、RTT（Sarason，1984）等，但TAS仍得到广泛使用，并获得了很多专家学者的好评和推荐，认为它是一个十分有效的测试工具（Sapp，1997；Spielberg，1995；王才康，2000）。

二、未成年人焦虑的现状分析

（一）焦虑状况的现状分析

在我国的青少年群体中，青少年焦虑症的检出率在13.7%～38.4%，青少年焦虑症状较为严重（刘贤臣 等，1997；张洪波 等，2001；万鹏飞 等，2005；胡明 等，2007；郑红渠，2008；王丽，2010），具体到不同的城市中小学生，体现如下。

李幼辉等人（1999）对郑州市中小学生的研究表明，焦虑检出率为36.8%。其中高度焦虑占5.29%。按检出率各分量表顺位为冲动、恐怖、身体症状、对人焦虑、过敏、自责、学习焦虑、孤独。在检出者中，约半数人有一项量表分异常，其余均有一项以上量表分异常。

李凤梅（2007）对河南省南阳市中小学生的研究表明，中小学生焦虑倾向的检出率为34.6%。通过对焦虑量表各分量表得分的深入分析发现，焦虑各分量表得分表现出不均衡性，其中得分最高的是自责倾向、冲动倾向、学习焦虑；最低的则是孤独倾向。

在文雨田等人（2010）对重庆市中学生的研究表明，焦虑检出率为26.4%。其中轻度焦虑检出率为21.8%，中重度焦虑检出率为4.6%。

从以上数据可以看出，不论在哪个城市，处于什么样的经济水平，焦虑已经成为中国青少年的一个亟待解决的心理问题。

（二）焦虑的发病率女生明显要高于男生

研究表明，男生焦虑检出率为33.33%，女生焦虑检出率为40.36%（李幼辉 等，1999），总体上女生的焦虑水平明显高于男生（文雨田 等，2010）。在学习焦虑、恐怖倾向、身体症状、冲动倾向、自责倾向及对人焦虑上都表现比较突出（李凤梅，2007），而孤独倾向、过敏倾向的检出率未见性别差异（王丽，2010）。

从焦虑程度角度对男女生的焦虑状况进行分析，研究表明，女生考试焦虑水平多以无焦虑和轻度焦虑为主；男生则以轻度和中度为主（赵后锋 等，2007）。

从焦虑各分量表角度对男女生的焦虑状况进行分析，研究发现，女生有一种或一种以上焦虑的检出率高于男生，主要表现在恐怖倾向的检出率高于男生（24.4%/8.94%），身体症状的检出率高于男生（16.6%/10.16%），自责倾向的检出率高于男生（13.68%/6.5%），对人焦虑的检出率高于男生（11.07%/5.28%），冲动倾向的检出率高于男生（14.98%/9.76%），而学习焦虑、孤独倾向、过敏倾向的检出率未见性别差异（李凤梅，2007；王丽，2010）。

（三）儿童青少年的焦虑水平呈现增高的趋势

研究表明，不同年级、性别学生焦虑倾向的检出率由小学四年级至初中三年级依次为32.5%、34.9%、34.7%、31.7%、39.9%和41.7%，不同学段学生焦虑水平表现为随年级上升而升高的趋势。小学毕业后，到初中一年级，由于升学后学习压力稍有缓解而下降，初二、初三则迅速上升（李幼辉 等，1999；文雨田 等，2010）。小学组平均焦虑总分为37.02，初中组平均焦虑总分为38.29，高中组平均焦虑总分为40.03（李凤梅，2007），由此可以看出，在焦虑水平的得分上，从小学组、初中组到高中组依次升高。

从年级构成比来看，小学六年级无焦虑和轻度焦虑的发生率比例较高，分别为40.61%、36.18%；初中三年级和高中三年级的考试焦虑构成比则发生了明显的变化，显示轻度和中度焦虑的比例明显上升，且轻度和中度焦虑存在着显著性差异，如图16所示（赵后锋 等，2007）。

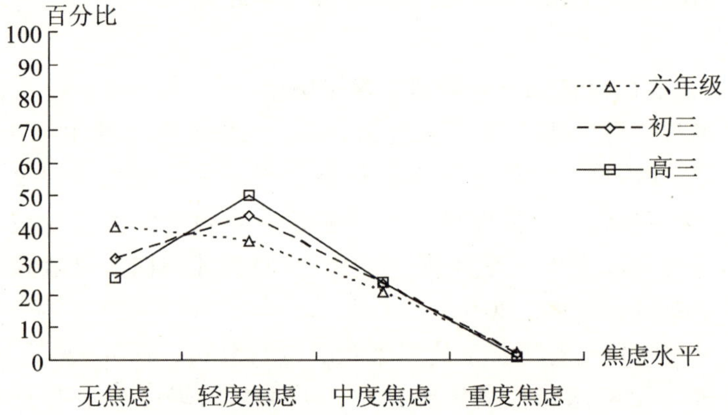

图16　不同学段中小学生焦虑程度比较

从各分量表的得分情况看，高中生在学习焦虑、自责倾向方面要高于小学组和初中组；初中生在对人焦虑、身体症状、恐怖倾向方面略高于小学组和初中组，而小学生在冲动倾向方面略高于初中组和高中组（李凤梅，2007）；而冲动倾向则是高中段最高，其次是小学段，然后是初中段（王丽，2010）。

（四）考试焦虑是未成年人最高发的焦虑情绪

对小学生、初中生，高中生的分层抽样研究表明，中、重度考试焦虑的发生率在小学六年级为23.21%；初三为24.82%；高三为24.56%（赵后锋 等，2007）。对高三学生考试焦虑进行检测，其检出率达到66.67%（孙雨竹 等，2012），处在较高水平。

男女学生的考试焦虑检出率无显著差异（李兴英，2004；张丽梅 等，2004；刘金同 等，2005；曾祥星，2005）。年级之间、重点校与非重点校之间焦虑水平差异没有统计学意义，说明在以高考为最终目的的大环境下焦虑现象普遍存在（陈晨，2010）。

由于我们的研究对象是中小学学生，而他们的考试焦虑又是最高发的焦虑情绪，因此，我们着重讲述考试焦虑的影响因素与培养。

三、未成年人考试焦虑的影响因素

考试焦虑的影响因素很多，既有个体生理的因素，又有个体心理的因素，同时还有环境因素，既包括社会环境因素，又包括学校和家庭的环境因素，考试焦虑是在这些因素的共同作用下形成的。

（一）个体生理因素

1. 遗传素质

由于每个人从父母那里继承的遗传基因不一样，他们的神经类型的强弱也不一样，对于同样的考试情境，不同的神经类型的学生会产生不同程度的焦虑：神经类型属于强而不稳定型的学生，特别容易出现心理的不平衡和强烈的情绪反应，他们考试焦虑的水平可能高一些；神经类型属于强而稳定型的学生，可能仅会产生较弱的反应，考试焦虑水平较低；神经类型属于弱而不稳定型的学生，由于心理上和感情上的双重脆弱，对刺激的敏感性高，体验深刻，即使是较弱的刺激也会产生较强反应，所唤起的考试焦虑水平高而且持久，不易消除。与此同时，而母亲在妊娠时的营养不良、患病、吃药、抑郁，还有产伤等可能会造成孩子神经系统的变异，都可能使某些人对环境刺激极易产生紧张反应（腰秀平，2005）。

研究发现，大约15%的焦虑性神经症患者的父母和同胞兄弟姐妹也是容易焦虑的；大约50%焦虑性神经症患者的孪生者有类似的症状（郑日昌，1990）。这些说明，遗传素质对个体考试焦虑的水平是有一定影响的。

2. 成熟水平

郑日昌等人（1990）的研究发现，在个体发展的不同年龄阶段，其考试焦虑水平有高有低，它体现出了个体的生理成熟对其考试焦虑水平的影响。小学低年级学生，其高级神经活动的基本过程有了一定发展，但是他们兴奋和抑制的调节能力还比较弱，极易受到环境的刺激而失去平衡。例如，取得好成绩的小学生会喜形于色，连蹦带跳；而得了低分数的小学生会垂头丧气，甚至可能放声大哭。就考试焦虑的水平来说，这一时期相对较高。三、四年级以后，随着小学生随意性行为的发展，他们控制自己情绪的能力有了一定提高，与此同时，其考试焦虑的水平也有所降低。初中学生脑神经细胞的分化机能基本上达到成人的水平，但是由于性成熟对大脑垂体的影响使得神经活动的兴奋性较强，而抑制性较弱，从而导致其情绪表现比较强烈并具有较高的易感性。高中学生大脑皮质的结构和机能已经达到成人水平，兴奋和抑制过程基本平衡，但是神经联系的复杂化和大脑活动的机能仍有待于继续完善。

（二）个体心理因素

考试焦虑是个体的一种情绪体验，它更多地受人的心理因素的影响，因此有关这方面的研究比较多。但是大部分都是相关研究，很少有人直接揭示考试焦虑与这些因素之间具体是如何作用的，以下这些研究揭示了考试焦虑与某些心理因素的相关。

1. 人格特征

心理学研究表明，内向的人把注意指向自身，在人际交往中处于一个被动的地位，他们胆小、缺乏自信，且不喜欢与人分享自己内心的真实想法和情感，他们过分关注自己在事件中做出的不恰当的反应，很容易出现负性情绪，从而使其他应对方式的效果越来越差。“特质性焦虑”是人格特征的一种，这种类型的人，最容易“风声鹤唳”、“草木皆兵”，倾向于把本来没有危险的人和事视为对自己的严重威胁，导致自己惶惶不可终日，造成不必要的心理应激而难以摆脱（汪东兴，2001）。特质焦虑对中学生焦虑的情绪起着直接作用，同时父母温暖理解、负面教养方式、学习压力、自尊以及人格等因素也通过特质焦虑间接地影响着学生的焦虑水平，可见，特质焦虑是影响中学生焦虑的重要因素与环节，有研究表明，特质焦虑高的学生焦虑均分也高（肖凌燕 等，2000）。

2. 考试动机

动机是人行为的内部动力，与个人的需要和愿望相联系。适当的动机可以激发学生的激情和干劲，但是动机过强，容易使学生产生对考试结果的担忧，这种担忧就是焦虑。一定的焦虑对考试成绩有促进作用，但是考试焦虑过度，就会使人思维混乱，不知所措；回忆受到干扰，原本记住的东西也会提取不出来（腰秀平，2005）。

3. 知识准备

学生对所学知识的掌握情况，在一定程度上影响学生应试时的焦虑水平。如果学生知识储备丰富、准备充分，对即将考试学科的基础知识和基本技能掌握全面，平时做过多种题型练习，对有关内容进行过多方面的变式训练，就会充满信心地参加考试，其焦虑水平相应会低。如果学生基础薄弱，有关知识掌握不扎实，公式概念理解不深，应用不熟练，遇到实际问题不能举一反三、触类旁通，对考试成功没有信心和把握，则容易产生较高水平的考试焦虑（汪东兴，2001）。

4. 负面评价恐惧

韦斯顿（Weston）和弗里德（Friend）认为，负面评价恐惧是指对他人的评价忧惧，为负面评价而苦恼，以及对他人可能给自己负面性评价的预期。陈祉妍（2002）用韦斯顿和弗里德设计的《负面评价恐惧量表》（Fear of Negative Evaluation Scale，FNES）和萨拉森编制的《考试焦虑量表》，研究了中学生负面评价恐惧与考试焦虑之间的关系，结果发现：被试在 TAS 与 FNES 上得分的相关是 0.45（$P<0.01$）。这一结果说明考试焦虑和中学生的负面评价焦虑之间存在着非常显著的相关。

5. 自我接纳

自我接纳反映了个体对自己的接受和满意程度。能够很好自我接纳的学生一般对自己、对考试等都有一个比较客观和正确的认识，对考试有着合理的期望，所以，他们一般不会体验到过度的焦虑。相反，自我接纳程度低的人往往对自己有过高的要求，反映在考试当中，就是他们总是对考试抱有过高的期望，这会导致过分的担忧和焦虑。黄高贵（2000）研究了高中生考试焦虑和自我接纳的关系。他使用了《考试焦虑问卷》和《自我接纳问卷》对 118 个高中生实施了测验。他的研究发现，自我接纳和考试焦虑之间存在显著负相关。研究还发现，高考试焦虑者自我接纳程度低，自我评价低，自卑心理突出，而低考试焦虑者的情况正好相反。

6. 元担忧

人们很早就认识到担忧对考试焦率有影响，威尔士（Wells）对与焦虑有关的担忧进行了研究，提出了焦虑的二型担忧模型：Ⅰ型担忧和Ⅱ型担忧。他认为Ⅰ型担忧是对特定情境的担忧，是事件担忧；Ⅱ型担忧是在Ⅰ型担忧的基础上形成的，是经历了一系列Ⅰ型担忧后而形成的一种对担忧的担忧，即元担忧。近来有不少人研究了元担忧和考试焦虑的关系。我国心理学家郑希付（2004）认为“导致考试焦虑的核心成分应该是元担忧”。他研究了高中生的元担忧和考试焦虑。研究发现：对于高中生来说，考试、学习、将来、命运、家庭、能力和身体 7 个方面的元担忧对考试焦虑有正面贡献；将来元担忧和能力元担忧对男、女生的考试焦虑的贡献都是正值，且贡献显著；命运、人际、家庭、感官 4 个方面的元担忧对男生的贡献为正值，且贡献显著，即这些方面元担忧水平的提高与男生高水平的考试焦虑相联系；考试、学习、身体 3 个方面的元担忧对女生考试焦虑的贡献是正值，且贡献显著，即这 3 个方面的元担忧水平的提高与女生高水平的考试焦虑相联系。

（三）环境因素

对于学生来说，影响其考试焦虑的环境因素主要是社会环境、学校环境和家庭环境，因为有关这方面的研究涉及的影响因素较多，并且难以控制，所以这方面的研究大多是理论探讨，缺乏实证研究，但是这些理论探讨在一定程度上也揭示了事物的本质。

1. 社会环境

中小学生作为社会的一员，不可避免地要受到社会大环境的影响。社会舆论、时尚、风气、文化氛围都会对中小学生的世界观、价值观、抱负水平、态度发生作用（汪东兴，2001）。社会舆论对考试作用的过分夸大，对分数的过分看重，以考试成绩来评价学生，等等，这些都会导致学生对考试的作用和意义的误解，过分地看重考试的作用，对考试产生焦虑和恐惧。何蔚（1997）认为影响考试焦虑的社会因素有：学校对分数的过分看重，片面追求升学率；同学之间的竞争；考场内的紧张气氛。

2. 学校环境

学生的考试焦虑是在学校环境的直接影响下产生的，虽然实施素质教育已成为趋势，但仍有许多学校领导和教师把眼睛盯着学生的考试成绩，一心想让学生在考试中扬名拔尖，为学校和老师争光。学生的自由活动、文娱活动、体育锻炼被学习文化课和考试所占用，名存实亡，学校的工作和学生活动都围绕着考试转，名目繁多、应接不暇的考试使学生产生了严重的考试焦虑。我们可以想象，如果学校能够切实贯彻国家的教育方针，为学生创设和谐宽松的学习环境，不仅仅以考试成绩论英雄，就必定能促进学生素质的全面发展，学生的考试焦虑水平肯定也会大大降低（汪东兴，2001）。

3. 家庭环境

家庭是学生情感依赖的中心，父母的教养观念和方式在很大程度上影响学生的观念和态度。中国目前社会中普遍存在着考试中心，考分第一的家长教育观念，父母对子女有着过高的期望水平，许多父母"望子成龙"、"盼女成凤"，他们不顾子女的实际能力，总是期望孩子能考上重点中学或名牌大学。他们过分关注子女的考试分数，如果分数不理想，轻则训斥、责骂，重则棍棒相加，甚至酿成惨剧，以致学生闻考心颤（汪东兴，2001）。诚然，父母对子女的过高期望很大程度上是为了子女将来有一个好的出路，但是，父母的这些期望可能会由于各种原因从而对学生产生误导，结果使学生产生很大的考试压力，以致考试焦虑。我国的研究者分析了在我国文化背景下家庭教育失误导致的考试焦虑，认为以下这些因素容易误导学生产生考试焦虑：第一，家长对子女期望值过高：当子女感到无法达到父母的期望时就会焦虑；第二，家长片面地追求学业成绩，不顾子女的兴趣爱好；第三，家长对孩子的管教缺乏民主：过于严厉的教养方式使子女对父母产生恐惧，以至于压力过大，导致紧张（洪明 等，2002）。

四、未成年人考试焦虑的改善措施

对于中小学生的考试焦虑，我们可以从情绪和认知两个方面进行培养。

（一）情绪培养

1. 自信心训练法

自信训练是指运用交互抑制原理，通过焦虑患者自我表达正常情感及自信，使消极的自我意识得到扭转，借此削弱或消除其考试焦虑的训练方法，其步骤如下。

（1）能察觉消极的自我意识

有些学生经常性地处于焦虑中，使得消极的自我意识成为习惯，所以他们在临考前对消极的自我意识往往难以察觉。要扭转这种情况，应试者在考试前要仔细留心个人的细微生理变化（如出现神经性倒胃或面部肌肉发紧等），通过身体反应的知觉来促进自己对个人消极的自我意识的觉察。

（2）向消极的自我意识挑战

当学生察觉并逐条记下个人消极的自我意识后，还要训练并养成向消极的自我意识挑战的习惯。挑战是指向消极自我意识中的不合理成分进行质辩，如指出这种消极的自我意识的不现实性和不必要性，阐明由此对个人造成的危害，并明确今后应有的态度，这是自信训练的决定性步骤。

2. 放松训练法

放松训练是指通过循序交替收缩或放松自己的骨骼肌群，细心体会个人肌肉的松弛程度，最终达到缓解个体紧张和焦虑状态的一种自我训练方法。放松训练的主要目的在于改变考试焦虑者在考试期间的情绪反应。放松训练因为其便于掌握和在大多数引起焦虑的评价情境中便于应用的特点，所以是一种经常被应用的技术。其主要步骤如下。

（1）做好准备工作

准备工作主要分为两项：一是找个安静的场所（最好是单人房间），坐在一把舒适的椅子或沙发上，也可以躺在卧室的床铺上；二是解开紧身衣物（领扣、皮带），摘下妨碍放松的饰物（如眼镜、鞋、帽等），以减少触觉刺激。

（2）形成舒适姿势

轻松坐在单人沙发里，双臂和手平放在沙发扶手上，双腿自然前伸，头与上身轻靠沙发后背，使全身肌肉可以不必用力支撑身体。

（3）不做多余动作

在放松过程中，不要做吃零食或胡思乱想等破坏放松、导致紧张的动作。否则，放松效果就会大受影响。

（4）合理安排时间

练习开始时，最好每天 2 次，每次约 30 分钟。熟练后，练习次数可减为每天 1 次，每次 20 分钟或更短些，练习时间一般安排在午饭过后或晚上睡觉之前。

（5）做到持之以恒

有考试焦虑者要想真正摆脱个人痛苦，必须树立信心。经过数周乃至更长时间的练习，可明显减轻焦虑症状，收到较好的效果。

3. 系统脱敏法

系统脱敏是指利用条件反射原理，在放松的基础上，循序渐进地使学生对考试的过敏性反应逐渐减弱，直到消除的行为治疗方法。系统脱敏最初被用于控制身体过度反应和面对厌恶性刺激时所诱发的焦虑的想象。经典的行为治疗认为考试焦虑是一种产生于个体评价情境中厌恶性体验的经典性情绪反应。系统脱敏认为对考试情境的焦虑反应通过具体的反条件化程序可以免于形成。系统脱敏有不同的形式，例如替代性脱敏、表象脱敏、集中脱敏、快速集中脱敏等，这些不同的脱敏形式其治疗的原理和效果是差不多的。

采用系统脱敏法克服考试焦虑的具体步骤如下。

（1）搞清引起考试焦虑反应的具体刺激情境。

（2）将各种刺激情境按程度轻重，由弱到强排列成“焦虑等级”。

（3）按照放松训练的方法，学会一种与焦虑对应的松弛反应。

（4）将松弛反应逐步地、有系统地同焦虑反应予以匹配（由弱到强顺序），通过两种反应的对抗作用，最终使松弛反应彻底抑制焦虑反应，达到脱敏的目的。

举例如下。

首先，列出引起个人考试焦虑反应的假定的具体刺激情境，由弱到强排列成焦虑等级：

A. 班主任宣布，下周将进行期中考试；

B. 明天就要考试了，我觉得准备不充分；

C. 我走在上学的路上；

D. 我看见同学们正在教室里背课文；

E. 监考老师到了，我等待发卷，脑子好像失去了知觉；

F. 我考虑自己怎样才能比其他人考得更好；

G. 我从眼角看到监考老师站在我附近；

H. 我被一道试题难住了；

I. 我看见有人比我先答完卷；

J. 时间就要到了，我根本做不完；

K. 考试后核对答案，发现自己有些答案与同学不一样。

然后，通过放松训练形成松弛反应，最后在大脑想象中，循序渐进地使松弛反应抑制焦虑反应。当你处于放松状态后，开始按假定的焦虑等级的第一种情境进行想象，看自己是否紧张，如感到不紧张，肌群呈现松弛状态，便可转入下一种情境。如果有些部位肌肉没有完全放松，就在紧张的部位再做一次肌肉紧张练习，直到想象结束以后，同时感觉所有的肌肉完全放松为止，这说明放松反应已经抑制了想象中的相应焦虑反应，对“焦虑等级”第一种情境脱敏成功，可转入对第二等级的情境脱敏……依次类推，直至对想象中的所有情境脱敏成功为止。

（二）认知培养

1. 认知—注意训练（cognitive-attentive training）

认知—注意训练的基本假设是，训练高考试焦虑者致力于任务相关的刺激，减少自我报告的担忧和紧张，最终的目的是提高他们的认知成绩。穆勒（Mueller）、萨拉森和维尼（Wine）的研究证明，注意集中训练对克服考试焦虑有比较好的效果。

2. 认知重构治疗（cognitive restructuring therapy）

这种治疗的理论前提是，认为焦虑或情绪是不合逻辑、不合情理思维的结果。这种疗法的两种最主要的形式是理性情绪疗法（rational emotion therapy）和系统合理重构法（systemic rational restructuring），其中前一种方法在我国比较常用。

3. 学习技能训练研究

一些研究认为考生缺乏考试技能是导致考试焦虑的一个重要原因，根据这种理论，相应地，就提出了学习技能训练的方法来缓解和治疗考试焦虑。近年来的研究表明，具有不良学习和考试技能的高考试焦虑者最可能从学习技能训练中获益。学习技能训练在总体上来说是用来教给学生如何学习，特别是如何准备考试。它的目的是帮助学生在考试情境下更有效地规划他们的学习时间，更富有成效地进行信息的编码、组织、储存、提取和清晰的交流。研究表明，单独的学习技能训练并不能导致考试焦虑的明显降低，借助行为训练等方法可以达到比较好的疗效。

第五节　自信

案例

玩“地雷阵”孩子更自信

四米的距离内，到处都是“地雷”，只有三个地方可以踩，怎么让小队员们安全越过雷区。小队长谢同学选择“牺牲”自己，踩上地雷，把鞋子留给同学们当支点，踩过雷区。

来自思明区的30多名初中生在黄厝有田氏农场举行三天两夜的心理拓展夏令营。在夏令营的第二天，学生们通过风火轮、齐眉棍、地雷阵提升自我，提高自信心。

这个夏令营的学生大都是外来务工子弟。谢同学就是其中一位，他是金鸡亭中学初二年级学生，还当上了小队长。他说，在学校里每周都有心理课，课上学到的团结、互助等精神在这里得到了很好的实践。

2013－07－15　来源：厦门日报

一、概述

（一）什么是自信

自信（*self-confidence*）最早由人本心理学家马斯洛（1943）于需要层次理论中提出，指的是自尊需要获得满足时产生的一种情感体验，尊重需要不能获得满足时就会导致沮丧和自卑感（秦龙，1998）。在西方，不同的研究者对自信也有着不同的理解和看法。库珀史密斯（Coppersmith，1967）认为自信是个体做出的、并经常保持的对自己的评价，说明个体在何种程度上认为自己能干、重要和有价值，表达了一种对自己赞许或不赞许的态度，显现了对自己能力、身份、成就及价值的信心。杰克逊（1984）指出：自信既是一种持久的人格倾向，也是一种随环境调整的易变的自我评价状态。巴奇（Batch，1987）认为自信是人对自己的感觉，关键在于“能力的经验”（the experience of competence）。施劳格尔（Shrauger）则把自信当作自尊的一个组成部分，在其设计的《个人评价问卷》中把自信定义为一个人对自己的能力或技能的感受，是对自己有效应

付各种环境的主观评价。在我国学者的研究中，黄希庭（2009）认为自信是指对自己的信任，包括对自己身体、心理和社会性的信任，表现为有信心、不怀疑，自信是健全人格的基础。毕重增（2009）认为，自信表现在各种各样的行为情境中，但并不很准确地对应具体行为情境中的某种心理机能，它既有情境性的一面，也有作为稳定人格特征的一面。笔者认为，无论对于自信有着怎样的界定，它都有以下几个基本内涵：（1）自信是一种情感体验；（2）自信是对自己能力的肯定；（3）自信是人格的一部分。

（二）自信的特征

自信的人具有以下十个特征。

1. 自信的人活泼，他的言行举止都会表现出一种活泼的生气，而且还给周围的人带来一种生机勃勃的气氛。

2. 自信的人坦诚，他总是能直接而坦诚地说出自己的观点，甚至毫不掩饰自己的缺点。

3. 自信的人虚心，他能够虚心地接受批评，坦然承认自己的错误。

4. 自信的人大度，他能大度地赞赏和接受别人，毫不嫉妒超过自己的人。

5. 自信的人轻松，他在日常生活中表现得轻松自如，而不是终日陷入沉重抑郁之中。

6. 自信的人一致，他言行一致，因而他的容貌、声音和举止都会表现出一种内在的和谐气氛。

7. 自信的人开放，他对生活中的新观念、新体验、新的机会表现出积极的开放态度。

8. 自信的人幽默，他能以幽默的态度面对具体的生活，包括生活中的失意、紧张和挫折。

9. 自信的人勇敢，他能勇敢地面对生活中的困难和挫折。

10. 自信的人果断，他勇于承担责任，不会为了逃避不好的结果而优柔寡断。

（三）自信的结构

长期以来，对于自信的结构，研究者们提出了单维的和多维的许多假设。罗森伯格（Rosenberg，1979）提出的模型以单因素结构为基础。他将自信界定为个体对自我办事能力的确信，是一种对自我的肯定或否定态度。此界定虽是单维度的，但却具有显著的表面效度。

马尔斯（Marsh，1985）指出自信由一种全面或一般的自尊感组成，通过测量自尊来测量和考察自信，这种自尊感包含多种对特殊领域能力的自我评价。这也是单维笼统结构的一种假设。

瓦利（Wylie）认为能力（competence）和自我接纳（self-acceptance）是自信的两个主要维度和构成因素；并指出能力是指掌握和控制自我及环境的感觉，自我接纳意味着“包含个人承认自身缺点的自我尊重”。

布兰登（Branden，1994）也提出，自信由自我效能（self-efficacy）和自敬（self-respect）两个相互联系的成分构成。

弗莱明（Fleming）和沃特斯（Watts）于1980年用因素分析法验证了自信是一个多维度结构的假设，揭示出自信的三个因素：社交信心、学业能力和自重（self-regard）。

弗勒姆（Pelham）和施万（Swann）在1989年研究中发现自信存在三个因素：个人体验积极和消极情感状态的倾向性、个人的特殊自我概念及个人对其自我观念的组织形式。

毕重增、黄希庭则探索出了青年学生自信的五因素结构，包括才智自信、人际自信、品质自信、应对自信和成就自信（车丽萍，2002；黄希庭等，2009）。

（四）自信形成的心理机制

自信是一种正确的、积极的自我观念和自我评价。自我观念形成的心理机制也就是自信形成的心理机制。科恩（Кон，1986）在他的《自我论》一书中把自我观念形成的心理机制归纳为四条基本定理：内化他人的评价；社会比较；自我定性；生活体验意义整合。

1. 接受他人评价的内化定理

内化他人的评价定理认为，人关于自己的观念在很大程度上取决于他周围的人对他如何评价，特别是如果这是集体的、群体的评价的话。

2. 社会比较原则

社会比较原则认为，首先，个体将目前的自我与过去的自我做比较，将自己的追求与成就做比较；其次，个体将自己与他人做比较。

3. 自我定性原则

自我定性原则认为，个体从三个主要来源汲取关于自己的情感、定式和信念的信息，知觉自己的内心状态，观察自己的公开行为，观察这些行为发生的环境。内心信号越是微弱、矛盾或不可理解，人在对自己的判断中就越是依靠他所观察到的自己的外部行为事实及其条件，根据自己的行为做出对自己的判断。

4. 生活体验意义整合的定理

生活体验意义整合定理认为，个体的自我观念系统中的各个组成成分具有不同的价值意义。个体在生活体验中发现每个人都有自己的长处和短处，于是在追求成功的过程中选择对自己有利的自我实现方向。通过这种长期的生活体验意义整合，个体逐渐形成了由对个体具有不同价值意义的成分组成的自我观念系统。

二、未成年人自信的现状分析

（一）自信水平的现状分析

通过一系列的研究发现，学生自评自信感的得分处于中等水平，自信水平处于亚健康比例达到 16.1%（如图 17 所示）（杨碧秀 等，2006；卢家楣 等，2009）。

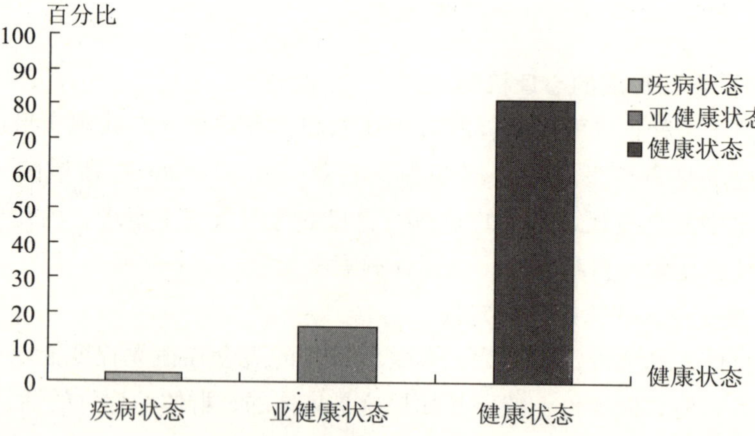

图 17 未成年人自信程度分析

（二）未成年人自信感随着年龄上升而下降

研究者发现，在我国升学竞争日益激烈的背景下，青少年学生随着年龄增长而感受到学业压力加重、学业挫折增多、学业倦怠频现的情况有着直接的关系，青少年学生的自信感衰退，小学生、初中生、高中生在自信感的得分呈依次递减趋势，并都存在非常显著的差异（如图 18 所示）（卢家楣 等，2009；姜月 等，2011）。

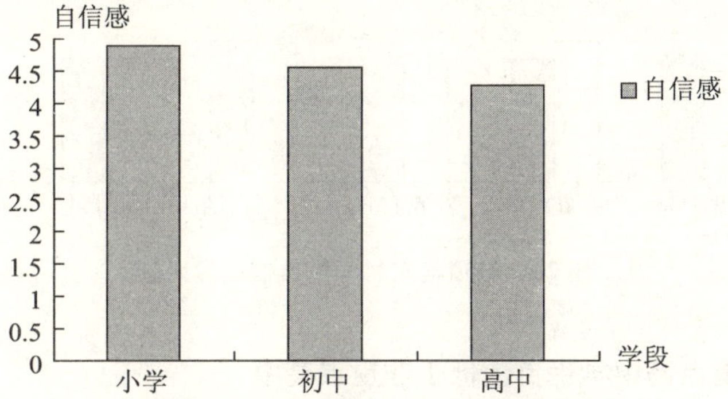

图 18　不同学段青少年自信感比较

（三）男生自信显著高于女生

研究表明，在性别方面，男生和女生的总体自信感有显著差异，一般来说，男生运动自信和一般自信显著高于女生（如图 19 所示）（黄曼娜，1999；刘丽娟，2008；卢家楣 等，2009）。

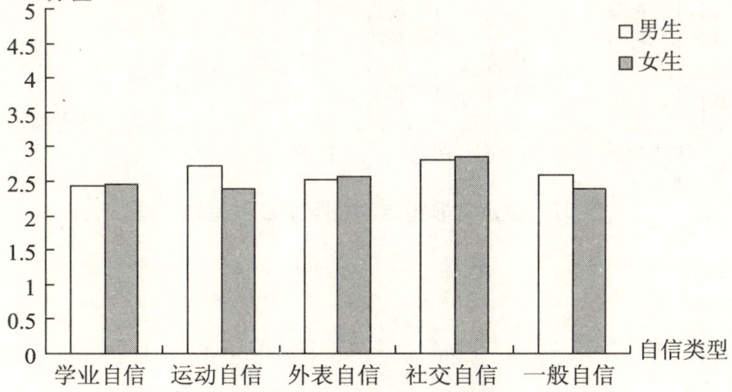

图 19　男女生自信差异比较

（四）城镇学生运动和学业自信分别高于和低于农村学生

研究表明，城镇学生运动自信高于农村学生，学业自信低于农村学生（刘丽娟，2008），并且市区青少年也仅在理智情感中的自信感的得分低于郊县青少年，如图20所示（卢家楣 等，2009）。

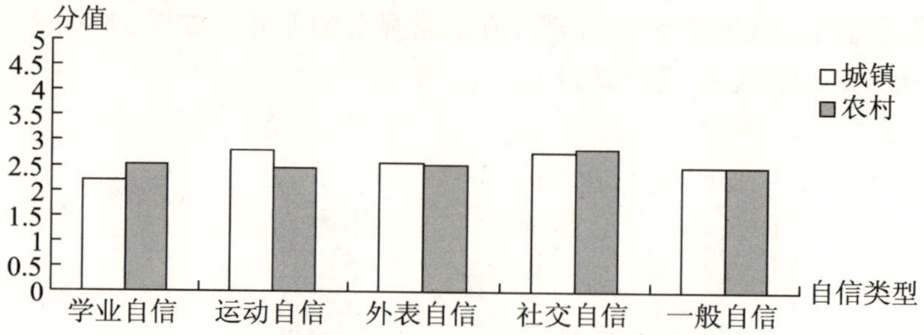

图20　城镇与农村学生自信差异比较

（五）重点高中学生自信低于非重点高中

研究表明，非重点高中学生学业自信和社交自信显著高于重点高中学生，如图21所示（刘丽娟，2008）。

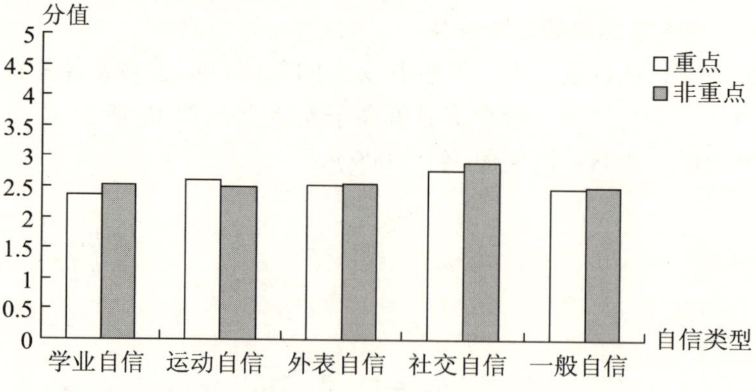

图21　重点与非重点学校学生自信差异比较

三、未成年人自信的影响因素

（一）生理因素

1. 外表

随着身体和智力的发展，自我感觉的逐步完善，学生对于美丑逐渐有了自己的认识，他们会越来越多地关注外表，拿自己和周围的同学进行相互比较，更多的时候会相互讨论，学校里谁长得漂亮，谁长得丑，高矮胖瘦、美丑好坏都在学生的关照指标之内。在这一时期，外貌处于相对劣势（如生理残疾、身患疾病、身材矮小或肥胖等）的学生自惭形秽，自信心逐渐下降，自卑感逐步增强。如果没有得到及时疏导任其发展的话，最终会形成孤僻自卑的性格（李望舒，2004）。

2. 性别

多年来，性别对自信的影响是研究者倍加关注的一大课题，这些研究发现：女性比男性表现出更少的自信心（Lirgg et al，1989）。

20 世纪 80 年代前的研究结果认为，一般来说女性比男性自信低。麦克比（MaCcoby）和杰克林（Jacklin）1974 年的研究认为，在所有成就情境中女性均表现出比男性更缺乏自信。但兰尼（Lenney，1977）的文献研究表明，并非所有成就情境中女性自信都比男性低。她认为只有当任务有男性倾向，处于竞争或比赛情境，反馈意义含糊不清时女性比男性缺乏自信。

在 20 世纪 80 年代后，许多研究对不同情境中的自信加以检测，包括对积极反馈、定型化男性任务上的表现、交往因素、情感成熟、教育水平、任务的先前经验、管理能力及两人小组中的表现等情境变量的研究，结果发现自信随个体情境变化而有所不同。1991 年，查斯迈尔（Chusmir）和科贝格（Koberg）用形容词检核表对自信和性别角色同一性进行了检测，结果发现性别角色同一性是自信水平的一个主要因素；高自信与男性及男性女性化倾向相关。当个人背景变量和性别角色同一性保持不变时，信心没有明显性别差异，自信的高低取决于角色或情境。1991 年，里格（Lirrg）的一项元分析研究表明，任务的性别类型导致了自信的性别差异。即任务有男性倾向时，女性比男性缺乏自信，男性化任务越多，自信性别差异越大；而在女性化任务上，男性比女性更缺少自信。1994 年，克里夫（Clifon）和 吉尔（Gill）对一项女性类型任务的自信性别差异进行了研究，结果表明，在总体运动技能上男性比女性自信，但在性别适当任务——女性类型任务上女性比男性自信更高。1994 年，兰德伯格（Lundeberg）、福克斯（ Fox）和蓬乔哈日（Puncochar）研究发现被试在报告一般信心时表现出明显的性别差异，男性比女性更为自信。对信心的一般测量研究发现女性在数学能力、问题解决和科学研究上的信心不如男性，特殊项目自信判断的性别差异研究表明，信心的性别差异取决于背景和被测验的领域，在某些领域男性比女性自信，而在其他领域并不存在这种差异。1996 年，韦伯斯特（Webster）和艾利斯对金融分析领域自信的性别差异进行了研究。结果发现男性自信明显高于女性，而且差异显著。此结果可能表明，被试把金融分析任务与数学和问题解决技能联系起来了，而在这些领域中男性通常都比女性更为自信。2000 年，兰德伯格、福克斯和布朗（Brown）的一项研究表明，男性和女性在答案准确性有依据时均更为自信，回答正确时女性和男性同样或更加自信，而在答案错误时确实存在性别差异。

通过以上这些研究，我们可以发现，总体上男性比女性表现得更为自信，但是在某些情境下，男性与女性的自信心没有显著的差异。

3. 年龄

多年来，年龄对自信的影响也得到了以往研究的注意。总的来说，研究发现，随着年龄增加儿童自信有减少趋势。

李（Lee）等人 1983 年发现，从一年级到五年级，女孩在运动任务上的成功期望逐渐降低。一、二年级男女孩具有类似期望水平，但到了五年级，男孩比女孩表现出更高的期望值。普雷斯利（Pressley）等人 1987 年的研究表明，6 ~ 11 岁的女孩比男孩更确信她们对困难题目回答错误的可能性，年龄大的女孩比年龄小的女孩更明确自己在答对答错时的信心差异，而男孩不论年龄大小对错误答案的确信状况都没有变化。海德（Hyde，1990）的一项元分析表明，中学生和大学生中，随着年龄增加，高年级学生都比低年级学生表现出更明显的自信性别差异。里格（1991）在研究中通过年龄检测发现只有初、高中被试产生了同质效应值（0. 43）。小学儿童的平均效应值最低（0. 32），最高的平均效应值在大学生被试（0. 48）。对这两种样本的同质检验表明了很大差异。他指出需要更多研究跨越年龄组并在同一年龄组内使用不同测量以检验年龄效应与信心测量的差异。兰德伯格等人（1994）分别对小学六年级、初中和高中、大学本科和研究生等被试进行研究，发现自信心的性别差异随年龄而增加。这类研究的综合观点认为存在性别差异跨时间检测的可能性。

总之，随着年龄的增加，学生自信心逐渐降低，并且这个过程中，性别对自信的影响也显示出来。

（二）心理因素

1. 自我认知与评价

对于学生来说，积极客观的自我认知与评价是自信的基础与核心，只有在此基础上，才能产生和发展自信，一个人对自己的品德、智慧、能力、价值等评价适当，就会增强自信；反之，则会导致对自己评价过高的自负和对自己评价过低的自卑两个极端，从根本上削弱自信。

根据心理学的研究可知，学生认知水平的发展处于由感性认识逐步向理性认识，从不成熟走向成熟阶段，他们的自我认知主要是依赖于周围权威性人物对自己的评价。如妈妈说我是个好孩子，老师说我是个好学生，同学说我是个好伙伴，等等，通过外在的评价从而认定“我是一个什么样的人”，而当他们从外界接收到的都是负面的评价时，他们就会自我认知为“我是一个别人讨厌的人”，自我效能感降低，觉得自己什么都做不好，干脆破罐子破摔，专门做出坏孩子的行为。内心里却胆小自卑，脆弱不合群。

2. 学习成绩

研究发现，学生的自信心在很大程度上与他们的学业成绩密不可分。

在众多国外学者研究中，欧文（Erwin）和凯利（Kelly）在1985年发现大学生自信的增加与他们对自身学业成绩的满意度和职业目标相关；雷迪（Reddy）于1983年研究发现，自信与实际名次和成就需要有关（车丽萍，2002）。国内的心理学研究表明，在中小学阶段，学生的学习成绩对自信心的形成和保持起着十分重要的作用。一般情况下，成绩好的学生具有高度的自信和自尊，而成绩落后学生的自尊心和自信心普遍较低，尤其是成绩长期落后的后进生对自己取得成功基本上没有自信。学生由于学业成绩的暂时落后，极易步入后进生行列，丧失学习以至做人的信心，从而失去成功的自信，即导致自信心缺失。

3. 归因方式

有研究发现，学生的自信心与他们的归因方式具有一定的相关性。

克莱因（Klein）和凯勒（Keller）1990年从计算机课程角度开展研究

发现，能力和控制点明显影响学生的表现和自信（车丽萍，2002）。

初中生自信与归因的关系研究结果表明，自信水平与努力归因呈显著正相关，即越倾向于进行内归因的初中生，自信水平越高。主要是因为内归因者倾向于将行为或结果归因于自我能力或个人特征，当个体面临困境时，倾向于通过自我努力在问题解决过程中肯定和证明自身能力，从而增加自信（秦东波 等，2009）。归因的背景维度能很好地预测个体的自信水平。初中生出于对自我的保护将行为或结果归因于外部原因，对自我能力和努力程度没有明确的认知，不利于自信的增加。自信的波动性与归因方式的背景和运气维度呈显著负相关，这是由于背景和运气的极不稳定性，导致经由这两个维度的归因而获得的自信也是不稳定的。自信的清晰度与归因的各维度均呈负相关，与总的归因方式（内归因）显著正相关。把事件结果归因于背景、运气等外部因素是对自身能力的不确定，导致个体自我认知的模糊性，不利于自信的培养；而内归因是个体把事件结果与自己的能力或努力联系起来，是比较明确自己能力范围的一种表现，自我积极评价也会随之增加，有利于自信的培养。

因此，家长和教师应该注重对学生从自我能力和努力程度方面进行正确的归因引导，让学生对自我能力有一定的了解，形成积极的自我评价，增强自信，提升心理健康水平。

（三）环境因素

1. 文化环境

随着研究的不断拓展和深入，自信的文化差异也日益引起学者们的重视。

兰德伯格等人（2000）研究了文化对自信的影响，发现一些文化中的个体生而具有过于自信倾向，而另一些文化则使个体不够自信。自信具有情境、文化成分，不同国别和文化对自信有不同影响。

教育情境中信心判断（confidence judgment）的研究主要从信心校准和信心辨别两方面检测学生的自信。以赖特（Wright）及其同事在1978年的研究为开端，信心校准的跨文化研究已揭示了不同文化间的种种差异。其中多数信心差异的跨文化研究都集中在对一般知识问题的研究上，这些研究发现：所有被试都是过于自信的，亚洲被试比西方被试更加过于自信。耶茨等于1989年发现：中国被试比美国和日本被试显示出更好的信心辨别力。他们发现自信的跨文化差异不只局限于一般知识，在做出实际决策时也存在，而且中国文化中，过于自信倾向更为突出。

兰德伯格（2000）在教育背景中对信心校准和辨别力的跨文化差异加以研究，揭示了自信的国家和文化效应，对自信差异研究做出了贡献。他们的一项最新研究力图将自信性别和跨文化差异的研究从学术背景拓展到更宽领域，并包容更多的国家范围，结果发现了总体自信的巨大差异，并发现正确与否的信心主要与国家及其文化有关。他们对跨文化的信心校准研究发现，国家之间在三个领域中存在显著差异：一般自信心、正确时的信心及错误时的信心。他们对信心辨别的跨文化研究表明，不同国家、不同领域内被试的准确性与自信状况也不相同：美国、中国台湾地区、荷兰和以色列的学生准确性得分与总体自信得分很接近；而巴勒斯坦学生的信心远远高于准确性。最显著的文化差异体现在信心辨别力上，巴勒斯坦学生正确与错误时信心的分辨力很差，证实了自信的文化差异性。

这些研究证实了：不同的文化背景下，人们的自信是不同的。

2. 学校环境

（1）教师与同学的评价

人的自信心不是与生俱来的。对于青少年学生而言，教师、同学对他做出客观的、积极的评价，他就会形成积极的自我观念，从而产生自信。相反，如果教师、同学对他的评价是不客观的、消极的，那么他的自我观念也会是消极的，从而形成自卑或自负。根据儿童发展心理理论，中小学阶段属于自信心形成关键期，在这期间家长和老师等“权威人士”对他们的评价左右着其对自己的评价。倘若孩子得不到适当的评价，往往不能够客观分析自己、正确评估自己，导致自信心丧失。

（2）成功经验

成功的经验是影响自信心建立的重要因素，不能正确对待挫折和失败则是导致自卑感形成的重要原因。心理学的研究证明，人的需要、期望是不断发展、永无止境的，但是新的目标总要以已有的目标实现为基础。一个人的成功经验越多，他的需要和期望就越高，自信心也就越强。反之，若一个人几次努力都失败了，又不能正确地分析失败的原因，就会怀疑自己的能力，在挫折中难以自拔，产生自卑感（李望舒，2004）。

3. 家庭因素

（1）父母教养方式

国内外研究表明，父母亲消极的教养方式，易使孩子成人后缺少自信，进而自卑。阿德勒（Adler）认为导致个体自卑的因素中包含孩童时期父母的溺爱或忽视（多林，2004）。马丁（Martin，1975）和韦纳（1970）认为，如果家庭气氛温暖，高中生又享有与年龄相适应的自主，那么就会表现出自信（郑和钧，1997）。在国内，相关研究也表明个体自信的发展与父母教养方式有关（答会明，2002；杨立成，2004）。

就父母教养类型的调查看来，父亲教养为宽容型或溺爱型的高中生在自信的诸多维度上得分要高于父亲教养为冷漠型或专制型的学生。所以，父亲的情感温暖、理解与支持是影响高中生自信的关键因素。处于青年初期的高中生，遭遇着成长中的种种问题，如果能获得父亲的鼓励与支持，能于亲子沟通中收获宝贵意见，他们就能更好地应对各种困惑与压力，自信水平也能随之提高。在高中生眼中，情感温暖的父亲是值得信赖的倾听者，他们的干涉与保护也更多地被知觉为一种合理关爱的方式，是为高中生所接纳和认可的。

就母亲教养类型的影响看来，宽容型的母亲教养有利于高中生自信的建立，而冷漠型、溺爱型和专制型教养都在不同层面上阻碍了高中生自信的提高。这表明，在促进高中生自信建构的过程中，母亲所应付出的不仅是情感的关注与呵护，同时还应注重对孩子独立自主需求的满足。告别单纯为孩子衣食负责的年代，现代母亲不仅要努力维持与孩子之间亲密的情感联结，同时也要走进孩子的内心世界，了解其心理需求，尊重其自我空间，鼓励其个性展现。

（2）家庭出身

学生的家庭出身是既定的，不可选择的，家庭环境是影响人一生的重要因素。学生认知能力发展不完善，承受能力较低，不能够坦然面对自身的家庭出身，而会因为他人的刺激否定自我、否定家庭。父母的社会地位和经济地位低下可能导致学生产生自卑感，当穿着打扮、学习用品、零用钱等方面的条件都无法与别人相比时，他们会羞于提及自身清贫的家庭条件，而是不断地增加自身的心理压力。以致无论在什么方面都忍气吞声、顾虑重重、畏首畏尾或者对自己毫无信心。另一方面，现在很多的孩子都是独生子女，独生子女是一个家庭唯一的期望，承载着父母深切期望的压力也是自卑感最重要的来源之一。“望子成龙，望女成凤”，父母的期望对孩子提出了很高的要求，家长大多要求自己的子女能够处处领先、出人头地，总是给孩子制定一个很高的标准，当学生不能达到父母的高标准时就会进行自我否定，认为“我不够优秀，没有达到父母的目标”，与此同时，自卑感滋生，自怨自艾、自卑自责、自暴自弃。

四、未成年人自信的培养

（一）增加成功体验

俗话说，失败是成功之母。然而，在心理教育越来越受到重视的今天，“成功是成功之母”这一观点也已经被越来越多的人所认可。在现实生活中，我们常常会发现这一现象：成功的人会越来越成功，而失败的人会越来越失败。从成功到更加成功，是一种自然的趋势，这是因为在成功提供的自信和亢奋下，人们能自然而然地发挥自己的潜力去积极争取更大的成功。一些研究表明，成功体验对动机的激发作用大于失败体验，尤其对成绩较差的学生来说，进一步的失败会导致学习动机的下降，而一次或多次的成功则会成为学习动机的“激活剂”。前面的成功往往是对后面更多更大的成功的最好的“催化剂”。自信来自于成功。

对于学生来说，他们缺乏人生阅历和生活经验，没有经历过人生的坎坷，没有生活的磨砺，缺少韧性，往往经受不起大的挫折。过多的失败，很容易摧毁他们对生活所抱的美好希望，而导致其建立失败者的自我形象。相反，适度的成功体验往往会提高学习兴趣，帮助他们形成成功者的自我认识，从而成为不断上进的动力源泉。若要帮助他们树立自信，教育工作者要设法创设各种有利条件，使学生在早期经历中更多地体验成功。通过创立顺境，增加学生对学校生活的积极美感，对未来生活的美好预期，更重要的是帮助学生构筑美好的自我形象，形成和发展其自信心。对那些自我形象不佳、学习困难的儿童，更要增加他们成功的体验。

成功的数量越多，质量越高，自信就越强。因此，为学生创造成功的机会，让学生享受足够的成功喜悦，是我们培养学生的自信的最重要的工作之一。

（二）发现自身长处

自信心建立在充分估价自己的基础上，认识不到自身拥有的潜力或低估自己都不利于自信心的确立。要增强学生的自信心，必须帮助他们认识到自身拥有的巨大潜能和广阔的发展可能性，使他们深信：只要自己在某些领域的努力持之以恒、坚持不懈，就一定能做出比较突出的成绩，成为国家的有用人才。

现代心理学早就发现：除极少数低能、白痴以外，绝大多数儿童都具备相当大的发展潜力，而且不同的人有不同的发展潜力；同一个人各方面的发展潜力也不尽平衡，大多数人都有在某些方面相对占优势的发展潜力。教育不仅可以使遗传素质的长处得到发挥，而且可以使其短处得到弥补。如果一个人能在人生早期就认识到自己的潜力和优势，及早采取措施，扬长补短，努力挖掘，则就很有可能在某些方面有所成就。教师要帮助学生获得这方面的认识，使他们学会善于分析自己遗传素质的长处和短处。同时，考虑到中小学教育的基础性质，在保证每个学生都得到全面和谐发展的同时，针对每个人的特点和优势，帮助他们及早确立正确的奋斗目标和远大理想，用美好的前景激励他们形成顽强的自信心和奋斗精神。

（三）建立合理成功期望值

人的潜力很大，只要充满自信，努力奋斗，绝大多数人都可以成才，在某些领域有所成就。但人们的天赋及后天条件毕竟存在差异，不能期望人人都拿世界冠军，都得诺贝尔奖……对中小学生来说，也不能期望人人都成绩优异，出类拔萃。教师要针对每个学生的实际情况，帮助他们建立适合自身发展水平的合理的成功预期，教育他们不能好高骛远、眼高手低，这样可以避免学生因期望过高而又难以实现从而遭受心理挫折。年纪较小的儿童往往耐心不足、急于求成。教师在让学生看到美好前景的同时，要让他们明白：不经过脚踏实地的、点点滴滴的艰苦努力，甚至是多次的挫折、失败，再美好的前景都是难以实现的，使其不是空寄过高期望，而是要踏踏实实、认认真真地完成每一项学习任务。有些“差生”经过教育引导，可能树立了自信心，但在具体行动中又往往容易急于求成。教师一定要花大气力培养学生的耐心，消除其急躁情绪。同时，使他们认识到改变“差生”面貌是一个渐进的过程，不能期望在短时间内摘掉“差生”的帽子。另外，还要帮助他们正确对待进步过程中可能出现的“反复”现象，做好应付失败的心理准备，使其不能只期望成功，更不能有过高过快的成功预期。

（四）运用榜样教育法

在中外历史上，乃至学生的身边，都有很多天赋平平或身处逆境但不甘平庸，不屈服于命运的安排，顽强拼搏，终于取得成功的人。利用儿童、青少年崇拜英雄、模仿力强的特点，教师可以有针对性地从中选取具有深刻教育意义的生动事例介绍给学生，并注意引导、帮助他们得出正确的结论，为增强其自信心提供活生生的依据。

运用榜样示范法，将一些抽象的教育理论人格化、形象化。运用得当，可以引起学生情感上的强烈共鸣，产生强烈的教育效果。在具体做法上，既可列举成功的正面事例，也可列举一些虽有优越的天赋条件和良好的成才的外部环境，但是由于自信心不足而导致自己打败了自己的反面事例，来证明自信心对一个人的成功或成才有着十分重要的作用。

（五）坚持正面教育

对中小学生，尤其是小学生来说，自我意识、自我形象在相当大的程度上是建立在比较崇信的人对其评价的基础上。师长尤其是教师往往是他们心目中的“权威”，如果教师对他们的评价是积极肯定的，他们的自我意识、自我形象一般就要好一些，对取得成功的自信相对就要强一些。相反，如果所获得的评价多是消极、否定的，则他们的自我形象相对就要差一些。教育实践证明：那些缺乏成功体验、经常受到师长呵斥责骂的学生往往会丧失自信心。在一般情况下，即使非常聪明好学的学生，如果经常受到各方的消极评价，久而久之也会动摇甚至丧失其自信心。要保证教育获得成功，要使学生获得坚强的自信心和保持积极进取的精神状态，教师要多表扬、鼓励，多肯定他们所取得的成绩。

正面教育应从以下三个方面对学生进行积极的评价。

1. 不打不及格分数

中小学生的主要任务是学习，学习成绩在中小学生的自我评价系统中占有中心地位，他们的自信往往与学校的评分直接相关。长期得到好成绩的学生认为自己有能力把功课学好，于是产生自信。相反，长期得不到好成绩的学生认为自己不能胜任学习任务，形成了自卑的心理。因此对学生应尽量避免打不及格分数，应帮助学生解决疑难之后再给予评分。苏联著名的教育家苏霍姆林斯基就从来不给学生打不及格分数，结果他取得了极大的教育成功。原因就在于他懂得不打不及格分数有助于培养学生的自信，而学生的自信又促进了学生取得成功。

2. 不单纯以考试分数的高低评价学生

当前的考试存在诸多弊端，考试分数并不能全面地反映学生各方面的素质，单纯以考分高低评价学生是不全面、不公正、不客观的。它给学生的自我评价带来危险的片面性，对学生的自我观念的形成起错误的导向作用。对于那些考分低而其他素质良好的学生来说，这种评价无疑会使他们自卑，看不到自己的长处。而对于那些考分高而其他素质较差的学生，这种评价会导致他们盲目的自信。这种自信是盲目的、片面的，经不起社会的考验。当他们走向社会，由于自身素质不佳不能胜任工作时，他们原有的自信也会瓦解而变得自卑。

3. 尊重学生， 不轻易做出坏的评价

尽管每个学生的聪明、智慧和天赋各不相同，但通过合适的教育，每个学生都有可能学到这种或那种本领，获得某些知识，取得某些成绩。苏霍姆林斯基（Sukhomlinski，1983）说过，“没有一个孩子是毫无才能的庸碌之辈”，“我坚信教育的巨大力量”。因此，我们必须尊重、信任学生，不轻易做出坏的评价。尊重学生不仅要承认学生的人格尊严和人格平等，而且要把每个学生看作是有独特价值和无限潜能的。只有尊重学生，积极评价学生，才能培养学生的自信。

（六）适当挫折教育

成功与挫折是完全相反的一对范畴。在学生的早期经验中，“成功”固然有助于建立自信，但是培养学生自信心的目的之一，是为了帮助他们正确地面对挫折与失败，以使其能在以后的工作、生活中，不致因为一次乃至数次失败而气馁。对绝大多数的人来讲，人生之路绝不会一帆风顺，挫折和失败在所难免，甚至相比之下，逆境还可能更多一些。在早期的顺境中通过体验成功而培养起来的自信，并不一定能保证其经得起人生的种种考验而成为生活的强者。对于那些只能经历成功而不能承受失败的学生来说，仅靠几次成功建立起来的自信心，难免不被以后的失败所冲垮。要使学生将来有所建树、有所成就，就不仅要让他们在人生之初体验成功，更要让他们在后来的学习生活中适度地承受挫折。持久顽强的自信心，是在挫折和失败中磨炼出来的。学校教师要创设一定的情境，使学生“品味”失败，引导他们在成功和失败的交织影响中明白这样一个道理：挫折和失败是人生必不可少的一个组成部分，可怕的不是失败，而是失败后丧失斗志、一蹶不振。只有那些能够不断超越和战胜自我，具有不屈不挠的奋斗精神的人，才有可能取得最后的胜利。

（七）改善归因方式

根据韦纳的归因理论，避免失败的人（往往是缺乏自信的人）总是把成功归因于任务容易，运气好；把失败归因为自己能力差，即使努力也没用。我们可以通过改变学生的不恰当归因方式，增强他们的自信。

教师和家长应该特别注意，当学生考试成绩不好，或不能按时完成作业时，应善于全面利用区别性资料，一致性资料和一贯性资料，帮助学生寻找其学业失败的原因，不能一味地只从学生自身内部去找原因（归因偏差）。只有找到客观的原因，才能让学生更好地将学业失败进行恰当归因。例如：分析某学生考试成绩差的原因，首先从区别性资料看，就是看该生这次考试是否特别不好，是否与他本人的类似的其他行为有区别，即该生数学考得也不好，是否其他科目的成绩也差。其次从一致性资料看，即该生考得不好，是否其他学生考得也不好。然后从一贯性资料看，就是看该生这次考试成绩不好是偶然的，还是该生一贯成绩不好。最后把三者综合起来，才能客观地找到学生考试成绩差的原因，从而让学生了解自己学业失败的真正原因，针对自己的薄弱环节，加强锻炼，查漏补缺，从而获得良好的学业成绩，增强学生的自信。

第六节　厌学

案例

初中生因厌学离家出走　民警奔波百里帮找回

3 名初中生因厌学离家出走，集体上演“逃学威龙”，相约到河南淅川县一网吧通宵上网。郧县警方接到报警后，迅速会同学生家长奔波百余里将 3 人找回。

5 月 27 日早上 8 时许，郧县公安局白桑关派出所接到辖区居民王某某的求助电话。王某某称，他的儿子王某和另外两个在同一所中学上学的孩子失踪好几天了，请求警方帮忙寻找。

接警后，白桑关派出所会同当地政府组成专班，迅速赶到王某所在中学。经了解得知，走失的3个孩子系该校七（2）班的学生，3个孩子5月22日离校出走时，每人身上带的钱不足30元。因为3人均未成年，也未办理二代身份证，更无联系电话，一时间给寻找工作增加了不小的难度。

民警走访调查发现，这3个孩子平时酷爱上网，遂找到3个孩子的QQ号码，并通过QQ在网上24小时蹲守。

功夫不负有心人。民警通过连续的守候，5月27日21时许，民警发现3个孩子的QQ号在河南省淅川县荆紫关镇一网吧内同时上线，便立即同孩子家人连夜驱车赶往荆紫关镇，经过仔细查找，民警将沉迷网络的3个孩子找到。

民警询问得知，3个孩子因厌学，于5月22日结伴出走，他们买了一些方便面和矿泉水等，一同到附近乡镇一无人居住的房屋里住了三四天后，觉得无聊，又沿途搭顺风车来到河南省淅川县荆紫关镇，进入一网吧上网。

2013－06－07　来源：十堰日报

一、概述

（一）什么是厌学

目前，国内对于厌学（*weariness*）并没有统一的定义，国内研究中以下三种定义最具代表性：傅安球等人（2002）认为厌学是指学生对学习否定的内在反应倾向，包括厌学情绪、厌学态度和厌学行为；高利兵（2004）提出厌学是学生对学校的学习生活失去兴趣，产生厌倦情绪，持冷漠态度等心理态度及其在行动中的不良表现方式；杨平（2004）从心理学角度讲，认为厌学是指学生消极对待学习活动的行为反应方式。由此，笔者认为，厌学心理是学生由于各种原因对学习产生一定程度的厌倦乃至厌恶、烦恼，从而逃避的一种心态，学生表现为不愿意主动学习，消极对待学习，这是一种心理不健康的表现，且是一种消极适应环境的学习心理。

厌学情绪的判定标准：（1）学习无明确目的；（2）学习中遇到困难时无动于衷或逃避；（3）考试成绩差；（4）考试不及格时感到无所谓；（5）对目前所学课程有的不感兴趣；（6）学校对自己无吸引力；（7）学习被

动。符合以上7条中任意3条或3条以上的，判定为厌学（徐能义 等，2002）。

（二）厌学的表现

学生的厌学表现在以下三方面：认知、情感以及行为。

1. 在认知上表现为读书无用的观点

受目前社会上金钱至上理念的影响，一部分学生错误地认为成功与学习好坏没有什么关系，现在学习不好将来不一定找不到好工作，现在学习好的将来也未必找得到好工作，所以学生在认知上的厌学表现为认为读书对于成功没有用处（刘明威 等，2012）。

2. 在情感上表现为以消极的态度对待学习

学习本身是一种快乐的体验，通过学习学生能够获得成功的乐趣，同时还可以在学习过程中形成良好的个性品质。然而，现在的学生大多迫于教师和家长的压力，而不得不勉强自己去学习一些不喜欢的课程，学生在一种不愉快的情绪下参与到学习中，具有一定的被动性，会产生如心烦、头痛、厌恶等情绪，家长提及学业就会表现出极度的反感与厌恶，更有甚者与父母亲大吵大闹，听到“学习”二字唯恐避之不及，久而久之，学生失去了对学习的兴趣和学习过程中快乐的体验，想到学习就头疼，看到作业就心烦，使学习成了一种机械性的重复动作（林振庆，2012）。

3. 在行为上表现为一种远离学习活动的倾向

厌学的学生一般很少把精力放在学习活动之中，其学习目的不明确，对学习失去兴趣，一般不愿做作业，不认真听讲，经常违反课堂纪律，感到只有离开学习才能达到心理平衡，怕考试，怕排名；甚至恨书，恨老师，恨学校；时常迟到、早退、旷课、逃学，严重者一提到学习就恶心、头昏、脾气暴躁甚至歇斯底里（高利兵，2004），更有甚者，有的干脆弃学出走和辍学（林振庆，2012）。朱盘安（2006）在研究中提出中学生厌学表现为注意力分散，上课不认真听讲，思维迟缓，情绪消极，作业拖拉、敷衍了事，伴随着学习效率降低，作业错误率上升，学习成绩差等。

（三）厌学学生的特征

1. 厌学学生的心理健康水平明显差于乐学学生

方双虎（1999）通过对乐学组与厌学组 SCL－90 施测结果进行 t 检验发现：厌学组在强迫、人际敏感、抑郁、焦虑、敌对性、偏执、精神病性七项因子分上均显著高于乐学组，尤其在人际敏感、焦虑、精神病性三项因子上差异显著（$P<0.001$）。由此可见，厌学学生的心理健康水平明显差于乐学学生，极易出现种种心理健康问题。由 SDS、SAS 的施测结果可知：厌学组抑郁、焦虑分均显著高于乐学组。两组学生心理健康水平上的差异，说明学生的学习兴趣和行为与个体的心理健康状况之间有一定的内在联系。学生长期厌学会导致心理健康水平的降低，而低水平的心理健康又可能是导致学生厌学的一个重要因素，同时还会加重学生的厌学情绪和行为，形成恶性循环。这一研究结论证实了某美国教育心理学家的推断（赵凯 等，1994），其研究表明：心理健康是有效学习的基础，而各种学习的发现兴趣和自我提高则是心理健康的一种标志。

2. 厌学学生的自尊程度低

方双虎（1999）对乐学组与厌学组学生 SES 量表的得分进行 t 检验发现：厌学组自尊程度明显低于乐学组。两组学生自尊量表得分上的差异，说明学生的学习兴趣和行为与个体的自尊水平有关。厌学会导致学生自尊水平的降低，低自尊水平也易导致学生厌学，二者之间存在着交互影响和相互依赖性。

3. 厌学学生的人格特征呈内向、情绪不稳定、强精神质型

方双虎（1999）对乐学组与厌学组学生艾森克个性问卷的内外向性（E）、情绪性（N）、精神质（P）、掩饰性（L）四个分量表的 T 分进行 t 检验发现：厌学组内外向性分显著低于乐学组，而情绪性和精神质分显著高于乐学组。按 T 分高低划界（43.3，56.7）分为三个类型分别统计两组在 E、N、P 量表上的分布情况，并经 X^2 检验发现：厌学组内向型学生（30.46%）显著多于乐学组（16.56%），外向型学生（17.88%）显著少于乐学组（32.45%）；厌学组情绪不稳定型学生（33.11%）显著多于乐学组（5.96%），情绪稳定型学生（11.92%）显著少于乐学组（41.72%）；厌学组强精神质型学生（35.76%）显著多于乐学组（8.61%），弱精神质型学生（14.57%）显著少于乐学组（31.79%）。两组学生在人格特征上的差异，反映着学习兴趣和行为与人格特征之间的交互作用和相互依赖性。一方面，长期厌学易使学生出现内向、情绪不稳定、强精神质型个性，即表现出孤独、多思、反应缓慢、难以适应外部环境，焦虑、郁郁不乐、忧心忡忡、情绪反应强烈，性情古怪孤僻、对他人漠不关心、心肠冷酷等不良人格特征。另一方面，这些不良性格特征也是学生厌学的影响源和催化剂。

（四）厌学与心理健康的关系

厌学与心理健康的内在机制表明，学生厌学与个体的心理健康之间存在着交互作用和相互依赖性。也就是说，一方面，厌学会导致个体的心理发展出现各种问题，以致形成个体不良的心理状态和人格特征。另一方面，不良的心理状态也是导致学生厌学的一个重要因素，同时也会加重学生的厌学情绪和行为，它们之间是相互影响、相互渗透的辩证统一关系。

1. 学生厌学对心理健康的影响

厌学即厌倦学习，在学习过程中感到学习很被动，学习生活太单调，对做作业、考试感到厌烦，把学习看成是一种沉重的负担。这种厌学情绪和行为对个体心理发展的影响是由于下列矛盾得不到解决而发生作用的。首先，厌学学生的学习认识和行为与社会、学校、家庭要求之间的矛盾。厌学学生表现为学习认识上存在偏差，情感上消极，行为上远离学习活动，而这些与社会、学校、家庭要求其好好学习之间产生了矛盾。社会上的就业竞争、学校内的升学压力以及家长过高的成就期望，会使学生整天生活在紧张、焦虑、不安的消极情绪状态中，从而很难解决个体的学习行为与社会要求之间的一系列矛盾，而且很可能困在其中难以自拔，导致心理失衡，诱发各种心理问题的出现。厌学会引起学生学业成绩下降，长期如此，必然会挫伤学生的自尊心、自信心，导致学生自我价值和自我接纳程度的降低，从而表现出低自尊水平。这种低自尊水平使得其对各种刺激发生较强烈的应激心理反应，从而易使学生的心理健康出现问题和形成情绪不稳定的个性。其次，厌学学生的内在要求与外界供给之间的矛盾。厌学学生也有正常的心理、情感、良好人际关系等方面的内在要求，但由于其厌学而得不到教师和其他同学的肯定和爱护，在班组活动中常遭排斥、歧视，归属、接受、支持和爱的情感长期得不到满足，自我价值感和社会安全感便出现了危机，这样便形成学生高度焦虑、抑郁自卑、敌对、偏执、精神病性等各种心理问题，且会引起学生自尊水平的降低。这与国外的研究结论基本一致。鲍尔（Bower）等人的研究表明：课堂里的社会孤独，会使学生产生高度的焦虑、缺少自尊心、人际技能不良、情绪不佳和心理变态。罗伯（Lobber）等人的研究认为：被同伴拒绝，会引起学生课堂上的破坏行为、敌意行为、消极情绪以及对其他学生，甚至对整个学校的否定态度。厌学学生长期生活在这种缺乏温暖、缺乏归属感和安全感的环境中，易对人对事产生消极认知，过于敏感，不信任他人，不好交际，易于出现消极情感且反应强烈，不能关心理解他人，行为冲动倔强且难以适应外部环境，从而形成内向、情绪不稳定、强精神质型个性。厌学学生学习上的无力感和不良的自我意识、人际关系，以及学习过程中的失落感、自卑感、紧张、焦虑等不良的心理反应，都是“环境中的增强因素”，学生通过强化和社会增强作用便导致其人格发展出现各种问题。

2. 心理健康状况对学生厌学的影响

由乐学与厌学学生心理健康水平上的差异不难发现：低水平的心理健康状况是导致学生厌学的一个重要原因，尤其是人际敏感、焦虑、精神病性上有明显症状的学生，极易导致厌学情绪和行为。有研究表明：“健康的心理状态（尤其是情绪情感）可以对知觉、思维、记忆的形态和智力功能进行归纳；可以指引认识的进程——记忆的恢复、思维的构成和知觉的形成。”人际敏感、焦虑、精神病性、强迫、抑郁、敌对性、偏执这些心理症状则会在一定程度上破坏大脑神经系统的正常功能，从而影响思维的速度和精确度，使得学生的正常智力水平得不到发挥，以致上课不能积极思维，作业、考试经常出错。久而久之，学生便形成学习上的无力感和不良的自我意识，从而导致学生产生厌学情绪和行为。低自尊水平会使学生产生“学习不可控”的认知期待，会进一步加重其厌学。

二、未成年人厌学的现状分析

（一）未成年人厌学表现的现状与分析

相关研究表明，中学生的厌学情绪非常普遍：据报道，初中学生厌学率为43.9%（王德凤 等，1991）；朱爱所（1994）调查表明，初中生厌学率为47%；徐能义等（2002）对包头市中学生的调查表明，中学生的厌学率为42.7%。据最新的调查表明，中学生厌学状况非常严重，初中学生厌学率达到89%，高中学生厌学率高达到92%（郭秀英 等，2013）。

（二）男生厌学情绪显著高于女生

以往研究表明，男生厌学情绪显著高于女生：男生厌学率为47.9%，女生厌学率为 37.1%，男生厌学率显著高于女生（F = 17.42，P < 0.05）（朱爱所 等，1994；徐能义 等，2002），这与男女生的性格特点也是相符合的。相较于女生，男生更容易受到社会环境中不良因素的影响，如拜金主义、享乐主义，致使他们认为读书是无用的；另外，男生也更容易受到电子游戏室、台球室、网络、黄色书刊、音像等不利因素的诱惑，由于未成年学生思想的不成熟，理智的不健全，从而易被这些因素所左右，甚至抛弃学业，走入歧途。

（三）学生的厌学情绪随着年龄的增加而升高

图 22 表明，学生厌学率有随年龄增大而升高的趋势（P < 0.05）（关明杰 等，2002）。另有研究者的调查表明，因“喜欢学习”而上学的初中生人数仅为总人数的 10.7%，高中生人数更少，仅为总人数的 4.3%（高利兵，2004）。这表明，随着年龄的增加，学生的厌学情绪也有明显的升高。

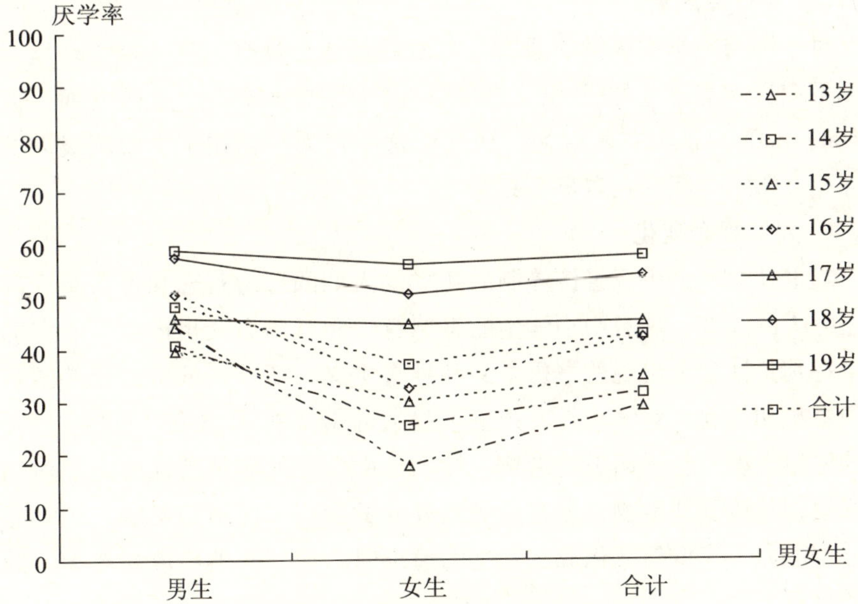

图 22　中学生厌学情况分布

（四）初二学生的厌学情绪明显高于初一学生

研究表明，初中生厌学存在年级差异。初二的厌学率明显高于初一的厌学率（郭秀英 等，2013），朝阳区“中学生厌弃学”课题组的研究也证实了这一观点。初一学生，由于刚到一个新的学习和生活环境，对新鲜事物有很大的兴趣，而升到初二，由于初中增加了政治、历史、生物、地理等课程，学习压力相对于小学来说增大了不少，学生很难在所有的课程中都取得满意的学习结果，这更加导致了学生厌学情绪的发生。

三、未成年人厌学的影响因素

综合以往的研究，发现中学生厌学的影响因素很多，但是其中占主导地位的集中在社会因素、学校因素、家庭因素和学生自身因素四个方面。

（一）社会因素

对于影响中学生厌学的原因，有研究者认为社会风气、社会环境无时无刻不在影响着学生的思想，是使学生产生厌学的一个重要方面。彼德（Peter，2007）认为有些行为，如逃学这一行为与存在于学校班级内的社会性相互影响之间存在着显著相关。

1. 人们观念变化

随着社会主义市场经济体制的建立，人们的思想观念和价值观念都发生了巨大的改变，这对中小学生的思想意识和行为方式也产生了一定的影响。特别是社会上出现的享乐主义和拜金主义，还有些低俗文化冲击着学生的思想和灵魂，对学校教育产生了强大冲击（肖承志 等，2004），对学生的思想意识产生了消极的影响。特别是中学生的年龄特征决定了他们活泼好动，易接受新事物，也容易受到外界的影响，而他们又缺乏较高的是非分辨能力，当低俗文化成了学生的追求时，他们必然会放松对学习的追求和兴趣。

2. 新的“读书无用论”

在现实社会中，知识分子的劳动还没有得到应有的报酬。尤其是现如今大学生就业难的现状，也促使着许多家长和青少年错误地认为读书无用，认为“读书越多，挣钱越少”。新一轮“读书无用论”的思想冲击着青少年的思想（肖承志 等，2004）。还有市场经济的某些负面效应和国家宏观政策调整中暂时出现的局部问题，致使当前存在着分配不均、本末倒置、科学和文化失去了应有的重视，一些学生受此影响，感到学业前途渺茫，丧失了学习的信心。同时错误地认为读书没有用，不如出去打工挣钱，也会产生厌学的心理。同时在就业问题上，存在不公平现象，用人单位对就业学生的苛刻要求等，使学校教育与客观现象存在差距，容易引起那些较敏感学生的反感（刘玉敏，2006）。

3. 社会文化环境管理不善

如今，社会文化环境也成为厌学的一个重要影响因素，黄色网站书刊、劣质影视严重毒害青少年的心理健康（叶松庆，2001）。电子游戏室、台球室、网络、黄色书刊、音像等像一个个黑色的魔爪伸向了青少年。由于青少年思想不成熟，理智不健全，辨别能力不强，往往会被这些因素所左右，从而抛弃学业，迷恋享乐，甚至走入歧途，由此，厌学现象也就不足为怪了。

（二）学校因素

学校是中学生的主要学习场所，中学生厌学的产生与学校方面的因素有很大的关系（陈新颖 等，2008）。

1. 学科选择空间狭窄

个体间差异不仅表现在体态体貌上，也表现在智力和性向上。正是由于个体性向差异的存在，因材施教才成为一条重要的教学原则。但现在我们的教育基本上是整齐划一的。什么时候入学，学什么，由谁来教几乎都是规定好的。尽管在学科设置上也尽可能地考虑了学生身心的全面发展，但实际上远远满足不了每个个体的需要。国外很多国家是通过课外活动和增设选修课来解决这一矛盾的。但从我国目前的情况看，中小学理科教科书内容深而窄，数学课本深度高出国外两个年级，而科学精神和人文精神远落后于欧美，大多数地方是小学课外活动不足，中学选修课几乎没有，学生对课业没有任何选择空间。而且我们现在的教材教法，偏离学生自身发展需要和生活实际。学生长期如此被动地学习，产生厌倦就难免了。

2. 片面追求升学率造成学生的负担过重

在较长的一段时间内，我国以片面追求升学率为指导思想的中小学教育，使学生学习负担过重，除了一门门课程外，还有与之相应的练习册、自测题、训练与辅导、复习资料等额外负担，各种各样的“加码教育”，教师不顾学生实际接受水平，拼命向学生“灌”，给学生加压、加任务，其典型表现为超时、超纲、超量。超时是指随意延长学生在校时间，增加学生在校活动总量，占用学生节假日补课或上课。超纲即教学内容超出教学大纲的基本要求。教师对教材尽量往宽处讲、往深处讲、往难处讲、往多处讲。超量表现为课程多、资料多、作业多、考试多。沉重的课业负担，使学生在生理、心理上出现了一系列适应不良性反应，紧张而单调的学习生活使越来越多的学生产生了厌学心理。

3. 教师的偏爱

由于升学指标的压力，部分教师放弃多数学生，只偏爱那些有希望的尖子生，把主要精力用于给尖子生“开小灶”。一些成绩落后的学生失去了对教师、学校的感情，学习对于他们来说无任何乐趣可言。

4. 学校缺乏对学生心灵呵护

日常学习的高压力容易使学生滋生学习焦虑，由此带来心理问题和障碍。许多研究表明，中小学生是产生心理问题的高发人群，而对中小学生的心理健康的维护工作，至今仍没有得到应有的重视，学生出现的心理问题不能得到有效的疏导和咨询。

5. 学校生活的重复呆板

教学本身就是一种情感交流的活动，师生情感的沟通，能激发学生从思想上对教师所讲的内容产生亲切感和认同感，从而喜欢这个教师并愿意上这位教师的课，即所谓的“亲其师，信其道”。然而从事教学工作的老师们迫于来自各方面的压力，在施教过程中过多关注学生智力目标的训练，忽视了学生的情感等非智力因素需要的满足，从而销蚀了学生学习的内部动力，甚至对学生脆弱的心灵造成伤害。教师的教学引不起学生情绪的波澜，无法唤起学生情感的愉悦和美的体验，激不起学生强烈的求知欲，最终导致学生学习情感动力的缺失，出现厌学、紧张、恐慌等心理疾病，直接影响学生的身心发展。

6. 学校对学生的评价机制出现问题

有效的评价是激励学生学习的手段，其实质是促使学生全面发展。而我们一直擅长的法宝是无休止的考试，考试的用意纯粹在于选拔，只讲究把学生分成三六九等，从不关注每一个学生的过程性进步和发展，过分选拔甄别势必损害了大部分学生的自尊和天性，减少了学习过程中乐趣的体验。

7. 不当的惩罚

在教育过程中，表扬和惩罚一直都被作为一种教育的辅助手段。表扬作为一种正强化，经常用来鼓励与巩固某些期望行为，它可以极大地激发学生的学习动机，并使其自尊、自信得以增强。但惩罚在教学中的作用，目前并没有一致的看法。惩罚确实可减少某些非预期行为的发生，这是因惩罚对行为者造成了痛苦而使其产生了回避动机，但它同时也产生多种负面的心理效应，如产生学校恐惧、师生情感阻隔、自我期望降低、厌学，等等。不是所有的惩罚都会引发负效应，我们指的是那些不当的惩罚。如惩罚的手段与动机不是出于一种对学生的善意期盼，而仅仅是一种行为的粗鲁、野蛮或心理虐待的话，那问题就难免了。

（三）家庭因素

家庭是青少年成长的摇篮，父母是孩子的第一任教师。家庭环境的好坏与家庭教育是否得当直接关系到青少年的健康成长。

1. 家长期望过高

社会的竞争日益激烈，必然会渗透到社会的各个方面，当然学校也不例外。部分家长认为自己的孩子天资聪慧，所以还不到上学的年龄，就开始托关系找熟人早早地让孩子上了学，对学生的期望呈低龄化趋势。有不少家长除了对学生成绩有过高的期望外，还表现出对孩子各种特长的高期望，希望自己的孩子样样比人家强，学生面临的压力越来越大。面对父母的高期望，很多孩子觉得自己无论怎样努力也达不到父母的要求，渐渐就失去自信，对自己的学习能力会产生质疑，孩子的心灵留下不可磨灭的阴影，久而久之，造成了孩子的厌学。

2. 家长过分溺爱或漠不关心

现在的学生大多数都是独生子女，父母或祖父母处处周全的照顾宠爱，助长了孩子以自我为中心的意识。大多数独生子女过着衣来伸手、饭来张口的生活。家长对孩子的放纵，导致孩子责任心缺失，自由散漫，不能按要求完成学习任务。这种养尊处优的生活，让孩子认为学不学习是无关紧要的，同时学习中产生的挫折使得他们也不愿意学习。再加上部分父母重养轻教，甚至养而不教，物质上尽量满足孩子的要求，却对孩子思想、学习关注甚少，缺乏与孩子之间的交流，这就造成家庭教育的缺失。

3. 父母感情不和导致家庭温暖缺失

温馨的家庭生活和良好的家庭学习氛围是孩子成长的阶梯。在自由、平等、和谐、充满爱心的家庭环境中，孩子心情舒畅、精神振奋，容易产生愉快的情绪体验和积极向上的进取精神，孩子也易产生较强的好奇心和探求欲望，能充分认识自我价值。家庭生活的不安定，父母及家人的吵闹，会使孩子处在不安、烦躁、惊吓的状态下，使孩子没有一个轻松愉快的学习环境，心情不舒畅，有压力，就容易引起厌学。

（四）学生自身因素

学生产生厌学心理最根本的原因是内因，即是由学生内在的心理因素起决定作用。外因是变化的条件，内因是变化的根本（黄荣光，2007）。每个人在学习、生活中都会遇到这样那样的困难，如果没有坚强意志去克服困难，在学习上就会产生厌学情绪（刘玉敏，2006）。有研究认为学生自身因素主要包括学习动机不明、自卑感较强、自制力较差、由于学业负担过重而产生逆反心理（肖承志 等，2004）。

1. 学习动机不足

学习动机是由求知需要引起的，可以激发、推动并维持学生进行学习活动，并达到一定学习目标的内部心理倾向和动力。根据动机的结构特点，布鲁纳把学习动机分为内在动机与外在动机。首先，对于学生而言，学习兴趣的缺失可能是内部动机不足的最主要原因。学校兴趣缺失的原因，既有网络对学生的吸引，使他们觉得学习和其他媒介相比实在毫无趣味性可言，又与现在我国教学方式单一枯燥、教学程序缺乏新鲜感、课业负担过重有关。其次，对学生而言，沉重的学习负担、严峻的升学压力、长时间的身心疲惫也使他们渐渐对学习失去了兴趣。还有些学生认为学习上的成功已经不能证明什么，外在成就动机驱使学生产生了厌学情绪。再次，学业受挫产生的自我效能感下降是引起学生厌学情绪的另一原因。长久地坚持、努力却得不到期望中的结果会严重降低他们的自我效能感，大大降低了维持学习行为的外在动机。

2. 认知偏差

一方面，社会文化影响人们，导致人们认为“读书无用”，当学生在认知上产生这种错觉时，面对沉重的课业负担，他们就多了一个绝佳的拒绝学习的理由，从而产生了厌学心理。另一方面，学生对老师、家长的要求不能正确地认识，面对课余时间被打压、活动的范围小、言谈举止要受到约束，产生反感心理，也就不可避免地产生了厌学情绪。

3. 消极情绪的困扰

据调查，19.8%的学生觉得读书太苦（秦忱，2009），而这种比例随着竞争的日趋激烈、年级的升高在学生中可能存在的比例更高。心理学认为，消极情绪下学习效率必然会下降。有时这种下降趋势可以达到三四成，甚至更高。而消极情绪主要来自以下两方面：一是自身消极情绪的困扰 。已有的研究表明，情绪起伏较大、性格内向的学生易产生厌学心理(方双虎，1999)。这既与他们的高级神经活动特点有关，也与长期抑郁心境不能及时抒发有关。而这种消极情绪还会反作用于厌学心理，进一步加重厌学心理的严重程度。二是外界的压力导致的消极情绪困扰。尤其是当这种期望超出高中生所能承受的最大限度时，高中生觉得自己的表现不尽如人意就会产生自卑、挫折感、厌学等消极情绪。

4. 意志力薄弱

意志力薄弱是学生厌学的又一个重要原因（刘明威 等，2012）。意志力薄弱的学生学习更加被动，如果没有他人的督促，他们极少能主动学习。此外，抵制外界诱惑尤其是网络游戏等方面，他们控制能力较差，更容易被其他娱乐活动所吸引。学习是一件持之以恒的事情，没有一定的坚持性，是很容易就放弃的，因此许多学生是因为其意志力的坚持性差。

5. 人格特征

厌学学生人格特征倾向于内向、情绪不稳定、强精神质（方双虎，

1997)。内向型学生孤独缄默、多思孤僻、好幻想、适应能力差；情绪不稳定型学生则显得冲动、难以自制、焦虑、紧张，往往又抑郁、多疑；强精神质型学生以性情古怪孤僻、对他人漠不关心、心肠冷酷等个性为多见。这些不良的人格特征会影响到高级神经活动的强度、灵活度和平衡度，从而使学生知觉、记忆、思维的功能受阻，使其智力活动的积极性受到压抑，最终引起学生的智力品质和学习效率、行为的下降，从而导致厌学情绪和行为。

四、未成年人厌学的改善措施

（一）营造优良的学校教育环境

校园是学生赖以成长、不断走向社会化的重要环境。校园环境的构成因素很多，大致可分为“硬环境”和“软环境”。其中“硬环境”包括学校的课程设置、教学设施设备配置、地理位置及周边环境等，“软环境”包括教学常规管理、校园文化、校风、班风、教师的道德文化修养和心理健康状况、教育方法等，是校园中客观存在且是无形的，由人为因素把握和影响，可以感知却不可量化的，对学生身心发展产生较大影响。

（二）减轻学生的课业负担

从优化课堂教学入手，减轻学生负担。一是精心备课，要了解学生现有知识、兴趣爱好、能力态度、意见要求及年龄特点、生活经历、活动范围等，认真研究怎样使学生在课堂上用最佳手段获得最大的学习效益，来减轻学生过重的课业负担。二是激发兴趣，教师把问题带进课堂，设置悬念，以激起学生渴求解答的欲望；创设情境，以引起学生积极的观察，想象，使他们如临其境、如闻其声，从而激发他们的学习兴趣，减轻过重的课业负担。

（三）培养与激发学习动机

1. 改革教学方法

我国基础教育过于强调接受学习、死记硬背、机械训练，这种学习方式导致学生感到学习枯燥。强调学习方式变革，要紧紧抓住学生心理，积极探索，多采用实验、电脑、课外书等学生喜欢的学习方式，运用启发式，创设问题情境，激发学生积极思考，使其不仅动脑，还要动手动口以提高学生的学习兴趣，乐于接受学习，从而提高解决问题的能力，并掌握解决问题的方法和规律。学生学习的绝大多数时间是在课堂上，因此实施可行又富有乐趣的教学方法是提高学习成绩、减轻课业负担、降低厌学概率的有效方法。老师在日常教学中应该把“快乐学习”这种观念逐渐渗透到学生的思想中，具有厌学心理的学生，并不是对所有的知识都没有兴趣，只不过他们要被迫学习不喜欢的知识和学科，所以往往表现得毫无兴致。因此，教师可以通过有效的教学方法来改善教学方式，让学生在快乐中学习，重新唤起学生对学习的兴趣，为学生创造一种饥饿感，激发他们的求知欲望。教师要注重教学方法的选择，使抽象、乏味的知识变得更为具体和生动，为学生创设更多他们乐于接受的学习方式，激起学生成功的欲望，使他们在不断满足中重燃学习的兴趣。

2. 激发学习动机

每个人都有希望得到他人赞扬、肯定的愿望。在学习上对学生的每一次进步给予充分的关注，及时肯定与鼓励，使他们在学习进步的同时自信心也得以逐步增强。在日趋增强的自信心的引导下，使他们找到自我的价值，而这种自我价值日后又会成为他们的另一种学习动机。另外，学习成果的及时反馈也有利于激励学习动机。对于学习困难的厌学学生，最重要的是改变他们不良的自我概念，增强他们的自信心，引导他们正确对待失败，改变消极的归因倾向。教师在教学中要放低要求，有意识、有针对性地创造机会和条件，帮助学生通过自身的努力获得成功，让学生们看到自己的长处，看到自己的希望所在，享受到成功的乐趣。教师对他们经过努力而获得的哪怕是一点一滴的进步都应特别珍视，都要以适当的方式加以肯定，让他们感到自己正走向成功，从而激发起他们的求知欲望，对学习充满信心，使他们在学习上变“要我学”为“我要学”，激发他们的内在动力。教师还可以利用课余时间设身处地地为他们创设表现长处、发挥特长的舞台。每个学生身上都会有闪光点，教师要善于捕捉，有针对性地组织故事会、演唱会、朗诵会、体育竞赛、小发明等一系列丰富多彩的课外活动，使学生各自的才能得到发挥，感受学校生活的乐趣，体验到成功的快乐，增强学生的自信心，进而逐步消除厌学情绪，树立自新上进的信心。

（四）改变不合理认知

从认知角度进行分析，学生出现厌学是因为他们觉得知识无聊、无用才分心，而并非注意力有问题。在实际教学中学生对某些学科的学习感到厌烦，其实是对于这门学科的学习目的认识不足。在教学中先讲明学习此门学科的重要意义、实际应用价值以及在整个教学体系中的地位，以这种做法激发学生学习的热情，改变不合理认知，力求变“要我学”为“我要学”。

（五）消除不良情绪体验

行为主义理论认为：如果一个行为和一种奖励产生联结，那么这种行为出现的概率就会增大。试想，如果学生的学习行为能够和鼓励反复结合，并逐渐形成条件反射，最终使学习与积极情绪联系起来，那么，无疑会逐渐消除学业不良情绪。最后，设置合理的目标，进行正向的引导，把和别人比较变为和自己比较。家长为孩子设置恰当的期望值，使学生不至于产生挫败感。

（六）增强意志品质

首先，自觉性方面要培养学生有计划、有目的地进行学习，养成良好的行为习惯，从而使自己不再单纯依靠他人的督促来进行学习活动。其次，面对厌学学生的自制力缺乏这一特点，人为地减少与网络尤其是网络游戏接触的机会和时间，使学生把更多的精力用在学习上。最后，在坚持性上，老师和家长应该多鼓励我们的学生，面对考试的失利不要只关心分数的变化，而是更多地关心考生的心理，并且培养学生在失败中看见希望，依然坚持拼搏的信心对他们来说可能更加重要，这也是克服厌学心理的一个方法。

（七）采取自我调节手段

作为学生，一旦自身出现厌学情绪，要及时采取行之有效的自我调节手段，通过挖掘自己的思维资源，运用心理疗法对自己的心理问题进行自我调适。

1. 自我暗示法

学生在平时学习中，可以通过自我暗示作用调整自己的心态以提高学习成绩。如在学习时，可以暗暗对自己说，“我今天精神状态很好，思维活跃，今天所学知识我一定会学得很好”，等等。这样可以促使学生以最佳的情绪状态投入学习，从而取得好成绩。

2. 角色互换法

学生在学习、生活、人际交往过程中，难免会产生不满、对抗、愤怒等消极的心理因素。有的学生不能很好地控制、把握自己，将自己的消极情绪转嫁、宣泄给别人，造成人际关系紧张或心态失衡而影响学习时，学生如果能与对方角色互换，进行换位思考，从对方的角度回过头来审视自己，就会对自己的不良态度或言行内疚，从而能理解、体谅、宽容别人，达到情绪上的心理相容，以恕己之心恕人，正如孔子所言：“己所不欲，勿施于人。”

3. 自我宣泄法

此种方法是迅速化解消极情绪的一种方法，适用于各种消极情绪的调节和改善。性格外向，凡事不吐不快的人可以通过与同学或家长聊天、交谈的方式将消极情绪倾诉出来；性格内向，不习惯情绪宣泄的人，可以用写日记、听音乐的方法来宣泄消极情绪，积极健康的文体活动，大声喊叫，放声大哭，摔打等，也可以宣泄心中的不满。

关键术语表

情绪（emotion）是感受，是与本身结构有关的身体状态，它是粗糙的或经过精化的行为并发生于特定的情境之中。

基本情绪（basic emotion）是人与动物共有的，在发生上有着共同的原型或模式，它们是先天的，不学而能的，每一种基本情绪都具有独立的神经生理机制、内部体验和外部表现，并且有不同的适应功能。

心境（mood）是指人比较平静而持久的情绪状态。心境具有弥漫性，它不是关于某一事物的特定体验，而是以同样的态度体验对待一切事物。

激情（enthusiasm）是一种强烈的、爆发性的、为时短促的情绪状态。这种情绪状态通常是由对个人有重大意义的事件引起的。

应激（stress）是指人对某种意外的环境刺激所做出的适应性反应。

主观幸福感（subjective well-being）是指个体根据自定的标准对其生活质量的整体性评估。

自我和谐（self-harmony）指的是自我内部的协调一致以及自我与经验之间的协调。

应对（coping）是个体面临压力时为减轻其负面影响而做出的认知和行为的努力过程。

孤独感（loneliness）是个体在实际情况不能满足其对社会网络的需要时所产生的一种苦恼性心理体验。

父母教养方式（parenting style）也叫抚养方式、养育方式，是指父母在对子女的养育和管教方面的特点。

社会支持（social support）是个体在社会生活中获得的帮助与支持，它包括主观支持、客观支持和对支持的利用度。

抑郁（depression）是一种低落、悲伤或苦闷的情绪状态，是一种以心情低落、无望失助为主要症状的心理疾病。

青少年抑郁（adolescent depression）指的是青少年对日常学习和生活中的一些不良情境或事件的一种反应，是一种不愉快、悲伤或精神痛苦。

自我效能感（self-efficacy）是指个体对自己是否能够成功地进行某一成就行为的主观判断。

自尊心（self-esteem）是指一个人对自己的尊重，相信自己的能力和自己从事工作和学习的价值。

焦虑（anxiety）是指个体在知觉到不利情况或危险即将发生时，产生的无方向的唤醒状态，它随着自己的神经系统的唤醒表现为主观激动的情绪体验和对忧虑的紧张。

特质焦虑（trait anxiety）是作为一种人格特质且具有个体差异的相对稳定的焦虑，是一种习得的行为倾向。

状态焦虑（state anxiety）用来描述紧张、恐惧、忧虑、神经质等复杂主观感受，同时伴有植物性神经系统亢进的症状，一般为短暂性的。

考试焦虑（test anxiety）指个体面临考试情境这一特定状态下产生的焦虑，主要描述在测验状态下焦虑水平上的个人差异，是一种情境特定化的人格特质，以青少年较多见。

社交焦虑（social anxiety）也是一种特定情境的状态焦虑，个体暴露于陌生人或者可能在受到他人审视的一种或多种社交场合时出现明显而持久的恐惧或害怕等症状，达到影响工作、学习和其他活动的程度，而且痛苦持久，甚至出现回避行为。

自信（self-confidence）是自尊需要获得满足时产生的一种情感体验，尊重需要不能获得满足时就会导致沮丧和自卑感。

厌学（weariness）是指学生由于各种原因对学习产生一定程度的厌倦乃至厌恶、烦恼，从而逃避的一种心态，学生表现为不愿意主动学习，消极对待学习。

第四部分

未成年人行为特征及塑造

第一节 概论

一、概述

（一）什么是行为

行为（*behavior*）是指人们为适应和改造大自然或社会环境，或为生活中达到某一目标，人的内在心理和外在表现。具体地说，人们在日常生活中所表现的一切动作，都可以统称为行为，它不仅表现为人的摄食、睡眠等生理活动，也包括人们日常的劳动、工作、娱乐、人际交往等社会性活动（常若松，2004）。

人类行为与动物行为的差别就在于人类行为的表现是社会性的。对健康人而言，其某种行为如何表现、能否表现等，都通过了本人的自我意识，纳入社会和环境之后选择而为的，受到环境和社会的影响和制约。相比之下，动物行为只是一种先天的本能，表现单调。

人的行为以生物为基础，但并不意味着人的行为只是遗传的产物或外力作用的结果。行为最根本的作用力在于人的社会化过程中，人们通过逐渐形成的自我意识发动起来。自我意识在行为中的这种推动力在日常生活中被称为动机。

（二）行为特点

人的种种行为与其特定的表现形式相比较，表现出以下特征。

1. 多样性

个体针对不同的目标将采取不同的行为。在日常生活中，人们的行为总是表现得丰富多彩。

2. 自发性

人的行为是由社会个体自身发出，受其自我意识支配的。外力能够影响人的行为，但无法发动人的行为。

3. 目标性

人的行为都指向一定的目标。人们的行为都希望达到一定的目标，得到所预期的结果，而无目的的行为实际上可以说是不存在的。

4. 可变性

人的行为不是一个僵化的系统，而是不断变化的。人们为达到某种目的，可以经常变换行为方式，通过不同的途径采取不同的行为。因此，个体的行为是随着主观和客观环境的变化而变化的。

二、行为的结构

人的行为作为个体在自我内在的生理和心理因素支配下与环境相互作用的外在表现，其具有一定的内在结构。

（一）生理基础

人的行为从反应的角度看，是以环境或体内所发生的刺激为基本条件的，由人的感觉器官把接收到的刺激作为信息传入中枢，再由神经中枢对接收的信息进行综合，然后通过运动神经把综合后的信息转向肌肉等运动器官，并依靠许多肌肉的协调活动表现出来。人的这种反应行为是基于中枢神经的机能而发生的，并由相互联系的、不同水平上的神经结构的协同运动来保证。因此，生理基础是人的行为不可缺少的结构因素之一。

（二）心理机制

人的行为不仅依赖人的生理基础，还依赖人的心理诸因素的相互作用。人的行为是在人的意识支配下发生的。心理是行为的内在动力，行为则是心理的外部表现。一般情况下，需要形成动机，动机驱使行为，并由需要的满足程度所形成的情绪左右着行为。通常人们的行为发展过程表现为：行为原因—行为需要—行为—行为目标。因此，需要与动机是行为的主要心理机制。可以说，人的一切行为无一不是满足需要的表现形式。人的需要的不断重复与更新也形成了人的心理活动和行为的发生、发展的内在心理依据。

（三）社会规范

人类的行为是人和社会相互作用的产物，它的表现受到社会的制约，即从社会获得规范性。任何一个社会都将通过各种途径，运用这种方式，使其成员的行为遵循与社会现行的、适合一定要求与需要的行为规范，或倡导其成员遵从本民族文化的认可。事实上，人类的一切正常的行为，都受到社会约定俗成的行为规范的制约，由此才能达到避免社会冲突、维持社会秩序、实现社会安定和保障社会协调互动的目的。制约人们行为的社会规范主要有：法律规范、道德规范、社会风俗、纪律、信仰和信念、角色规范和社会生活规范等。

1. 法律规范

法律规范是由国家制定认可、由国家机关的强制力来保障实施的行为法则的总和，是带有强制性的社会规范。法律规范对行为的作用主要是调整社会行为，它一方面限制人们对社会的消极行为，使个体服从社会整体，另一方面，法律规范也维持社会的正常秩序，维系家庭婚姻关系，保障公民权利和义务，并达到威慑敌人、惩治犯罪的目的。法律规范在人们形成意志行为的阶段起着指导作用；在人际关系的处理上起着判断、衡量他人行为的评价作用；在后果上，它用惩罚或奖赏给予行为者以肯定或否定，起着教育的作用。

2. 道德规范

道德规范是一种以善恶评价为中心的行为规范的总和，由社会意识、社会观念或社会舆论形成的非组织化的控制方式，即用人人应该遵从的行为标准来调整与制约人与人之间以及个人与群体之间的行为关系。通过各种形式的教育和社会舆论的力量，道德规范对人们的行为形成不同程度的约束力，并引起个人对其道德行为的正确认识和负责态度，惩恶扬善，主要表现在社会风俗、习惯、传统、礼仪和时尚等诸多方面。

3. 角色规范

角色规范是一个人处于一定的社会位置所应服从的行为表现模式。一个人进入某一角色后，其价值观念与心理因素都将被角色所限制，言谈举止受到相应的制约。角色规范是社会影响与控制人们行为的重要中介环节。

4. 社会生活规范

社会生活规范是一种以社会的要求和人们普遍的意愿为尺度的一种行为制约方式，依此维持社会生活的公共秩序，协调人们的工作、生活各方面的行为关系。如：交通规则、乡规民约、集体守则、作息制度和注意事项等。此外，信仰和观念也对人们的行为起着重要的导向作用。

（四）个体差异

人的行为的个体差异是十分明显的。这种差异既表现为行为发展的纵向差异，又见之于行为发展的横向差异。行为的纵向差异指每个人的行为在不同的时期与不同的年龄阶段有着各自的特点，如老人与青年的行为差异；行为的横向差异指同一时期、同一年龄阶段的人，由于个体在遗传、成熟、环境、学习等因素的影响下表现出的行为差异。人的先天性差异、气质、性格、意志品质、思想意识（理想、信念和文化修养等）、情绪都影响着人的行为风格、行为目的和具体的行为方式等。

三、行为方式

人的行为错综复杂。为了具体研究人类的行为，心理学家建立了行为模式。归纳起来，大致可以有以下几种。

（一）华生的 S→R 行为模式

华生提出的 S→R 行为模式，表示一种刺激直接引起某种反应的行为类型，是着重从神经系统来揭示行为的。S 代表刺激，→代表神经系统的作用，R 代表反应。

（二）托尔曼（Tolman）的 S→O→R 行为模式

托尔曼提出的这种行为模式，表示一种刺激并非直接引起某种行为，而是刺激通过有机体的中介作用而引起某种反应。在这种模式中，S 代表刺激，→代表神经系统的作用，O 代表有机体，R 代表反应。

由于每个人的身体状态、知识经验、心理状态不同，刺激与反应之间有着不同的关系。人对刺激的反应大致有以下几种。（1）同一刺激对不同的人引起相同的行为反应。（2）同一刺激对不同的人引起不同的行为反应。这是由于人们的知识修养和知识状态不同，因而产生不同的反应。例如，同一部电影，由于各人的文化素质、欣赏习惯、审美观不同，个人的反应就有很大的差异，甚至完全对立。（3）不同的人接受不同的刺激，可能会引起同样的行为反应。

（三）勒温（Lewin）的 B = f（P·E）行为模式

勒温提出的这种行为模式，表示人们的行为是个人的人格所处的环境函数。在这种行为模式中，B 代表行为，f 代表函数，P 代表个人的风格，E 代表人所处的环境。

因此，换句话说，这种行为方式也表示人的行为是随着个人风格与所处环境的变化而变化的。就是同一个人在不同的环境中也会表现出不同的行为，不同的人在相同的环境中亦可能有不同的行为。

（四）李维特（Leavitt）的行为模式

根据李维特的行为模式，人的行为有三个基本概念，即：（1）人的行为是有原因的；（2）人的行为是有动机的；（3）人的行为是有目标的。

需要产生动机，动机引起行为，行为指向目标，当人的行为达到目标时，人的行为的原因消失，行为的动机也就随之消失，行为也就终止。人的行为目标，可分为生理的和心理的。一般来说，生理的目标数量有限，相对说来也比较容易达到；心理的目标不仅数量多，而且受环境与个人价值观的影响而变化不定，也容易得到满足。这种行为的原因与动机，是不容易消失的。

从人格的角度审视 S→R 行为模式、S→O→R 模式、B = f（P·E）模式和李维特的行为模式，这四种行为模式都没有完整地揭示行为模式与人格的完整关系，尽管 B = f（P·E）模式表明的是人格与环境的关系，但它是从变化的角度说明的。

四、行为方式与健康人格

（一）行为方式与健康人格的关系

行为方式虽然与行为有明显的不同，它是来自我们对系列行为的观察和总结，是抽象的，不像行为那样表现在人们面前，丰富多彩且形象。但是在一般意义上，行为与行为方式都与人格相联系，行为表现一个人暂时的人格状态，行为方式则表明一个人稳定的人格特征。在人格统一性的意义上，行为方式是指人们在日常生活中通过丰富多彩的行为而表现出来的、有一个人格特点的、有结构及规律的和相对稳定的行为格式或模型，是人们如何表现行为的定型化，是个体人格结构的外部表现。

比如我们说一个人走路，走路只表示这个人发出的行为，而不能表示他的行为方式。但是，如果我们说一个人"走路快"或"走路谨慎"，这才是对一个人行为方式的判断。"快"和"谨慎"是这个人走路时行为的特点。当然，这种特点不是依据我们对这个人一两次走路行为的观察就得出来的，而是代表这个人相对长久的和较为一贯的并有别于他人走路的行为特点。

一个人的行为方式随着他的自我意识的确立和思维方式的形成即人格内核的成熟而逐渐形成，并最终稳定。行为方式使人的活动常表现为稳定和有规律性的，能归结系列行为的人格特征。一个人的行为方式一旦确定，就使其自身的行为具有重复性和稳定性的特点，在类似的情境中将有规律地多次出现。

深入地分析行为方式，可以划分为三个层次：处事原则、对事态度和活动方式。其中，处事原则是行为方式的核心，由自我意识（包括人格品质如思想、认识、兴趣、需要、情感和意志等）和思维方式所决定；对事态度是个体对人、对事、对物的态度体系，是受处事原则决定的；活动方式则是指个体表达对事物态度的最外显的方式，由处事原则和对事态度共同决定。

健康人格的行为特征主要体现在个体的社会适应性行为中，反映的是一个人在社会实践活动中表现出来的行为方式（对自己、对他人、对社会、对环境等）的合目的性和合社会性。外在的实践活动中个体行为的丰富与完善，既能体现人格的健康与否，又能不断塑造健康人格。只有人的行为方式反映出的人格心理特征是有效的、适当的，我们才能说这个人的人格是健康的。

（二）健康人格行为方式的特征

行为方式是人们评价某人人格是否健康的最直接的表征。健康人格的行为方式与病态人格的行为方式相对而言，是指人们在适应和改造环境、在日常社会中表现的体现了健康人格的自我意识和健康的思维方式，尤其是自我人格特点的、有结构的和有规则的、相对稳定的行为模型。

1. 结构的统一性和规则性

完整而健康的行为方式是处事原则、对事态度和活动方式等要素构成的统一体。这个统一体内在地由人的自我意识和思维方式所决定。在此统一体中，各要素有很强的内在联系，往往在处事原则、对事态度和活动方式与风格上保持一致。如能够把自己的需要、愿望、思想、目标和行动同作为人格核心的自我观念和信念统一起来，不是私欲和良心相冲突，欲望背弃了信念，行为和思想互相矛盾，主体意识不统一而形成两重或多重相互对立的分裂人格特征。

2. 对现实的充分感知

健康人格个体在估计自己的反应和能力，或解释周围世界正在发生什么的时候，是十分现实、客观和全面的。他们不会经常误解他人的言行，并能比较实际地评价自己的才华、才能，既不过高估计自己的能力，强求解决超过自己能力范围的任务和工作，也不会因过低估计自己的能力而逃避艰巨的任务和工作。因此，健康人格行为方式的表现，一般都有效能感和胜任感。能够按照高尚的社会道德规范和价值标准来严格要求自己，能够熟练地、创造性地从事和完成某些活动。

3. 自知之明

健康人格个体在行为方式上善于调节自己的动机、行为目标、情感和情绪。他们对自己的一切现状都有某些意识。也许，即使是健康人格也不能完全了解自己的情感和某些行为的发生。但与病态人格相比，则有更为深刻的自我意识，并且从不掩饰自己的重要情感和动机。

4. 对行为随意控制的能力

健康人格个体在控制和指导自己行为的能力方面，感到相当自信。偶尔他们也可能凭借冲动、感情行事，但是，他们能够在必要的时候抑制自己侵犯他人的驱力；他们也可能依从或对抗社会准则，但是这个决定是由人格的自我意识和思维方式做出的，而不是来自不能控制的冲动。

5. 自尊或认可

健康人格个体对环境的适应能力是完善的，他们不仅对自我价值有一定的评价，而且能使自己感受到被周围的人所接受。同时，他们并不感到在团体或群体中被他人的观点所压服。

6. 建立诚挚关系的能力

健康人格个体在其行为方式中能体现出一种能够同他人形成密切而融洽的关系的内在力量。他们对他人的需要和情感十分敏感而尊重，不为满足自己的需要做出过分的要求。通常情况下，心理有障碍的人过于维护自己的安全，以致形成极端的自我中心主义者。他们全神贯注于自己的情感和所做的努力，寻求感情却不能回报。他们又会害怕亲密的关系，因为其以往关系的经验是破坏性的。健康人格则不同，他们能正视过去和现在的一切实际，面向未来。

7. 效率和责任

在生活、学习和工作中，健康人格个体对自己能力的大小有正确的认识，能够充分地、恰到好处地运用自己的能力，满怀生活的热情，而不会勉为其难地去满足日常的要求。能充分调动自己的潜力去完成自己的事业。自己的行为一旦发生，就敢作敢为，具有勇于承担行为后果的社会责任。

第二节　人际交往

案例

“找朋友”见证儿童人际交往缺失

“找呀找呀找朋友/找到一个好朋友/敬个礼握握手/你是我的好朋友”，《找朋友》是“80后”小时候最熟悉的儿歌之一，而且他们的童年从不缺朋友。如今的孩子很多也会唱这首儿歌，但他们的朋友却很少。近日，家住陕西西安的王女士在论坛上发帖，为6岁的女儿寻找玩伴。

城市孩子缺少玩伴的现象，显然并非个例。今年初，天津市统计局社情民意调查中心对456名家长进行的一项调查显示，至少六成孩子平时缺少玩伴。当“80后”在哼唱中回味“找朋友”的快乐与温馨，感慨着岁月的流逝和社会的变迁；同样的歌词，同样的曲调，却很难再引起孩子们强烈的心灵共振。什么都不缺的“独苗苗”，唯一缺的就是朋友，这也正成为困扰他们的“成长的烦恼”。

随着儿童权益保障的不断进步，公众更多地把关注的眼光停留在“发展起来以后的问题”，不论是小升初抢拼，还是小胖墩现象，抑或是学业“减负”，儿童身心发展的规律越来越受尊重，儿童的利益诉求越来越受重视。只不过，人们通常过于关注物质生活和知识学习，却忽视了对他们精神生活和心理世界的引导和帮助。

另外，作为未成年人，儿童的朋友圈往往打上厚重的成人印记。大人们之间的社会互动缺失，自然会影响孩子之间的人际交往。在城市化进程不断提速、社会流动日益频繁的今天，商品房的“推波助澜”，让即使住在同一个小区，许多人依然是“熟悉的陌生人”。有形的“壁垒”是一扇扇紧闭的大门，无形的“藩篱”是“各人自扫门前雪，莫管他人瓦上霜”的世态人心。于是，儿童的玩伴就变得十分有限，父母之间要么是有血缘关系的亲戚，要么就是工作上的伙伴和生活中的朋友。

要破解儿童“找朋友”困境，首先需要从成人世界的社会互动入手。贵阳市小河区一社区数十位业主通过QQ群“拼饭”，彼此熟络了，孩子们也玩在了一起。其次，社区组织要加强公共服务，为孩子们提供公共空间，搭建人际交往平台。此外，家长们要注重丰盈孩子的精神世界，鼓励、支持他们“找朋友”。

2012－06－11　来源：长江商报

一、概述

（一）什么是人际交往

人作为社会的一员生活在社会这一系统之中，必然包含着与他人在物质和精神两方面的相互作用，因而人与人之间的交往活动必不可少，由此产生的人际关系也必然存在。人从出生起就开始了与父母等家庭成员的交往，幼儿时期则开始与伙伴和老师的互动交往，而进入青春期，因其生理、心理的成熟和社会化的加深，其交往需要和交往活动也会迅速发展。因此，人一生的成长、发展和成功等都离不开人际交往，其一生的幸福、快乐、烦恼和悲伤也都与人际交往有关。可以说，人际交往是人生的基础，因此具有重大的意义。

人际交往（*interpersonal communication*）的概念包含动态和静态两个方面（常若松，2004）。

在动态方面，人际交往是人与人之间的一切直接或间接的交流和物质方面的交换，其主要媒介为语言、表情、身体动作等。例如人们为了学习去上学、去商场买东西、去医院就医等，这些为了与我们自身相关的事而与他人发生联系活动的行为都是人际交往。

在静态方面，人际交往是人与人之间形成的关系，即人际关系（*interpersonal relationship*）。这种关系是通过交往产生的情感积累和相对稳定的情感联结，反映了人与人之间的心理关系和距离。

人际交往的动态和静态两方面是相互影响、相互依赖、相互转化的。动态交往所积累的情感往往会形成静态的人际关系，而人际关系的形成，通常会对以后的动态交往起到一个相对稳定的导向作用。积极的动态交往会转化成积极的人际关系，能引导进一步的积极交往，如此良性循环，反之，亦然，消极的交往也会导致消极的人际关系（李由华 等，2001）。

（二）人际交往的分类

人际关系遍布人们生活的每一领域，由于人们社会活动的复杂性和人际交往行为的多样性，人际关系呈众多形态，因此心理学家对于人际关系的分类也并不统一。实际上，不同的人际关系类型也可以说成是各种不同的人格模型。由于依据不同，可将人际关系划分为不同类型。

1. 外露型、 内涵型和伪装型

根据社会个体人际反映的外部表现，人际关系可分为三种类型。（1）外露型。这种人对交往对象的亲疏好恶完全表现在面部表情上，对相容者十分亲密、形影不离，而对排斥者则横眉冷对。（2）内涵型。这种人对交往对象的喜恶往往怀在心中而不外露，其人际关系通过表面看似乎十分平淡，实则深沉。（3）伪装型。这种人表里不一，外表表现出与交往对象十分亲近，实则可能在心中十分怨恨对方，其待人处事多以自身利益和环境的变化为转移。伪装型的人际关系反应有极大的不确定性和伪善性。

2. 血缘型、 地缘型和业缘型

依据人际关系形成的基础，可以分为以下三类。(1) 血缘型。该种人际关系是由血缘和姻亲联系所构成的人际关系。这类人际关系多以家庭为中心，成员间的交往构成一个血缘关系网络，并由若干血缘临近家庭交叉形成亲缘关系网络，例如夫妻、婆媳、叔侄、祖孙、妯娌等。血缘型是人际关系中最直接、最普遍的关系，占了极大的分量。(2) 地缘型。此种人际关系是以地缘为纽带结成的人际关系。人们因居住在共同的地域，以地域观念为基础而形成人际关系。地缘型人际关系常以社会历史和文化为背景，是人际关系带有文化传统、心理纽带和乡土色彩，如邻里关系、同乡关系等。一般而言，现代化程度低 、较少搬迁、地理范围小的地区，地缘关系更为密切和重要，反之密切程度较弱且淡漠。地缘人际关系对社会的作用和影响都十分广泛。(3) 业缘型。此种人际关系是以职业为纽带而结成的人际关系，以人们的共同事业和志趣为基础，如同事关系、师生关系、经营关系等。随着现代化的发展，业缘人际关系打破了血缘和地缘人际关系的界限，在人际关系中的地位和作用逐渐增大，在其中所占比例最大，对社会也最具影响。

3. 包容的需求、 控制的需求和情感的需求

舒尔茨从人际反应倾向的角度，根据他人需求内容和方式的不同，把人际关系需求分为三类。(1) 包容的需求。具有这种需求的人愿意与人交往，希望能与他人建立和维持相互接纳的和谐关系。基于这种愿望所产生的行为特征为：沟通、参与、容纳、归属和随同等。反之，则表现为退缩、排斥、对立和疏远等。(2) 控制的需求。具有此种需求的人企图通过运用权力、权威或其他能够控制别人的因素来与他人建立和维持良好的人际关系，其行为特质是领导、支配和控制。反之，表现为受人支配、追随他人或者反抗权力、藐视权威等。该种类型的人际关系不只存在于领导和被领导、管理和被管理者之间，小群体中的核心人物，伙伴中的“头儿”，与他人的关系通常都带有控制和被控制的特征。(3) 情感的需求。具有此种需求的人希望在感情方面与他人建立并维持良好的关系，其行为反应特质是热情、友好、亲密、友善等。与此相反的人际特质是冷淡、疏远和憎恶等。

舒尔茨按照人的主动性与被动性，将人的三种需求的行为进一步分为六种人际关系倾向（如表10所示）。

表10　基本人际关系倾向

行为倾向 / 需求类型	主动性（e）	被动性（w）
包容（I）	主动与他人交往	期待别人接纳自己
控制（C）	支配他人	希望别人引导
感情（A）	主动表示有爱	等待别人对他亲密

（六种类型：eI，wI，eC，wC，eA，wA）

4. 谦让型、进取型和分离型

霍尼（Horney）根据个体与他人的关系，将人际关系分为三类。(1) 谦让型。该种类型人际关系的特征是“唯人是问”、“朝向他人”，无论遇到什么人，首先想到：“他喜欢我吗?”(2) 进取型。该类型特征是“唯我是问”、“对抗他人”，总是窥视对方力量的大小或别人对自己的用处。(3) 分离型。该类型特征为“疏离他人”，经常想躲避他人的影响和干扰。此外，人际关系还可做其他分类，根据人们交往的相互关系，还可将人际关系划分为合作型、竞争型和分离型；依据人际关系的维系程度，还可将人际反应方式分为稳固型、松散型和偶发型，等等。

（三）人际交往的心理效应

社会心理学研究表明，在人际交往过程中，由于每个人都积累了人际交往的不同常识和经验，并用这些常识和经验来指导自己的交往活动。受到人们的主观因素的影响，在认知交往对象时会产生不同的偏差，从而影响交往活动，其中一些较常见且稳定的偏差称为人际交往中的心理效应。

1. 首因效应

首因效应（*primacy effect*）指在信息呈现中，首先呈现的信息比后来呈现的信息在印象形成中占有更大的权重，即交往双方形成的第一印象对交往产生较大的影响（郑全全 等，1999）。心理学中也把这种现象称为“前摄效应”，即人们对先获得的信息记忆较深，并影响到之后一系列信息的理解和记忆。具体地说，就是人在交往的初期虽然只获得关于对方的少量信息，但倾向于对其大量特性做出判断，从而尽快对交往者形成统一的印象。所以，首因效应的影响主要表现为“先入为主”，个体常常依据第一

印象的判断认定对方，并以此为基础决定以后的交往活动。该效应最早由陆钦斯（Luchins，1957）根据实证研究提出，他用两段文字描述了一个名叫 Jim 的假想人物，第一段文字描述其外向性格，第二段文字完全相反，描述其内向性格，之后让人们阅读两段文字并对 Jim 的性格做出判断。实验结果表明，人们大多对 Jim 性格的判断符合其阅读的第一段文字，但首因效应只在最初的交往中起作用。

随着交往的加深，人们对交往对象的了解不断增多，首因效应的影响就会逐渐消除。所以，在人际交往中可以适当利用首因效应。在最初交往活动中，人们应该注意自己的言行，尽量给交往对象留下良好的第一印象，同时也提醒自己不要过多受首因效应的影响，应更多地获得对方的信息，之后再对其做出客观的评价，勿让首因效应引导自己做出错误判断。

2. 近因效应

近因效应（*recency effect*）即最后印象对人的认知及进一步交往的影响。陆钦斯（1958，1960）在首因效应研究的基础上又做了一系列实验，证明实验开始前若提醒被试们不要草率判断、要做全面评价，首因效应就会被抵消掉。而当被试阅读完第一段文字后去完成其他不相关人物，然后再阅读第二段文字，结果显示，大多数人对 Jim 性格的判断都更多地受到最后所看材料的影响，这就是陆钦斯所说的“近因效应”。近因效应是一种客观存在的心理现象，也称为“后摄效应”。

近因效应和首因效应并不矛盾，二者各自反映了人们在交往活动中留下深刻印象的两个端点：近端和始端。那么，在人际交往活动中二者如何影响人们对他人的认知和印象形成呢？一般来说，当两种矛盾信息连续出现时（例如 Jim 的内外向性格），首因效应突出，而当两种信息间断出现时，近因效应突出；在与陌生人交往时，首因效应明显，而同熟人交往时，则近因效应有更大影响。在人交往活动中，人们应该注意要全面考虑，不要只顾眼前片面判断，自己也应做到善始善终，给人留下良好印象。

3. 刻板效应

刻板效应（*effect of stereotype*）指社会上对某类事物或人物产生的一种比较固定的看法和印象。这是一种群体现象，而在交往过程中，则表现为人们不自觉地将交往对象归为自己经验中的某一类人，并认为交往对象也具有该类人的全部特征的心理效应。人们在人际交往中，常会产生一种有

准备的心理状态，在掌握信息较少时，根据以往的认知和经验对交往对象做出先入为主的判断。这种情况下，刻板效应能在一定程度上帮助主体迅速做出对对方情况的判断，通过交往对象所属类型的信息特点，大致推测其特点并选择在交往中所采取的态度等。但刻板印象对人的分类大多依据生活经验，没有科学与事实依据，而且准确性较低，忽视了人的个体差异。刻板效应在人们生活与交往活动中普遍存在，例如德国人严谨、日本人守礼、法国人浪漫等。因此，在人际交往中应该克服刻板效应的负面影响，在与交往对象最初接触时应克服偏见，避免以其性别、出身等特征对其下判断，应尽力获取较多信息、全面了解，具体个人应具体分析并对待，从而进一步交往。

4. 光环效应

光环效应（*halo effect*）又称晕轮效应，指在人际交往中因了解对方某个突出特点而将该特点泛化到其他方面，认为对方其他方面也与该特点有相似的突出特征，从而形成一种夸大的印象。这是一种泛化现象，凯莉（1950）曾对印象形成进行实验研究，让学生在第一次听课后对新聘任的老师做出评价，之前被告知老师是“热情的”这组学生对该名老师的印象多是有同情心、体贴、富有幽默感、善良等；而被告知老师是“冷漠的”这组学生则多表示老师是严厉专横的。

光环效应是个人主观推断、泛化的结果，在人际交往中普遍存在，例如人们认为热情的人会开朗大方、乐于助人，冷淡内敛的人则是骄傲自大、自私自利的，情人眼里出西施，一白遮百丑等。阿希（Asch，1946）曾用中心特质理论对印象形成进行解释，他首先发现在印象形成中某些特质起着中心作用，成为中心特质，而另一些特质只起边缘作用，成为边缘特质。前者在人际印象行程中作用极大，也就是说极端品质与特性对印象形成的影响作用很大。这种心理效应体现为三个特性：（1）遮掩性：由于核心内容使人们留下深刻印象，其他方面则被人们所忽视；（2）扩散性：常见于一些名人的某种优良品质被崇拜者无限扩散到所有方面；（3）定式性：人们受主体特点的影响，形成心理定式并受到制约。

光环效应由于人的认知的整体倾向性，即以有限信息力求获得对方的完整印象，多为以偏概全，在思维上表现为肯定或否定一切，从而导致偏见。在人际交往中，人们应该防止对他人印象以偏概全，应全面综合地认识他人，避免盲目、偏激地评价交往对象。

5. 投射效应

投射效应（*projection effect*）指在人际交往中，把自身情感、意志、特性等归属到对方身上，即交往中假设他人与自己有相同倾向。投射的结果通常是错误判断他人的情感、意向等，从而阻碍人际交往。投射主要有三种。（1）相同投射：在交往中不知不觉地从自我出发做出判断，忽视自己与对方的差别，在意识中将自己与对方混为一谈；（2）愿望投射：将自身的主观愿望强加于对方，认为他人一定如同自己希望的一样；（3）情感投射：对自己喜欢的人越看越觉得有很多优点，而对不喜欢的人则越来越讨厌。在生活中应该克服投射效应，在交往中应正确理解他人，综合对方以往经验和背景做出评价，把握好自身欲望和行动倾向，公正地评价每一个人。

上述是在人际交往过程中较为突出的心理现象，它们普遍存在，无法忽视，对人际交往产生重要影响。各效应的影响都具有双重性，因此在交往过程中，人们应该利用这些心理效应建立自己的良好形象，同时认识并克服由此产生的对交往对象的认知偏差，为建立更好的人际关系而服务。

（四）同伴关系

哈图普（Hartup，1989）把儿童的人际关系概括为垂直关系与水平关系，前者包括与父母、教师等成人的交往关系，后者则为同伴关系。美国社会学家米尔斯（Mills）认为儿童的人际交往主要包括家长、教师和伙伴等，随年龄阶段的变化，儿童人际交往主导类型沿“家长—教师—同伴—无现实存在的重要他人”的趋势发展（侯爱民，2007）。本书中，人际交往主要探讨儿童与同伴的交往行为。

1. 什么是同伴关系

儿童进入幼儿园后，其人际交往主要指*同伴关系*（*peer relationship*），即与年龄相近或相同儿童，或者心理发展水平相近的个体之间在交往过程中建立和发展的一种人际关系（张明红，2007）。

儿童与成人的交往主要表现为儿童依恋行为的发展，主要为学前幼儿时期。进入小学后，儿童走出家庭进入学校，相对于幼儿时期，其与父母、老师接触变少，交往环境中多为与自己年龄相近的同伴，此时同伴交往成为儿童人际交往的主要成分。

2. 同伴交往的重要性

（1）满足儿童归属与爱的需要和尊重的需要

儿童被同伴接纳并建立友谊，在同伴集体中占有一定地位，受到尊重和赞许，这可帮助儿童获得依恋感、亲密感、同盟感和归属感等。

（2）获得向他人学习的机会

儿童在与同伴的交往中能够学习如何与他人建立并保持良好关系，解决人际冲突的办法，如何给予或接受帮助，怎样对待竞争和合作，如何处理领导与被领导的关系，如何协调个人与集体的关系等，这一系列社会能力的培养会为儿童适应社会打下良好基础，有利于儿童社会性的发展。

（3）获得信息的渠道和参照框架

儿童通常可从同伴处得到一些无法从成人那里得到的信息或知识。儿童通过与不同家庭背景同伴的交往，还可以了解到与自己家庭不同的态度与价值观，扩展比较空间，丰富儿童对社会的认识。儿童在同伴交往过程中获得了自我概念和自我价值，儿童可以从同伴处获得自我信息，也可以与同伴进行比较。此外，同伴还是儿童获得社会支持的重要来源之一。同伴对儿童的影响主要通过强化、模仿和同化机制实现。

同伴关系不良将导致儿童短期甚至长期的社会适应问题。哈洛（1969）在关于恒河猴社会性发展的实验中比较了不同抚育条件下（完全隔离、有同伴没母亲、有母亲没同伴）幼猴社会行为的发展。结果显示完全隔离条件下长大的幼猴心理发展失常最严重，与同伴一起长大的幼猴彼此之间非常依恋，同母亲在一起长大而无同伴的幼猴游戏行为和情感的发展都受到了影响，对同伴的攻击性明显增加。而后续研究也表明（Soumi et al，1975），较长时间的同伴隔离，尤其是生活早期，幼猴容易产生较为严重的社会适应不良。因此，儿童早期同伴交往对其整个发展过程有着重大且深远的影响。

（五）同伴交往主要理论

1. 首属群体理论

首属群体理论由美国社会学家库利（Cooley）提出，他认为首属群体是个体生活在其中，与群体成员有充分直接交往和亲密人际关系的群体，如家庭、友伴群体等。首属群体依靠人与人直接的情感联结运转，是一个最为直接的社会形式，也是其社会影响的直接来源，对儿童的社会化起着至关重要的作用。

2. 两种不同性质人际关系理论

哈图普（1989）曾把儿童的人际关系分为垂直关系和水平关系，其中前者指儿童与成人（父母、老师等）的关系，后者则指与那些同自己有相同社会权利的同伴关系。垂直关系具有互补性，即成人控制、儿童服从，儿童寻求帮助、成人提供帮助。这种关系能为儿童提供安全和保护，帮助儿童学习知识和技能。水平关系则是平等和互惠的，能给儿童提供交流经验、学习技能的机会。在儿童的社会化过程中，水平关系比垂直关系对儿童具有更广泛、更强烈的影响。

3. 重要他人理论

该理论由美国社会学家米尔斯提出，重要他人指在个体社会化过程中起到重要影响的具体人物。他认为重要他人主要包括家长、老师和同伴等，随儿童年龄的变化，其主导类型大致按照“家长—老师—同伴—无现实存在的重要他人”这个趋势逐渐演变。该演变趋向表明，随着儿童年龄的增长，父母作用逐渐减弱，同伴影响逐渐增加（吴康宁，1998）。心理学家卡根则认为，儿童在0～5岁阶段，父母对其心理发展影响最重要，而6～10岁阶段儿童和同伴的交往对其个性形成起着决定性的作用（章志光，1996）。

4. 群体社会化发展理论

美国心理学家哈里斯（Harris）认为，对儿童心理成长具有重大且长远影响的不是家庭环境，而是他们与同伴的共享环境。儿童在家庭中习得的行为只有一部分能迁移到家庭外的环境当中，大部分在家庭外的行为都是通过儿童参加并认同一个社会群体，从中独立习得如何在家庭外行事。此外，社会文化的传递主要通过群体而非家庭，哈里斯强调，同伴群体是对儿童有重大且持久影响的环境因素，而非父母对待儿童的方式等（陈会昌，1998）。

（六）人际交往与健康人格

1. 人际交往促进人的心理的正常发展

索米（Suomi）通过动物实验来对儿童人际交往进行研究表明，如果儿童与照看者之间未形成稳定的亲密关系，他们就会出现缺乏安全感、性格缺陷等问题，其心理发展会受到明显影响，致使其难以适应生活的要求和变化，甚至智力发展也会受到明显影响。

在早期动物实验基础上，曾有学者以孤儿院19个月的发展落后的孤儿为对象进行实验研究，选择一部分儿童与代理母亲形成依恋，改变他们的抚养条件。4年后接受代理母亲抚养的实验组儿童与普通孤儿的对照组儿童对比发现，实验组儿童智商平均提高32分，对照组儿童只提高了11分，两组相差21分。而20年后的追踪调查更发现，实验组中1/3的儿童进入了大学，对照组儿童大多数智力发展都不超过三年级水平（张德，1993）。由此可见，儿童早期与母亲的交往活动对儿童智力水平的影响之大。

2. 人际交往满足人的原发性心理需求

追求安全感和自我价值感是人最根本的原发性心理需求，是保持其心理健康的基础。满足这种原发性心理需求，人们就会保持自信、自尊和自我稳定感。相反，人们就会自卑、自我厌恶甚至自暴自弃。安全感的获得和自我价值感的确立是在良好的人际交往活动中实现的，人际交往不良，则二者的发展也将受到不良影响。

人们在遇到困难和危险时都希望获得他人的帮助，希望能获得明确的安全感，这导致了个体对他人的依赖，进而也导致了人们对稳定人际关系的需要。沙赫特曾用实验方法激起人们的恐惧感，然后考察人们的交往倾向。结果表明，与未激发恐惧感的对照组相比，安全感受到威胁的被试与别人在一起的需要明显增加。与他人交往可以成为一种有效的安全线索，即他人在同样情境下不感到害怕，那么自己也无需害怕。这种心态的相互感染可直接为人们提供安全感。所以，与人交往是为人们提供所需安全感的有效途径。

自我价值感使人们用一定的价值观进行自我批评的产物，是通过与别人的比较实现的。人们在与他人的交往活动中能够更加了解别人，并通过他人了解、评价自己，看到自己的优缺点，进而肯定自己的社会价值。

3. 人际交往促进人的心理成熟

在人际交往活动中，人们可以从他人眼中看到自己的形象，通过思考较为客观地认识自我，从别人的评价中了解自己的优缺点，进而完善自己以期适应社会。这个过程既是自我成长的过程，也是个体心理成熟的过程。可以说，人的心理成熟是在人际交往中逐渐完善的，尤其是处于青春期的未成年人，正是处于心理从不成熟走向成熟的关键期，该时期最重要的心理过程是：认识、完善和发展自我。所以，人际交往对人的心理成熟十分重要并能起到促进作用。

二、未成年人人际交往的现状分析

（一）年龄阶段性和敏感期

儿童同伴交往行为总体趋势是随年龄增长而逐渐提高。相关调查显示，3～6岁儿童同伴交往能力随年龄增加而提高，其中幼儿园小班和中班儿童发展最快，到大班则处于持平状态（李艳菊 等，2008）。马卡连柯（Makarenko）将幼儿游戏划分为两个阶段：第一阶段为3～4岁，此阶段幼儿喜欢一个人玩；第二阶段为5～6岁，此时儿童更倾向于集体游戏。

上小学后，儿童的同伴交往方式有所变化，儿童在游戏中逐渐学习交往的技巧，此时儿童活动范围扩大，交往行为更加频繁，但有些儿童对小学生活适应不良，容易被忽视甚至拒绝。

（二）小学生同伴交往特点

1. 交往范围扩大

婴儿时期儿童的生活环境以家庭环境为主，交往活动的范围多为家庭内部，交往对象则主要是父母等亲人，该阶段儿童交往对象单一。进入幼儿园后，儿童开始与老师和同龄同学交往，交往活动由家庭扩大至幼儿园，交往对象增多，范围扩大。而与幼儿园相比，儿童进入小学后班级人数增多，其交往范围随之变大。进入小学，儿童交往的对象中与其年龄相似的伙伴增多，成年人减少。

2. 交往锻炼机会少

小学的学习生活是该阶段儿童的主要活动，学生的大部分时间都在学校度过，这使儿童与父母、亲戚等成人交往时间减少，导致儿童与这些人的交往活动变少。此外，正规的学习时间也压缩了儿童游戏的时间，儿童的人际交往活动中最主要也是发生最多的就是和同龄人的交往，而该阶段儿童的交往活动多为游戏，游戏时间的减少则意味着儿童与同伴的交往活动减少。缺乏和同伴、教师之间的交流互动、缺乏良好的交往环境，使小学儿童无处锻炼其人际交往技能，也使交往不良的儿童缺乏学习的机会。

3. 具有个体差异性

庞丽娟（1991）曾对4～6岁儿童的人际交往进行调查研究，结果显示，儿童的人际交往有四种类型，分别为受欢迎型、受排斥型、一般型和被忽视型。其中，受欢迎型儿童较多，约占53%，该种类型儿童在与同伴交往中不会主动友好或攻击其他的儿童。

相关研究发现，儿童的人际交往与其心境的积极或消极有一定相关。积极心境的儿童开朗乐观，同伴比较愿意与之接近，其人际交往能力较好；而消极心境的儿童爱生气、吵架，同伴不易接纳甚至拒绝该类儿童，其人际交往能力较差。

（三）中学生同伴交往特点

1. 交往范围进一步扩大

儿童进入中学后，其人际交往范围除父母、老师等成人外，同伴范围有所扩大，交往范围开始扩大到班级甚至年级，也逐渐开始两性间的交往行为。邓菲（Dunphy，1963）的研究发现，儿童在青少年时期心理发展的需要增加，主要表现为对群体归属感的进一步增强；对交往群体的选择上从小范围群体向更大规模的群体发展；从同性别群体交往逐渐向两性合一的群体交往发展（林崇德，1995）。

国内学者对本国学生的研究同国外研究不尽相同。屈卫国（2000）曾对长沙市初中生的同伴关系做过调查，结果发现初中生的同伴范围随年级提高表现出逐渐缩小的趋势，其同伴大部分集中在所在班级，且同伴之间年龄差距小，多在2岁之内。

但在选择同伴的性别方面，初中生同伴中异性同伴的数量逐渐增多。调查数据显示，200名初中男生中，在初一时同伴多数为异性或两性兼有且相当的有68人，到初三时人数增至119人；200名初中女生中，初一时同伴多数为异性或两性兼有且相当的有54人，而到初三时人数则增至126人。由此可见，随年级提高，初中生异性间交往活动增多，这与小学生同伴交往不同，到了初中，儿童对异性的接纳逐渐提高，开始出现两性相吸，这是儿童在该年龄段正常的心理发展与需求，且女生的增加趋势高于男生，这可能是由于女生较男生心理发展快，因而表现出更强的异性交往愿望。

进入高中后，异性之间交往将更加融洽。在高中阶段，异性交往的消极感受已逐渐消失，调查显示有一半的男生和大多数女生都建立了异性交往关系，男女生能够友好相处，建立融洽的友伴关系。高中生异性间的吸引注重内在品质和性情相投，而不在于单纯的外表（蒋克就，2004）。

2. 同伴交往的作用日益重要

儿童在中学阶段生理和心理等方面迅速发展，在人际交往上也出现了新的特征。中学生对父母的依恋逐渐减少，更多地转向对朋友的依恋，与同伴的交往行为增多。同伴交往时间和程度在该阶段都有显著增加，同伴交往互动更为频繁、复杂且持久。国内相关研究表明（陈枚，1991），初中生多选择与同伴交流内心的想法，其次是兄弟姐妹和父母。中学生多愿意与同伴分享自己内心的困惑，由此可知，在中学生的人际交往中，同伴交往变得日益重要。

3. 人际交往水平提高

蒋克就（2004）对高中生进行了调查研究，结果显示随着儿童友伴间交往的深入，高中生交友开始由一般的普遍交友转变为个别性的交友，即出现“挚友”，该阶段儿童在择友标准上多以感情共鸣和分享体验为基础，选择性情相投的友伴。高中生随年级增长，对友谊的要求水平也有所提高，友谊的标准也逐渐复杂，更强调友伴间的互相理解、忠诚和亲密感，更注重心理上的默契、互相支持、思想和情感的共享等。高中生人际交往水平不断提高，开始强调友伴间应具有一致的思想认识和追求目标，开始以个性、兴趣爱好等作为接近的条件，开始显示出相当明显的成人倾向。

4. 交往呈现层次性

中学生因其认知的不断发展，内心需求日益增加，兴趣爱好也日益广泛。为了获得自己各方面需求的满足，他们开始从与不同朋友的交往中得到不同层次和不同性质的需要。在高中阶段，高中生虽出现“挚友”，但普遍在一般到很小范围内，知心朋友数量一般较少，一般好友在较多到一般范围内，普通朋友则在多到一般范围内。可见，高中生的友谊随其层次的升高，友伴数量逐渐减少。此外，调查数据表明，高中生“挚友”数量不多且随年级升高而减少（蒋克就，2004）。

三、未成年人人际交往的影响因素

（一）生物情绪因素

影响儿童同伴交往的生物因素研究多集中于情绪表现或气质（如个体体验到的情感强度）、情绪规则（如调节内部情感状态和作用）、行为规则

（对情绪驱使行为的表达做出调节）。艾森伯格（Eisenberg，1997）认为，在管理情绪和情绪驱使行为上有困难的儿童倾向于将问题外化，出现攻击等行为，这种倾向夸大了他们经历的情绪强度。进一步的研究发现，消极情绪较少的儿童将问题外化的倾向较低，且儿童管理情绪的能力降低了消极情绪对其外部行为的影响。现已有研究揭示出大脑活动左右半球不对称模式，反映了儿童情绪体验的个别差异，而儿童的情感反应也符合和其不同社交类型（社交性、羞怯型等）的行为模式。有研究表明，沮丧情绪与儿童的攻击、同伴拒绝等有一定的相关。哈里斯特（Harrist，1997）调查表明，具有退缩行为的儿童中一些会表现出低落的情绪状态或陷入沮丧、悲伤的情感之中。若用社会信息加工方法测量这类儿童，他们与一般儿童大多没有差别，但对他们的行为和同伴交往进行评估则会发现，具有退缩行为的儿童往往是胆小的、自我鼓励的，常被交往对象拒绝或忽视。

（二）性别因素

儿童同伴交往行为存在一定的性别差异。

卡萨洛（Kosaro）认为，儿童同伴交往的性别划分大致从五六岁开始，在此之前，男孩和女孩一起游戏，他们的交往行为以游戏为中心，而不是以分享亲密关系为中心来发展友谊。而男孩和女孩同伴交往的一个重要差别是，女孩的友谊常涉入更多友善、移情和自我暴露，而男孩则更富侵犯性。小学男生往往比女生有更多的朋友，所有年龄段的男孩也都比女孩表现出更多的侵犯性和竞争性。女孩友谊的亲密度是通过交谈培养的，男孩则更多地通过共同活动培养友谊。

此外，不同性别的攻击型儿童受欢迎程度也不同（Thomas，2003）。攻击型的男生有的处于被拒绝地位，也有处于受欢迎地位的，而攻击型女生的受欢迎程度普遍较低。总的来讲，女生在同伴交往中依恋和亲密度比男生高，男生更加独立。男生看中的是自我张扬、逻辑性和义务，而女生则看中关怀、责任和人际关系。

汪均裕2004年曾通过对699名高中生的调查探讨了高中生同伴关系发展的特点，结果发现国内高中生同伴关系在性别上也存在一定差异。该研究发现，在同伴关系中，女生友谊中分享帮助和指导的水平总体高于男生，但随年级增长差距越来越小，到高三时已无明显差别；而在同伴冲突竞争水平上，高中一、二年级没有性别差异，但高三女生在同伴中冲突和竞争水平明显高于男生。以上现象和该阶段儿童生理和心理发育有关，高中阶段儿童的生理和心理逐渐成熟，而女生在这两方面的发育普遍早于男生，相差两年左右。此外，男女生性格特点也导致了二者同伴交往的不同。高中男生更具有独立性和个性，感情也更加内敛，而女生更喜欢同他人沟通，分享彼此的感情与经历，倾向于同他人袒露自己的内心世界，相比之下，女生则更容易建立同伴关系。

由此可见，儿童人际交往的影响因素中，性别差异不容忽视，在教育中也应正视这一差异，注重对不同性别儿童采取适当的教育手段。

（三）社会技能与交往经验因素

社会技能是个体经过学习获得的在特定社会情境中有效且适当地与他人交往的活动能力（心理学大辞典，2003）。相关研究表明，有些儿童在交往中受欢迎的原因是他们具有更强的社会交往能力，相反，不受欢迎的儿童则缺乏这种能力。能够恰当使用交往策略的儿童容易受到同伴的认可和欢迎，他们在与同伴的交往行为中也较少出现攻击等不良行为。被拒绝的儿童则通常缺乏社会交往能力，可能具有攻击行为、退缩行为等，不善于解决人际冲突。此外，有观点认为，一个儿童若能在早期形成与他人交往的能力，他则可能形成具有高度适应性和成功的社会行为人格类型。扎图普（Jartup）认为与他人和谐相处的能力对儿童的健康成长和发展都起着重要的作用。适当的社交技能能够帮助儿童在同伴交往中获得成功和接纳，而在社交技能与心理健康和情绪方面，良好的一般型自我评价如自尊、自信等通常是个体成功的人际交往技能的结果。

不同的交往经验对儿童人际交往活动也会产生不同的影响。科伊（Coie）等人 1992 年的纵向研究表明，学龄期儿童的攻击行为和同伴拒绝对青少年的适应不良具有各自的作用，都不利于儿童的人际交往。而布赫斯（Buhs）等人 2001 年对学前儿童的研究也表明，行为表现通过同伴拒绝这种态度对其适应结果产生了影响，被同伴拒绝的儿童经历了他人较多的消极对待，则对班级活动表现出更少的参与性，同时表现出较低的学业成就感和更多的孤独感。由此可见，不良的交往经验往往会阻碍儿童正常交往行为的发展，不利于儿童的社会发展。

四、未成年人人际交往的培养

（一）建立良好的亲子依恋

亲子交往作为儿童最早的交往行为，肩负着儿童人际交往的启蒙作用。父母在抚育儿童活动中应更多地向儿童传达爱意，满足儿童早期对爱与安全的需要，为其人际交往奠定良好的基础。

首先，父母应多与儿童互动，满足儿童合理要求，使其快乐地成长，这样有利于形成安全型依恋。安全型依恋儿童具有更多的积极情绪，在之后的人际交往中也表现出更多的合作、分享与善意，这些特性都有利于儿童被交往对象接受，进而形成良好的人际关系。

其次，父母应为儿童建立良好的榜样。儿童早期获得的人际交往经验与技能都是在与父母的互动中获得的，父母的交往行为是其早期模仿对象。父母在交往中表现出的良好品质和所采取的积极的人际交往策略都会成为儿童学习的榜样，能够丰富儿童的交往经验，在之后的交往行为中遇到问题也能从父母的榜样行为中获得积极的参考，采取更为有效的交往策略以恰当地解决人际交往冲突，进而获得更多交往对象的接纳，建立良好的人际关系。

（二）培养积极的人际关系态度

人际交往中具有某些人格特征的人更容易被其他人接纳，而这种人格的表现态度有以下几方面。

1. 尊重

尊重他人就是承认他人的价值、人格和尊严，保持他人和自己的平等。每个人都有被尊重的需要，而在交往中，感到尊重能够促使人们增加交往的倾向，更容易建立人际关系。如果一个人在交往中总是以自我为中心，认为自己是正确的，忽视他人的感受，会造成对方感到自尊受到伤害，不愿再交往下去，伤害到交往关系的建立。因此，在保持自我的同时还要兼顾他人的感受，给予对方足够的尊重，才能使人际关系更为和谐，促进良好的人际交往。

2. 真诚

真诚的态度有利于人际交往的顺利进行。真诚能够给交往双方提供一种自由安全的氛围，使双方都能够敞开心扉、无所顾虑地交流，这样在沟通中双方获得的信息更为真实可靠，也有助于双方在交往活动中获得安全感。由此，在真诚基础上建立的人际关系更为和谐且稳定持久，有利于人际交往的长期发展。

3. 理解

在交往活动中能够理解他人，站在他人的角度感受其所作所为的原意并为其着想，这些都能够促进良好人际关系的建立。人们在人际交往中不可避免地会同与自身差异很大的人交往，此时在互相理解的基础上，才能进行有效的沟通并排除因差异产生的障碍，增进相互间的关系。如果一个人只能想到自己，按照自己的感情行事而不理解他人内心所想，那么肯定会造成其人际关系的不融洽。

4. 宽容

俗语说“金无足赤，人无完人”，每个人都有自己的优点与缺点。在与他人的交往中，我们应该正视自身的缺点，同时包容他人的缺点。如果在交往中总是挑别人的毛病、对他人不满，则无法建立融洽的人际关系。生活中每个人都会因自身原因或环境因素而导致不同的行为习惯，大家只有在交往中彼此包容，才能互相接受，受到彼此的欢迎。

5. 给予爱

人际交往是人们感受爱与快乐的重要途径，因此，在交往中应该充分给予他人关心与爱，这样在交往互动中双方才能体会到来自对方的爱，才能满足双方对爱的需要。内心充满爱的人对生活也会充满希望，对自己也充满信心，对他人也能更好地理解与包容。这种在交往中对爱的舍与得能够更好地满足双方的需要，使交往变得更有意义、更加快乐，从而建立良好且坚固的人际关系。

（三）提高人际交往技能

1. 了解人际交往的类型特征

人际交往因时间、地点和技能方式等而呈现不同的形态和特征，主要有单项交往和双向交往；纵向交往和横向交往；语言交往和非语言交往；有意交往和无意交往等。这些交往类型各有特点，对交往效果的影响也各不相同，应根据具体交往情况灵活掌握。

2. 适度的自我表露

自我表露指个体以言语向他人袒露自己信息的过程，在人际关系建立过程中具有重要的作用。人们若想建立人际关系，首先应该向对方传达自己的信息，使对方了解自己，但传达的过程需要正确的方法。换言之，我们应该知道自己需要表露什么，向什么人表露，在什么时间、场合表露等，而自我表露还有一个重要特性，即相互性。正确的掌握自我表露的方法，能够促进双方互相了解，帮助人们建立人际关系。

3. 善于倾听

当交往对象需要倾诉时，做一个忠实且耐心的听众，让对方感到信任与鼓励，将自己的想法充分表达出来，这样可以减少交往对象的压力，同时为自己赢得对方的信任与依赖。在倾听时，切不可心不在焉、一心多用等，应给予对方足够的尊重，以免使对方受到伤害。

4. 合理处理冲突

在人际交往中冲突矛盾无法避免，当面对冲突时不应将对方视为敌人，而应该考虑冲突的两面性，很多时候冲突可以帮助人们了解对方内心的真实想法，帮助冲突双方更好地了解对方。因此，在冲突时较好的解决方法是：（1）承认冲突是自然的；（2）把冲突看作是需要双方共同努力解决的问题，而不要回避或决一胜负；（3）选择双方都能接受的时间、地点，心平气和地详谈；（4）重视并理解对方的具体情况，态度坦诚，在维护自身利益的同时，也要向对方合理让步；（5）不贬低对方，就事论事；（6）努力澄清分歧点，理解冲突的实质，求同存异，寻找能让双方满意的解决方法。

5. ICPS 训练

人际交往不良会导致儿童社会适应不良，导致儿童人际交往不良的诸多因素中社会技能缺乏是一个重要原因，因此改变儿童的人际交往多从社会技能训练入手，其中解决人际问题的认知技能（Interpersonal Cognitive Problem-Solving Skills，ICPS）是一种基本的一般社会技能，提高儿童的 ICPS 有利于儿童的人际交往。ICPS 由三部分组成。

（1）找到多种解决交往中问题办法的能力。这种能力是成功进行同伴交往的关键，人际交往不良的儿童往往缺乏寻找解决办法的能力，而采取退缩、等待等消极策略。有研究显示（庞丽娟，1991），受欢迎儿童的交往策略往往较多也有效，而被忽视的儿童交往策略则很少，被拒绝的儿童交往策略虽较多但有效性差。可见，具有充分且有效的交往策略往往能够帮助儿童赢得更好的人际关系。

（2）理解问题原因的能力。该能力能够帮助儿童正确地知觉所处情境，是成功进行同伴交往的前提。对儿童攻击行为的研究表明（Dodge et al，1882），当攻击性儿童和非攻击性儿童认为同伴是有意做出不友好行为时，二者都更倾向于报复，而当他们认为同伴不是有意为之时，则报复行为很少。这表明儿童对交往对象行为原因的认知决定了他们的交往行为，只有对交往对象的行为原因具有正确的理解后才能做出适宜的反应。

（3）预料行为后果的能力。对行为后果的正确预料能够帮助儿童调整自己的行为，选择最佳的解决办法。幼儿认知水平发展较低且缺乏足够的交往经验，因此他们认为其行为只会产生一种结果，而难以对其行为可能产生的后果做出多种预料。帮助儿童提高预料行为后果的能力可以调节他们的行为，利于儿童选择更为有效的解决问题的办法，且儿童自己选择的方法也更容易被其接受，减少儿童人际交往中问题的发生。

相应的，ICPS 交给儿童解决人际交往问题的步骤为：理解原因、弄清问题——产生多种解决问题的办法——预料各种解决办法产生的后果——决定采用最佳办法。

国外学者对 ICPS 训练成果的研究结果并不一致，维斯伯格等人（Weissberg et al，1981）对学龄儿童 ICPS 训练的研究表明，该训练并不能导致儿童交往行为的变化。而曼伦等人（Mannarron et al，1982）则持相反观点，他们的研究表明接受 ICPS 训练的儿童其交往行为相较之未接受训练的儿童有很大进步，且前者的社交地位明显上升。两项研究的对象不同，前者为普通儿童，而后者为高危儿童，其结果不同可能由此导致。

而在我国，学者陈益（1996）曾对 ICPS 对儿童的人际交往是否有帮助也进行了实验研究，结果表明 ICPS 较高的儿童的同伴交往行为明显优于 ICPS 低的儿童，可见 ICPS 与儿童的人际交往行为的确有关联，ICPS 有益于儿童的交往活动。此外，研究结果显示缺乏 ICPS 的儿童在接受训练后交往行为明显提高，其在交往中的积极行为明显增多，不交往行为也有所减少，这些改变都能够帮助儿童更好地与他人交往，建立良好的人际关系。

第三节　社交退缩

案例

人际交流障碍引发学生心理问题

2011 年发布的《2010 年上海中小学生安全情况报告》显示，上海中小学生自杀死亡人数呈上升趋势。同时，该市文明办委托徐汇区文明办和教育局开展的一项心理调研结果显示 22.8% 的学生面临的困惑主要是人际沟通问题，包括与家人、老师、同学的关系等，此外还有 3.8% 的中学生人际关系很差，很难与他人融洽、愉快地相处。

上海市中小学生心理辅导协会会长吴增强说："从小缺乏伙伴、不懂交流，已经成为儿童发展过程中一个很大的问题。"学习时主要面对书本，即使出现问题也比较简单；可一旦面对老师、同学及家长，就比较麻烦了。一位初中女生与心理医生交流，言谈间显得对人际交往十分困惑：尽管她已经"小心翼翼"，可仍然处不好关系。

成人看来似乎很简单的学生人际圈，对学生而言，其实很难。因为学生对于心理的调节能力，应对突发状况的处置能力均远弱于成年人。在国外儿童心理研究者看来，独生子女是需要特别关注的群体，因为这个群体的孩子没有兄弟姐妹，只以自我为中心。吴增强表示，独门独户的孩子与伙伴交流时间太少，亟缺相关训练和培养。这部分学生待人处事中，往往让人觉得不够热情、缺乏耐心，有的甚至喜欢强词夺理、不合群、孤僻等。个别男生甚至以极端的方式处理同学之间的矛盾，导致了伤亡事故的发生。

2011－03－21　来源：中国妇女报

一、概述

（一）什么是社交退缩

儿童早期的主要社交环境为家庭，亲子交往是其主要交往活动。之后，随着儿童人际关系的建立，人际交往范围开始逐渐扩大，交往活动逐渐增加，儿童也在交往活动中逐渐完成社会化，发展成健康的社会人。

社交退缩（social withdrawal）在概念上至今没有达成一致。有的研究者使用社会退缩、害羞、抑制、社会孤独等称谓，但运用较多的是社交退缩。

对社交退缩的概念界定主要有行为描述和社会测量两个角度。

1. 社会测量角度

有研究者从社会测量的角度通过同伴地位状况定义社交退缩，认为社交孤立、儿童退缩的原因不是缺乏交往动机或害羞等，而是自身行为的攻击性导致同伴拒绝与其交往。

2. 行为描述角度

从行为描述的角度，有些研究者认为那些自愿地以低于正常频率与同伴交往的儿童为社交退缩儿童，社交退缩行为源自于儿童的害羞、抑制性等气质特点或社交焦虑等内隐性困难。

目前，研究者们更多地采用行为描述的方法来界定社交退缩。

在以往研究的基础上，鲁宾（Rubin，1988）将社交退缩与抑制、害羞、社会孤立等概念加以区分，最后指出社交退缩是指独自一人、不与他人交往的活动。他认为抑制和害羞都分别是社交退缩的一种形式，前者表现为陌生情境中的社交性孤独和退缩，后者则是在陌生情境中，由于个体对社会评价的关注导致的退缩行为。而社会退缩同社会孤立则是不同概念，社会退缩是个体主动将自己孤立在交往群体之外，社会孤立则是个体被群体所孤立在外，前者为主动，后者则是被动。

此外，哈特（Hart，2000）认为社会退缩是儿童在熟悉情境下的一种弥漫性的独处的行为模式，在该模式下儿童一贯性地从同伴群体交往中脱离出来。他强调了熟悉情境中的同伴交往，认为社会退缩不同于儿童在陌生情境下与陌生人或同伴交往时忧郁气质导致的抑制行为。

在国内研究中，叶平枝（2005）认为社交退缩是儿童在社会情境或者说同伴情境下所表现出的跨时间和情境的各种独处行为。张连云（2004）对小学生的社交退缩行为进行了研究，认为社交退缩泛指儿童在所有场景中的孤独行为，包括害羞、惧怕、行为抑制和社会性孤独等。孙玲、陈会昌和单玲（2004）则认为社会退缩泛指儿童在所有场合下的退缩、害羞和社交性抑制行为。

综上所述，结合国内外学者的概念界定，笔者认为*社交退缩*指儿童跨情境、时间所表现出的各种独处行为，包括害羞、惧怕、行为抑制和社会性孤独等。

（二）社交退缩特征

鲁宾（1993）等人曾使用“社会退缩”来概括儿童独自游戏、不与同伴交往等非社交游戏行为，并把环境从游戏情境扩大到整个社会情境，在此基础上概括出社交退缩的三个特征。

1. 具有跨时间情境一致性

社交退缩泛指儿童社会情境下的独处行为，这种行为不是暂时的，具有跨时间和情境的一致性，即在陌生和熟悉情境中都表现出一贯的独处行为。这与儿童的害羞行为有所不同，后者指儿童在陌生情境下与人交往时感到紧张和焦虑，从而交往困难。例如，儿童在公共场合不愿说话或游戏，但在熟悉情境中能够与人交往，这就是害羞行为；如果儿童在公共场合、学校和家庭等所有情境下都不愿与人交往，则是社交退缩的表现。

2. 内化的问题行为

儿童的问题行为，指那些阻碍儿童身心健康、影响其智能发展，或给家庭、学校、社会带来麻烦的行为，是由情绪障碍等导致的社会适应性困难。发展病理心理学对问题行为的研究主要关心两个问题，“不能控制”和“过度控制”。“不能控制”又称“外化困难”，包括攻击、多动等行为；“过度控制”又称“内化困难”，包括抑郁、焦虑、社交退缩等行为。由此可见，儿童的社交退缩属于内化问题行为，近年来研究者逐渐开始抑郁、社交退缩等内化问题行为的研究。

3. 结构具有多重维度

社交退缩行为包括了各种形式的孤独行为，是一种高度复杂的行为现象，具有多样的表现行为和潜在原因。社交退缩反映了儿童的气质、动机等心理特性，随着儿童的年龄和社会环境的不同而变化，呈多维度结构。儿童的社交退缩行为具有不同的亚类型，每种类型也具有不同的心理机制。

（三）社交退缩亚类型

儿童独处时会表现出不同的行为，这是由不同原因导致的，因此儿童期社交退缩是一种复杂的多维度现象，对其的分类也大致有二维和三维两种分类。

1. 二维结构分类

社交退缩的二维分类最早由鲁宾和米尔斯（1988）提出，他们从同伴交往的角度出发，认为社交退缩行为分为两种形式，活跃退缩和安静退缩。其中，活跃退缩指儿童没有成功进入群体或被群体拒绝导致其孤立在群体之外，与儿童的攻击行为和同伴的拒绝有关；而安静退缩则指儿童由于社会性害羞、焦虑、社交过度敏感等自身原因而在群体之外活动，该种退缩会使个体产生内隐性的行为问题。

2. 三维结构分类

三维结构分类最早由艾森卓（Asendorpf，1990）提出，他从交往动机的角度把社交退缩分为三类：害羞型，表现为趋于交往动机低，避免交往动机高；不合群型，趋于交往和避免交往动机二者皆低；回避型，趋于交往和避免交往动机二者皆高。

之后，国内学者孙玲和陈会昌等人（2004）把社交退缩分为安静型、活跃型和焦虑型，之后许多研究也都接受了这种划分，具有一定的代表性。

（1）安静退缩行为

安静退缩行为指儿童在有同伴在场时依旧独自安静地活动，通常表现为久坐不动的独处行为。从社会交往的动机角度看，儿童早期的安静退缩行为是由于儿童较低的社会趋近动机而不是其较高的社交回避动机（Asendorpf，1990），这反映出在儿童早期，相对于人来讲，他们对物更感兴趣（Jennings，1975）。到儿童中、后期时，他们在陌生同伴面前的安静退缩行为逐渐开始与儿童的行为抑制性有关，有研究者指出该阶段儿童的安静退缩行为可能是抑制的儿童应对内心焦虑的一种方式（Coplan，Rubin，1998）。

（2）活跃退缩行为

活跃退缩行为指儿童在有同伴在场时依旧独自一人频繁、机械的身体运动和功能游戏以及独自一人的装扮游戏。儿童早期阶段表现出活跃退缩行为的孩子具有较高的社交趋近动机和较低的社交回避动机，但可能由于其社交行为的不当而遭到同伴拒绝，长此以往便形成了该种行为模式

（Rubin，1993）。

（3）焦虑退缩行为

焦虑退缩行为指儿童在有同伴在场时的无所事事行为、观望和等待—徘徊行为。该种行为反映了儿童的社交趋近—回避的动机冲突。在陌生同伴中导致儿童回避交往的主要原因是气质特征，如焦虑、害羞和行为抑制性等。而在熟悉同伴中导致这种回避的原因则主要是对社会评价的关注和对消极评价的预测（Asendorpf，1990）。在儿童早期，这三种交往退缩行为彼此间没有联系，随着年龄的增长，儿童在陌生同伴面前的焦虑退缩行为逐渐同安静退缩行为联系在一起，这两种退缩形势开始融合。

（四）测量方法

研究社交退缩的方法主要有观察法、教师评价法、同伴评价法和父母评价法。

观察法是对儿童的游戏活动进行观察，有实验室观察，也有自然环境下的观察。多数的观察研究都使用鲁宾等人编制的《儿童游戏行为观察量表》（POS）。该量表把儿童对游戏的认知分类嵌套于社交参与分类之中，并记录儿童不进行任何游戏的无所事事行为和观望行为。研究者对社交退缩所持的操作定义为所有形式的非社交游戏，包括无所事事行为、观望行为和所有单独游戏（包括探索游戏、装扮游戏、功能游戏和建构游戏等），采用时间取样方法。考察社交抑制时，有研究者选取其他行为指标，如等待—徘徊等。

教师评价法采用《学前儿童游戏行为量表》或《自编评价量表》，其操作定义同行为指标与观察法相同，根据儿童游戏场合的不同稍有修改。此外，有些研究者选择《加利福尼亚儿童 Q 分类问卷》，选择其中的“害羞—抑制”维度。

同伴评价主要采用《班级戏剧量表》（修订版）中的“敏感—孤立”维度或该维度下的 7 道题中的 4 道反映儿童退缩行为的题目，反映儿童被同伴拒绝的题目则不能选用。

在研究社交性抑制时，有些研究者选择父母评价法作为其他研究方法的补充。

二、未成年人社交退缩的现状分析

（一）儿童退缩行为随年龄增长而减少

随着年龄的增长，儿童社交范围从家庭扩展到幼儿园、学校等，社交机会增加，与同伴互动增多，其社交退缩行为也逐渐减少。孙铃等人（2005）对儿童早期到中期社交退缩发展的研究表明，儿童在4～7岁阶段随年龄增长，与同伴的互动行为出现比率从18.6%上升至39.33%，由此可见儿童的同伴互动行为明显增多。与此同时，儿童的社交退缩行为不论是从总体上还是在三种亚类型退缩行为上都表现出明显的下降趋势，4岁时儿童出现焦虑型、安静型和活跃型退缩行为的比率分别为17.3%、30.85%和9.76%，而当儿童7岁时三种行为出现率分别为7.39%、17.90%和6.64%，都出现了不同程度的下降。

当儿童社交退缩行为整体和亚类型出现比率均随年龄增长而下降的同时，其下降比率也存在一定规律。从之前数据我们可以得出，儿童4～7岁出现焦虑退缩、安静退缩和活跃退缩行为的比率分别下降了9.91%、12.95%和3.12%，可见儿童在4岁时出现的亚类型退缩行为比率最高，在其7岁时该行为减少幅度最大，换言之，儿童退缩行为下降的幅度与该行为的初始水平相关，初始水平越高，下降幅度也越大。

儿童发展到7岁时，其焦虑型和活跃型退缩行为出现频率已经很低，逐渐趋向于平均水平，此时儿童已较少表现出社交退缩，这可在某种程度上表明儿童随年龄增长不断成熟，逐渐学会自己调节社交退缩行为。4～7岁是儿童同伴交往的关键期，此时儿童具备了发展同伴交往的条件：在内部看，儿童心理逐渐发展，开始具备与同伴互动的能力；从外部看，儿童大多开始进入幼儿园，校园生活为儿童与同伴交往提供了机会。在这3年中，儿童能够积累大量的交往经验，在交往行为中的焦虑等不良情绪也可减轻，在此基础上逐渐修正自己的退缩行为。

（二）焦虑退缩行为向安静退缩行为转化

儿童的社交退缩行为在随年龄增长逐渐减少的同时，其内部亚类型行为也发生了变化，儿童的焦虑退缩行为和安静退缩行为存在一定相关，且随年龄增长前者逐渐向后者转化。

艾森卓等人（1991）曾发现，4～8岁儿童随年龄的增长，其焦虑退缩行为和安静退缩行为之间的相关程度逐渐增加，二者关系越来越密切，且有融合的趋势。这个发现证明了二者之间的密切联系，而这两种退缩行为与儿童内隐问题行为的联系则在一定程度上反映了二者的关系。鲁宾等人（1988）的研究发现，在儿童早期，焦虑退缩行为同内隐行为问题有关，安静退缩行为与之无关，但到了儿童中期，安静退缩行为则开始与内隐问题行为有关。据此他推断，出现这种情况可能是由于儿童中期的安静退缩行为是由其焦虑退缩行为转化而来的，因此安静退缩行为与内隐问题行为才具有从有到无的变化过程。

在前人研究推断的基础上，孙铃和陈会昌等人（2005）的研究进一步探索了儿童焦虑退缩和安静退缩之间的关系。他们发现在儿童发展过程中，焦虑退缩的发生频率随安静退缩的增加而减少，二者在量上存在负相关。在4～7岁儿童中，有相当一部分儿童的焦虑退缩减少的同时安静退缩增加，且焦虑退缩减少得越多，安静退缩则增加得越多。由此可见，随年龄增长，儿童的焦虑退缩行为逐渐向安静退缩行为转化。

（三）社交退缩的性别差异

关于社交退缩在性别上的差异研究，由于被试年龄、文化背景、测量方法等不同，所得结果并不一致。

在总体社交退缩行为上，性别差异并未得到明确证明，马蒂森（Mathiesen）和塔姆斯（Tambs）1999年的调查显示，在家长对18～30个月大的子女进行评定中，他们认为女儿相比于儿子更为害羞一些，当孩子成长到50个月以后这种差异倾向逐渐消失。

在不同类型社交退缩行为中，男生与女生存在一定的差异。一些国外研究（Mullen，1999；Rubin，1999）显示，2～4岁儿童在焦虑退缩和害羞上没有明显的男女差异，但到了青少年早期后女孩自我报告的害羞要比男孩多（Crozier，1995）。国内朱婷婷2006年也证明了，童年中期在安静退缩儿童中女生比男生水平高，这可能是由于在中国传统教育中，家长更希望女孩能够文静矜持，女孩的安静退缩行为在一定程度上会得到成年人的肯定和赞赏，由此表现出更多的安静型退缩行为。此外，不同类型退缩行为的男女差异并不一致。对小学中高年级儿童的研究（于增艳，2007）发现，退缩儿童在性别比例上有一定差异，在安静退缩中女生多于男生，而在活跃退缩中男生则多于女生，这可能由于男孩比较晚熟，更加冲动和幼稚，在社交活动中缺乏社交技能，更可能受到同伴排斥，由此相对于女生更易发展成活跃退缩行为。

（四）社交退缩儿童的友谊特点

1. 社交退缩儿童友谊质量低于非退缩儿童

万晶晶等人（2005）对社交退缩青少年的友谊特点进行研究，发现社交退缩儿童与非退缩儿童相比，其友谊在某些维度上低于后者，具有友伴数量少、不被信任和尊重、受欺侮等特点，但其亲密交流多于非退缩儿童。这说明社交退缩儿童更倾向于寻找安全亲密的友伴，退缩儿童的友谊不一定比非退缩儿童差，甚至在某些维度上更好，友谊能够为退缩儿童提供积极的支持与交流，促进儿童自我调节。

2. 社交退缩男生的友谊低于女生

初中生中社交退缩青少年的友谊存在性别差异，研究表明（万晶晶，2005），男生组的友谊质量在受欢迎程度、友伴数、帮助陪伴和信任尊重等维度上普遍差于女生组和混合友伴组，且男生组受欺侮得分和冲突背叛维度得分高于其他两组。由此可见，在社交退缩青少年中，男生间的友谊质量低于女生间和男女间的友谊。这也反映出社交退缩的男生可能比女生面临更多的问题。

友伴交往各层面对退缩行为具有一定的预测作用，其中受欺侮和亲密交流能够正向预测儿童的退缩行为，而冲突背叛、信任尊重和友伴数量则能够反向预测退缩行为。

三、未成年人社交退缩的影响因素

（一）自身因素

1. 遗传和生理基础

众多研究发现（Asendorpf，1991；侯静，2003），儿童的社会退缩行为与遗传有一定联系，其中气质的影响较为突出，也有研究者认为儿童的抑制性气质可以在一定程度上预测以后的社交退缩行为。卡根（1991）的研究发现，儿童的退缩行为早期表现为行为抑制，如胆小、谨慎等，在社会和非社会情境下是以生理特征为基础的，行为抑制的儿童与其他儿童相比，其行为唤起感觉阈限低。在婴儿时期，儿童的身体活动频率和消极情绪都能预测以后的退缩行为，婴儿期具有这两种行为的儿童在幼儿期甚至到了小学期间都更容易表现出抑制行为。

在此之后的许多研究都印证了卡根的发现，并进行了更深入的探讨，发现抑制和退缩儿童静息状态下右脑前额叶的脑电更为活跃，且不同类型退缩的儿童脑电表现不同（Fox，1995，2001）。抑制性气质和社交退缩儿童具有低迷走神经节律的特点，表现为稳定的高心率、容易紧张且不易控制。此外，这类儿童长期处在压力的情境中，保持紧张应激状态，并会不自觉地用谨慎畏惧等应激方式对待陌生环境（Rubink，2001，2004）。

2. 认知模式

社交退缩儿童和正常儿童的认知模式有一定差异。艾森卓（1990）研究发现，不同退缩类型的儿童社会认知特点也不同，儿童的社交退缩行为有异质性。社交退缩儿童更容易形成不合理的认知特点，例如悲观的估价、长期的挫折导致儿童消极的自我认识，并逐步强化成为一种消极的认知模式。这类儿童在活动之前便开始自我怀疑，对前景悲观估价而焦虑、退缩等。此外，对挫折的归因不当也是社交退缩儿童的认知特点。退缩儿童常将成功归因为外在的不稳定因素，如运气等，而将失败归因为内部稳定因素，认为自己能力不足等。消极的认知模式会促使儿童产生退缩行为，而退缩行为可能会催生更多的不良认知，由此产生消极循环。

儿童自我意识发展不良可能导致其社交退缩行为的产生。仝忠莉（2011）曾将5~6岁儿童通过观察和量表得分分为社交退缩组和非社交退缩组，研究结果显示，社交退缩儿童的自我意识总体发展低于非社交退缩儿童，前者的自我意识量表得分多集中在9分，9分及以下占到82.6%；而后者有44.4%的儿童自我意识得分集中在11、12分，9分以下仅占14.8%。两组儿童不仅在自我意识总分上分布不同，经过进一步分析，其在自我意识的三个方面（包括自我认识、自我情感体验、自我控制和调节）的发展有所不同，社交退缩儿童在这三方面的发展水平均低于同龄非社交退缩儿童。由此可见，儿童社交退缩行为与其自我意识的发展有一定联系，儿童社交退缩程度越高，其自我认识和自我情感体验水平越低，自我控制和调节能力也越低。

该研究发现，社交退缩儿童自我认识不清楚，而这一点正是自我意识三方面中对儿童社交退缩行为影响最大的，非社交退缩儿童则都具有正确的自我认识。而在自我情感体验方面，非社交退缩儿童的积极情绪体验较多，愿意参加集体活动，而社交退缩儿童则表现为缺乏自信、成就感较低。最后，在自我控制和调节能力方面，社交退缩儿童不喜欢集体活动，更乐于安静独处，使用有效语言表达自己感受需要和与他人沟通的能力明显不足，与他人交流较少，多沉浸于自己的假想游戏中，表现出较强的自我控制能力，但面对消极情绪体验时自我调节能力较差。

（二）家庭因素

儿童自出生开始，接触最早的就是家庭环境，儿童在童年早期与家人相处时间最长，该时期也是个体社会能力和人际交往发展的关键时期，因此抚养者对儿童社会交往技能的获得起到至关重要的作用，而这些又会对儿童社交退缩行为的发展产生一定的影响。

1. 亲子依恋

儿童的亲子关系，尤其是早期亲子依恋对儿童社会性的发展会产生较大影响。亲子依恋会影响儿童内部工作模式的建立，若内部工作模式使儿童感到安全自信，则利于儿童对周围环境的积极探索。反之，消极依恋会让儿童产生不安全的内部工作模式，从而导致儿童缺少对周围环境的探索，在社会交往中出现退缩行为。不安全型依恋的儿童在社会交往行为中表现出害怕和被拒绝，这些儿童在交往活动中表现出远离他人等消极行为。福克斯等人（1992）研究显示，不安全型依恋的婴儿在2岁时表现出情绪低落。同样，帕斯特（Pastor，1981）也发现该类型婴儿与同伴交往时与安全型依恋的儿童相比社会技能较低。而埃里克森（Erickson，1985）和鲁宾等人（1995）的研究都发现，儿童早期时的不安全型依恋能够预测其以后的退缩行为。由此可见，亲子依恋的类型与儿童退缩行为具有重要的联系。

2. 教养方式

父母不同的教养类型会影响儿童心理和行为的发展。相关研究表明，专制型教养的父母对孩子要求高、态度专横，常常批评和惩罚孩子，限制了儿童自信心和个性的发展，容易形成退缩、焦虑等特征（陈道明，2004）。鲁宾和米尔（1990）的研究表明，焦虑和退缩孩子的母亲比正常儿童的母亲更倾向于在亲子交往中采用高压策略，更强调直接指导、教育，经常强迫孩子执行自己的意见，且这类母亲较其他母亲更易生气。溺爱型教养的父母则多表现出过度保护，经常限制孩子的活动，压抑其活动的积极性，使孩子缺乏独立能力，造成遇到问题容易退缩。赫瑟林顿（Hetherington）和马汀（Martin）1986 年的研究发现，不安全型依恋婴儿的母亲在儿童游戏上表现出过度参与和控制的特征。鲁宾（2001）的研究也指出，母亲在儿童自由游戏时的过度卷入会导致儿童的退缩行为。而权威型父母的孩子更具有责任感，社会交往能力也较强，表现出友好、合作等利于交往的行为特点。

此外，父母对社会技能的观念对孩子的退缩行为也有一定影响。鲁宾和米尔（1990）发现，有些母亲认为社会技能不重要，她们的孩子在生活中表现出更容易哭，解决问题的成功率也较低。在同伴交往中，这类母亲的孩子表现出不自信、焦虑和退缩。

（三）社会交往因素

1. 同伴交往

同伴交往是儿童进入小学后最重要的交往行为，对退缩行为也有一定的影响。同伴交往中的同伴拒绝是导致儿童社交退缩的不良因素。有研究显示，同样具有害羞焦虑特质的儿童中，在幼儿园被同伴拒绝的儿童与没有这种经历的儿童相比，其害羞焦虑的表现到小学四年级依旧十分稳定，且易于症状加重（Gazelle et al，2003）。还有研究显示，小学高年级儿童在高排斥的同伴环境中焦虑和孤独更易延续和恶化，而在低同伴排斥的环境中焦虑孤独将会降低，其交往趋近动机和能力都有所提高（Gazelle et al，2004）。此外，鲁宾等人（2005）的研究发现，五年级学生最好的朋友一般都不是社交退缩的儿童，而拥有社交退缩型朋友的儿童在五年级时有退缩的倾向，更可能发展为退缩儿童。因此，退缩儿童更可能找同类儿童做朋友，且退缩行为会相互影响并趋于恶化。

2. 师生交往

关于儿童社交退缩与同伴交往、亲子关系的研究较多，而师生交往的研究则被相对忽视了。但教师尤其是幼儿教师对儿童的互动氛围和环境都有很大的影响（Donohue，2003）。拉德（Ladd，1999）的研究表明，抑制型幼儿与教师的关系是依赖而缺乏亲近感的。而斯图尔曼（Stuhlman，2002）则发现，教师对那些以负性方式作用的幼儿多评价为负性的关系，只有当教师与孩子增加互动时才会给予较多的关注。这说明社交退缩儿童与教师的关系不良，教师经常忽视或拒绝该类儿童，学生缺乏师生间的积极情感交流则表现出对教师反应冷淡，但如果教师能够认识到问题并与孩子积极互动，情况则可能好转。

（四）社会文化因素

布朗芬布伦纳（Bronfenbrenner）提出的生态化系统理论认为人的发展受到所处环境的影响，且个体与所处的生态环境是相互作用的。布朗芬布伦纳指出人类生活在一个多重的环境中，这些环境将个体层层包围，该生态环境从里到外包括微系统（家庭和学校等）、中系统（社区等）、外系统（经济结构和法律系统等）和宏系统（文化模式和社会态度等）。因此，在儿童自身、家庭、人际交往之外，儿童所处的社会文化环境对其退缩行为也有一定的影响。

1. 文化模式

不同文化背景会通过影响人们的思维方式进而影响行为表现，而对于这方面的研究则多为跨文化研究，不同文化背景对儿童退缩行为的影响也不同。

在中国，传统文化中父母的“权威”和“控制”等思想对儿童社交行为产生深远影响，父母表现出更多的过度保护和控制行为（郑淑杰等，2005），这可能增加了中国儿童早期退缩行为的普遍性。

而与中国相比，古巴更加推崇集体主义思想，儿童大量时间都与同伴一起解决问题，社会交往活动十分频繁。在古巴和加拿大两国的对比研究中发现（Valdivia et al，2005），古巴的社交退缩儿童的孤独感比加拿大的退缩儿童高，并且前者感受到孤独感要比后者早，这可能是由于古巴退缩儿童与他人交往活动达不到文化要求的标准，因此由于退缩行为受到更大的心理伤害。

对日本儿童社交退缩的研究发现（Koyama et al，2010），与其他国家相比，日本儿童的社交退缩行为更为普遍，研究者认为这是一种受文化制约的综合症，是日本现在的文化环境提高了儿童社会退缩行为的发生率。

此外，由于近年来西方文化对亚洲地区的影响，亚洲儿童的退缩行为也有了一定的改变。关于台湾地区儿童的研究发现（Wei et al，2009），该地区儿童社交退缩行为与同伴拒绝和欺侮存在正相关，而在传统中国文化中，退缩行为在一定程度上是被同伴接纳的，由此可见东西方文化模式的融合对儿童退缩行为也具有一定影响。

2. 文化态度

文化对行为的影响不仅仅是通过文化模式，人们对文化所持的态度也有一定的影响。

一般来说，在集体主义文化中，社交退缩行为被认为是较为积极的特征，这种儿童被认为更加成熟懂事，而在个人主义文化中，社交退缩则被认为是一种消极的特征，是缺乏自信和社交能力的表现。鲁宾等人对比了美国白人母亲和中国母亲对儿童社交退缩行为的态度，结果发现，中国母亲更多地把儿童的退缩行为归因为外部因素和社会化策略（教导等），更强调社会环境对儿童的影响，更多地灌输孩子长远的价值观和集体主义理想，比较容易接受儿童退缩行为。相反，美国白人母亲则多使用内部归因，喜欢从儿童身上寻找原因，更为接受个人主义价值观，关注儿童当时的心理状态，更容易察觉儿童的退缩行为并给予适当的关心和帮助。

此外，日本母亲面对儿童的社交退缩行为多感到失望、愧疚，不知如何正确应对（Vosburg，2004）。相比之下，由于受西方文化影响，韩国母亲则多采取较为温和、间接的策略，与美国母亲较为相似。由此，对文化的不同态度使父母在面对儿童社交退缩行为时采取的不同措施，对儿童退缩行为的发展也有不同的影响（Cheah et al，2006）。

四、未成年人社交退缩的改善措施

（一）建立正确的自我意识

社交退缩儿童自我意识不清楚，帮助儿童建立正确的自我意识是减少退缩行为的有效途径，可通过以下几方面培养儿童自我意识。

评价得当，帮助儿童建立正确的自我认识。儿童自我认识的重要来源之一是他人对自己的评价，儿童正是通过他人的评价这面镜子逐渐认识自己。因此，家长和教师在日常生活学习中应该反馈给儿童客观、公正的评价，评价得当是必须遵守的准则。

引导鼓励儿童参加集体活动，收获积极的情绪体验。社交退缩儿童在游戏中大多喜欢安静独处，家长和教师应该有意识地开展集体活动，并引导鼓励退缩儿童参与其中，让儿童感受到他们是被接纳的，使他们感受到自己与他人交往中的成就感，体验交往活动中的积极情绪并树立自信心。

创设特定情境，提高儿童的自我控制和调节能力。家长和教师可以创设特定的情境，在游戏中用特定的规则训练儿童的自我控制和调节能力。必要时还可以让自我控制能力差的儿童充当监督者，使其在监督他人的过程中学会控制自己，以达到训练的目的。

（二）培养积极情绪

一般而言，社交退缩儿童往往缺乏自信，对自己的评价较低，认为自己没有价值。这类儿童缺乏活动能力和解决问题的能力，无法鼓足勇气同他人交往，不敢主动参与他人的活动，面对他人时感到害怕并退缩。从这一角度出发，帮助儿童树立自信心也可以在一定程度上减少退缩行为。

此外，社交退缩儿童的情绪调节能力不佳，更易陷入压力和焦虑之中。有的儿童因缺乏正确的交往技能和经验而畏惧交往，而有些儿童则表现出对交往活动缺乏兴趣，即使能够顺利交往也选择独处。对于这类儿童，帮助他们克服交往中的焦虑情绪、提高交往动机成为教育者的首要任务。

因此，培养儿童积极的情绪，为其营造良好的交往环境，充分尊重儿童，让儿童敢于在与他人交往时迈出第一步，这些都能够减少儿童社交退缩行为，帮助儿童更好地完成社会化，进一步促进其健康人格的形成与发展。

（三）改善亲子、师生关系

早期亲子关系不仅影响儿童交往动机和对交往行为的态度，而且是儿童交往经验的源泉。良好的亲子关系和师生关系能够使儿童产生安全感和归属感，父母和教师表现出的对儿童的关心、爱护等行为能够让儿童获得更多积极的交往经验。因此，父母与教师都应该更加关爱并接纳儿童，经常与儿童互动，参与到孩子们的学习和生活活动中来，特别是对于社交退缩儿童，更应该给予关爱、鼓励和尊重，积极引导他们融入伙伴，建立稳定的交往对象群体，充分感受交往活动中的快乐情绪，逐渐摆脱退缩行为，学会主动交往。

此外，在教育过程中应避免对儿童的过度干预和控制，给孩子一定的自由发展空间，练习社交技能并进一步积累社交经验。高压、体罚、恐吓、拒绝等教育方式都应禁止，这些方法对儿童的发展有害无益，却在生活中被家长和教师广泛使用。成年人应该尝试站在儿童的角度，感受儿童的情绪情感，之后再采取妥善的教育方法，这不仅对于儿童的社交行为有帮助，对儿童整体身心的健康发展都有积极的影响。

（四）同伴介入

对于儿童的社交退缩行为，最简单的干预方法就是提供更多的机会让儿童与同伴群体接触，逐渐减少儿童在交往中的焦虑情绪和退缩行为。在此基础上，还可以安排人际交往良好的儿童与退缩儿童建立友谊，主动地同退缩儿童互动，让其在同伴带动的交往活动中获得交往技能和经验。在这种配对过程中，社交技能良好的儿童充当了退缩儿童的行为榜样，通过为退缩儿童提供一个良好的交往榜样供其模仿和学习，以及良好交往情境的建立，帮助退缩儿童进入到交往过程中体验交往活动带来的积极体验，促进其训练社交技能的发展并积累积极的社交经验。

（五）训练社交技能

在对儿童社交退缩行为的矫正中应用最广泛的就是社交技能训练。

儿童之所以表现出社交退缩行为，其中一个重要原因就是他们缺乏必要的人际交往技能，从而不知如何与人交往，久而久之形成了退缩行为。由此，社交技能训练就显得十分重要，不仅能够帮助儿童减少退缩行为，还能够从一定程度上避免社交退缩行为的产生。

社交技能训练主要侧重儿童的言语沟通技能，在生活和学习中，教育者应该注重训练儿童的倾听、表达等技能，帮助儿童正确识别他人的情绪并采取适宜的沟通方式，如此才能使儿童更易进入同伴群体。此外还要帮助儿童正确面对他人的批评与拒绝，将正确的反应方式传授给儿童，交往活动中不顺利的情况无法避免，而这些往往使儿童产生挫败感进而退缩，由此，正确的认识这种失败就显得尤为重要。

社交技能训练的方式通常包括示范、联系、指导、小组讨论、反馈和强化等，在具体训练时必须包含以下两点：（1）直接教授社交技能，提供充分的练习机会；（2）儿童正确运用社交技能时要及时给予强化。

第四节　利他行为

案例

袁小寒：救死扶伤，乐于助人“90后”

袁小寒，女，17岁，南充卫校2010级五年制护理1班学生。她是一个心地善良、好学上进、乐于助人的“90后”热心青少年。她用所学的医护知识救助一名素不相识晕倒在地的妇女，用热情与善良诠释了“90后”救死扶伤的职业道德。

2012年4月13日是星期五，就读于四川省南充卫校护理专业2010级五年制高护1班的袁小寒和陆婉婕同学，像平时一样结伴回家。当她们途径莲池路时，看到对面某银行门口有一位大娘突然向下蹲并且跪在地上，随后全身倒地。袁小寒和陆婉婕对视了一下，就急忙向对面冲去，“阿姨，阿姨醒醒”。袁小寒和陆婉婕急切地呼喊了几声，见没有回应，陆婉婕立马按住大娘的人中，袁小寒上前赶紧掐住大娘的虎口。此时围观的人群中有人说可能是脱水了，就递过来一杯热水，叫两位同学试试能不能喂进去，可是这位大娘当时已经完全失去了意识，陆婉婕就向人群询问，有没有人认识这位大娘，在无人回应后，袁小寒只有在大娘随身携带的包里查找相关证件，翻出了大娘的身份证和一个健康证，让围观人群看看有没有认识的，可以联系家人。同时有两位好心的市民已经帮忙分别拨打了110和120。

在120将昏迷的大娘带走后，这两位“90后”的学生也打算悄悄消失在人群中，几位热心市民拉住她们再三追问，两位同学才告诉他们：“我们是卫校的学生，懂得一点急救知识。”

作为一名未来的白衣天使，她认为这样做是应该的，是必须的。医护人员必须有一颗善良如天使的心和良好的品德，而且作为一个新时代的有梦想的青少年，帮助别人就是在帮助自己。

2013-09-24　来源：中国未成年人网

一、概述

20世纪二三十年代以来，儿童利他行为的相关研究成为发展心理学家和社会心理学家研究兴趣之一，而在70年代之后，国外关于利他行为这一领域的研究在理论探索和实验研究两方面都取得了很大的进展，国内学者在该领域也投入了很多精力，自80年代中后期开始也进行了许多探索，取得了不少研究成果。

（一）什么是利他

不同理论派别、学者对利他行为这一术语的理解不同，我们认为*利他行为*（*altruistic behavior*）指人们在交往中表现出的谦让、帮助、合作、共享等利于他人和社会的行为。它具有以下特征：（1）利他者出于自愿发出利他行为，而非外界环境强迫所致，是发自内心的、真诚的自觉行为；（2）利他者不带有目的、企图，不期望对方日后的回报等外在酬赏；（3）利他者自身要付出一定代价，这种代价是相对个人损益而言，损害他人或集体利益而助人的行为不属于利他行为。

亲社会行为（*prosocial behavior*）指行为发出者试图帮助其他个体或团体，使他们受益，但在进行这些活动时，不期待任何外来的奖励，并且常常要付出一定的代价、自我牺牲、承担风险等。

很多文献中，利他行为与亲社会行为的概念非常接近，甚至认为二者为同一概念（Papalia et al，1985；Bee，1992）。同时也有很多学者认为两者不是完全相同，两种观点的分歧在于是否把行为动机看作确认行为的一个重要因素，支持两概念不同者认为利他行为需考虑动机，而亲社会行为则无需考虑其行为动机。若是按照后者的观点，只有具有利他动机的行为才能成为利他行为，即利他行为发出者主要应该考虑他人是否从自己的行为中分享到积极结果。反言之，如果行为发出者从自己的行为中得到收获，或者其行为是对他人的一种回报，则该行为不是利他行为。若从该观点出发，儿童利他行为的界定将困难重重，也可能导致诸如“真正的利他行为（尤其是儿童利他行为）是否存在”的相关争论（Rushton，1985）。而未成年人的利他行为多是出于模仿、为了赢得赞许或友谊、降低自身焦虑等目的，因此，在此将未成年人的利他行为和亲社会行为取相近似概念。

（二）利他的种类

利他行为的表现形式多种多样，依据不同标准可做不同划分。

从理论基础看，可分为生物性利他行为和心理性利他行为。生物性利他行为以生物学的自然选择为基础，指有机体以一起生存和繁殖为代价去增进另一有机体的生存和繁殖。心理性利他行为则以学习理论为基础，指一个体以其某种代价（负强化）对另一个体进行正强化（Brown，1986）。

从机能范围看，可分为亲属性利他行为、互惠性利他行为和平衡性利他行为。亲属性利他行为指个体对自己的亲属表现出较少的自私性，具有更多的利他性。互惠性利他行为指个体在群体中与其他成员彼此合作、互惠互利。平衡性利他行为则指人们保持社会稳定，避免冲突的行为。

从情境状态看，可分为紧急型利他行为、急需型利他行为和惯常型利他行为。其中，紧急型利他行为即在刻不容缓的情境中的救助行为。急需型利他行为即他人处于不利状态，需要援助，但并非十万火急情境下的助人行为。惯常型利他行为即经常性的助人，每次行动的代价可能不大，但积累效应却相当大的行为。

（三）产生原因

儿童为什么会出现利他行为呢？长久以来，不同学派的心理学家们对这一问题做出了不同的解释。

1. 社会生物学

这种理论观点由威尔森（Wilson，1975）提出，他认为任何在遗传上具有高生存价值，即有助于个体持续生存的特质，往往具有向后代遗传的倾向。这是因为具有该特质的个体相较于不具有的个体更容易生存下去，并能够产生较多后代，而每一个后代也都具有该特质。以此类推，具有该特质的团体将在该物种中占有多数，从而形成团体优势。威尔森把这一演化原则用于对利他行为产生的解释中，他认为利他行为的倾向虽然对个体来说不一定具有持续生存价值，但对团体基因来说具有很高的持续生存价值。瑞特尔斯（Retrievers，1971）则从相互性的角度解释了社会生物学的观点，认为只有双向的或者相互的利他行为才可作为生物学上的基础，个体利他行为的潜在成本，必须由得到来自他人帮助的可能性抵消。社会生物学对利他行为的预测容易验证，例如有血缘关系的个体间会有更多的利他行为。

2. 社会进化论

社会生物学观点曾在20世纪80年代风靡一时，但人们之后认识到社会因素可能要比生物因素更重要。坎贝尔（1975）提出了社会进化论，认为在人类文化和文明的发展中，人类将选择性地进化本身的技能、信念和技术。由于利他行为遍布整个社会，因此该行为也在进化中得到了提高，并成为社会规范的一部分。

社会进化论认为有两种规范对利他行为很重要，分别为社会责任规范和相互性规范。

社会责任规范指人们有责任和义务帮助依赖我们并需要帮助的人，而不应考虑以后的交换（Berkowitz，1972；Schwartz，1975）。相对来说，集体主义文化国家的人们比个人主义国家的人们更支持社会责任规范（Baron et al，2000），他们更提倡助人的义务。有实验表明，即使助人者不为人知，或者他们不能期待回报，助人者仍会经常帮助需要帮助的人（Shetland et al，1983）。

然而，社会规范使助人者有选择地只是帮助有需要，但不是由于自身疏忽而产生这种需要的人。在保守派中尤为突出，这个规范是：给予人们他们应得的。如果他们的需要是由环境（自然灾害、意外等）造成的，他们就会得到全力的帮助。如果他们的困境是自身（懒惰、不道德、缺乏远见等）造成的，则社会规范会让他们自食其果。

因此，人们的反应与其所做的归因密切相关。如若我们把别人的需要归因为无法控制的困境，我们就会选择帮助他；而若是我们把别人的需要归因为他个人的选择，公平的观念则不要求我们去帮助他，同时我们会认为这是他咎由自取（Weiner，1980）。

相互性规范又叫互惠规范，指人们之间的助人行为是互惠的，即帮助那些曾帮助自己的人。心理学家认为这种规范对人际关系的协调和稳定有重要意义。古德纳（Gouldner，1960）认为，一个普遍的道德准则是互惠规范，对于曾帮助我们的人，我们应回报帮助而不是伤害，这个规范是普遍的，就像禁止乱伦一样为众人所接受。我们对别人“投资”，之后期待收获“红利”。

政治家们懂得，如果人们寄予他人恩惠和帮助，就有望在日后得到回报。互惠规范甚至适用于婚姻，有时某人付出的好像多于收获的，但从长远看，交换大体会是平衡的。在这些人际交往中，接受了而没有回报，就意味着违背了互惠规范。

社会网络中的互惠规范为我们揭示了“社会资本”的含义：支持性的联系、信息交流、信任与合作行为保证了一个团体的正常运转，当人们不能给予回报的时候，人们会因为接受了援助而感到受威胁和被贬低。研究表明，这种情况多发生在积极行为的受惠者身上，尤其是当积极行动未能证实个人能力和保证将来有成功机会的时候（Parataxis et al，1996）。

3. 社会学习理论观点

该理论认为，儿童在成长过程中有关利他行为和助人的规范是通过学习掌握的。在学习过程中的强化和模仿很重要，儿童会模仿父母及他人的利他行为，之后把该行为融入自己的日常生活中，在这个过程中，父母的教养方式对孩子有着较大的影响（叶浩生，1998）。

学习理论还探讨了利他行为是如何获得的。拉斯顿（Rushton，1977）在《利他、社会化及社会》中进行了比较全面的阐述，他认为利他行为与移情、角色扮演以及道德标准的内化都相关，可以通过以上三个方面的好的学习过程获得和增加利他行为。学习的主要方式有：经典条件反射、强化学习和榜样观察学习等。

二、未成年人利他行为的现状分析

（一）发展的一般年龄趋势

1. 利他行为的发生

早在1787年，就有人发现一周岁的婴儿能与别人“分享”他喜欢的玩具或感兴趣的活动。20世纪80年代有研究者对24个1~2周岁幼儿进行了长达9个月的观察，之后再与孩子母亲的观察进行核对，其所得的相似结果显示，当目击他人的痛苦时，平均有三分之一的大于18个月的幼儿会表现出利他行为（Eisenberg，1984）。同样在20世纪80年代，艾森伯格（1984）还发现，儿童在小学期间享乐主义倾向会逐渐消失，7~8岁儿童已经逐渐能以他人和社会的准则来处理所面对的问题，利他主义行为的数量开始上升。

在国内研究中，郑键成、潘洁等人（1990）把儿童置于冲突情境中，该情境中儿童需选择将自己喜欢的玩具给自己还是给他人，研究结果显示，利他行为要到幼儿园大班才开始出现。此外，张和平（1998）研究显示，2.5～3.5岁的幼儿并不懂得帮助别人，他们的利他行为主要是模仿所得，此时的幼儿利他行为的形成还具有反复性，但总体仍呈上升趋势。

2. 总体年龄发展趋势

未成年人利他行为随年龄增长整体呈上升趋势，国内学者李闻戈（1994）选择幼儿园中班、大班和小学一、三、五年级这五个年龄段儿童作为被试，研究发现，选择利他的人数比例增多，利他行为随年龄呈上升趋势。其中，幼儿园中班儿童基本上不表现利他行为，大班开始出现，从大班到小学三年级利他行为的发展在量的差异上并不明显，但表现出比较明显的年级差异。从小学三年级到五年级，无论是量还是水平上，儿童的利他行为都有显著的发展，该阶段是儿童利他行为的迅速发展期。

儿童利他行为的发展呈现以下层次水平。

一、"自我中心"水平：只顾自己不顾别人，常常不假思索地为满足自己的需要而行动。4.5～7.5岁的儿童正处在皮亚杰认知发展阶段中的前运算阶段。该阶段的儿童以一种不自觉的自我中心态度对待世界。思维是不守恒的、不可逆的单向思维，只能站在自我中心的角度思考问题。思维的水平限制了儿童不能从别人的角度多方面考虑问题，只能按照自己的欲望行动。处于该水平的儿童并没有出现真正的利他行为，此时的行为多为模仿行为。

二、具备初步利他思想，表现出利他行为：儿童虽出现利他行为，但这种行为是"他律"的结果，而并非出于内心的道德原则和社会规范，儿童是为了顺从成人的要求而产生行为。（1）顺从权威，逃避惩罚。此时儿童行为的是非善恶都取决于该行为将引发的后果。（2）"好孩子"定向，是在权威的鼓励提倡、惩罚禁止基础上产生的。为了做一个好孩子得到承认的赞许，儿童要顺从大众认同的行为形象，用成人教育他的好孩子该具备的品行来约束自己。

三、"交换"与"互惠"水平：7.5～11.5岁阶段的儿童按照皮亚杰认知发展理论正处于具体运算阶段，该阶段的儿童可逆性思维得到发展，学会双向思维，能从其他人的角度思考问题，产生了互相尊敬的情感及合作的道德。在交往中儿童逐渐意识到对于互惠互利来说，利他是必需的，只有自己为他人考虑，他人才能为自己考虑。有些儿童甚至是"投桃报李"式的（别人对自己怎样，自己就对别人怎样）。该阶段儿童的利他已经初步变成一种内部的道德需要，但并未上升到感激、忠诚等高度。

四、道德观念和原则开始支配儿童的行为：道德观念开始由他律转向自律。自律的道德是随社会性相互协作以及认识上相应运算的发展而产生的，儿童能设身处地地为他人着想，能为他人利益牺牲自己的利益。儿童的公正感得到发展，成为情感领域的核心和道德判断的内在基础。该阶段的儿童考虑问题日益客观、具体、全面，利他行为达到相当高的水平，表现利他行为时并不勉强，还会为自己能做出利他选择感到高兴。

经过小学五年级这一儿童利他行为重要发展期后，利他行为的发展速度开始放缓，李丹等人（1996）关于中学生的调查显示，中学不同年龄段儿童在利他态度和利他行为倾向上没有显著的差异，也就是说在该阶段，利他行为并不一定会随年龄相应增加，这可能是因为初、高中学生正处于青春期，其生理和心理正在发生巨大变化，人格特征也不稳定，可塑性很强，同时儿童所受的社会规范教育相似，所处家庭文化背景相似。而利他行为的发生是儿童社会化的结果，随年龄增长，儿童的行为会受到越来越多的规范之约，因此儿童是否做出利他行为、如何利他、如何看待利他行为等问题同小学时有很大差别，利他行为也可能不似小学时更易外表化。

（二）利他行为的性别差异

关于性别是否影响儿童的利他行为，长期以来受到心理学家的关注，虽一直没有统一意见，但已有研究发现儿童的利他行为存在性别差异，而亲社会性相关研究显示出女生普遍比男生更亲社会，如艾森伯格（1991）的研究指出，女孩的亲社会推力水平总体高于男孩的推力水平。也有研究表明，女性比男性具有更多的合作性选择行为，更可能被归于亲社会的，而较少被归于个人主义。吉尔根（Gillgan）研究指出，存在关怀和公正两种道德价值取向，前者从如何使每个人都得到关心和照顾的角度探讨人们之间的交往，而后者关心的则是人们如何依据共同生活原则、权利义务相互交往。吉尔根认为性别与以上两种道德取向有关，女性占优势的是关怀取向，而男性则在公正取向占有优势。费什巴赫（Feshbach）等人关于移情的研究发现，女孩比男孩更易于做出移情的反应，与男孩相比，女孩对别人和自己的情感方面的暗示更为敏感，更容易同化情绪体验（李伯黍 等，1993）。

国内也有相关研究发现利他行为在性别层面存在差异。王兰枝（2000）曾对普通蒙、汉 5 ~7 岁年龄段儿童进行试验，发现在 5 ~6 岁和

6~7岁两个年龄段中，汉族儿童中男生利他倾向高于女生，而在蒙古族儿童中，5~6岁阶段的女生利他倾向高于男生。李丹等人（1996）对初中生利他态度和行为倾向的调查结果显示，男女生中倾向于“冷漠”和“既不冷漠又不利他”的人数相差不大，而在“利他”倾向中女生人数明显高于男生（如表11所示）。由此可见，中学阶段女性比男性显得更具有同情心和社会责任感，表现出更多的利他行为。

儿童的利他行为出现性别差异，这可能是在生理上女生比男生发育早一两年所致，反映在心理上则表现为女生普遍比男生成熟懂事。普遍研究结果认为，女性比男性具有更多利他行为。

表11　不同性别中学生利他三种态度和行为倾向比较

	冷漠	既不冷漠又不利他	利他	边和
男	1	51	20	72
女	0	56	45	101
边和	1	107	65	173

三、未成年人利他行为的影响因素

未成年人的利他行为受到诸多因素的共同影响，是在文化、情境等因素的作用下产生和发展的，同时也受未成年人自身生物、情绪和认知水平的影响。

（一）内在因素

1. 生物因素

人作为一种生物，其心理行为必然受到自身生物因素的影响。

首先，激素的作用会影响未成年人的利他行为。在本章攻击行为章节中讨论了关于未成年人攻击行为的性别差异，这一差异在一定程度上与个体激素分泌有关。相关研究表明，攻击行为倾向与雄性激素的分泌水平有关。类似的，在动物研究中也发现雄性动物被激怒或受到威胁时，比雌性更易产生攻击行为。相对而言，激素的作用在一定程度上也可以解释利他行为的性别差。

其次，遗传也是影响未成年人利他行为的生物因素之一。在生物进化过程中，人类为了维持种系的生存和发展，逐渐形成了一些利于物种延续的亲社会反应模式和行为倾向，如微笑、乐群等。这些反应模式和行为倾向逐渐成为亲社会行为和利他行为的遗传基础（马丽芳，2009）。

2. 认知因素

利他行为的认知发展理论十分重视儿童的认知技能的发展对其利他行为的影响，一般认为除智力水平外，较为重要的影响因素是道德判断能力和观点采择能力。

（1）道德判断能力

儿童的道德判断能力与其利他行为和倾向都有一定的联系。安德伍德（Underwood）和摩尔（Moore）1982年利用道德两难问题对儿童的道德成熟度进行了测定，发现道德判断成熟者能够更快地帮助别人，还会安慰沮丧的同伴，为其分担痛苦并谴责看到伤害事件而无动于衷的人。胡雁波（2004）利用自编问卷对小学生利他行为的发展进行了实验研究，结果显示小学儿童利他行为发展的五大影响因素依次为教育因素、认知因素（道德判断）、同伴关系、移情因素和自我中心。其中，道德判断的影响仅次于教育因素，可见其对儿童利他行为影响之深远。

（2）观点采择能力

所谓*观点采择*（*perspective-taking*），即个体对特定情境中他人思想、情感、动机、需要的认知和理解。认知发展理论假设，随着儿童理解他人体验能力的发展，对认知对象的反应能力也相应提高。安德伍德和摩尔（1982）对16项相关研究的综述表明，观点采择和亲社会行为成高度相关，即使控制年龄因素，两者之间仍具有显著相关。克鲁斯（Crusec）和莱顿（Lytton）1988年的研究表明，通过针对儿童观点采择的训练，可以提高儿童的观点采择能力和利他性。国内学者李丹（1994）关于5～7岁儿童观点采择能力与分享、捐献行为的相关研究显示，该年龄段儿童的观点采择能力与其利他捐献行为有一定相关，观点采择能力强的儿童具有更多的捐献行为。

3. 情绪因素

移情（*empathy*）是利他行为的一种重要情感因素，是体验他人情绪情感的能力，是一种替代性的情绪情感反应，即一个人设身处地地为他人着想、识别并体验他人情绪情感的心理过程。20世纪70年代以来，西方学者进行了大量的移情研究，结果表明移情可以预测个体的社会行为，即移

情越强，个体做出亲社会行为的可能越大。霍夫曼（Hoffman，1975）提出移情是亲社会行为的重要动机源之一。1984 年，他又指出正确判断他人情绪状态的能力是利他行为发生的前提。霍夫曼认为，当儿童能够认识到他人的苦恼和不幸是自己移情情绪的原因，并指导自己如何安抚他人能减轻或消除这种情绪时，儿童则会表现出利他行为。波士顿（Boston，1995）发现移情在儿童利他行为的培养中具有动机和信息功能，移情能够使儿童更易认识到他人的需要，产生情感共鸣，进而促进利他行为的发生。费比斯等人（Fabes et al，1994）发现，移情对利他行为的影响是通过“移情—同情—利他主义行为”这一模式实现的。

4. 人格因素

人格是一种综合性的心理品质，对个体的行为有直接的影响。很多研究者认为，人格同利他行为有一定的关系，存在一种利他人格（李丹，2001）。王志香（2003）的相关研究指出，特定的人格特质会使人们倾向于在某种情境下表现出利他行为，而在其他情境下则不出现。研究结果表明，利他取向的人格特征在某些情境中能够促进利他行为，也确实存在一种利他人格，而利他人格部分以对困境中的人的同情心作为中介从而实现帮助他人的作用。国内也有研究者认为，利他人格是指考虑他人福祉、关心他人、为他人着想的一种持久的倾向，包括社会责任感、同感、世界公正信念和内控四个因素（郭永玉，2005）。

（1）社会责任感

比埃尔霍夫（Bierhoff）和克莱因（1991）指出，社会责任感是利他人格的首要因素。当今社会的主流文化中，帮助弱者、关怀他人是人们重视的道德义务，而见死不救、无视他人痛苦多被人谴责唾弃。这种善良为本、助人为乐的道德信念被大众所接受进而融入大多数人的道德观念当中。个体的社会责任感很大程度上促使人们表现出助人行为。施瓦茨（Schwartz）和本（Ben）1976 年关于紧急状况下助人行为的研究显示，社会责任与助人行为之间存在正相关关系。

（2）同感

霍夫曼指出，同感就是设身处地地感受他人当前情绪的一种稳定倾向（1975）。人们的同感水平存在个体差异，高同感者比低同感者更为主动地帮助需要帮助的人。巴特森等人（Batson et al，1981）研究指出，同感导致利他行为并非只是个体想要消除他人受困给自己带来的消极情绪。无论他人的困难是否容易摆脱，高同感者都乐于提供帮助，而低同感者只有在他人难以摆脱困难的时候才会提供帮助。

（3）对世界公正的信念

有世界公正感的人通常相信人们会得到自己应得的。当有人明显受到不公平待遇时，这种信念就会受到挑战。为了维护世界公正这一信念，人们往往会帮助受害者，补偿他们的损失和所遭受的痛苦。深信世界公正的人在看到有人遇到不幸时更可能去帮助受害者，从而维护公平世界（Lerner，1980）。

（4）内控

内控指个人把自己的命运掌握在自己手中的观念。内控者将成功归因于自己的努力，将失败归咎于自己的错误。米德拉斯基（Midlarsky，1971）认为正是因为内控者认为自己可以控制时间的发展，他们常常表现出更多的利他行为。

此外，还有研究表明，具有较高积极情绪性、共情能力和高自我效能感的人更关心他人，也更易表现出利他行为（David et al，2005）。

（二）外在因素

1. 情境因素

一般人都有利他行为倾向，但不同的情境会影响未成年人的利他行为和利他倾向。斯托布（Staub，1980）曾对情境和助人的关系进行探讨，认为情境的模糊性、责任的分散、助人的代价和环境的界定都是影响助人行为的因素。人们在清晰的情境中相比模糊情境更多地表现出助人行为（Clark et al，1972）；相比于紧急情况，处在紧急情况中的人较少助人，紧急情境会抑制人们的助人行为（Latane et al，1970）；个体在助人的过程中可能会损害自己的利益，甚至受到人身伤害等，由此个体可能会产生双趋冲突——自身利益与利他行为的矛盾；而当个体所处环境无法清楚地表明有人需要帮助时，或者无法清楚表明需要何种帮助时，人们无法确定自己是否应给予帮助，因此降低了利他行为的发生（常若松，2004）。

未成年人的利他行为也受到类似情境因素的影响。张向葵等人（1996）对儿童不同情境的助人行为研究显示，不同情境对儿童助人行为产生极大影响，在紧急情况下受自身能力限制和自我保护心理的提示，儿童的助人行为会明显减少。而在廖凤林等人（1999）的研究中，情境的不同很大程度影响幼儿的助人观念及行为的发展，幼儿在冲突情境中的助人观念和行为的发展均低于无冲突情境。此外，关于被助者特征的研究则显示，个体倾向于帮助与自己性别相同的人，一般来说，弱者（老人、女性、孩子等）更容易引发人们的同情心而获得更多的帮助（张向葵，1996）。

2. 环境因素

环境因素包括家庭、社会文化、同伴、榜样等，未成年人成长于各种环境之中，其利他行为必定受到一定程度的影响。

（1）家庭

家庭作为儿童早期成长的主要环境之一，对儿童的影响不言而喻，关于父母教养方式对儿童行为影响的研究也比较完善。而在利他行为方面，国内外学者都取得了一定的成果。相关的研究表明，生活在没有冲突和攻击家庭环境中的儿童具有更高的利他取向，同时，家庭教养同儿童的利他取向也密切相关（Ma et al，1995）。而在国内学者中，芦咏莉等人（1998）研究发现，良好的亲子关系与青少年利他行为具有显著的正相关，即亲子关系良好的青少年表现出更多的利他行为或倾向，反之，亲子关系不良的青少年较少出现利他行为。而本章关于攻击行为的阐述中也表明，不良亲子关系的未成年人更易出现攻击行为，这也从反面证明了亲子关系同儿童利他行为的正相关。在父母教养方式方面，杨丽珠等人（2003）在实验室条件下的研究结果显示，父母是权威型和专制型的幼儿的利他行为均高于父母是溺爱型的幼儿。而在李丹（2000）的研究中则发现，在父母教养方式的各指标中（包括民主、鼓励、爱心、保护和惩罚等），只有惩罚这一指标同儿童的利他行为有显著的负相关，即父母采取惩罚手段较多的儿童其利他行为或利他倾向较少，而其他指标则无显著关系。

（2）社会文化

利他行为作为一种社会行为，自然会受到一定社会文化背景（包括社会风气、文化因素、价值观和行为规范等）的影响。毋庸置疑，良好的社会风气和文化背景有利于未成年人利他行为的发展，而不良风气和文化对其也有负面的影响。不同文化背景下成长起来的未成年人其利他行为发展水平也不同。研究者曾对东非、印度、墨西哥、冲绳、菲律宾及美国新英格兰州的奥查德镇等地的儿童进行了利他—利己取向的跨文化研究，结果显示东非儿童的利他取向最高，美国奥查德镇儿童的利他取向则最低（Whiting，1994）。这可能是由于不同国家地区文化传统不同，对于攻击行为和利他行为的态度有程度上的差异，有的地区极端反对攻击行为、鼓励利他行为，而有些地区则对攻击行为比较宽容、不太推崇利他行为。此外，不同经济文化水平的国家和地区对利他与合作行为的鼓励程度也不相同。工业化水平较低的国家和地区更多地鼓励儿童友好合作、关心帮助他人的社会行为，而工业化程度高或者经济发达的国家和地区，则更加鼓励人与人之间的竞争行为，推崇个人的独立奋斗。这些不同的文化传统对利他行为持不同的态度，通过不同途径影响未成年人利他行为的发展。

（3）社会关系

社会关系包括同伴关系、师生关系和亲子关系等。亲子关系对利他行为的影响在此不做赘述，主要探讨同伴关系和师生关系对未成年人利他行为的影响。近年来一些研究发现，良好的师生关系和同伴关系与未成年人的利他行为具有明显的关联。鲁宾（1993）研究发现，儿童的合作、友善和亲社会行为与同伴接受性成正相关，同伴接受良好的儿童其亲社会性倾向更高，而攻击破坏行为则会导致同伴拒绝。拉德等人（1996）的研究显示亲社会的儿童更有可能在班级中发展较高水平的同伴接受。而国内相关研究则显示出同伴关系和师生关系的质量对未成年人利他行为的影响甚至比亲子关系更为突出（芦咏莉，1998）。这可能是因为同伴关系良好的儿童会显示更多的和他人交流及互动，能够与周围的同学和谐相处，进而感觉到生活的美好，体会到人与人之间的信赖，并因此愿意为他人付出。相反，同伴关系不良者往往被同伴拒绝，个体会感到孤独无奈，认为一切都只能依靠自己，由此发展了自私的行为而较少表现出利他行为。

（4）榜样

社会学习理论认为，儿童之所以能在特定的情境中表现出利他行为，是由于他们曾在类似的情境中学会了这样做。国外许多实验研究都证明了榜样学习对儿童利他行为的促进作用（Bryan et al，1970；Grusec，1971，1972；Staub，1971）。榜样学习能够促进儿童的利他行为的机制可能基于两点：模仿和内化。克雷布斯（Krebs，1970）指出，如果榜样学习过程中内化机制发生作用，榜样学习的结果应该能泛化并具有一定的持久性。米拉斯基（Milarsky，1972）、罗森汉（Rosenhan，1969）、拉斯顿（1975）等人的一系列实验证实了克雷布斯的推测。拉斯顿（1975）的实验也表明，对利他榜样的观察不仅使儿童在接下来的活动中利他行为明显增加，也使他们在八周后的活动中比其他儿童更容易出现利他行为（李黎，2001）。

四、未成年人利他行为的培养

（一）归因训练

未成年人对行为的归因直接影响着他们的行为。归因理论认为，要想把儿童在某种特定场景表现出的利他行为保持下去，需要把利他的观念内化，这是一种自我归因。正是由于有了自我归因，儿童利他行为才能具有持久性。所以，我们应该鼓励并帮助儿童建立一种正确的归因模式。可以通过专门的归因训练，消除儿童的消极归因模式，建立更为积极的归因模式。一般可采取三种归因训练法：团体发展法、强化矫正法和观察学习法。

（二）移情培养

移情对未成年人的利他行为有重大影响，因此移情能力的培养与教育可以帮助儿童利他行为及观念的发展。张其龙（1990）和李白珍（1991）曾分别对幼儿移情训练做了实验研究，结果显示情绪训练对增加儿童的利他行为有非常显著的效果。李幼穗等人（1992）采用了直接指导、树立榜样、强化巩固、体验他人情感、归因指导等方法进行教育训练，结果显示接受训练的儿童利他行为表现同未接受训练儿童有显著差异。而陈慧昌（1986）、李幼穗（1996）、陈旭（1995）的实验研究则证明了诸如榜样学习、情境讨论、角色扮演等训练方法均有一定效用。

1. 培养儿童对他人情感变化的敏感性

对他人情感变化的敏感性指能识别和感受他人的情绪情感状态，包括别人的快乐和悲伤都能识别出来，感受得到。可以组织儿童看图书时适当提醒他们关注人物的面部表情，启发他们思考该人物是哪种情感状态。也可利用各种脸谱表情，如高兴、伤心、生气、愤怒、害怕等让儿童识别，并让儿童知道在什么情况下会有这种情绪状态。通过这样有意地引导，提高儿童对各种情绪情感的认知。

2. 培养儿童体验他人情感状态

体验他人情绪情感状态指将儿童置身于他人的处境，使之设身处地为他人着想，因而产生相应的情绪情感。儿童有时会拒绝他人的正当要求，这是因为他们不知道处在他人的位置是怎样的感受。因此，启发儿童使之认识到别人都有自己的想法和情感，应学会理解别人，体验他人的情绪情感。因此，可以利用一些情境图片、角色扮演等来展示问题，从而使儿童能够了解更多的、曾经认识不清的问题，学会看到问题的不同方面，从多角度处理问题，思考问题及其后果，进而促进儿童的利他行为的发展。

（三）表扬与奖励

未成年人的利他行为需要得到群体的认可与奖励。行为疗法认为，人的一切行为都是通过强化获得的，因此可以通过强化塑造利他行为。当儿童做出利他行为，家长和老师要及时加以强化，如表扬、奖励等，使儿童获得积极反馈，从而达到逐渐巩固的目的。反之，习得的利他行为可能会消退。有关于儿童行为的研究表明，精神奖励在巩固儿童谦让行为中具有不可低估的作用，那么恰当地运用表扬和奖励也可能会促进儿童利他行为的发展。而在强化过程中，强化物的性质也十分重要，强化物的积极和消极以行为者的喜好或厌恶而定。有效强化物的选择要考虑个体差异、时机等，能够投其所好才能引起所希望的强化作用。

（四）榜样教育

未成年人首先是在家庭中成长起来的，并通过家庭教育获得最初的生活经验、社会道德评价标准和行为规范，家庭中的早期教育对未成年人具有直接、深远的影响。家庭中的早期社会化对个体成年后的利他行为有非常重要的影响，父母的言传身教是孩子利他主义形成的重要原因。儿童利他行为的学习和形成主要通过观察学习和模仿习得。榜样在儿童利他行为的形成中占有重要地位。

因此，在家庭早期教育中父母要为孩子树立良好的榜样，通过自身的示范行为让孩子理解他们不是宇宙的中心，要摆正孩子在家庭中的位置。家长不可过于溺爱孩子，应该合理地约束孩子的行为，使之符合社会规范，要与孩子建立平等的关系，重视爱的双向交流。同时，家长和学校老师是儿童直接模仿学习的榜样，都应该以身作则，用自身的优良品德去影响孩子，为孩子模仿行为创设一个良好的氛围，家庭及学校的耳濡目染、潜移默化，都会使孩子塑造良好的行为习惯。懂得主动帮助他人，建立良好的利他心理倾向。

第五节　攻击行为

案例

河北一中学30余人深夜持械群殴　参与者有在校学生

9月14日晚21时20分左右，沧县风化店中学发生了一起校园群殴事件，参与者既有校内的学生，也有翻墙而入的社会人员，参与人数达30多人，其中10多名学生被棍棒打伤住院治疗。

整个事件的目击者晓辉说，当晚高二124班被殴打的同学近20人，其中还包括两名女生。有人认出打人者多为高三年级的学生，其中还有两名社会人员。遭受到如此不明不白地殴打，晓辉感到非常不可思议。后来打听才知道，“原来是当晚我们班的几名同学上厕所时，与两名翻墙而入的社会人员发生了口角，而社会人员纠集当村在校高三学生持械对我们班的同学疯狂殴打”。

事发后，教育局工作组帮助指导学校细化管理制度，进一步加强对学生的思想教育和遵章守纪教育，同时堵塞校方可能存在的管理漏洞及薄弱环节；校方组织安抚小组对学生进行慰问安抚，和家长进行面对面沟通，对工作态度、工作环节等可能存在的不足向家长道歉；对涉事学生，以爱动其心、以严导其行，以批评教育为主，违纪情况较重的要按照校规校纪进行严肃处理，对涉及违法者由司法机关依法处理。

2013－09－17　来源：燕赵都市报

一、概述

（一）什么是攻击

未成年人在校园中的攻击性和暴力行为屡见不鲜，不仅影响未成年人的学业成绩和身心健康，还可能给其家庭带来伤害，甚至影响社会安定。因此，如何干预未成年人的攻击行为，进而促进其人格的健康发展成为摆在我们面前亟待解决的问题。

攻击（*aggression*）是指有意伤害他人的行为或倾向，包括身体伤害和心理伤害两方面，其核心特征为“有意伤害性”，此外，攻击还常涉及愤恨或想要伤害他人的情绪或内部心理状态（纪林芹 等，2007）。布莱恩（Brain，1994）曾拟定了一个根据操作化的定义，他认为攻击是一个由不同成分构成的范畴，包括伤害或毁坏性、有意性、厌恶性和唤醒性。

（二）攻击的种类

大多研究者将攻击行为划分为三种，分别为直接身体攻击、直接言语攻击和间接攻击。

直接身体攻击（*direct physical attack*）指攻击行为发出者利用身体动作直接对攻击行为承受者实施的攻击，如打人、踢人或者抢夺、损坏他人财物等。

直接言语攻击（*direct verbal attack*）指攻击行为发出者借助第三方而对攻击行为承受者实施的攻击，如辱骂、讽刺、起外号等。

间接攻击（*indirect aggression*）指攻击行为发出者借助第三方对攻击行为承受者实施的攻击，如造谣、离间、社会排斥等（张文新 等，2001）。

（三）攻击行为理论

1. 本能论

心理学于19世纪后半叶成为独立学科，开始的很多理论都受到了达尔文“进化论”的影响，把人类的动机普遍归因于先天的禀赋，出现了攻击行为本能论。本能论的代表人物有精神分析学派创始人弗洛伊德和著名奥地利习性学家洛伦兹（Lorentz）。

20世纪20年代，精神分析学派关于攻击的研究得到了学者们的重视。弗洛伊德开创性地把攻击行为与“力比多”联系到一起，将攻击行为的起因定为被异性侵犯后受到压抑的记忆所产生的困扰状态。弗洛伊德早期理论认为人的一切活动来源于性本能，攻击是被压抑的性冲动的发泄，是“力比多”的释放，是天生的、本能的（Jerry，2000）。他说，人类不是希望被爱的友好的动物，相反，他们具有很强的攻击本能。在后期理论中他又提出了人有两种本能：生的本能和死的本能。死的本能本来是一种对内的自我破坏的倾向，自杀就是其中一种，但生的本能与死的本能是对立的，人只要活着，死的本能的表现就会受到生的本能的妨碍，从而对内的破坏力量转向外部，以攻击的形式表现出来。社会学的实证研究似乎证实了这种假说的正确性。有研究表明，一个地区如果自杀率高，则他杀案件的百分率就低。弗洛伊德认为，为了发泄人的本能的冲动，人类采取一切社会许可的方式如竞技、争论、冒险等，这些活动使人的本能的冲动得以释放，又不会对社会造成危害（章志光，1996）。

洛伦兹有关攻击的理论观点是从对动物的观察研究推演出来的。他和弗洛伊德一样，也认为攻击是人和动物的一种本能，它同吃食、逃跑、生殖一起构成了人类和动物的四大本能系统 。人和动物攻击的驱动力来自有机体内部，而与外界刺激无关。随着个体攻击的能量在有机体内不断的积累，他必须借助于适当的外部刺激的周期性进行释放。而且他也认为这种发泄可以通过社会许可的方式如体育、冒险、负重等消耗体力的活动，以代替攻击、侵犯、战争等破坏性的发泄途径。与弗洛伊德不同的是他不认为攻击指向毁灭，而认为是具有生物保护意义的生的本能的体现，类似于达尔文的生存竞争。

本能论强调攻击是人的本能，具有先天性。有一定的道理，现代的一些研究揭示攻击性的确具有一定的先天倾向。但本能论是很难进行评价的，人身上是否具有攻击本能很难证实或证伪。他陷入了一种循环解释：人为什么具有攻击本能，因为人有攻击性；人为什么具有攻击性，因为他具有攻击本能。这在逻辑上和科学上是一个死结。而洛伦兹的理论的依据是动物实验，从动物推演到人，这中间难免有其局限性。另外，本能论无法解释个体之间的差异和文化差异。

2. 挫折—攻击理论

挫折—攻击理论最早由多拉尔（Dollard）、杜布（Doob）、米勒、莫勒（Mowrer）、谢尔（Sear）于1939年提出，该理论认为攻击永远是挫折的一种后果，攻击行为的发生总是以挫折为前提条件的。后来，随着大量资料的积累，人们发现最早的理论过于简单概括，对许多相关现象不能提供恰当的解释，许多人遇到挫折后并没有出现攻击行为。为了更好地解释这一现象，米勒等人（1941）做出调整，提出挫折又是导致一种间接表达的攻击。就是说，受到挫折总是要导致攻击，但不一定是用明显的方式。

19世纪60年代，博科维茨（Berkowitz）在原有的挫折—攻击假说基础上提出了新的理论模型。他认为，挫折不直接导致攻击行为，他只为攻击行为的发生创造一种唤醒状态或准备状态，也就是说，攻击行为的实际发生还需要一定的外部引发线索。这个模型解释了为什么不是所有的挫折都会导致攻击，和为什么一定的看法会增加或减少攻击的可能性。该理论在前人的理论之上引入了情绪唤醒这一中介变量，在一定程度上克服了挫折—攻击假说完全把人这一中介变量排除在外的缺陷，但仍没有跳出行为主义的范围，没有考虑到认知过程对攻击行为的调节作用，没有对情绪唤醒产生的机制做出清楚的说明。

总之，挫折—攻击假说引发了长达半个多世纪的研究，但从实验和调查的情况只是部分的支持。挫折有时是攻击的起因，但有时也不会引起攻击，某些时候引起攻击的不是挫折而是别的来源。博科维茨修订的挫折—攻击假说解释了一些现象，考虑到了中介变量在攻击行为中的作用，但是正如社会学习理论家班杜拉所说："离开了人类心理活动的理解，就无法真正的理解人类的行为。"

3. 社会学习理论

社会学习理论也称模仿论，由著名心理学家班杜拉提出，他认为攻击行为是通过观察和模仿而习得的。社会学习理论认为，攻击行为可以通过强化来培养，即在"做中学"，也可以通过模仿他人的攻击行为而获得，即"观察学习"。该理论得到了许多实证材料的支持。此外，班杜拉还提出除了模仿之外，攻击行为还受其他多种因素的影响，他曾举例说，凶杀影片是潜在的环境影响，但有人不会看，或者有人尽管看了，也都不一定产生攻击行为。这表明攻击行为的产生是人和环境互相作用的结果。

班杜拉提出的社会学习理论有一定的合理性，他强调环境的影响和个体的作用，认为行为是由外因和内因相互作用的结果，这一点比强调内因的本能论和强调外因的环境论改进了一大步。同时也对人类控制和矫正攻击行为提供了理论支持。攻击行为与媒介暴力有一定的相关，但模仿论也只能部分地解释他们之间的相关且许多攻击行为并非完全由模仿得来，另外，对于模仿的个体内部的心理过程也未加以说明。

4. 社会信息加工理论

随着 20 世纪五六十年代认知心理学的兴起，人们更加关注行为发生的内部心理机制，更加注重心理认知因素对行为的影响。试图从人类心理活动的内部来揭示攻击行为发生的规律和机制。

社会信息加工理论以信息加工模型为基础，解释个体的行为，因此提出了攻击行为的社会信息加工模式。该模式以道奇（Dodge）为代表，他提出的模式认为某一行为产生的认知加工过程可以分为六个阶段。该模式认为从面临某一社会情境到做出行为反应的整个信息加工过程包括六个阶段，依次是线索译码（即输入情境中的信息）、线索解释和表征、澄清目标或选择目标、搜寻或建构新反应、评估和决定行为反应、启动行为。许多心理学家认为除了这一信息加工的六个阶段以外，个体内部还存在一个由过去经验所形成的认知结构，这个认知结构影响信息加工的每一个阶段，使个体在译码、解释线索时选择与认知结构一致的线索。

根据这一模式，个体在面临一个社会情境时，他在记忆中储存了一些反应模式并有一个程序化的认知加工方向。个体从环境中输入信息依次通过上述六个认知加工阶段而做出反应。如果个体没有按顺序对输入的信息进行加工或在某个加工环节出现偏差，就有可能导致异常行为即攻击行为的发生。近几年一些研究发现：（1）攻击性个体对敌意性线索表现出有偏向的注意；（2）攻击性儿童对他人行为的解释中存在归因偏见；（3）攻击性儿童的行为在反应搜索和问题解决策略上存在缺陷；（4）攻击性儿童对攻击行为的后果抱乐观的期待。

社会信息加工模型认为个体的社会信息加工模式以及由过去经验所形成的内部认知结构与攻击性行为之间有密切关系。该模型强调了攻击行为的个体因素，包括个体认知风格和个体原有的认知经验，这对于大量的实验研究所得出的攻击行为与个体的个性、受教育情况和早期经验之间的相关有很好的解释作用。这种模式也为攻击行为的矫正提供了理论基础和方法。但该理论也有许多局限，无法探知这种信息加工模式是如何形成的。不同社会环境、年龄、性别等因素对攻击行为的影响也不甚清楚。另外，该理论也没有考虑到情绪的作用，而情绪对行为的影响，已经得到许多实验的证实和大家的普遍公认（宋淑娟，2002）。

二、未成年人攻击行为的现状分析

（一）攻击行为普遍存在

攻击行为是未成年人常见问题行为之一，国内外相关调查显示未成年人攻击行为的发生十分普遍。据 2009 年美国 YRBSS 对全国青少年的调查结果显示，在过去 12 个月内有 31.5% 的学生曾经打过架；在过去一个月内，17.5% 的学生至少有一天曾携带枪支、棍棒、匕首等武器，并存在显著的性别差异，上述情况女性明显少于男性（Eaton et al ，2010）。

同样，国内季成叶等人（2007）对全国 18 个省市的青少年研究发现，在过去 12 个月内有 23.1% 的学生曾打过架，从初一到大四随年龄的增长而增加，男生和女生 12 个月内打架报告率均呈现下降趋势。魏霞等人（2010）报告称山东有 25.12% 的中学生在过去的 12 个月内曾打架，且男生报告率高于女生，初中报告率高于高中；12 个月内 11.5% 的北京中学生报告曾经随身携带刀棍等危险物品，有 22.4% 的学生报告称曾经打架，1.8% 的学生打架的次数达到 10 次以上，且初中生打架的报告率明显高于高中生，男生打架的高发阶段为初中二、三年级，低发阶段为高中二、三年级（陈天娇 等，2010）；广东报告称 15.3% 的青少年曾打架，8.5% 的学生受到欺负（聂少萍 等，2009）；福州和四川的青少年参与打架的报告率分别为 13.9% 和 33.2%。众多数据显示，攻击行为是在未成年人中发生频率较高的问题行为之一（林馨 等，2010；张成云 等，2010）。

此外，欺负作为一种特殊类型的攻击行为，其普遍存在性也在一定程度上反映出攻击行为的特性。张文新（2002）对中小学生欺负行为的研究中发现，在 9205 名接受调查的中小学生中，有 1371 名儿童认为自己时常或更频繁地被他人欺负，占所有被试的 14.9%；表示自己时常或更频繁地欺负他人的儿童为 227 人，占 2.5%；有 148 名儿童既被他人欺负也欺负他人（时常或更频繁发生），占 1.6%。

（二）攻击行为发展的年龄特征

1. 攻击行为的萌芽

对儿童生命早期攻击的研究，无论是小样本的观察研究、父母报告，还是大样本的自我报告都显示：婴儿期就出现了身体攻击，在会说话后出现言语攻击。特朗布莱（Tremblay，2004）要求儿童母亲报告婴儿在 17 个月和 30 个月时是否做出过身体攻击，结果显示超过 70% 的儿童在 17 个月时就表现出了身体攻击，其中 14% 的儿童在 17 个月到 30 个月之间表现出较高的攻击行为水平，且存在增长的趋势。同伴取向的攻击出现在生命第一年的晚期，12 个月的婴儿会对同伴的激惹做出反抗和攻击性报复（Caplan et al，1991）。

2. 学前期儿童攻击行为特点

关于学前期儿童攻击发展的一致结论是，2～4 岁身体攻击在减少，言语攻击增多（Dodge，2006）。古迪纳夫根据父母日记发现，踩、打等攻击行为在两岁前一直增多，然后骤然下降，被言语攻击所代替。这一时期的攻击多由同伴冲突和物品抢夺而引起，为占有物品而发生的争吵是最经常的攻击诱因（Underwood，2003）。

国内相关研究也得出类似结论，李俊（1994）曾对北京市城区各级各类幼儿园及小学3~9岁儿童的攻击行为进行调查研究，结果发现在教师对儿童攻击行为评价问卷的调查中，教师认为幼儿园儿童的攻击行为中发生频率较高的行为是：争抢玩具和游戏角色、无意攻击（不能很好地控制自己的动作，非故意为之）、报复性攻击、为吸引老师注意而进行的攻击。学前儿童出现攻击性行为的原因多为被打骂后的还击与报复和他人损坏自己东西的报复，儿童无意的攻击行为（即动作不小心）随年龄增长逐渐减少，而言语攻击是最容易被儿童模仿的行为。

此外，学前期儿童在攻击对象的选择上也有一定特点。张文新等人（1996）曾通过现场观察，发现学龄前儿童攻击行为具有以下特点。

（1）中、大班幼儿攻击同性别同伴多于异性同伴

总体上看，幼儿园儿童相较于攻击异性同伴，其攻击同性同伴的行为出现频率更高。在三个不同年级情况也有不同，小班幼儿两种对象的攻击行为无显著差异；中班幼儿中观察到的攻击同性同伴的次数是69次，而攻击异性同伴的次数为31次，差异显著；而到了大班，攻击同性同伴行为是104次，攻击异性同伴行为则是26次，相差更为悬殊。由此可见，在幼儿园阶段，儿童随年龄增长更倾向于攻击与自己同性别的同伴，对异性同伴的攻击行为逐渐减少。这种情况的发生可能与儿童对其性别角色认同有关。5岁以后儿童对自己和他人的性别角色具有准确而稳定的认识，而随着儿童对性别角色认知的发展，儿童开始倾向于和同性别的伙伴交往，而在幼儿园阶段，儿童的攻击行为起因主要是同伴之间的消极的社会性互动，由此其攻击行为多指向于有更多交往互动的同性同伴。

（2）小班幼儿的工具性攻击（以物为指向）多于敌意性攻击（以伤害他人为目的），而大班幼儿则相反

在学前期，男孩和女孩在攻击行为上也表现出不同。婴儿期关于攻击行为的研究并未发现存在性别差异，而与婴儿期相比，学前期攻击发展的一个重要特点是出现了明显的性别差异，表现为男孩参与更多的冲突，无论是身体的还是言语的、敌意性攻击还是工具性攻击（Underwook，2003）。

3. 中小学儿童攻击行为特点

（1）年龄特征

进入小学阶段，大多数儿童很少表现出攻击行为，攻击的总体发生频率下降（Blackwell，2004）。但是，攻击越来越集中在少数几个儿童身上，他们经常攻击他人，如打骂人或抢别人的东西等，构成了学校欺负事件中的欺负者（张文新，2002）。这一时期攻击的形式和功能也发生了变化，与学前期攻击的相对非社会性和工具性的特点相比，这一时期的攻击越来越多地发生于特定的成对关系之中（Coie et al，1999），越来越具有以人定向和敌意的性质，引起攻击的主要因素开始包括感觉到的威胁和对自我及自尊的损害，对他人行为的归因开始起作用。

进入青春期后，大多数纵向研究都表明儿童的攻击行为发生的频率有所下降（Dodge et al，2006）。我国研究者张文新（2001）对欺负这一特殊类型的攻击的调查研究也揭示，与小学阶段相比初中阶段的欺负发生率较低。

（2）性别特征

在性别差异方面，相关研究表明，男生和女生在选择攻击行为种类上也有所不同。1998 年曾有研究发现，在 11 岁和 12 岁的儿童中，男生比女生更多采用直接身体攻击，如打、踢、推等；女生则多采用间接攻击，如散布谣言、社会排斥等；男生和女生在直接言语攻击方面差异不显著，例如起外号、威胁恐吓等（Lagerspetz et al，1988）。

在欺负行为的研究中也发现了中小学阶段儿童存在性别差异。张文新（2002）对中小学生的欺负行为的研究表明，不同性别儿童欺负行为的发展存在不同。在小学阶段，被欺负的儿童中不存在男女差异，但欺负他人的儿童中，14.6% 的男生表示欺负他人，而仅有 5.1% 的女生表示欺负他人，可见男生欺负他人的比例明显高于女生。而在初中阶段，男生在被欺负和欺负他人两方面的人数所占比例均明显高于女生，其中欺负他人的男生占 6.8%，而女生仅仅为 1.2%，相差极大。可见，小学及初中阶段儿童中，男生更倾向于欺负他人，同时男生在初中阶段也更易被他人欺负（如表 12 所示）。

表12　中小学阶段男女生中受欺负者、欺负者的百分比（%）

	小学		初中	
	有时或更频繁	每周一次或更频繁	有时或更频繁	每周一次或更频繁
受欺负				
男（n=2128）	22.2	14.3	13.9	7.2
女（n=1832）	22.1	12.2	10.8	7.0
合计（n=3960）	22.2	13.4	12.4	7.1
欺负他人				
男（n=2698）	8.7	5.9	4.3	2.5
女（n=2552）	3.0	2.1	0.8	0.4
合计（n=5250）	6.2	4.2	2.6	1.5

（3）攻击类型特征

中小学阶段，儿童不同类型攻击行为发生率明显不同。张文新（2002）调查数据显示，中小学儿童总体上受到直接语言欺负的比例最高，占35.1%，直接身体欺负次之，占20.8%，发生率最低的是间接欺负，占18.3%。可见直接言语和直接身体欺负行为在小学和初中生中较为频繁，是主要的欺负行为类型，这可能是由于间接欺负需借助第三方对他人实施攻击，在客观上需要儿童心理成熟水平较高，尤其是认知和操纵他人心理状态的能力和较强的人际关系技巧，而在小学和初中儿童在这两方面的发展水平有限，难以有效地运用间接欺负，进而导致该种欺负行为发生率相对较低。

张文新等人（2001）对儿童欺负行为的研究发现，初中阶段与小学阶段相比，儿童受欺负的比例虽明显下降，但其中直接身体欺负比例下降，而直接言语欺负的比例却有所上升。在小学阶段，受到直接言语欺负的比例总体随年级升高而上升，三年级儿童受直接身体欺负的比例最高，而受间接欺负的比例在2～4年级相对稳定，在五年级出现明显下降。初中阶段，儿童三种欺负行为的发生率都相对稳定。

此外，未成年人不同的攻击行为类型在不同年龄阶段和性别两个维度上的发展趋势不是一成不变的。研究者曾针对芬兰 8 岁、11 岁和 15 岁三个年龄组儿童的年龄和其攻击行为类型之间的关系进行了研究（Björkqvist et al，1992）。该研究显示，直接身体攻击的发生频率随年龄的增长而下降，而直接言语攻击的发生频率随儿童年龄的增长而上升。其中，8 岁儿童的间接攻击在所有攻击行为中占很低比例，但 11 岁女孩使用间接攻击的比例已经超过直接攻击。上述研究显示，儿童攻击行为存在性别差异，但随攻击行为类型的不同、儿童年龄及其身心发展不同阶段而表现出不同的模式。

三、未成年人攻击行为的影响因素

儿童攻击行为的发展必然受到一些因素的影响，而它的影响因素究竟有哪些呢？李俊（1994）曾对 210 位家长和 180 名教师进行了问卷调查，总结他们对儿童攻击行为影响因素的看法。结果显示，被调查家长中有 136 人认为导致儿童攻击行为的原因是遗传加环境因素，71 位家长认为完全由环境因素所致；而被调查的教师中有 144 人认为该行为由遗传和环境共同影响，认为完全受环境影响的有 34 人。家长和教师中都很少有人认为儿童的攻击行为完全由遗传所致。而在“什么原因使儿童没有攻击性特征”问题中，认为是遗传和环境共同作用的家长和教师分别为 49 人和 52 人，而认为完全由环境造成的人数分别为 158 人和 137 人，认为完全由遗传造成的人非常少（如表 13 所示）。

表 13　儿童攻击性影响因素（人）

	导致儿童攻击行为			导致儿童无攻击行为		
	遗传	遗传和环境	环境	遗传	遗传和环境	环境
家长	3	136	71	3	49	158
教师	2	144	34	1	52	137

（一）认知因素

未成年人的攻击行为受多种因素影响，其中未成年人的社会认知发展状况是十分重要的影响因素之一。国内关于 3 ~7 岁攻击性儿童的社会认知发展状况的研究主要得出以下结论。

（1）儿童的攻击行为与其意图知觉有关，当面对同一事件时，攻击性儿童认为对方是有攻击性意图的，而非攻击性儿童则偏向于认为对方不具有攻击性意图。

（2）儿童的攻击行为与其对他人的行为预期有关，当处于同一情境，而该情境不一定具备导致一个人的攻击行为的因素时，攻击性儿童则倾向于做出该情境具有攻击性的预期，并更可能表现出攻击行为。

（3）攻击性与非攻击性儿童在社会观点采择能力的发展上也存在差异，前者更倾向于从自身的角度认识问题，而后者则更善于从别人的角度认识问题。

（4）攻击性与非攻击性儿童的行为反应取向不同，当二者都被人抢夺了属于自己的东西时，前者认为应当予以还击，后者则不赞成还击，认为在任何时候攻击他人的行为都是不对的。

（5）攻击性儿童对他人对于自己的评价认识度不高，而非攻击性儿童则能够比较正确地认识他人对自己的看法，从而更擅长调节自己的行为，表现出友好等亲社会行为而非攻击行为。

（6）攻击性儿童在对方无论是否具有侵犯意向时，都表现出比较明显的攻击性行为取向，逐渐形成攻击行为偏好，进而养成比较稳定的攻击性行为模式。攻击性儿童的行为模式可以为：攻击性意图知觉——攻击性的行为预期——不正确的社会观点采择——攻击性的行为取向——攻击性行为——产生错误的对他人关于自己评价的认知及攻击行为偏好——形成稳定的攻击行为模式（冯夏婷，2003）。

（二）个性因素

行为是人格的外在表现形式，而人格特性则决定个体适应环境的行为模式。未成年人攻击行为与不良个性特征有关。埃森克（Eysenk）曾对国外相关文献进行总结，发现反社会型人格与青少年犯罪在 EPQ 中 P 分显著增高，反社会型人格者 E 分与 N 分也增高，这表明该类型个体易冲动、内控力差、焦虑紧张、不关心他人、缺乏同情心和内疚感、不害怕惩罚等。史俊霞等人（2007）对中学生攻击行为的研究也发现，具有攻击行为的中学生在 EPQ 中精神质和神经质评分均较高，具有情绪不稳定和精神质特性特征倾向，而精神质和神经质也正是中学生攻击行为发生的危险因素，可见攻击行为与儿童不良个性有关。

国内学者研究显示，具有攻击行为的未成年人通常具有不服从性、攻击性、反社会性、自我中心和活动性增高五个特点（吴汉荣 等，2000）。同样，国外也有相关研究表明，具有较多攻击行为的儿童多不被同伴所接纳，其在社会交往能力、沟通、问题解决等方面发展较差。而且，在儿童时期人际关系不良者，在青少年以后更有可能遭遇辍学、犯罪和心理疾病等问题（Newcomb，1993）。因此可以说，个体早期的攻击性是成人后暴力犯罪的较好的预测指标，即童年期具有较多攻击行为的人在成年后出现暴力行为甚至暴力犯罪的可能性更大（Brook，2001）。

（三）家庭因素

1. 父母教养方式与未成年人攻击行为的关系

绝对权威型和过分溺爱型家庭中的未成年人表现出更高的攻击性。国内有调查显示，高度攻击性幼儿大多来自以上两种家庭中，这两类家庭类型的共同特征是对儿童限制的适当。

绝对权威型父母更多采用严厉、拒绝否认、过分干涉等不良教养方式（芦莉 等，2001；李慧民，2003），过于控制儿童的自主性，易于使儿童产生逆反心理，容易形成情绪不稳、缺乏同情心和反社会人格倾向，儿童易产生对抗的要求，并常常从父母的言行中学会攻击（钱雪娟，2004）。

相反，过度溺爱型父母则完全放弃对儿童的限制，使儿童的利己排他行为滋长，一旦他们的某种需要受到限制，就会大哭大闹，以反抗来达到目的，从而导致攻击性行为的产生。

所以，家长过分溺爱、过分要求、过分放任儿童，都是造成儿童攻击性行为的重要原因。

2. 家庭环境对未成年人攻击行为的影响

不良家庭环境可能会引发未成年人攻击行为的产生或增加其出现的频率。史俊霞等人（2004）曾探讨初中生攻击行为及其相关影响因素，调查显示家庭、社会等多方面因素都对儿童的攻击行为有影响。在家庭方面，离异家庭的儿童与完整家庭儿童相比会表现出更多的攻击行为，这主要是因为离异家庭的父母对孩子缺乏爱和指导。此外，父母对子女期望过高、家庭矛盾等都对儿童攻击行为的发生具有重大影响。之后，史俊霞等人（2007）的进一步研究总结出了攻击行为未成年人家庭环境具有以下特点：家庭成员之间缺乏亲密的关系、家庭成员对文化知识兴趣较少，矛盾性较多。家庭中若父母婚姻不和谐、经常发生冲突，子女则容易出现攻击行为。国外也曾做过类似的研究，研究发现欺负者家庭总体特点是亲子之间温情与亲和较少，缺少交流，敌意和冲突较多，父母较多地使用身体暴力（Stevens，2002）。

因此，改善家庭环境是减少未成年人攻击行为的可行途径。

（四）社会因素

1. 社会风气及媒体

未成年人是在社会这个大环境中逐渐成长的，而根据班杜拉的社会学习理论，若身边存在不良行为的例子，未成年人同样可以通过模仿而习得，从而出现不良行为习惯，攻击行为也不例外。史俊霞等人（2007）关于青少年攻击行为的研究表明，社会风气对儿童攻击行为有重大影响，居住地社会风气越差，青少年攻击倾向越高。

随着科技的发展，相关媒体已高度渗透到我们的日常生活中，攻击性媒体也成了未成年人攻击行为产生的不良影响因素之一。安德森和迪尔（Dill）2000 年曾考察了攻击性媒介对个体攻击性的影响，结果发现攻击性媒介提高了现实生活和实验室情境中个体的攻击性观念、感受和行为，个体表现出了对世界的更多敌对的态度。暴力电影、电视、游戏和音乐可以提高个体的攻击性和暴力行为，短期接触攻击性信息会提高个体的生理和语言攻击行为、攻击性观念和攻击性情绪体验。

青少年自控能力较低，对客观事物的辨别能力也较差，非常容易受外界环境的影响，因此，为孩子营造一个良好的社会环境，可以有效地避免其攻击行为的出现。

2. 同伴关系

同伴群体是未成年人成长必不可少的群体，是他们最普通、最基本的活动对象，也是他们习得各种社会认知和社会行为方式的活动范围。

大量研究表明，在未成年人成长过程中，同伴关系和来自同伴的影响在未成年人的发展中起着越来越重要的作用。个体进入青少年期后，同伴关系占据了比较重要的位置，出现了寻求同伴的认可、接纳的倾向，而为了得到认可和接纳，他们容易受到同伴或同伴团体行为规范的压力，趋于和同伴或同伴团体保持一致的行为。国内研究者发现，社会榜样、社会关系质量与青少年的社会观念和社会行为之间有较为紧密的联系，同样，不良行为榜样也会影响青少年更易产生消极社会观念和社会行为（芦咏

莉 等，1998）。

因此，良好的同伴关系也是减少未成年人攻击行为的一个重要影响因素。

四、未成年人攻击行为的改善措施

（一）培养儿童移情能力

移情（*empathy*）是指在人际交往中，人们彼此的感情相互作用，个体设身处地地站在他人立场上，对他人情境进行积极与共、平等分享和迅速应答的深层体验过程。国内相关研究表明，移情训练可以改善未成年人对攻击行为后果的认知，使其认识到攻击行为的危害性，知道这种行为会给自己带来什么后果，从而减少攻击行为的发生移情与后果认知训练（杜红梅 等，2005）。

因此，可以利用移情来教育儿童，使其体验到他人的情绪、情感，从而认识到控制自己攻击性冲动的重要性，减少攻击行为的产生。教师可通过教学、游戏、日常生活等各种渠道，有意为儿童创设情境，使其设身处地、将心比心地体会他人的情绪，强调指出其攻击行为带来的不良后果，加强攻击者对被攻击者所承受痛苦的体验，使之产生对被攻击者的“感情共鸣”。这种方法是从根本上消除未成年人的攻击行为，值得大家思考和借鉴。

（二）建立良好榜样

根据班杜拉的社会学习理论，榜样在未成年人成长过程中起着十分重要的作用，而未成年人攻击行为的形成，主要也是通过观察学习和模仿习得的。未成年人置身于社会之中，无论是周围的人们，还是影视、网络游戏、小说中的人物，都是其学习模仿的对象。未成年人多接触亲社会行为有助于自身行为的培养。由此，父母、教师等作为儿童直接模仿学习的榜样，更应该言行一致、严于律己。教育者应为未成年人选择良好的榜样，如向未成年人推荐优秀的影视作品、课外读物等，号召他们学习具备广泛社会影响的优秀人物，鼓励未成年人多关注身边品行优秀的人，养成良好的行为习惯。

此外，当未成年人出现良好行为习惯时，教师、家长应及时给予肯定与奖励，这种正面强化可以让未成年人的良好行为逐渐巩固。而对于未成年人的攻击行为应及时制止并予以批评教育，使其认识到攻击行为是不能被接受的，客观地指出错误所在，鼓励其积极改正。

（三）创建良好的环境

人是在家庭、社会等环境中成长起来的，良好的家庭、社会环境必然有利于未成年人的健康发展。

1. 建立和睦的家庭

许多研究已经证实，儿童的行为与家庭环境有着很高的相关性，家庭中父母对孩子的影响是十分深远的。作为孩子的第一任老师，父母应该加强与孩子心灵上的沟通，使儿童对父母产生信任并从父母那学会正确的解决问题的办法，父母应该耐心地倾听孩子说话，及时了解孩子内心的发展状态。父母应该关心孩子，让孩子有一个温暖、平等、友好的家庭环境，采用正确、民主的教养方式，既释放孩子的天性，又有效地约束其不良行为，使之充分、良好地发展。

2. 形成良好的社会风气

鉴于儿童的模仿性，他们十分容易受到外界环境的影响。影视、报刊等大众传媒应注意其暴力内容对孩子的影响，明确等级制度，防止未成年人过早接触，导致不良心理及行为的产生。而建立良好的社会风气可以让未成年人时刻处在积极正确的生活氛围之中，身边有充分的良好行为习惯做参考，更利于其不良行为习惯的矫正及正确行为习惯的养成。

3. 建立良好的校园环境

学校作为未成年人成长活动的主要场所，是其学习知识经验、养成行为习惯、建立价值观、世界观的重要环境。学校应保持优良校风，为未成年人提供平等、民主、自由的学习氛围，尊重学生，鼓励其与别人交往，学会互利合作等。当学生出现攻击行为等行为问题时，应及时给予教育与矫正，开展合作活动，让学生在日常学习活动中养成良好的行为习惯。

（四）帮助未成年人掌握良好的人际交往策略

攻击性较强的未成年人往往缺乏解决交往问题的策略，不善于与人建立良好的同伴关系。由此，便需要向未成年人提供一些正常交往的策略，通过榜样示范、解释和说明，帮助他们掌握交往技能，减少人际冲突，改善其人际关系，减少攻击行为的产生。

第六节　说谎行为

案例

小学生迟到声称遭绑架　面对警察承认说谎

5月20日上午9时，凤岗的一位不愿透露姓名的读者来电：凤岗南岸村的一所小学的学生在昨天上午被人绑架了，绑匪被人发现后就把小孩放了。之后经记者了解，读者说的绑架一案实为小学生自摆乌龙的一起假案。这名小学二年级学生贪玩旷课，怕老师批评就谎称自己被绑架，之后绑匪被他人发现才放了他。

5月19日上午，学校已经上课了，但是二年级的王单（化名）同学却没有到学校上课。班主任非常着急，一时又联系不上学生家长。大约两小时后，王单回到学校。之后王单面对老师关于旷课的责问，说出了绑架一事。绑架学生事关重大，学校老师立即向当地派出所报了案。接线民警听了老师说明情况后，虽然觉得说词有漏洞，不像是一起绑架案，但仍及时向领导汇报并赶到学校了解情况。见到民警后，王单显得比较紧张，但没有表现出被绑架后应有的恐惧。民警简单问了几句后，就可以断定王单在说谎。在民警和老师的劝说下，王单终于承认自己在说谎。到此，凤岗南岸村的小学生“绑架案”在短短几分钟后“告破”。

2010-05-21　来源：东莞时间网

一、概述

（一）什么是说谎

未成年人说谎行为在日常生活中经常发生，该行为也让父母和老师十分担忧。说谎行为的发展是个体社会化的一个过程，因此对说谎行为发展的相关研究引起了心理学家们的极大兴趣。自从皮亚杰（Piaget）开创对说谎行为的研究，学者们开展了很多相关研究，而到了20世纪80年代，随着儿童社会性发展研究的兴起，儿童说谎行为成了研究热点之一，并取得了一定的进展，也为未成年人说谎行为的矫正提供了一定的参考和方法。

对说谎的概念可以从两个方面界定：儿童视角和研究者视角。

1. 儿童视角的说谎

皮亚杰（1984）考察儿童道德发展时对儿童的说谎定义经历三个阶段：顽皮话—某些不真实的东西—任何有意图的错误陈述。

在顽皮话阶段，儿童认为说谎属于不说真话，由于日常生活中儿童的顽皮话和说谎都会受到成年人的约束，但此时儿童不能区分出主观世界和客观世界，这使儿童认为说谎行为就是用语言手段所犯的道德错误。

第二阶段是5～7岁儿童，此时他们能够认识到有意行为和无意错误之间的差别，但好像并不想强调这种不同，而是将二者都称为说谎。

进入第三阶段，大部分儿童认为说谎行为即欺骗，是有意图的行为。

2. 研究者视角的说谎

由于研究者研究领域和出发点不同，对说谎概念的界定也不尽相同。

米歇尔（Mitchell，1986）认为说谎是对沟通者有利的错误沟通，该定义涵盖了人类和动植物这个更大范围的说谎现象。

但是，按照米歇尔的定义，没有说谎意图的人也可能成为说谎者，因此之后有研究者提出，说谎是一种企图在他人身上建立欺骗者认为是错误的信任或理解的行为，在此定义中强调了说谎者的意图。

之后，弗里伊（Vrij，2005）认为说谎不一定能成功误导对方，所以指出谎言是一种成功或不成功的有意尝试，没有预先警告，使他人产生一种沟通者自己知道是错误的信念。

《第七版新韦氏大学生词典》（1971）中说谎（*lying-behavior*）的定义是：（1）说话者出于欺骗的企图把自己了解或相信的某事硬说为不真实；（2）制造某种虚假的或可以产生误导作用的印象。该定义有两层含义：一是说谎的内容，说谎者对于事实上自己相信的某事却声称根本不是那么回事；二是说谎的动机，是有企图地欺骗他人。

综上，我们可以发现，说谎需要具备两个要素：其一，谎言确实是假话；其二，说谎者明知谎言不真实，但希望对方信以为真，即具有意图性。

（二）说谎的分类

根据研究者研究角度的不同，对儿童谎言的分类也不尽相同。根据说谎的动机，可以分为恶意谎言、习惯谎言、玩笑谎言和正规谎言；根据说谎的原因，可分为自我导向的谎言和他人导向的谎言（Vrij，2005）；根据谎言的意图，可分为白谎和黑谎，白谎意图在于为他人着想并避免伤害他人，具有保护色彩，而黑谎意图在于掩盖自己的错误言行或避免自己因错误言行受到惩罚，具有恶意性和威胁性；高玉洁（2008）将儿童说谎分为想象型说谎、虚荣型说谎和逃避型说谎；夏艳芳（2010）将其分为混淆说谎、谋利性说谎、模仿性说谎、防卫性说谎、报复性说谎、恶作剧性说谎和表现性说谎，等等。

综合以上分类，学者王先达（2003）对儿童说谎的分类较为全面，他将儿童的谎言分为以下四种类型。

1. 想象型谎言

这类谎言大多是由于儿童年龄小，认知水平低，把想象的事当成事实而出现的。

对于年龄越小的孩子，说谎行为越能反映其认知的发展水平。按照皮亚杰的儿童发展理论，2～3 岁儿童的认知发展正处于前运算阶段，该阶段儿童思维的特点是信号功能或象征功能的出现。儿童已经开始从具体的动作中摆脱出来，凭借象征性格式在头脑中进行“表象性思维”，而某些谎言即是他们这种“表象性思维”的口头表达，出现的象征性游戏也是儿童象征性思维出现的标志。

此外，在幼儿时期，儿童常常将想象与现实混淆，区分不清二者，把想象中的事情当成已经发生的事情来描述。此时成人多认为儿童在说谎，但实际上只是儿童发展过程中一种正常的现象。

2. 虚荣型谎言

儿童具有被人称赞和表扬的情感需要，尤其是自我中心阶段的低龄儿童，他们具有期望得到别人注意的心理归属的需要。

虚荣型谎言又可分为两类，分别是夸张型和虚构型。幼儿的想象力非常丰富且具有夸张性，他们经常夸张地描述某件事或某个事物，甚至为了满足自己的希望，会虚构一些事情细节或事物的某些特点。这种夸张或虚构多被成人认为是说谎行为，但这只是儿童心理发展特点的一种正常反应，随着儿童年龄的增长和思维的逐渐发展，这种类型的谎言会越来越少。

3. 创造型谎言

儿童把自己的经历和见闻交汇在一起，并融入自己虚幻世界中的各种素材进行随意加工，最后编成故事等，这类谎言不是儿童的虚荣心所致，而是其好奇心和求知欲的表现，是一种发散思维的体现。

4. 为逃避任务、责任、谴责而说的谎言

儿童因其认知、语言发展有限，不具备逻辑抗辩能力，在遇到解释不清的问题时选择说谎，这是儿童的自我防御性行为的一种。

正常儿童会在0 ~4 岁迅速掌握本民族语言，但还并不具备成熟的语言运用能力。若需要描述日常活动，儿童在回忆以往经验并组织语言时，需要调动本身已有的词汇进行造句，还需要按照一定的逻辑编排内容并讲述出来。此时，儿童所具有的语言能力往往不能使他们顺利地讲述，出现语无伦次的现象，进而出现说谎行为。

此外，如果成人对孩子要求严格，经常数落或惩罚孩子，当儿童做错事时则会害怕被惩罚，会说某些受谴责的行为不是自己做的，由此出现说谎行为。

（三）说谎的动机

国内学者卢乐珍和徐丹丹（1999）认为，儿童说谎首先是一种后天习得的行为，与儿童所处环境有关；其次，是由于儿童偶尔尝试说谎并获得成功，由此说谎行为得到强化而反复出现；再次，成人说谎或有时会教儿童说谎欺骗他人，使儿童出现说谎行为；最后，有时儿童的谎言简单幼稚，并未引起成人的注意，认为这是儿童聪明的表现，反而会一笑置之，由此强化儿童的说谎行为。她们将儿童说谎的动机归纳为六种类型，分别为：天真幼稚的无意说谎；愿望与幻想导致的无意说谎；争强好胜、满足虚荣心的无意说谎；为帮助同伴逃避惩罚说谎；因恐惧焦虑而说谎；面对诱惑、为得到利益说谎。在以上六种类型的动机中，前三种是幼儿期的无意说谎，无善恶之分，不能因此判定儿童品德不良，只要家长及时教育，儿童能够比较容易地矫正说谎行为，如若家长不及时教育，儿童则可能形成说谎的习惯，进而影响其行为及心理健康的发展。

马金祥和温秀芳（2004）对儿童说谎的原因也做了归纳，提出七种主要原因：为逃避惩罚而说谎；为得到赞扬而说谎；为避免矛盾而说谎；因不愿做某事而说谎；因想象与现实相混淆而说谎；因理解性心理错觉而说谎；因承认言行影响而说谎。

由以上可看出，对于儿童的说谎行为的发生原因，动机分类大致相同，儿童有时并未意识到自己所说与事实不符，也并未期望通过谎言使他人相信自己所说属实，但也有一部分谎言是刻意为之。

（四）说谎的相关理论

说谎行为在儿童中十分普遍，也引起了心理学家的重视和研究兴趣，在探讨说谎行为的过程中不同学者提出了不同的理论解释。最早皮亚杰（1984）在考察儿童道德发展的研究中从该角度对儿童的说谎行为做出了理论解释，这对理解儿童说谎行为的内部机制有很大启发。之后，在不断深入探讨说谎行为概念内涵及其道德评价的发展中，逐渐形成了与发展有关的三大理论观点：命题理论、原型理论和民俗模型。其中后两者影响较大，本书将对皮亚杰的观点、原型理论和民俗模型进行介绍。

1. 皮亚杰的理论解释

皮亚杰认为说谎行为是儿童在自我中心主义和成人对其的约束下产生的一种行为。自我中心主义是儿童心理发展的一般特征，该时期的儿童往往是凭借内心的愿望或想象来看待周围的世界，以满足其内心的需要，而且儿童也没有感到将自身活动同化于现实的必要。此时儿童对于成人对他们的道德约束（如不能说谎等）只是单方面的尊重和服从，这些成人的约束在儿童看来是权威且神圣的，所以，此时期的儿童并未把这类道德约束内化为自己的思想。因此，将语言上的调皮话当成谎言，或者依据语言所造成的客观后果来判定儿童是否说谎或谎话的大小就显得理所当然了，直到儿童能够越来越多地同他人进行平等协作时这种情况才得以改善。在平等协作中，儿童能够逐渐体验到互惠的需要，并意识到说谎行为对互惠关系的损害，由此儿童开始将道德约束内化为自己的思想。也正是由于上述原因，儿童的说谎行为表现出从对外在规则的绝对化服从向有利于协作互惠方面发展的趋势。

2. 说谎发展的原型理论

原型理论依据三个语义成分定义了说谎的如下原型特征。事实成分：言语表述违背事实；信念成分：说话者知道自己的言语表述是假的；意图成分：说话者有意欺骗对方。

原型理论假定了事实、意图和信念三个成分在个体定义说谎时所占比重不同，因此不同成分对说谎概念的贡献也不一样。

3. 说谎发展的民俗模型

斯威策（Sweetser，1987）在20世纪80年代末根据言语行为理论提出了说谎行为的民俗模型。言语行为理论把社会习俗看成说谎概念及其发展的一个整合性的决定因素。该理论预测，在说明说谎概念发展及其道德评价时，与说谎相关的社会习俗会强烈地影响说谎概念及其道德评价的发展。由此，成长于不同文化背景的儿童对说谎的定义及对该行为的道德评价会存在一定的文化差异。斯威策认为，说谎的概念与道德判断不仅是由事实、意图和信念等关键语义特质定义的认知结构，也是一种社会文化结构。

二、未成年人说谎行为的现状分析

（一）儿童说谎行为的普遍存在和年龄差异

目前国外学者的研究结果显示，儿童说谎行为在幼儿阶段已经出现，并且应用于不同的情境之中（Sodian，1991）。对于儿童说谎行为的具体发生年龄，众学者并未达成一致。伍尔夫（Woolf，1949）认为，儿童在4岁之前并不知道什么叫事实，因此是不会说谎的，但这一观点一直受到其他学者的质疑。之后拉斐尔（Lafeniere，1988）在一份研究报告中指出，成人在19个月大的儿童身上发现了言语性欺骗行为。而钱德勒（Chandler，1988）运用“藏与找”的游戏研究发现，约有30%的2岁儿童、60%的3岁儿童和55%的4岁儿童将错误的藏宝地点告诉成人，即出现说谎行为。由此可见，儿童说谎行为发生较早，但具体年龄仍有待研究。

说谎行为是在儿童身上较为常见的，相关研究显示儿童的说谎行为发生概率较高。里维斯（Lewis）等人1989年曾通过抵制诱惑情境的实验范式对儿童说谎行为进行研究，该实验让3岁儿童进入一个放有一个吸引人的玩具的房间，实验者将儿童单独留在房间内并指示儿童不能偷看，实验者离开后通过单向玻璃观察儿童行为。结果发现33个儿童中有4个没有偷看并且说了实话，在29名偷看的儿童中有38%说了实话，38%的儿童说了谎话，其余24%的儿童没有进行言语反应，且在说谎儿童中73%是女孩，而在没有言语反应的儿童中男孩占到86%。在此之后很多学者效仿里维斯抵制诱惑情境的实验进行研究。波拉克等人（Polak et al，1999）研究发现，在3~5岁儿童中，一半以上的儿童偷看玩具，并且大多数否认自己曾经偷看；德尔瓦拉（Talwar）等人 2002 年对 3 ~7 岁儿童的研究发现，3 岁儿童中有 2/3 承认偷看，其他年龄组的儿童大多选择说谎。

除实验研究外，热尔维（Gervais）等人 2000 年通过问卷调查了 6 ~8 岁儿童说谎行为的发生率，结果发现，儿童母亲报告经常说谎和偶尔说谎的比例，男孩在 65% 以上，女孩则在 63% 左右，而老师报告的说谎比例有 20% 左右。国内研究中，王平（2005）对 3 ~5 岁儿童的考察中发现，所有年龄组的儿童说谎率都达到了 55% 以上。

儿童说谎行为出现较早且普遍存在，此外，还具有一定的年龄差异。徐芬等人（2005）考察了 3 ~4 岁儿童在抵制诱惑情境下出现违规行为后的说谎行为特点，研究发现我国儿童在 3 岁就已经具有了说谎的经验，在抵制诱惑情境中有 59. 3% 的儿童出现了说谎行为，在 4 岁组中说谎儿童比例达到了 75%，该研究结果同里肯（Leekam，1992）所述的儿童说谎能力随年龄增长而改进一致。但以上研究并不能说明儿童说谎行为随年龄增长而上升，因为现存研究缺乏连续性，多集中在对幼儿说谎行为的研究上，小学高年级和中学儿童说谎行为的发展特点还有待研究，且威尔森等人（2003）对儿童欺骗行为的研究发现，2 ~4 岁是儿童说谎行为出现的高峰期，但在 6 岁之后儿童的说谎行为不但没有随年龄增加，反倒呈下降趋势。由此可见，儿童说谎行为的发展不仅受到自身内部因素的影响，还可能受教育和文化环境等外部因素的影响。

（二）说谎技能随年龄增长

说谎技能可以从侧面反映儿童说谎行为的发展特点，而随着儿童年龄的发展，说谎技能也逐步提高。

佩斯金（Peskin，1999）的研究发现，87% 的 3 岁儿童会用身体阻止竞争者拿他的玩具，而 4 岁儿童则会基于自己的动机来隐藏意图进行欺骗。徐芬等人的研究也发现，3 ~4 岁儿童的说谎策略性存在显著的年龄差异，该研究根据儿童说谎的不同表现和呈现水平将儿童的谎言分为无策略性谎言和有策略性谎言，前者指儿童只能一味承认或者说不符合逻辑的借口，后者指儿童说谎能够符合一般的逻辑。研究发现，3 岁儿童已经具有说谎的经验，而 4 岁儿童开始能够进行策略性的说谎，即 4 岁儿童在说谎时比 3 岁儿童更有策略。

此外，李等人（2004）通过研究 3 ~11 岁儿童隐瞒父母的违规行为发现，儿童对说谎时的不同条件非常敏感。在儿童不会被指认为违反者时，选择隐瞒父母即出现说谎行为的儿童增多；而当其有可能被指为违反者时，儿童则更可能说真话。该年龄段儿童已经能够根据情境和潜在的利益选择说真话或谎话，而如若有潜在消极后果时，儿童为他人而说谎的可能性更小。

与说谎行为相关的欺骗行为发展也能从侧面反映儿童说谎技能的发展。国内学者刘秀丽（2004）对学前儿童欺骗的研究表明，学前儿童欺骗的发展分为三个阶段：行为主义阶段，一级信念阶段和二级信念阶段。3岁儿童处于第一阶段，此阶段儿童不具有隐藏信息或意图的欺骗能力；4~5岁儿童处于第二阶段，4岁以后儿童的欺骗能力开始逐渐发展；6岁儿童处于第三阶段，其隐藏意图的欺骗能力在5岁之后开始进入平稳发展时期。

3岁儿童说谎没有策略性，以事实为基础，但开始能够懂得掩盖自己的非言语表情。4岁儿童开始出现为某种意图而说谎，之后说谎技能逐渐发展。由此可见，由于儿童随年龄增长认知逐渐成熟，其说谎技能也随之提高。

（三）不同情境下对说谎的道德评价不同

不同情境下，儿童对于说谎行为的道德评价有一定差异，对谎言的接受程度也有所不同。

傅根跃和王凤玲（2005）以小学生为被试，采用4个不同情境下的道德两难故事研究儿童对为个人和集体的说谎行为的道德判断。4个情境分别为：主人公说谎，且谎言更利于个人，简称个人谎情境；主人公说谎，且谎言更利于集体，简称集体谎情境；主人公说真话，且更利于个人，简称个人真话情境；主人公说真话，且更利于集体，简称集体真话情境。该研究表明，小学儿童对说谎和说真话的理解不存在性别差异，但不同情境下儿童对说谎的道德评价则有所不同。小学儿童中绝大部分人都将个人谎话故事情境中的言语判定为说谎，将个人真话或集体真话情境中的言语判定为真话，正确判断比例超过90%，且不存在年龄差异。但在对集体谎情境中的言语进行判断时出现比较明显的年龄差异，在此情境中，7岁、9岁和11岁的儿童将言语判定为说谎的比例分别为91.4%、87.9%和73.3%，在11岁年龄组的儿童中，有大约1/4的儿童认为集体谎不是说谎行为但也不是说真话。而对于说真话或谎话的道德评价，小学儿童对个人谎的评价是消极的，而 9 ~ 11 岁儿童对集体谎的评价则是积极的，且随着年龄的增长，对个人谎评价不变，对集体谎的积极评价则呈现上升趋势。由此可见，因受到集体观念的影响，小学儿童对说谎的道德评价与情境有一定相关，对不同情境下的谎言评价不同：为个人利益说谎的行为只能得到消极评价，年龄越大评价越消极；而为集体利益而说谎的行为则可能得到积极评价并被人们接受，年龄越大，接受程度越高。

随着年龄的增长，儿童逐渐趋向于接受有利于集体的谎言，认为利于集体的谎言在一定程度上是可以理解并接受的。

之后，傅根跃等人（2006）的进一步研究发现，7 岁儿童已经具有初步的集体观念，且随年龄的增长，集体观念逐渐稳定，在个人谎故事情境下儿童越来越倾向于说真话，而在集体谎故事情境中则倾向于说谎。

三、未成年人说谎行为的影响因素

（一）认知因素

执行功能为一种设计目标定向行为的高级心理过程，且该过程伴随对行为有意识的控制。研究者普遍认同执行功能包括工作记忆、抑制控制和认知灵活性三种成分。儿童若想完成一个成功的谎言，首先要掌握正确的规则和必要的信息，这就需要执行功能中工作记忆这一成分的参与，儿童在工作记忆中理解并提取相关信息，做出是否说谎的决定；如若儿童决定说谎，接下来则需要抑制控制成分的参与，儿童需抑制其说真话的优势反应；若儿童说更高级的谎，为使对方相信自己的谎言，则还要保持信息的一致性并不断转换真实和虚假信息，此时认知灵活性便参与其中。由此可见，儿童执行功能的发展与其说谎行为的发展有密切联系。

加隆（Garon）等人 2008 年曾通过测量抑制控制的任务发现，抑制控制在儿童早期发展快速。抑制控制是压抑无关想法或行为的行为。儿童说谎时需要压抑他们想要隐藏的信息，向别人传递与事实相悖的信息。研究者大多认为 2 ~4 岁是儿童执行功能的发生初期，这与儿童说谎发展的关键期重叠，由此，不能忽视儿童执行功能对其说谎行为的影响。

（二）家庭教养因素

通过对 4 ~6 年级小学生在数学测验自阅卷情境中的说谎行为的研究表

明（毋静芳，2012），高年级儿童更容易出现说谎行为，且父母的教养方式对孩子的说谎行为有一定的影响。研究结果显示，父亲的惩罚严厉、拒绝否认的教养方式，和母亲过分干涉或保护的教养方式都有可能导致儿童出现说谎行为。此外，在说谎儿童中缺乏母爱者较多，说明缺乏母亲偏爱的儿童更可能出现说谎行为。

在家庭生活中，父母过于严厉或保护的教养方式可能会阻碍儿童的道德和社会性的发展，进而增加儿童说谎的可能性；而父母对儿童的关爱可能减少其说谎行为的出现，帮助儿童健康的成长。因此，适当的关爱和积极的教养方式更为恰当，有助于儿童的成长并减少其说谎行为，反之，上述不良教养方式不利于儿童成长，家长应尽量避免采取此类的教养方式。

（三）社会因素

在儿童早期说谎行为中，奖励往往与其存在一定联系。奖励作为一种外部诱因，可以满足儿童的心理需要，也可以通过唤起个体的外部动机而改变儿童的行为。德尔瓦拉和李（2002）的实验中，儿童若猜对便给予其一定的奖励，实验中途主试借故离开并将儿童单独留在实验室中，通过录像确定儿童是否偷看，结果发现大多数儿童都出现了违规行为。

同样，王平（2005）的研究也得出了相同结果，在猜对有奖的情况下，儿童出现很多偷看并说谎等行为。此外，研究者还发现奖励物不同，学前儿童说谎的概率也不同，在奖励物分别为贴画和糖果时，后者实验中儿童偷看和说谎的概率更高。由此可见，儿童的说谎行为受到外部诱因的影响，对儿童吸引力越大，儿童越容易出现说谎等行为。

除奖励之外，惩罚也可以诱发儿童的说谎行为。国内学者姚春（2012）对小学儿童说谎和欺骗行为进行了相关研究，探讨二年级、四年级和六年级小学儿童在游戏、惩罚和奖励三种不同情境中的说谎行为的不同。结果发现，小学生在不同实验情境中说谎人数不同。小学生在游戏情境中说谎的人最少，占总人数的37.1%，而在惩罚和奖励两个情境中，小学生更倾向于说谎，分别有70.5%和63.1%的小学生选择说谎。据此研究者得出结论，奖励和惩罚都能诱发小学生的说谎行为，且两种情境对小学儿童说谎行为的影响基本相同。

此外，该研究还发现不同年级小学儿童在相同情境中的说谎行为也存在差异，在奖励和惩罚条件下，小学低、中年级儿童更倾向于说谎，而小学高年级儿童在所有情境中都表现出明显的说谎行为。研究者认为这是由于儿童“心理理论”的发展引发的现象，小学低、中年级儿童的说谎行为受奖惩影响较大，而高年级儿童的说谎行为受到的外部奖惩影响较小，根据皮亚杰的理论，小学低、中年级儿童处于他律道德阶段，其道德行为受自身以外的价值标准影响，例如奖惩；而高年级儿童已过渡到自律道德阶段，其道德行为更多受自身主观价值标准支配，主观动机对其行为的影响逐渐增大，外部动机的作用相应减少，此阶段儿童的自尊心和虚荣心的作用明显增大，由此也产生了说谎行为。

外部诱因不仅对学前儿童有影响，中小学儿童的说谎行为也与之有一定联系。国内对 10 ~ 16 岁儿童的诚信价值观的现状调查显示，在情景模拟中有奖励组和无奖励组不诚实人数没有明显差异，分别为 15 人和 16 人，但有奖励组儿童试卷分数改动幅度明显高于无奖励组儿童，可见中小学儿童的说谎行为也受到外部诱因的影响（李胜男，2003）。

四、未成年人说谎行为的改善措施

（一）理解并尊重儿童的身心发展

第一，应该尊重儿童的身心发展规律。当儿童出现说谎行为时，成人应该以正确的态度和方式应对，不要急于给儿童贴上“说谎”的标签。足够的尊重和谅解十分重要，儿童早期出现说谎行为时，其自身认知水平有限，往往意识不到自己是在说谎。此时，家长应充分理解并体谅儿童，通过有效沟通了解儿童说谎的前因后果，并根据具体原因进行教育，切勿给孩子扣帽子。从儿童的发展角度来看，出现说谎行为或者编故事是十分正常的现象，哪个人从小就没有说过谎呢？成人应保持良好的心态，耐心引导并帮助儿童建立道德评价体系，正确理解自身行为的性质，从而减少说谎行为。

第二，当儿童出现说谎行为时成人应给予正确引导。儿童认识到自己的说谎行为时内心往往承受着来自父母的很大压力，此时父母应给儿童适当的安慰和鼓励，这样儿童才能有足够的勇气说出真话，之后再对其说真话给予适当的表扬与奖励，帮助儿童正确面对自身行为，并鼓励孩子坚持说真话。

（二）协调一致的教育

儿童说谎普遍存在，当面对儿童这种错误的行为时应该保持一致的态度，不应出现随成人心情而出现对儿童说谎的不同的应对态度和方法，也不要出现一方批评教育而另一方包庇纵容的情况。一致的教育态度可以避免儿童对其说谎行为存在侥幸心理，也可避免儿童因教育态度不容而产生逆反心理。此外，对儿童说谎行为的奖罚也应分明。儿童出现说谎行为时，成人不可随意处置或漠视不理，应给予适当的批评教育。但是，打骂往往只能起到相反的作用，使儿童在以后出现说谎时会用更多的谎言来逃避责任，如此形成恶性循环。而当儿童勇于承认错误并积极改正时，成人应给予一定的肯定与理解，使其通晓之间的道理进行自我约束。

（三）提供学习榜样与良好环境

儿童的行为很大一部分是从他人身上模仿习得的，其学习的榜样与所处环境就显得至关重要。

作为儿童早期的模仿对象，在日常生活中，父母应遵守对儿童或他人的承诺，不能履行或处理不得当时应及时承认并改正。此外，应当重视自己对孩子的许诺，很多家长对孩子随意许诺但不能兑现，孩子往往认为这是对他们的欺骗，会对家长产生不信任感，并慢慢学习这种行为。因此，在要求儿童不说谎的同时，父母应该约束自身行为，为儿童做出言行一致的榜样。

此外，为孩子提供民主、愉快的生活环境也利于儿童健康人格的形成。创建民主的家庭氛围，使儿童与大人能够良好并有效地沟通，在儿童充分感受到来自大人的爱和安全感时，可以避免因做错事产生恐惧心理而出现对父母说谎等行为。当孩子遇到困难时，家长与老师等应耐心倾听并提供参考意见和适当帮助，让孩子减轻焦虑并采取正确的解决方法，而不是采用说谎行为来逃避责任。此外，父母与老师对儿童不宜过于严格，在成人的高压下，儿童承受不住巨大的心理压力则会采用谎言来掩饰与逃避。因此，提供民主、愉快的生活环境以减轻儿童的心理压力是避免其说谎的有效途径。

关键术语表

行为（behavior）是指人们为适应和改造大自然或社会环境，或为生活中达到某一目标，人的内在心理和外在表现。

人际交往（interpersonal communication）的概念界定包含动态和静态两个方面：在动态方面，人际交往是人与人之间的一切直接或间接的交流和物质方面的交换，其主要媒介为语言、表情、身体动作等；在静态方面，人际交往是人与人之间形成的关系，即人际关系。这种关系是通过交往产生的情感积累和相对稳定的情感联结，反映了人与人之间的心理关系和距离。

人际关系（international relationship）是通过交往产生的情感积累和相对稳定的情感联结，反映了人与人之间的心理关系和距离。

首因效应（primacy effect）指在信息呈现中，首先呈现的信息比后来呈现的信息在印象形成中占有更大的权重，即交往双方形成的第一印象对交往产生较大的影响。

近因效应（recency effect）即最后印象对人的认知及进一步交往的影响。

刻板效应（effect of stereotype）指社会上对某类事物或人物产生的一种比较固定的看法和印象。

光环效应（halo effect）又称晕轮效应，指在人际交往中因了解对方某个突出特点而将该特点泛化到其他方面，认为对方其他方面也与该特点有相似的突出特征，从而形成一种夸大的印象。

投射效应（projection effect）指在人际交往中，把自身情感、意志、特性等归属到对方身上，即交往中假设他人与自己有相同倾向。

同伴关系（peer relationship）即与年龄相近或相同儿童，或者心理发展水平相近的个体之间在交往过程中建立和发展的一种人际关系。

社交退缩（social withdrawal）指儿童跨情境、时间所表现出的各种独处行为，包括害羞、惧怕、行为抑制和社会性孤独等。

利他行为（altruistic behavior）指人们在交往中表现出的谦让、帮助、合作、共享等利于他人和社会的行为。

亲社会行为（prosocial behavior）指行为发出者试图帮助其他个体或团体，使他们受益，但在进行这些活动时，不期待任何外来的奖励，并且常常要付出一定的代价、自我牺牲、承担风险等。

观点采择（perspective-taking）即个体对特定情境中他人思想、情感、动机、需要的认知和理解。

移情（empathy）即一个人设身处地地为他人着想、识别并体验他人情绪情感的心理过程。

攻击（aggression）是指有意伤害他人的行为或倾向，包括身体伤害和心理伤害两方面，其核心特征为“有意伤害性”，此外，攻击还常涉及愤恨或想要伤害他人的情绪或内部心理状态。

直接身体攻击（direct physical attack）指攻击行为发出者利用身体动作直接对攻击行为承受者实施的攻击，如打人、踢人或者抢夺、损坏他人财物等。

直接言语攻击（direct verbal attack）指攻击行为发出者借助第三方而对攻击行为承受者实施的攻击，如辱骂、讽刺、起外号等。

间接攻击（indirect aggression）指攻击行为发出者借助第三方对攻击行为承受者实施的攻击，如造谣、离间、社会排斥等。

说谎（lying-behavior）的第一层意思是说话者出于欺骗的企图把自己了解或相信的某事硬说为不真实；第二层意思是制造某种虚假的或可以产生误导作用的印象。

第五部分

影响未成年人健康人格的环境因素

第一节　概述

一、家庭环境因素

人创造环境，同时环境也创造人。人格的发展与形成与先天遗传和后天环境的相互作用是分不开的，“孟母三迁”、“近朱者赤，近墨者黑”等典故就是告诉我们未成年人需要健康的成长环境。随着我国经济的发展和社会的逐步转型，人们的生活方式和价值观念发生了巨大的改变。环境对人格的发展有着极为重要的影响，我们必须对未成年人所处环境进行深入的了解和学习。对未成年人影响最大的环境是家庭和学校，而随着互联网技术的迅速发展，网络对未成年人的影响也日益增强。

在未成年人人格形成的过程中，家庭环境的影响是最早开始也是时间最长的。早期的家庭生活经验是未成年人人格发展的基础。家庭氛围稳定温馨，民主平等，未成年人易形成健康人格。相比之下，生活在家庭暴力、冷漠、专制下的未成年人则容易在人格形成与发展的过程中出现问题。弗洛姆（Fromm，1987）认为：“家庭是社会的精神媒介，通过使自己适应家庭，儿童获得了后来在社会生活中使他适应其所必须履行的职责的性格。家庭被称为制造人类性格的工厂。”当代未成年人成长于一个经济快速发展的时代，随着国家经济水平的提高，未成年人的成长环境不断改善。国家的快速发展，使得当代未成年人的父母受高等教育的比例大大提高，好的家庭教育背景有利于未成年人发展。但由于国家经济的转型，市场经济下的父母们切实体会到了竞争的残酷，于是家长们不自觉地把自己感受到的竞争压力传递给下一代，而当代未成年人自身的成长环境竞争也相当激烈，社会环境的快速变化、对人才高素质的不断要求、学习压力等，虽增强了未成年人的竞争意识，却不利于人格的健康发展。

由于中国社会变迁速度快，生活节奏快，导致了家庭结构的不稳定。家庭结构不稳定，家庭成员间组合关系和组合方式不同，导致家庭环境、家庭教育方式、家庭成员的关系也有所不同，因而最终影响未成年人的人格发展。健全完整的家庭结构对未成年人发展健康人格有促进作用。在未成年人发展的早期，父母的爱、支持和鼓励容易使个体建立起对最初接触者的信任感和安全感。相反，不完整的家庭结构因为失去了原有家庭组合的平衡以及和谐的氛围，未成年人缺乏信任感和安全感，会逐渐产生一种孤独、无助的性格，很难与人相处，不利于人格的健康发展。

二、学校环境因素

对于未成年人而言，尤其是学龄儿童，学校是他们待的时间最长的地方，学校环境中的各种因素将成为未成年人认知、个性与社会性发展的重要影响源。首先，师生关系对儿童的学业成就和适应性有重要影响（邹泓 等，2009），体验到亲密师生关系的儿童具有较高的学校适应水平和较强的学习动机，而体验到较多师生冲突的儿童更可能对学校和学习产生厌恶或逃避情绪（Harmre et al，2001），并可能出现学业问题或其他行为问题。其次，班级作为学生在学校学习、生活的基本群体单位，是学校环境的基本组成部分，班级环境会影响儿童对班级的认同感和归属感，进而影响儿童的学习态度、学业行为以及学校适应（Wong et al，1997；屈智勇 等，2004）。最后，和谐的校园氛围是以良好的师生关系和班级环境为基础的，还包括校园安全、校园风气等方面，代表了一个学校整体的风格和特点，持续地影响着儿童的学习与发展。学校教育工作的重心，不再仅仅是教习固定的知识，而更重要的是塑造未成年人健康的人格。著名教育家陶行知有句名言，“教育者不是造神，不是造石像，不是造爱人，他们所要创造的是真善美的活人”。“千教万教，教人求真；千学万学，学做真人。”我们的教育，应该是健全人格的教育，是创造真善美活人的教育。

这些人格教育理念应该成为学校教育贯彻始终的教育理念，教学的目标应使学生人格能健康发展。

在当前的社会形势下，学校往往以成绩高低来评价学生，很少重视学生的心理问题，学校对学生进行的是超强度的机械训练，未成年人除了读书之外，很少接触社会，没有经历过挫折，更没感受过生活的压力。在这种“功利主义”的片面教育下成长起来的未成年人，很难适应周围的环境，容易产生心理问题，甚至做出一些极端的事情。2013 年 4 月 1 日，复旦大学一名医科在读研究生（2010 级）黄洋，因身体不适入院，病情危重，经抢救无效，于 16 日下午 3 点 23 分在上海中山医院不治身亡。上海警方表示，在该生寝室饮水机内残留水中检测出某有毒化合物成分，12 日基本认定同寝室的林某存在重大犯罪嫌疑。4 月 17 日《人民日报》对此发表评论：究竟是什么造就了犯罪嫌疑人对他人生命的漠视。当我们痛恨于这些残酷的行为、震惊于这些扭曲的心灵时，我们是否也想过，在他们小学、中学、大学的教育过程中，家庭、学校、社会，是否像重视他们学习成绩、关注考上名校那样，重视他们的心理健康，做他们心灵的“牧羊人”？虽然类似极端事件仍属于个案，并不代表今天全部的学生。但是，中国心理卫生协会大学生心理咨询专委会曾经做过一项调查，不容轻视。调查表明，近 40% 的大学新生和 50% 以上的毕业生存在不同的心理问题。这就要求学校要重视其对未成年人人格发展的影响，加大人格教育的力度。把人格教育看作教育的切入点，着力培养未成年人的健康人格。

三、网络环境因素

当世界上第一台电子计算机于 1946 年 2 月 4 日诞生于美国费城时，人类科学技术的脚步便迈入了一个新篇章。随后，信息产业的勃然兴起和因特网的出现，使得因特网成为世界上最庞大的具有代表性和使用最广泛的电子网络。特别是自 1993 年美国宣布兴建信息高速公路之后，在世界各国引起了强烈的反响，掀起了一个全球信息化的新浪潮。随着现代信息技术的普及，似乎就在一夜之间，互联网已经以一股不可抵挡的气势将整个世界连接到了一起。我们的生活也因此发生了翻天覆地的改变。正如 1996 年北京“信息基础结构国际会议”上发表的《信息时代宣言》中所描述的：人类经历了“百万年蒙昧，数万年游牧，几千年农耕，几百年工商；如今，亲眼目睹，一场汹涌澎湃的信息化世纪风暴，正席卷着世界的每个角落；从东到西，从南到北，从亚细亚到澳新大陆，从阿拉伯到阿非利加……不分种族，不分肤色，不分信仰，不分语言，不分地域，不分国度，信息化已成为不可逆转的历史进程”！

在信息时代，互联网这一工具已被人们广泛使用。它提供了海量的信息资源，给我们的生活带来了前所未有的便捷。但由于互联网本身的开放性、虚拟性和兼容性，其内含良莠并存。据中国互联网络信息中心（CNNIC）于2010年1月发布的最新的《第25次中国互联网络发展状况统计报告》显示，截止到2009年12月30日，中国网民规模达到3.84亿人，普及率达到28.9%，超过全球平均水平。同时报告显示，低龄网民占比也在上升，10岁以下网民群体增至1.1%；10~19岁网民规模为31.8%，20~29岁网民规模为28.6%。这样，网民中10~29岁的青少年网民占60.4%，成为2009年中国互联网最大的用户群体，网络低龄化态势明显。

从人格发展的角度来讲，人的社会化即一个人的个性和人格形成与发展的过程。与传统意义上的人格社会化不同，在信息时代，网络背景下的未成年人人格发展有其独特之处。未成年人正身处初始社会化向预期社会化的转型阶段，是人格形成的关键期（郑杭生，2002）。可以认为，在这一重要阶段，网络环境在很大程度上决定了未成年人今后的人格发展趋势。

王军（2006）认为，未成年人由于自制能力弱、猎奇心强，且不具备完整的评判能力，不能理性对待来自网络的各类诱惑。这时，网络便行使其教化功能，将各种零散的、不易选择的信息渗透进未成年人的思想意识中，成为原始理念的一部分，参与社会化进程。一个人的人格发展过程，是外界向人内化和人向外界外化的双向过程。未成年人恰恰处于不断地吸收外界信息以充实自身的发展阶段，“外界向人内化”这一过程无疑占据了主导地位。未成年人难以把握自身的主体性，使得在接触网络这一良莠并存的信息工具时，容易受其左右，这无可避免地会对其人格发展产生一定的负面影响。在网络时代这个大背景下，如何让未成年人的人格得以健康发展，网络对其产生的负面影响能否得到控制，就成了我们所要关注的焦点。

第二节 家庭环境与未成年人健康人格发展

案例

从一个盗窃团伙看家庭环境对孩子成长的影响

2011年10月份以来，河北省井陉县天长镇、南峪镇一带连续发生多起翻墙进院入室盗窃案件，井陉县公安局南峪派出所和天长刑警队接警后，联手开展了侦查工作。今年4月17日17时许至19时30分，南峪镇南峪村再次发生两户村民家中被盗案件。后经多方调查取证，最终锁定南峪镇某村一对双胞胎张新、张民（化名）有重大作案嫌疑。4月18日早上6点多钟，民警将该孪生兄弟俩抓获。

经审讯，犯罪嫌疑人张新、张民供认了半年来，伙同王某、许某采取或分或聚的方式，在天长镇、南峪镇等地入室实施盗窃40多次，涉案价值4万余元的犯罪事实。根据张新、张民孪生兄弟提供的情况，民警当天又将王某抓获，对许某尚在追捕中。

经了解，该犯罪团伙4名成员的家庭情况都比较特殊，张新、张民孪生兄弟家住深山区，父亲精神不正常，他俩上面还有一个哥哥，家庭条件差，全家人住的房子没钱抹泥，二人上到初中一年级便辍学外出打工。王某的父亲和叔叔都因盗窃被处理，父母离婚，母亲带着他改嫁他村。许某的父母离婚后，父亲去世，没人管他，到现在也没有户口。

张新、张民孪生兄弟虽然父母健在，但父亲患病，不能履行教育孩子的责任，因家境贫困，只好中途辍学，当时他俩才十四五岁，还是个孩子，过早地走上社会，外出打工“闯江湖”，干着本应成年人才能承担的活儿，又苦又累又拘束，有时旷班还要受老板的处罚，一个月下来挣不了几个工资，想上网又没钱，在不能满足个人欲望时，最终走上了盗窃犯罪之路。王某和许某都是父母离异，残缺的家庭让他们失去了家庭的温暖，心灵受到创伤。心中的压抑，造成他们的成长和生活中更多的不幸，王某经历的不仅是残缺家庭之苦，更重要的是父亲和叔叔的盗窃犯罪行为，给他树立了一个坏榜样，近墨易染，又缺乏管教，使他年仅17岁就步父辈的后尘走上了犯罪的邪路。许某父母离婚已是不幸，父亲去世更是雪上加霜，使他不仅成了没有一点家庭温暖的“三不管”，而且是连户口也没有的“黑户”。

2012-05-08　来源：中国警察网

一、家庭结构与未成年人健康人格发展

（一）什么是家庭结构

家庭结构（*family structure*）是指家庭中成员的构成及其相互作用、相互影响的状态，以及由这种状态形成的相对稳定的联系模式。它包括两个基本方面：家庭人口要素，即家庭内有多少人组成；家庭模式要素，即家庭成员之间怎样相互联系，以及因联系方式不同而形成的不同的家庭模式。

（二）家庭结构的类型

1. 单亲家庭

单亲家庭作为一种家庭形式早已存在，但单亲家庭大量增加，特别是离婚式、未婚式单亲家庭大量涌现，则始于20世纪六七十年代的欧美发达国家。由于欧美等西方国家的离婚高峰促成了大量离婚式单亲家庭的出现，与此同时，女权运动的兴起及“性解放”思想的鼓吹与蔓延，大量未婚母亲不断涌现，单亲家庭数量剧增。单亲家庭的出现带来了一系列社会问题，所以逐渐受到社会的关注，单亲家庭的概念便逐步被引入。

斯莱辛格（Schlesinger，1979）对英语国家进行了18年研究，他将单亲家庭界定为“以男性或女性为家长，同被抚养子女生活在一起的家庭。这样的家庭多由死亡、离婚、分居、抛弃或者未婚所形成”。在英国单亲家庭委员会的报告中，单亲家庭被定义为：“一个没有配偶与之生活（或同居），与其未婚的没有独立的年龄在16岁以下，或者年龄在16~19岁，但正在接受全日制教育的子女所组成的家庭。”

相比之下，我国对单亲家庭的关注起步较晚，对单亲家庭的概念也说法不一，大体有：“残缺家庭中的一种类型，是指作为家庭主体的夫妻中缺少一方，这种家庭的特征是存在血缘关系，不存在姻缘关系”；“由夫妻

一方带领未婚子女的家庭”；“没有配偶或同居伙伴的父亲或母亲，有未婚的子女，独自或与他人住在一起”。

综上所述，单亲家庭概念应包括以下三方面含义：首先，家庭成员关系只有一种，即只有单一父亲或母亲与子女关系；其次，子女应有年龄界定，以成年为标准，我国年满18周岁者在法律上已被赋予成年人的权利和义务，因而单亲家庭子女的年龄可以界定在18周岁；最后，子女婚姻状况应是未婚且不具备独立生活能力。据此三点，*单亲家庭*（*single parent family*）应定义为：只有父亲（母亲）一方与其未婚的、年龄在18周岁以下，不具备独立生活能力的子女共同生活的家庭（刘鸿雁，1998）。

2. 隔代抚养家庭

家庭教育主要划分为两种形态，即父母对子女的亲子教育和祖辈家长对孙辈的隔代教育。我国自古就有隔代教育的现象，但主要存在于不幸失去双亲的家庭里。然而自20世纪80年代以来，以市场经济为取向的改革和日益扩大的对外开放，使人们的思想观念发生重大变化，竞争意识、自我实现意识、效益观等不断增强。据资料统计，当前我国70%的家庭存在隔代教育问题。我国的研究者把祖父母参与教养等同于“隔代教育”。有研究认为隔代教育就是祖辈家长对孙辈的看护和养育，一般是在三代家庭中进行。也有研究认为隔代教育是在祖辈家长和孙辈之间进行的，是祖辈对孙辈的成长发生影响的过程，这一影响过程实际上也是祖辈与孙辈的一种双向的互动过程。还有研究认为，隔代教育是父母不在的情况下由祖辈抚养的方式（刘海华，2006；曹旭东，2007；夏为菊，2007；郑杨，2008）。

诺加顿（Neugarten）和韦恩斯塔（Weinstein）1964年的经典研究对祖父母教养研究有很大贡献。诺加顿和韦恩斯塔确定了祖父母角色的三个维度：安慰（comfort）、重要性（significance）和类型（style），并提出祖父母参与教养的五种类型。*正式型*（*formal style*），即祖父母对孙子女十分关心，但不干预亲子关系，只在父母需要时才偶尔提供帮助；*寻乐型*（*fun seeker style*），即祖父母将孙子女看作寻找乐趣、消除孤独的对象，且他们不摆架子，在交往过程中祖孙都能得到快乐；*保持距离型*（*distant figure style*），即祖父母与孙子女一般不接触，只在家庭成员必须聚在一起时才偶尔相见；*代替父母型*（*surrogate parent style*），即祖父母承担养育孙子女的重担，照顾其日常的生活和学习；*智慧型*（*reservoir of family wisdom style*），即祖父母教孙子女各种技能，是孙子女的智慧源泉。

谢尔林（Cherlin）和福斯滕贝格（Furstenberg）1985年区分了三种祖父母参与教养方式：*参与型*（*involved style*），祖父母的行为类似父母，他们在父母工作或有困难时帮助照顾孙子女，在家里的重大事情上有发言权；*伙伴型*（*companionate style*），祖父母经常遵循“不干涉原则”，不参与对孙子女的抚养、社会化和纪律管教，祖孙关系亲密不拘礼节；*疏远型*（*remote style*），祖父母不经常看望孙子女，他们之间关系是正式和疏远的。他们还评估了每一种教养方式受性别、种族、孙子女年龄和居住地距离远近等变量的普遍影响。

国内有研究学者认为，祖父母参与教养孙子女的方式主要有指导型、溺爱型、忽视型和专制型（裴丽颖，2005）。也有研究认为，我国城乡隔代抚育类型可分为四类：第一类型：部分转让，较完善替代型；第二类型：部分转让，局部替代型；第三类型：全部转让，局部替代型；第四类型：全部转让，较完善替代型。城市的隔代抚育基本上属于部分转让，较完善替代型；而农村的隔代抚育基本上属于全部转让，局部替代型（郑杨，2008）。

我国隔代教育主要存在于农村，从受教育者年龄段看主要集中于义务教育阶段。研究者对隔代教育的效果进行了一系列研究，大多数研究倾向于弊大于利。大部分受隔代教育的学生学习成绩处于中等及中等以下水平，尤其在初中阶段，有些甚至对某些科目到了一无所知的地步。有调查通过班主任根据学生的平时成绩为农村初中“隔代监护”学生学业分档，结果显示：优为11.7%，良为21.08%，中为32.44%，差为33.24%，即这类学生中学业成绩处于中下水平达2/3以上，与正态分布相距甚远（沈辉香 等，2005）。

3. 特殊家庭

相较一般儿童来说，所谓的*特殊家庭儿童*（*special-family children*）主要指由于家庭因素变迁而未能像大多数儿童一样享受安稳生活的儿童。特殊家庭儿童中也有单亲家庭特殊儿童、隔代教养特殊儿童和双亲共同教养的特殊儿童。这些儿童的特殊之处在于他们所具有的流动性。随着国家经济的发展，农村劳动力向城市转移的步伐逐步加快，青壮年外出打工现象越来越多，许多已婚且有子女的父亲或（和）母亲也开始加入到外出务工大军的队伍。一些经济条件比较好的外出打工父母虽然将子女带在身边，设法让其在打工的城市入学，但户籍仍然留在农村，这些儿童被称为“流动儿童”；大部分进城务工父母由于无力支付孩子进城上学所面临的住宿费、学杂费等诸多开支以及其他各种原因，只能将子女留在农村，由祖父母或留守在家的父母一方或亲戚抚养照顾，造成亲子长期不能共同生活在一起的局面，从而出现了大批的“农村留守儿童”，有时也简称为“留守儿童”。目前，我国至少有1981万余名流动儿童，大约3230万名留守儿童。

虽然大部分留守儿童都是由祖父母或外祖父母抚养，但是这有别于之前提到的隔代教养。上文提到的隔代教养儿童，主要指父母和孩子并没有分开，在三代人共同组成的大家庭里一起生活，父辈和祖辈共同抚养一个儿童，祖辈起主要作用；而留守儿童的父母并不在身边，所以他们的教养人只是祖父母或外祖父母，祖辈起了决定作用。此外，留守儿童又可以分为单留守儿童（父母一方外出打工，另一方在家的儿童）、双留守儿童（父母双方均外出打工的儿童）、曾留守儿童（父母如今均在身边，但一方或双方曾经在外打工的时间持续了6个月以上的儿童）。

（三）家庭结构对未成年人健康人格的影响

1. 家庭结构对未成年人情绪情感发展的影响

（1）单亲家庭结构对未成年人情绪情感发展的影响

在随母亲生活的单亲家庭里，未成年人由于缺失父爱和男性阳刚特性的教育、玩耍特征，因而个性普遍胆小、内向、敏感并孤僻。而母亲由于担负了父母双重角色与责任，往往就会有过高的要求，并且过严地管教孩子，这又使孩子常常感到母亲的训斥和责骂多于关爱，由怕母亲逐步变成了疏远母亲和身边的亲友，自卑在所难免，更觉得自己不如别人，对周围的人和事物极其敏感。在随父亲生活的单亲家庭里，未成年人由于缺失母爱与细致的照顾，一些父亲身上的不良嗜好比如脾气粗暴、吸烟酗酒、打牌赌博、哥们儿义气，会使孩子认为男人就是这样，自己就应当是这样，继而仿效。还有一些父亲由于长期忙于事业，几乎没有时间和精力顾及孩子，这样的孩子是在金钱的包围和保姆的照顾下长大的，没有体验过家庭的温暖和双亲的教育，从而从小就养成支使他人、唯我独尊的霸道作风和漠视他人、缺乏爱心、金钱至上等不健康的情绪情感。

（2）隔代抚养家庭结构对未成年人情绪情感发展的影响

在隔代教养中，祖父母教养中的养育因子可以显著负向预测儿童的孤独感，即祖父母对儿童养育关心和爱护越多，儿童的孤独感水平越低，越不感到孤独；生活在双亲健全的家庭环境中的未成年人心理健康状况和生活在父母离异、父母不和等家庭环境中的未成年人心理健康状况在总体和偏执、敌对、人际关系紧张、抑郁、适应不良等因素上均有明显差异。祖父母教养中的心理压力因子可以显著正向预测儿童的孤独和抑郁，即祖父母对儿童施加的心理压力越多，儿童的孤独和抑郁水平就越高（孔屏 等，2010）。

（3）特殊家庭结构对未成年人情绪情感发展的影响

特殊家庭中的父母没有稳定的工作，为了生计，不得不外出打工，留下孩子一人委托给亲戚照管，这些未成年人大都处于个性发展和人格形成的关键时期，这一时期，他们特别需要长辈尤其是父母的关爱和引导，但是长期的分离使他们缺乏情感交流和关怀的需要，一些不良情绪如愤怒、失落、焦虑和担忧等得不到排解，长期积累，极易对情绪情感发展产生异常、偏离，造成不健康的人格发展（谢玉兰，2007）。

2. 家庭结构对未成年人社会化发展的影响

（1）单亲家庭结构对未成年人社会化发展的影响

相对于完整家庭儿童，单亲家庭的儿童社会化处于不利地位，单亲家庭儿童的亲子关系、同伴关系、自我控制能力等社会性发展相对不良，也就是说单亲家庭儿童在与父母、同伴、老师以及社会人群交往方面能力相对较弱。表现在：在家中疏远父母，不愿和父母沟通，经常发脾气；在学校中缺乏自信、寡言少语、对人冷淡、不愿交际、缺乏热情，对集体的事漠不关心，自我控制能力差等；而主动与人沟通、乐于助人、热情谦让、合作分享等行为较少出现（朱玲，2006）。

（2）隔代抚养家庭结构对未成年人社会化发展的影响

相关研究显示，来自祖辈的关爱可以减弱与父母分离对子女的消极影响。但由于祖辈的情感表达不恰当或溺爱过纵，隔代抚养长大的孩子心理健康状况较差，生活适应与学校适应不良（吴佳蓉，2002）。

生活在双亲健全的家庭环境中的未成年人心理健康状况和生活在父母离异、父母不和等家庭环境中的未成年人心理健康状况存在明显的差异，在不完整的家庭结构下成长起来的未成年人，更容易产生偏执、敌对、人际关系紧张、抑郁、社会适应不良等问题。

（3）特殊家庭结构对未成年人社会化发展的影响

留守儿童父母长期在外务工，临时监护人监护不力，造成家庭功能弱化，严重影响了儿童的正常社会化，留守儿童群体出现感情淡漠，学业不佳，劳动习惯缺乏，人生观、价值观偏离，人格不健全等普遍表征（王秋香，2006）。有研究发现，与非特殊家庭儿童相比，特殊家庭儿童欠缺与同辈群体和亲戚间的交往；家庭结构观念松散，亲子关系淡化；孤独感较强，缺乏合群性；初中阶段的留守儿童尤其如此（肖富群，2007）。

还有学者将三类留守儿童和流动儿童、一般儿童进行比较研究发现，一般儿童的社会适应状况最好，双留守儿童最差；其中，一般儿童明显优于双留守、单留守、曾留守儿童，流动儿童明显优于双留守儿童。与一般儿童相比，留守儿童和流动儿童的自尊更低、孤独感更强（范兴华 等，2009）。张志英（1994）对留守幼儿的孤僻心理进行了专门研究，认为留守儿童心理问题最为突出的表现就是孤独感特别强烈，并指出那些亲友代为教养的留守儿童常常有一种孤僻的心理，即沉默寡言，喜欢独来独往、我行我素；胆小、自私、不合群。

3. 家庭结构对未成年人问题行为的影响

（1）单亲家庭结构对未成年人问题行为的影响

根据离异家庭及其子女的发展特点，我国学者研究发现，离异家庭与完整家庭相比，其子女与同伴的关系以及子女与父母的关系均较差，表现出的问题行为也较多，主要表现为：情绪不稳、学业困难、打架、孤僻、撒谎等（陈会昌 等，1990）。

（2）隔代抚养家庭结构对未成年人问题行为的影响

邓长明等人（2003）的相关研究表明：隔代带养儿童行为问题检出率高于父母带养儿童。有51%的班主任认为农村初中“隔代监护”学生懒惰，做事拖拉，依赖性强。隔代教育容易导致少年儿童养成不良行为。

（3）特殊家庭结构对未成年人问题行为的影响

成长于特殊家庭的未成年人由于长期见不到自己的父母，生活比较困难，没有父母的陪伴，缺乏关爱。尤其儿童时期生理、心理都在发生急剧的变化。如果在这个阶段不能提供良好的教育，很容易导致特殊家庭儿童产生学习适应不良、攻击行为、早恋、厌学、辍学等问题行为。

二、家庭关系与未成年人健康人格发展

（一）家庭关系

1. 父母关系

父母关系（*parental relationships*）是相对于子代而言，其亲代间的一种身份联系和互动关系。在家庭中，随着子女的出现，夫妻双方获得了为人父母的身份。父母关系是未成年人接触的最早的人际关系，父母关系和睦与否直接关系到家庭的和谐稳定，影响着未成年人的健康成长。

2. 亲子关系

亲子关系（*parent-child relationships*）本是遗传学术语，指亲代与子代之间的生物血缘关系。在心理学领域则用其说明家庭中的父母和其亲生子女、收养子女或过继子女之间形成的双向互动关系，是最基本、最重要的一种家庭人际关系（Maccoby，1992；林崇德 等，2004；叶一舵 等，2002）。亲子关系最大的特点就是有着很强的情感联结，这种情感联结与家庭氛围和情绪上的安全感有关，它关系到未成年人发展自尊、信任感和安全感所需要的支持能否得到满足，是家庭社会资本的重要组成部分。

在中国传统的家庭中，未成年人往往处于特殊地位，父母包揽一切。但20世纪90年代以来，随着家庭成员角色的不断转变和社会的不断变迁，中国家庭的互动模式逐渐从父母单纯地影响子女转变为子女和父母互相影响和互相作用。

亲子关系的强度取决于父母期望、亲子沟通、亲子信任、亲子冲突和父母监控等多方面的状况。父母期望和父母监控反映父母卷入子女生活的程度；亲子沟通、亲子信任和亲子冲突则是父母与子女互动过程中的表现。它们都是亲子关系的不同表现形式：*父母期望*（*parental expectation*）是指父母想要子女达成某种目标的愿望；*亲子沟通*（*parent-child communication*）是指家庭中父母—子女之间交换资料、信息、观点、意见、情感和态度，以达到共同了解、信任与互相合作的过程（王争艳 等，2002）；*亲子信任*（*parent-child trust*）作为发生在父母与子女之间的一种人际信任，是指亲子双方对彼此的言语或行动表示信赖的信心程度（Hestenes，1996）；*亲子冲突*（*parent-child conflict*）则是一种负向的亲子互动模式，指亲子双方在言语或非言语上的不一致，甚至完全对立的状况（Laursen，1995）。

（二）家庭关系对未成年人人格的影响

1. 家庭关系对未成年人情绪情感发展的影响

（1）父母关系对未成年人情绪情感发展的影响

长期的夫妻冲突会导致未成年人在同伴交往中变得具有敌意和攻击性；父母间紧张的关系会给未成年人造成极大的心理负担，成为未成年人心理创伤的背景，这种心理创伤会使孩子的性格带有一系列消极的特点。有研究表明，父母身体、言语冲突越多时，未成年人的抑郁越多，自尊水平越低（杨阿丽 等，2007）。

父母的期望值与情绪情感密切相关，父母的期望值越高，孩子的心理健康状况越差。父母亲对子女的期望值过高，甚至超过了子女的自身条件，往往会给未成年人带来沉重的心理压力。父母对子女学习、升学等方面施压过重，会导致他们心理失衡，并可能产生对社会适应的恐慌。

（2）亲子关系对未成年人情绪情感发展的影响

杨晓莉（2005）发现，亲子双方沟通良好的青少年，其自尊水平最高，产生孤独感和问题行为的可能性较少。在亲子相互信任的家庭中，子女的宜人性较高，情绪性较低，亲密感和满意度较高，整个家庭的亲密度和适应性也较高。

另外，亲子冲突能够显著地预测青少年的情绪和行为问题。与双亲发生冲突的青少年所表现的问题行为和抑郁最多，与双亲均无冲突的青少年最少（方晓义 等，2003）。亲子间高冲突性会导致个体的高孤独感（李彩娜 等，2007）。

2. 家庭关系对未成年人社会化发展的影响

（1）父母关系对未成年人社会化发展的影响

佛洛斯等人（Frosch el at，2000）发现，父母间的友善能正向预测亲子间的安全依恋。安全依恋会促进未成年人良好心理品质的形成和社会适应，不安全依恋会导致未成年人的问题行为（Hetherington et al，1986）。家庭对未成年人心理发展的影响，其实质是父母的价值取向对未成年人的社会化的影响，即家长把内化了的社会文化传递给孩子。社会的价值观念和社会化的目标也是首先通过父母间的传递后再转向给儿童的。

（2）亲子关系对未成年人社会化发展的影响

亲子关系能够影响未成年人的社会化发展。良好的亲子关系能够满足儿童青少年发展自尊、信任感和安全感所需要的支持，促使他们更为勇敢、开放地探索外界事物，也有利于他们形成积极的人际关系，与同伴或他人建立高质量的关系（Collins et al，1999）。在亲子互动对未成年人社会化结果的影响方面，当前的研究有两种取向，一种是分类学取向，考察儿童养育实践的风格或类型；另一种则是社会互动取向，关注亲子互动的性质（Patterson，2002）。立足于社会互动观点的研究认为，与父母面对面的互动为儿童提供了社会技能学习、演练和精致化的机会，亲子互动的性质及由此而发展的亲子关系的质量是儿童社会性发展的重要关联因素。研究发现，亲子关系的质量与亲子间的沟通、信任与冲突密切相关。良好的亲子沟通能够提高亲子关系质量，也会降低或缓解家庭负性事件，从而促进青少年的社会适应。人的社会化过程，不仅显示了品德发展和个性完善的过程，而且也从中获得了行为方式的各种成分。家庭是未成年人社会化的主要场所，也是社会化的最先执行者和基本执行者。未成年人的社会知识、道德规范和社会行为首先是从家庭中获得的。良好的教育方式，有利于未成年人的社会性发展，不良的教育方式，则在一定程度上对未成年人社会性发展起着阻碍作用。

3. 家庭关系对未成年人问题行为的影响

（1）父母关系对未成年人问题行为的影响

父母关系处理得如何，不仅影响夫妻感情和生活，同时也影响家庭中未成年人的情绪、行为和社会适应（Parminder et al，2008；胡俊修，2003）。有研究表明，父母婚姻关系的质量越好，亲子关系就越亲密（余小芳，2004）。婚姻关系还存在代际传递性，父母婚姻不和会影响到子女婚姻。葛朗迪（Grundy，2007）的一项追踪研究表明，父母冲突会影响青少年早期的行为能力。父母冲突可以很好地预测攻击行为、与不良青少年的交往以及吸毒等外显行为问题（Fergusson et al，1999）；父母冲突引起的家庭紧张对青少年犯罪有重要影响（蒋索 等，2006）。

（2）亲子关系对未成年人问题行为的影响

在亲子沟通方面，理查德（Richard）和格尼（Glenn）等人在1986年的研究中发现，青少年与父母间的沟通越多，青少年的犯罪行为就越少。青少年与父母间沟通障碍越多，青少年的犯罪行为就越多。

三、父母教养态度与未成年人健康人格发展

（一）什么是父母教养态度

教养态度（*rearing attitude*）是指当父母在教导子女的生活常规、做人的道理，以及教养其子女的行为表现时，所采取的一套特有的态度和行为模式（李玉芳，1997）。

教养态度的内涵包括态度和行为两个层次。所谓的教养态度是指父母在训练或教导子女方面所持有的认知（知识或信念）、情感（或情绪）及行为意图（或倾向），而教养行为是指父母在训练或教导子女时所实际表现出来的行为和做法（王争艳 等，2002）。

部分学者还提出另外的解释，即父母教养态度就是父母养育子女与教育子女的复杂运作过程中所持有的态度与信念，及其所表现出来的对待子女的方式。包括态度、行为与应对方式，它发生在亲子互动之间，而这种运作过程会在亲子互动过程中受到亲子双方特质的影响（方平 等，2003）。

俞国良、辛涛（1995）认为家长教育观念是家长基于对儿童及其发展的认识而形成的对儿童教养的理解，它包括家长的人才观、亲子观、儿童发展观和教育观等内容。

陈会昌、王莉（1997）认为父母教育观念通常指父母在教育和培养子女的过程中，在儿童发展、教育方式、教育途径、子女的可塑性及成功教育的信心等方面所持有的观念。它包括了家庭养育观、家长对学校教育的看法，对性别与职业关系的观念及对子女的个性培养观。

李凌艳（1997）、杨丽珠等人（1999）认为父母教育观念是指父母在抚育子女过程中所持有的有关儿童的发展、对儿童期望及对儿童教育的看法和认识。它可以作为行为发生的心理来源，以教养行为为中介，影响儿童的发展；或通过环境设置来构成特定的家庭生活环境，形成特定的期望氛围，直接或间接地塑造出不同发展特征的儿童。对于年龄较小的学前儿童来说，父母教育观念在儿童发展中更是起着一种主导作用。

（二）父母教养态度测量工具

1. 《父母态度量表》（PAS）

谢尔福德（Hereford）1995 年编制《父母态度量表》（Parent-Attitude Scale，PAS），该量表由台湾学者邓玉英改编为中文版。量表共 40 道题，

采用五点量表形式计分，正向题目共 15 题，采用正向计分。即由“非常不同意”至“非常同意”分别得到 1 分至 5 分；负向题共 25 题，采用反向计分，即由“非常不同意”至“非常同意”分别得到 5 分至 1 分。《父母教养态度量表》用以测量受试家长在教养子女方面的态度，整个量表主要针对父母教养态度的正向积极程度加以测量，并且可以分别讨论四个不同的向度，包括自信、归因、接纳、了解。四个分量表共40 道题目。各分量表间内部一致性信度介于0.61～0.79，量表内部一致性系数 Cronbach α 系数为0.85，各分量表之间的相关介于0.39～0.61，各分量表与全量表的相关则介于0.76～0.85，所有分量表之间的相关均达到显著，显示各分量表之间具有相当高的关联性。

2. 《亲子关系诊断测验》（PCRT）

有研究使用《亲子关系诊断测验》（PCRT）测量父母的养育态度，该问卷将父母教养态度划分为消极拒绝、积极拒绝、严格、期待、干涉、不安、溺爱、盲从、矛盾与不一致 10 型。评分标准将总量表得分换算为教育百分位，百分位为 0～99 分，越高越好，分数以 50 分以上为一般及较好，40 分以下为较差，20 分以下为最差（李幼辉 等，2000）

3. 《田研氏幼儿亲子关系检查》（PAT）

有研究者对父母教养态度的测量采用了日本田研出版社出版，高健翻译的中文版《田研氏幼儿亲子关系检查》（Taken's Inventory of Parental Attitude Test，PAT）（高健 等，2003）。该项检查将母亲在养育子女过程中对待子女的态度设定为拒绝、支配、保护、服从、矛盾 5 种基本态度（维度），每种基本态度中包括 2 个类型（子维度），共计 10 个类型。分为：不满和非难构成拒绝型态度，严格和期待构成支配型态度，干涉和担心构成保护型态度，溺爱和盲从构成服从型态度，矛盾和不一致构成矛盾型态度。PAT 通过问卷方式由母亲对自己的态度进行自我评价，每个尺度设有 8 问，每问附有“大致符合”、“稍微符合”、“不太符合”、“不符合” 4 个等级。计分为 1 分、2 分、3 分、4 分，根据百分位数换算表查出原始分数的百分位数得分。养育态度的问题程度用百分位数表示，判定基准为：50% 以上为“问题少”，20% ～50% 为“稍有问题”，20% 以下为“问题多”。高健于 1997 年和 2000 年曾对 482 名天津市 3～6 岁幼儿的母亲进行过施测，同质性信度检验 Cronbachα 系数为 0.78，重测相关系数（重测信度检验间隔一个月）为0.75～0.89。因此，可以认为中文版 PAT 具有良好的信度（何美仪 等，2009）。

（三）父母教养态度对未成年人人格的影响

1. 父母教养态度对未成年人情绪情感发展的影响

有研究表明，父亲如果态度和善，多与孩子进行情感上的沟通，理解孩子的内心世界，最容易得到孩子情感上的应答，使未成年人的性格朝着外向特征发展，即渴望刺激和冒险，情感易外露，冲动，喜欢热闹，好交际，开朗活泼。子女对母亲的情感要求则更高，特别渴望得到母亲的慈爱和理解，如果母亲不能满足子女潜意识中的温暖和理解，接纳、肯定和参与，子女则经常面孔冷峻，独断专行，过多表达负性情感（赵冬菊，2001）。

父母对子女的期望值与子女心理健康密切相关，父母的期望值越高，孩子的心理健康状况越差，因此父母亲对子女的期望必须适度。父母亲对子女的期望值过高，甚至超过了子女的自身条件，往往会给子女带来沉重的心理压力。

2. 父母教养态度对未成年人学业成就的影响

父母教育子女的方式会影响到子女的学习进步是通过影响学生的学业自我概念和目标定向来起作用的，父母情感上的温暖和理解在一定程度上会促使子女在学业自我概念上取得较好的自我评价，从而影响其学业成就（方平 等，2003）。

大量的针对学业不良或学习困难学生的研究（何鹏，1999；梁军林 等，2000；马红彪 等，2002；俞国良，1999；赵静波 等，1999）显示，学习成绩不良与智力因素相关以外，还与家庭环境、父母教养方式等因素密切相关。父母的严厉惩罚、拒绝和否认以及过分干涉都明显高于学业优秀的学生。

辛自强等人（1999）的研究发现，父母温暖和理解的教养态度使子女产生温暖、信任和安全感，并形成良好的个性与学习习惯，惩罚、否认、拒绝和干涉的教养态度则使未成年人有逆反与自卑感，对学习厌恶、抵触和缺乏信心。

3. 父母教养态度对未成年人问题行为发展的影响

父母的不良教养态度和其行为与未成年人的问题行为有因果关系，而且父母的不良教养态度和其行为是未成年人发生问题行为的决定性因素。家庭的不良教养更易使学生产生各种问题行为，如反抗、破坏、不合作；以及非社会行为，如自卑、不适应、孤独、抑郁、逃避、依赖等（邓长明，2003）。

4. 父母教养态度对未成年人人格发展的影响

家庭是儿童早期生活最基本的环境，约占其全部生活时间的2/3。儿童时期是个体生长、发育、身心发展的最迅速的时期，也是最容易接受环境影响和教育的时期。家庭对儿童的作用，不仅在于它所提供的生活保障，更为重要的是它对人格形成的影响。

卡瓦什（Kawash，1985）提出，父母对子女的接纳与认可程度越高，子女自尊的发展越健康；而父母对子女的控制越严格，子女的自尊发展越不健康；父母对男性未成年人越严厉，其自尊发展越受挫，而女性未成年人则不受影响。

赵虎等人（1996）的研究表明，母亲比父亲对子女性格的形成有更大影响。父亲的理解和情感温暖及父亲的偏爱和过分保护能使子女性格平衡发展，但也易导致自满；母亲的过度干涉和保护，将导致子女对生活的态度消极。父母的惩罚严厉易使子女出现被动、神经质、冲动和典型的“女人气”。父母长期的拒绝否认会使子女无主见和创造性。

四、父母教养方式与未成年人健康人格发展

（一）什么是父母教养方式

“父母教养方式”可译为“parenting style”、“parental style”或“parenting”。希尔斯（Sears）、麦克比（Maccoby）和列文（Levin）等人认为父母对子女的教养方式，在本质上是一种亲子间的交互作用，包含父母的态度、价值、兴趣、信念、照顾和训练等行为。父母教养方式是父母的教养观念、教养行为及其对儿童的情感表现的一种组合方式，这种组合方式是相对稳定的、不随情境的改变而变化（Darling et al，1993）。另有研究者认为父母教养方式是指一种与教养有关的、稳定的态度和信念的综合体，反映了亲子交往的实质。

家长的人格特质对未成年人人格形成发展的影响是潜移默化的，家长是未成年人注意、学习的对象。作为家长，必须要加强自身修养，提高文

化素养，注重品德，不断提高自身素质，尤其是要掌握科学的教育方法。

在国内，关于“教养方式”仍然没有一个明确的、统一的定义。钱铭怡、夏国华（1996）将父母教养方式定义为父母在教育、抚养子女的日常活动中表现出的一种行为倾向，它是对父母各种教养行为特征的概括，是其教育观念和教育行为的综合体现，是一种具有相对稳定性的行为风格。张文新（1998）认为父母教养方式是父母的教养观念、教养行为及其对儿童的情感表现的一种组合方式。这种组合方式是相对稳定的，不随情境的改变而变化，它反映了亲子交往的实质。张丽华等人（2006）认为，父母教养方式是家长在教育、抚养子女时所表现出的一种相对稳定的行为风格。还有学者把“教养方式”定义为，在家庭生活中以亲子关系为中心的，父母在抚养子女的日常活动中所表现出来的一种对待孩子的固定的行为模式和行为倾向，它由父母的教养态度决定，并受父母的个性、教养信念和行为习惯的影响，是其教养观念和教养行为的综合体（龚艺华，2005）。李改和方平（2007）认为，父母教养方式是父母在教育、抚养子女的日常活动中表现出的一种行为倾向，是其教育态度和教育行为的综合体现。林磊（1995）认为父母教养方式是指家长在教育、抚养子女的日常活动中表现出的一种行为倾向，它是对父母各种教养行为的特征概括，是一种具有相对稳定性的行为风格。家庭教育和家庭氛围，往往是由父母所决定的。未成年人的生活范围较小，早期影响人格发展的主要因素多来源于父母。父母的态度、教养方式是未成年人幼年期感受到最多、最具体、最深刻的外部世界。未成年人人格是否健康发展很大程度上依赖于父母的教养方式是否恰当。

本书综合达尔灵（Darling）、斯腾伯格和弗朗西斯（Frances）的定义，认为*父母教养方式*（*parenting style*）是父母的教养观念、教养行为及其对儿童的情感表现的一种相对稳定的组合方式，反映了亲子交往的实质。

（二）父母教养方式的维度和分类

美国心理学家西蒙斯（Symonds）早在 1939 年就提出亲子关系中的两个基本维度，一是接受—拒绝，二是支配—服从（如图 23 所示）。

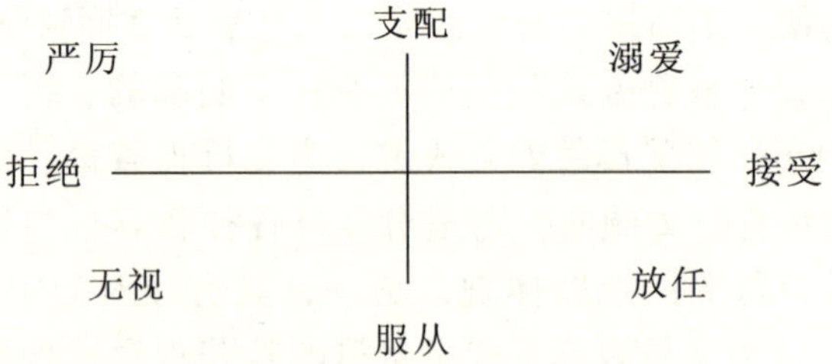

图 23　父母教养方式维度

西蒙斯比较了在各极端维度教养方式之下的儿童，结果发现：被父母支配的儿童比较顺从、腼腆、被动、缺乏自信心；支配父母的儿童具有反抗、独立和攻击性；被父母接受的儿童表现为情绪稳定、兴趣广泛、富有同情心、行为表现更符合社会要求特征；而被父母拒绝的儿童表现为情绪不稳定、冷漠以及反社会倾向。

谢菲尔（Schaefer，1959）把父母教养方式分为“接纳—拒绝”、“自主—控制”和“严厉—控制”三个维度。

美国著名女心理学家鲍蒙顿（Baumrind）和布莱克（Black）1967 年将父母教养方式划分为权威型、专制型和放任型三种类型。*权威型*（*authoritative style*）父母对儿童有较多的温情、较明确的要求和较为一致的反应，能够在亲子间相互理解的基础上完成对儿童的约束。权威型父母教养方式被认为是最费时费力的方式，但也是最有效的教养方式；*专制型*（*authoritarian style*）父母对儿童的成熟行为有较高的要求，但对儿童反应较少，对儿童缺乏热情，用较为绝对的标准来塑造、控制和评价儿童的行为，强调儿童要无条件顺从，崇尚权威和传统，不鼓励亲子间相互迁就，对儿童的奖励和表扬较少，对儿童的控制严厉、不妥协，且带有强制性；*放任型*（*permissive style*）父母既不期望儿童的成熟行为出现，也不提要求，他们或者溺爱儿童或者忽视儿童，对儿童的纪律要求不一致，鼓励孩子自己表达自己的愿望，对儿童有中等程度的热情，不主动指导孩子的行为。后来鲍蒙顿和考恩（Cowan）于 1991 年又将父母教养方式的维度概括为期望型、民主型、非指导型、专制—指导型、非专制—指导型、投入型、一般型。

麦克比（Maccoby）和马丁（Matin）1983 年在鲍蒙顿对父母教养方式分类的基础上，把放任型父母教养方式按要求和反应两个维度又分为溺爱型和忽视型，将父母教养方式分为4种类型，即权威型、溺爱型、专制型和忽视型。*溺爱型*（*indulgent style*）父母对儿童要求较少、反应较高，属放任亚型，这类父母对儿童有较多的温情和接受，经常对儿童让步，较少利用权威控制儿童，对儿童的成熟行为要求较少，主张让儿童自我管理。*忽视型*（*neglectful style*）父母则对儿童要求和反应都较少，属放任亚型，这类父母不指导儿童的行为，也不支持儿童的兴趣，他们沉溺于自己的事情而忽略做父母的责任。

斯腾伯格、莫里斯（Morris）2001年指出，尽管在儿童发展的不同阶段，各种父母教养方式的要素都是不变的，但是对于青少年父母教养方式还应该考虑“心理自主”这个维度，即通过接受/参与（acceptance/involvement）、严厉/控制（strictness/supervision）、心理自主（psychological-autonomy-granting）三个维度分别进行考察。

我国学者对父母教育方式的研究多集中在探究其类型上，起初研究者多从单纯类型论的角度来界定父母教养方式。桑标从“接受—拒绝”和“宽容—严厉”两个维度划分母亲的教养方式，从“肯定—否定”维度划分父亲的教养方式。刘金花把父母教养方式分为拒绝型、严厉型、溺爱型、期待型、矛盾型、分歧型；王耘等人（1999）又把父母教养方式分为七类：溺爱、忽视、专制、民主、惩罚、成就要求和教育的不一致等。岳冬梅等人（1993）对神经症病人父母教养方式的研究发现，神经症病人的父母对他们的教养方式可以分为三种主要的类型：冷漠型、严厉型、过分保护型。在这样的父母教养方式下成长起来的孩子们，其人格特征和人际关系方面都存在较多的问题。当面对复杂的社会环境时，容易出现各种各样的适应障碍甚至神经症性反应。

崔哲、张建新（2005）运用因素分析法将家庭教养方式分为四个类型：理解鼓励型、过分约束型、冷漠专制型和限制保护型。理解鼓励型父母大多较为亲切，孩子做事或遇到困难都会积极鼓励和帮助。过分约束型的父母会给孩子诸多约束，无论孩子的作息时间，还是看电视节目，甚至吃什么样的零食都由他们来安排。冷漠专制型的父母基本不太在意孩子遇到的困难和问题，或者不顾孩子的感受，强迫孩子按照自己的意愿做事。限制保护型父母对孩子的去向以及活动追根问底，不给孩子自主活动的空间（徐慧 等，2008）。

（三）父母教养方式测量工具

1. 他评问卷

（1）《子女对父母行为的评价问卷》

20 世纪 50 年代到 60 年代，较有影响的是谢菲尔在 1959 年编制的《子女对父母行为的评价问卷》（Children's Report of Parental Behaviour Inventory，CRPBI）。它把父母教养方式分为三个维度：接纳（acceptance）—拒绝（rejection），心理自主（psychological autonomy）—心理控制（psychological control），严厉（firm control）—放纵（lax control）（Schaefer，1959）。

（2）《双亲教养态度量表》

《双亲教养态度量表》（Parental Bonding Instrument，PBI）是帕克（Parker）、塔普林（Tupling）和布朗 1969 年编制的，用于评价对 16 岁以前自己父母教养方式的感知，是衡量亲子关系质量的重要工具。帕克等人证实了 PBI 的两个基本因子：关爱和过度保护。后来的研究发现 PBI 可以由三个因子组成，分别为关爱、自由控制和自主性拒绝（Murphy et al，1997；Nickell et al，2002；Reti et al，2002）。关爱因子主要是指对父母温暖照顾、理解和鼓励的感知；自由控制是对父母的过度控制、孩子过度依赖的评价；自主性拒绝是指父母不适当的严厉管教。

（3）《父母教养方式问卷》

《父母教养方式问卷》（Egma Minnen av Bardndosnauppforstran，EMBU）是瑞典临床心理学家佩里斯（C. Perris et al，1980）根据谢菲尔提出的父母教养方式维度的概念编制的一套用来评价父母教养态度和行为的问卷。该问卷共 81 个条目和 2 个附加条目，涉及父母 15 种教养行为：辱骂、剥夺、惩罚、羞辱、拒绝、过度保护、过度干涉、宽容、情感、行为取向、归罪、鼓励、偏爱同胞、偏爱被试和非特异行为，对以上分量表进行主因素分析抽取了四个主因子，因子 1：管束、行为取向和归罪行为；因子 2：该因子是一个维度，一极是情感温暖和鼓励行为，另一极是爱的剥夺和拒绝；因子 3：偏爱被试；因子 4：过度保护。该问卷的填写方式为让被试对父母教养方式从从不、偶尔、经常、总是四个层次予以评价。EBMU 可进行单人测验，也可进行集体测验。由于 EBMU 是让被试通过回忆来评价父母教养方式，所以，它适用于任何一个为人子女的人，其应用范围十分广泛，应用于什么样的群体主要取决于施测者的研究目的。

我国学者岳冬梅等人（1993）最早对EMBU进行了中文版的修订。修订后的量表共66道题目。其中父亲教养方式由58道题目组成，构成的6个因子分别是：情感温暖、理解（F1）、惩罚严厉（F2）、过分干涉（F3）、偏爱被试（F4）、拒绝否认（F5）、过度保护（F6）；母亲教养方式由57道题目组成，构成的5个因子分别是：情感温暖、理解（M1）、过分干涉、过度保护（M2）、拒绝否认（M3）、惩罚严厉（M4）、偏爱被试（M5），共计11个因子。量表计分为1~4四级评分，分别代表“从不、偶尔、经常、总是”四种情况。经测试，量表的同质性信度系数在0.460~0.88，其中有6个因子的取值在0.8以上；分半信度系数在0.50~0.91，其中5个因子取值在0.8以上；重测信度在0.58~0.82，其中有6个因子的取值在0.7以上。这为研究中国父母教养方式提供了量化工具。

标准版EMBU题目过多，1999年，阿伦戴尔（Arrindell）等人根据题目内容和心理测量学指标从标准版EMBU中抽取出46道题，形成《简式父母教养方式问卷》（Short-Egna Minnen av Barndoms Uppfostran，s-EMBU），从而成功简化了标准版EMBU。修订后的s-EMBU只存在拒绝、情感温暖和过度保护三个维度。由于其信效度良好、操作简便，到目前为止s-EMBU已经被修订成多种文字并得到了广泛应用。

蒋将、鲁峥嵘、蒋苾菁及许燕（2010）修订了《简式父母教养方式问卷中文版》（s-EMBU-C）。s-EMBU-C保持了原来英文版的三个核心维度，由21道题目组成，其中拒绝维度6道题目，情感温暖维度7道题目，过度保护维度8道题目。修订后的s-EMBU-C具有良好的信度，父亲和母亲部分三个维度的α系数在0.74~0.84，通常认为α系数在0.70以上较为理想，因而该问卷的内部一致性较好。父亲版和母亲版三个维度间隔10周后的重测信度在0.70~0.81，表明s-EMBU-C具有一定的跨时间稳定性。研究分析结果表明s-EMBU-C具有良好的结构效度与效标效度。

（4）《教养方式问卷》

20世纪90年代国外研究较常用的另一个问卷是由兰姆鲍温等人（Lamborn et al，1991）编制的《教养方式问卷》（Parenting Styles Questionnaire，PSQ），该问卷评价孩子在家庭中对父母的教养实践的知觉，它包括三个维度，共36个项目。三个维度分别为：温暖的卷入（warm involvement），简称WI，包括爱（love）、反应（reaction）、卷入（involve）三个分维度，共15个项目；给予心理自主（psychological autonomy granting），简称PA，它包括民主化的纪律、在家里鼓励发表自己的见解两个子维度，共12个项目；行为的监督与控制（behavioral monitoring and control），简称BC，它包括要求与年龄相一致的行为、监督、限制环境。该问卷具有较好的信效度。

（5）《父母教养方式问卷》

斯腾伯格等人（1992）编制的《父母教养方式问卷》，包括接受/参与、严厉/监督和心理自主三个分量表，共26个项目，接受/参与分量表包括9个项目，如“当我遇到麻烦时，我可以依靠父母帮助解决”；父母严厉/监督分量表包括8个项目，如“你父母想知道你在空闲时间做些什么吗”；心理自主包括9个项目，如“父母告诉我不应与长辈争论”，该问卷采用5点计分。将各因子对应的项目得分平均，得到家庭教养方式各因子的分数。该问卷在有关父母教养方式的研究中应用广泛，具有较高的信度和效度。

（6）《中学生父母教养方式量表》

该量表为王极盛、丁新华（2003）共同编制，共有29个项目，包括父亲与母亲的教养方式因子各4个，其中父亲教养方式因子有理解型、放任型、严惩型、过分保护和干涉型；母亲教养方式因子有理解型、放任型、严惩型、过分保护和干涉型。研究者编制该量表时的理论构思为四因素结构模型，最后的因素分析也得出了类似的四因素结构，这就表明本量表的结构效度较好。该量表的项目多由对中学校长、老师、家长及学生的访谈而得来，具有较高的内容效度。父亲教养方式总量表的同质性信度为0.70，分半信度为0.74，母亲教养方式总量表的同质性信度为0.70，分半信度为0.73，均已达到测量学上可接受的信度水平。

（7）《父母教养方式问卷》

方平、熊端琴、郭春彦（2003）编制的《父母教养方式问卷》涉及父母对于子女学习方面的态度和方式，包括权威方式、专制方式和放任方式三个分量表。其中的题目一部分来自帕特里克（Patrick）等人的研究，另一部分根据各种方式的内涵编制而成。经过预测对问卷进行了修订，删除了各分量表上因素负荷值较低的题目。最后共保留22道测题，三个分量表分别为7、8和7题。总量表及三个分量表的α系数分别为：0.7079，0.7358，0.6816和0.7171；各题目在相应分量表上的因素负荷值范围为

0.285～0.705。该量表的信度与效度均符合测量标准。

2. 自评问卷

（1）《教养控制源量表》

《教养控制源量表》（Protective Level Of Care，PLOC）由科姆皮斯（Campis）等人于1986年编制而成，用于评价家长的教养态度和行为（陈美芬，2007）。该量表共有47道题目，分别涉及家长在教育孩子中所体验到的效能感、责任感、子女对家长生活的控制、家长对命运或机遇的信念及对子女行为的控制五个因素。PLOC经验证有较好的信度和效度。量表测题通俗易懂，对家长所遇到的教养问题都有涵盖。该量表以家长为被试，从家长自身对教养方式的知觉来探讨其教养态度和行为，不失为考察家长教养方式的一个较为理想的工具。

（2）《父母权威问卷》

布瑞（Buri）1989年编制的《父母权威问卷》（Parental Authority Questionnaire，PAQ）将父母教养方式分为三种类型：权威型（父母坚定、热情并考虑孩子的意见）、专制型（不考虑子女的要求）和溺爱型（无能的父母允许孩子为所欲为）。该问卷共30道题目，每种教养方式均由10道题目测定（Juan et al，2004）。该量表为5点计分量表，从“从不”到“总是”依次计分。

刘文和杨丽珠（2004）曾将该问卷译成中文，再由美国迈阿密大学懂双语的华裔周令宜博士回译成英文，信度为0.81。本次测试的父母教养方式问卷的内部一致性信度为0.86，分半信度为0.776，表明父母教养方式问卷是可靠的。

（3）《父母教养方式问卷》

台湾陈富美教授根据罗宾逊（Robinson）问卷修订而成。该问卷采用5点计分法（0＝“从不”，1＝“偶尔”，2＝“半数时候”，3＝“经常”，4＝“总是”），共有59道题目，分别从权威、专制这两个维度来考察父母的教养方式。权威维度包括温暖、说理、民主、随和四个因子。专制维度包括命令、体罚、不说理、言语攻击四个因子。将同一因子各问题得分的平均分作为父母教养方式不同维度各因子的得分，将温暖、说理、民主、随和四个因子的平均分之和作为权威维度的总分，将命令、体罚、不说理、言语攻击四个因子的平均分之和作为专制维度的总分。

（4）《教养方式问卷》

《教养方式问卷》由林惠雅于1995年编制。分为耳提面命、练习尝试、身教示范、奖赏鼓励、处罚、说理诱导、鼓励自主、协商讨论、提供服务等内容。通过因素分析得出三个主要因素：修正不当行为和讨论因素，服务、示范、练习因素，鼓励良好行为和自主因素。

（5）《家长教养方式问卷》

《家长教养方式问卷》由杨丽珠和杨春卿（1998）编制，由父亲或母亲来评定，采用五等级评分：1（从不出现）—2（很少出现）—3（有时出现）—4（经常出现）—5（总是出现）。问卷包括五个维度：溺爱性、民主性、放任性、专制性、不一致性，由40个项目组成。从回收问卷的信度检验结果表明，该问卷总体内部一致性信度为0.6288，五个维度的内部一致性信度为0.5357~0.8082，分半信度为0.77，再测信度为0.867（张丽华 等，2006）。

（6）《母系教养型态问卷》

2003年台湾李宗文依据鲍蒙顿的父母行为评量（Parent Behavior Ratings）的内容，发展出64题《母系教养型态问卷》，整体问卷信度为0.82，以因素分析方式分析出两个因素：反应、要求，符合鲍蒙顿的教养研究理论，故有建构效度。

（7）《父母教养方式Q分类卡片》（CRPR）

《父母教养方式Q分类卡片》（Child Rearing Practices Report Q Sort，CRPR）包括91张描述儿童抚养态度、观念和价值的卡片，按照从7到1的顺序把从最符合自己情况到最不符合自己情况的卡片分成7份，由父母根据自己的实际的教养态度、方式来填写。该套卡片分为接受性、拒绝、鼓励成就、鼓励独立性、惩罚定向及保护和担忧六个维度。这套Q分类卡片在西方和其他文化中已经被证明具有良好的信效度，而且研究证明适用于中国的被试（俞凤茹 等，2002）。各维度的内部一致性系数在0.64~0.86（牛亩 等，2004）。

（8）《家庭父母教养方式评价量表》（父母版）

该量表由皖南医学院金明琦和刘新民（2001）编制，共60道题目构成，包含袒护—粗暴、放纵—控制、民主—独裁、激励—惩罚、接纳—拒绝和尊重—羞辱六个维度，用以测量父母教养方式的特点。六个量表高分分别代表具有袒护、放纵、民主、激励、接纳和尊重的特征。量表为五级评分，1~5分别代表从来不用、偶尔使用、有时使用、经常使用、总是使用。该量表由父母填写，避免了子女由于理解力等问题导致的判断误差。

（四）父母教养方式的影响因素

父母教养方式在子女发展过程中的作用是深刻而长远的，已有研究表明，父母教养方式在子女的认知发展、性格形成、社会化、心理健康等多方面具有不可忽视的影响。对父母教养方式影响因素的研究有助于提出提高、干预父母教养方式的方法。

父母教养方式因父母性别、受教育水平、子女所在年级和学校类型而不同，也与城市、农村不同地区和不同民族有关。受教育水平越高，对孩子采用负面教养行为越少，教育困惑也越少，但高中及中专文化的父母却比初中文化的父母对子女表现出更多的权威、挑剔挖苦、限制干涉等负面教养行为，但这还有待进一步研究；而年级不同，父母的教养方式也不同，说明教养方式与子女的身心发展有关，也进一步证实了教养方式是双向的，受到父母和子女的共同作用，教养方式应针对不同年龄阶段儿童的特点来选择，而且也是可以调整和变化的；地区特点、民族因素也影响到父母的教养方式，说明对教养方式的研究要结合文化背景，充分挖掘民族中的有利因素和结合地区特点来提高父母的教养方式；不同学校类型的父母采取的教养方式也存在差别，因此在父母教养方式的调整上要结合学校、家长、学生及社会干预的共同作用才能起到良好的效果。

（五）父母教养方式对未成年人人格的影响

1. 父母教养方式对未成年人认知发展的影响

维果斯基认为，未成年人认知能力的发展受到各种社会因素的影响，其中在问题解决过程中成人创造的环境及提供的指导是十分重要的，而这种指导就体现了父母的教养方式。通过这些指导，未成年人的认知能力才能超越现有水平而向上发展。因此，要理解儿童的发展，就必然要关注父母在日常生活中向孩子提供的各种正式和非正式的指导。

美国心理学家威特金对认知方式所做的经典的划分即分为场独立和场依存两种类型。李寿欣、李波（2004）研究发现场依存学生的父母对其有较强的严厉管制倾向；场独立未成年人的父亲表现出更多的偏爱行为；场独立未成年人母亲有更多的拒绝、否认行为。

鲍蒙顿通过对权威型、专制型和放任型父母及其孩子的追踪研究发现，权威型教养方式与未成年人的积极发展结果相关联，且反应敏捷、稳固的亲子关系对男孩的能力发展尤其重要；专制型父母的儿子在认知与社会性能力方面均较差，他们的学业成绩和智力表现较差，而且性格不友好，在与同伴相处时，主动性、领导能力和自信心都相对欠缺（Baumrind et al，1991）。

2. 父母教养方式对未成年人情绪情感发展的影响

岳冬梅等人（1993）研究发现，不良的教养方式，如父母明显的缺乏对子女的关心、理解、信任和鼓励，很有可能是子女患神经症的危险因素之一。神经症患者的父母对子女更多表现出的是冷漠和忽视的态度，对子女缺乏关注、爱心和肯定。此外，神经症患者的父母对子女有明显的体罚行为，或对子女表现过多的否定、拒绝和贬低行为。

王春莉、廖凤林（2005）的研究表明，父母教养方式对子女的焦虑、抑郁情绪有影响。无抑郁情绪的未成年人父母的教养方式在情感温暖理解维度上的得分高于轻、中度抑郁未成年人的父母，在严厉惩罚维度上的得分低于轻度抑郁未成年人的父母；在过分干涉保护维度上轻度和重度抑郁未成年人的父母的得分高于无抑郁未成年人父母的得分。父母投入的情感温暖理解越多，未成年人的积极情绪越多，焦虑、抑郁程度越低。

3. 父母教养方式对未成年人社会化发展的影响

人的社会化过程，不仅显示了品德发展和个性完善的过程，而且也从中获得了行为方式的各种成分，儿童的社会化问题从20世纪80年代以后，越来越受到关注。家庭是儿童社会化的主要场所，也是社会化的最先执行者和基本执行者。儿童的社会知识、道德规范和社会行为首先是从家庭中获得的，同时，社会的价值观念和社会化的目标也是首先通过父母传递给儿童的。家庭对幼儿心理发展的影响，其实质是家长的价值取向对幼儿的社会化的影响，也即家长把内化了的社会文化传递给孩子。良好的教育方式有利于儿童的社会性发展；不良的教育方式则在一定程度上对儿童社会性发展起着阻碍作用。

中国曾开展了3～9岁儿童的社会性发展研究，关颖等人（1994）专门探讨了父母教育方式与儿童社会性发展的相关性，数据显示，父母采取民主型教育方式的，儿童社会性得分高分组的比例大大高于宽容型和专制型的教育方式，从而看出在亲子关系上的民主、平等、和谐，使孩子在良好的气氛中接受教育，对儿童的社会性发展有积极的影响。宽容型教育方式给孩子较多的自由，对孩子的个性发展，尤其是社会适应能力的发展有一定好处，但这种孩子缺乏教育，不负责任，使孩子接受父母的教育影响较少。在儿童社会性发展的最初阶段，采取这种教育方式，会导致子女社会性发展的不成熟。采取专制型的教育方式的父母，往往是出于“为孩子好”的目的，对孩子过多干预、过分保护，从而在一定程度上限制了孩子的自我意识和自我教育能力的发展，并不能达到预期的教育目的，这与西方的研究是一致的。

林磊（1995）研究了“幼儿家长教育方式的类型及其行为特点”，避免了以往心理学所使用的根据单一维度得分来划分的做法，考虑了父母教育行为的各个方面，从而避免了划分上的绝对性。从溺爱性、专制性、放任性、期望性、不一致性、拒绝性和民主性七个维度对父母的教育方式进行评价、定型，用快速聚类法归纳出五种教育方式：极端型、严厉型、溺爱型、成就压力型、积极型。他的研究表明，积极型的方式有利于孩子的个性发展，而其他类型则存在各自不同的缺陷。积极型的教育方式约占40%，其他四种类型约占60%，说明还有相当数量的家长在教育方式上存在着一些不良倾向，会对儿童的社会化发展带来不同程度的不利影响（陈陈，2002）。

总之，父母的教育方式对儿童的社会化发展具有极其重要的影响，未成年人通过接受父母的教育方式给他们的教育影响，形成并获得了社会的价值观和传统的行为习惯，并为将来的发展做好心理上的准备，对于学龄前儿童来说，由于父母更多地教育、照顾他们，教育方式对他们的社会化发展的影响显得尤为重要。

4. 父母教养方式对未成年人问题行为的影响

阿肯巴克把未成年人的问题行为分为两类：内隐问题行为与外显问题行为，前者指焦虑、不安、抑郁、退缩等情绪问题，后者指攻击性、反抗性、反社会性、过度活动等行为问题。问题行为在未成年人的成长过程中相当普遍，并且持续的时间长，阻碍儿童社会性、个性和认知的发展。研究表明，儿童早期的某些行为，尤其是典型的外显和内隐问题行为，可以预测青少年期和成人期的犯罪行为及以后发展过程中患精神病的可能性（McNally et al，1991）。

李幼辉等人（2000）研究表明，在大多数家长中，错误的教养方式十分普遍，如40.22% ~47.59%的家长有不同程度的消极拒绝、积极拒绝和过严，往往对子女缺乏应有的帮助和尊重，不关心、不信任、苛求、用绝对的权力统治、强迫子女，甚至体罚子女等。这常使儿童产生粗暴攻击、反抗、撒谎、两面性等。有 54.4% ~70.35% 的家长缺乏养育知识，教育态度自相矛盾，双方不一致或盲目服从孩子、无条件满足孩子、分歧态度下养育的孩子更易出现极度不安和激烈反抗、反社会行为以及轻视父母、霸道、任性等。79.86% ~92.66% 的家长对子女期望过高，因达不到父母要求而自卑并出现适应不良。许多家长表现出过分关心，如无微不至地照顾孩子，不必要的担心和不安，无条件服从和溺爱，均会造成子女身心发育迟缓，依赖性强、忍耐性差、缺乏独立性和控制能力，从而产生各种行为问题。

5. 父母教养方式对未成年人人格发展的影响

研究发现，人格维度神经质（N）、精神质（P）得分分别与父母不良的教育方式，如严厉惩罚、拒绝否定、过度干涉有显著的正相关关系（刘秀芬 等，2001；钱铭怡 等，1996b；许冬，2002；赵虎 等，1996）。

长期不当的父母教育方式易使子女形成难以适应社会的不良人格特征，从而为人格障碍、神经症的发生提供了病前人格基础。严厉惩罚、拒绝否认、过度干涉的教养方式越多，其子女就越可能多地表现出孤独、不关心他人、难以适应外部环境、喜欢冒险等特征。这种情况的出现可能与父母采用高压策略多、表达负性情感、积极情感少，而使子女对人产生消极认知，不能关心理解他人、行为倔强并因此不能适应外部环境。理解、情感温暖能促使子女性格的平衡发展，可减少对自身健康的关注，情绪乐观而稳定，易与人打成一片，待人热诚，成熟，适应力良好，谨慎实际，但也易出现对生活自满自足，无所追求，但在此基础上再进行过度干涉和保护，就将导致子女对生活境遇持消极态度，不信任他人且无自知力，偏爱易使子女在家庭中处于一个比较特殊的地位，受到过分的照顾和溺爱，容易产生任性、自我中心、依赖性和缺乏韧性等不良的人格特点。过度保护可阻碍子女独立性和社交能力的发展，以致子女形成缺乏自信、过分自我约束和依赖等不良的人格特点。

刘金同等人（1995）研究了父母养育方式对艾森克人格维度的影响，发现父母采用理解，给予温暖，有利于子女形成外向、情绪稳定、具有同情心等人格特征；过分干涉、过度保护可能促使内向、情绪不稳定及胆小怕事等个性特征形成，可能易患神经症；父母采用拒绝否认、惩罚严厉等养育方式，易使子女形成情绪不稳定、残暴、缺乏同情心和反社会倾向等人格特征。

五、家庭功能与未成年人健康人格发展

（一）什么是家庭功能

家庭功能（*family function*）概念自20世纪70年代被提出来之后，就一直为学者所关注，研究者从不同的研究重心出发，对其进行了界定。

在国外，这些定义大致可分为两类。

第一种是结构取向，主要从家庭的具体特征来定义。代表人物有贝弗斯（Beavers）、奥尔逊（Olson）和舍克（Shek）。贝弗斯（2000）从家庭关系的结构、反应的灵活应变性、家庭成员交流的特性、家庭亲密度和适应性这几个方面来定义家庭功能的含义；奥尔逊（2000）则提出家庭功能应是家庭成员间的情感联络、家庭交流、家庭原则以及应对外部活动的有效性；舍克（2002）认为，家庭功能是指家庭从他的家庭系统、人际关系、相互关照、应对能力和艰难处理家庭生活过程中所反映出的家庭生活质量。以这一类定义为基础而发展起来的理论就是结构取向的家庭功能理论。

第二种是过程取向，主要从家庭需要完成的任务来描述家庭功能。以艾斯滕（Epstein）和斯金纳（Skinner）为代表。斯金纳（2000）认为家庭功能是指为家庭成员生理、心理、社会性等方面的健康发展提供的一定的环境条件。为实现这一基本功能，家庭系统必须完成一系列的任务，如满足个体在衣食住行等方面的物质需要，适应并促进家庭及家庭成员的发育和发展，应付和处理各类家庭突发事件等。家庭实现其基本功能主要通过沟通、情感表达、情感卷入、情感控制等方式，其理论基础就是过程取向的家庭功能理论。

在国内，张文新（2002）认为家庭功能是指家庭系统运行状况、家庭成员之间的关系以及家庭的环境适应能力等方面的综合定义。嵇家俊（2010）认为，家庭功能是指家庭在与社会的联系和作用中所具有的满足其成员情感依恋、信息交流、物质共享等需要以及使其适应和改变社会环境的功用和效能，研究时可以从家庭功能的发挥过程和发挥结果两个方面进行评定。高静（2011）定义家庭功能为家庭要满足个体基本的生理物质需要，要不断地适应家庭成员的发展变化，能够灵活应对家庭出现的各种

突发事件。

（二）家庭功能影响因素

影响家庭功能的因素有很多方面，我国学者方晓义等人（2004）把家庭功能的影响因素分为纵向和横向两水平。从横向来看，主要分为家庭关系与非家庭关系两方面因素，而从纵向来看，影响家庭功能的因素又可分为家庭整体系统的成长发展阶段与生活中出现的突发事件这两个因素。

1. 家庭关系因素

家庭关系主要指家庭成员之间的情感联结，如亲子关系、夫妻关系等，也包括一些家庭成员之间的互动，如父母抚养方式、亲子冲突、亲子沟通、夫妻冲突及夫妻沟通等。舍克（2002）考察了父母和儿童报告的亲子关系和婚姻质量与家庭功能的关系，结果发现，积极的亲子关系和良好的家庭功能相关，父母和孩子对家庭功能的感知和家庭中的双向关系相关。还有研究发现亲子冲突和整体的家庭功能相关，亲子沟通能预测父母和青少年感知到的整体的家庭功能。但是，这些因素也是某些家庭功能理论（如 FAD 量表就包括亲子沟通、夫妻沟通等）包含的内容，因此，它们究竟是家庭功能的影响因素，还是家庭功能的某些方面是一个值得继续思考的问题。

2. 非家庭关系因素

非家庭关系因素是指家庭中并不涉及家庭成员之间关系的一些因素。这些因素主要分两类：家庭结构、家庭社会经济地位。

与完整家庭相比，单亲家庭表现出更多的家庭问题。单亲家庭的主要问题表现在家庭功能维度中的角色作用和沟通上（Bernstein et al，1996）。离异家庭的儿童在学习成绩、心理与行为调节、自我概念、社会适应和亲子关系等方面的得分都显著低于完整家庭（Reifman et al，2001）。学龄孩子经历越多的婚姻转变，其学业表现和适应能力就越差（Astone et al，1991；Kurdek et al，1995）。与完整家庭的儿童相比，生活在继父母家庭的儿童更容易受到反社会同伴群体的压力，与不良同伴接触的可能性更多，且表现出更多的外在问题（Kim et al，1999）。舍克（2002）根据家庭经济条件的好坏对 1519 名中国香港青少年进行分组，考察家庭功能和青少年的心理健康、学校适应、问题行为的关系。研究表明，与家庭经济条件好的青少年相比，经济条件不好的家庭的功能和适应有更高的相关，说明家庭经济收入是家庭功能发挥的一个影响因素。

3. 家庭发展阶段

家庭是一个发展变化的系统，可以分成不同的发展阶段。奥尔逊（2000）根据在全美范围内进行的一项研究，将家庭分成七个不同的发展阶段：没有小孩的新婚阶段，有学前儿童的阶段，有小学儿童的阶段，有青少年的阶段，中年阶段，空巢阶段，退休阶段。结果发现：不同发展阶段的家庭在亲密度和适应性上存在差异。在有青少年的家庭中，49%的家庭在适应性上有较好表现，但其亲密度略低于其他发展阶段的家庭；在有学前儿童及小学儿童的家庭中，41%的家庭在亲密度和适应性上的得分低于整体。范群等人（2001）研究发现，家庭中有学龄前阶段的儿童，其家庭功能障碍的发生率要高，将近10.53%，而家庭中有青少年期、空巢期和退休期的家庭能够较好地发挥家庭功能的作用。池丽萍、辛自强（2001）根据结婚时间以5年为一个阶段将家庭划分为五个阶段，结果发现家庭功能在第二个和第三个阶段（即结婚5~10年和10~15年）有一个分界线，在这之前，家庭功能的亲密性和适应性呈上升趋势，而在这之后，家庭功能呈下降趋势。

4. 家庭生活事件

危机理论认为特定的生活事件，如角色转换或家庭成员死亡、分离都会妨碍家庭成员基本需要的满足，使家庭成员之间的关系出现问题或使家庭出现新的适应，从而增强家庭功能。拉维（Lavee）和奥尔逊（1991）的一项研究探讨了压力生活事件和家庭发展变化影响家庭的内在机制，结果发现：生活事件和家庭发展变化对家庭的影响与家庭类型有关。生活事件会对灵活—缠结型家庭（flexible-connected）产生影响；家庭发展变化对结构—独立型家庭（structured-separated）产生影响。而对灵活—独立型家庭（flexible-separated）和结构—缠结型家庭（structured-connected）而言，家庭生活事件和家庭发展变化都会产生影响。

（三）家庭功能对未成年人人格的影响

1. 家庭功能对未成年人情绪情感发展的影响

徐洁等人（2008）研究发现，家庭功能发挥的过程和结果对未成年人情绪问题的出现有着非常大的影响，从家庭功能的过程来说，即上文中的七个维度方面的得分越高，即这七个方面表现得越差，未成年人的抑郁与焦虑问题就越多。而从家庭功能发挥结果来说，亲密度和适应性的得分越高，即家庭功能发挥结果越好，则未成年人的抑郁和焦虑问题就越少。所以无论从过程或是结果来说，家庭功能的发挥对未成年人的情绪问题的影响都是非常明显的。

卡沙尼（Kashani）和艾伦（Allan）等人 1995 年在对抑郁症和正常未成年人的家庭功能进行的调查中显示，在亲密度程度上，两组儿童的家庭存在显著的差异，抑郁症儿童的家庭亲密度明显不如正常儿童的家庭亲密度。另外，与正常家庭的未成年人相比，亲密度不良家庭中的未成年人其抑郁和焦虑症状更加明显。

辛自强和池丽萍（2003）的研究发现，家庭功能对孤独感的形成起到的间接作用，是通过内部行为这一中介变量来实现的。而家庭功能对孤独感的影响也有直接的预测作用，如果未成年人缺乏与家庭成员的情感交流，家庭的行为控制又混乱，在这种情况下未成年人会感到孤独。李彩娜、邹泓（2006）研究发现，亲子间的关系融洽，并进行合理有效的沟通，和谐的家庭氛围，个体体验到的孤独感会显著低于家庭关系不好的家庭成员，说明家庭功能会直接影响个体的孤独感。李彩娜、邹泓（2007）探查亲子间家庭功能的知觉差异及其与未成年人孤独感的关系，结果表明不同知觉差异组青少年的孤独感差异显著，亲子间的知觉差异与未成年人的孤独感水平间均呈线性关系，亲子间家庭功能的知觉差异越大，未成年人的孤独感水平越高。亲子间在冲突与和谐及父母关注维度的知觉差异可以显著预测青少年的孤独感。赵笑梅、周丽（2010）研究表明家庭亲密度对小学生孤独感具有显著的负向预测作用。生活在高亲密度家庭中的小学生孤独感低，而生活在低亲密度家庭中的小学生孤独感则较高。家庭适应性也对小学生孤独感起着显著的负向预测作用。对家庭适应性高的小学生较少体验到孤独感，而家庭适应性低的小学生则更多感受到孤独。

2. 家庭功能对未成年人问题行为的影响

大量研究表明，在影响问题行为的诸多因素中，家庭的功能性因素是一个可以显著预测个体的适应状况的因素（Shek，2002），家庭功能运作不良会导致未成年人出现更多的问题行为（胡宁 等，2009）。家庭治疗临床实践也表明，家庭功能不良会导致子女出现更多的外显和内隐问题行为（Fauber et al，1991）。科姆谢尔（Cumsiell）和艾斯滕 1994 年的研究表明，家庭亲密度和适应性对未成年人问题行为的产生起到了关键的作用。

郑希付在其《行为与家庭》一书中提到，家庭中子女行为异常程度与家庭功能的得分成正比关系，家庭功能越差，相应的子女行为异常程度越高，直接影响子女的正常社会化（邓世英 等，2001）。舍克（2002）用家庭功能评价量表（FAI）考察1519个家庭的功能和未成年人问题行为的关系，发现家庭功能和未成年人问题行为（违法犯罪和药物滥用）存在非常紧密的联系，那些家庭功能不良的未成年人有更多的问题行为。

段晓英、黄慧（2006）通过研究发现，在家庭适应性、沟通、父母关注方面，犯罪少年与普通少年存在差异。其中，沟通、矛盾及父母关注对青少年犯罪行为有显著预测作用，家庭沟通对犯罪行为的发生具有负向预测作用，家庭矛盾性和父母关注对青少年的犯罪行为的发生具有正向预测作用。家庭功能的不良更容易导致未成年人的攻击性和其他不良行为的产生（Henderson et al，2006）。

3. 家庭功能对未成年人人格发展的影响

近20年来，研究者对“家庭环境在未成年人心理发展中的作用”的研究重点也开始由简单的单向影响模型到更为全面的系统论观点，即家庭的各个成员是相互关联的，父母对孩子的影响是重要的，儿童会对父母的关系以及父母的养育行为产生影响作用；家庭是不断发展的社会系统，它所处的社区和文化背景会影响到家庭功能的实现（袁立壮 等，2009）。

家庭功能发挥得越好，个体较多呈现的是积极健康的人格，反之，家庭功能越差，个体的人格就越不健康。对家庭功能和人格进行回归分析时发现，家庭功能中的角色、问题解决、情感卷入和总的功能四个维度对人格有预测作用，其中角色功能反映的是家庭最基本最重要的功能，说明家庭应积极努力地去实现此功能，这样才有可能为子女的人格健康发展提供保障（张红静，2007）。

第三节　学校与未成年人健康人格发展

案例

耀眼的学校背景难掩人格教育的苍白无力

复旦大学官方微博发布一则消息称，该校一名医科在读研究生因身体不适入院，后病情严重，未发现病因。警方介入调查后，从该生寝室饮水机检出有毒化合物，并锁定同寝室某同学有投毒嫌疑。

从受害研究生抢救中出现的危急症状来看，投毒者显然是下了很重的有毒分量，非要致人以死地而不可，难道真有什么化解不了的矛盾，非要用这么极端的手段来解决？那名研究生即使没有这次的投毒行为，未来在学习、工作中一旦遇到其他矛盾，是否也会出现用非理性“暴力”来报复他人的结果？作为一个大学研究生，接受各种教育至少有十多年时间，然而如此长久的知识熏陶，如此耀眼的学校背景，却没有掩盖投毒学生人格教育上的苍白无力。

不管怎么说，从小学到大学，无数老师，十多年来从书本上得来的知识，都没能将投毒学生的某种人格缺陷成功改变。或许正是长期以来我们教育系统中以分数为主导的应试模式，造成了学生没有得到完善的人格教育，经受不了一点挫折，遇到问题没有办法去自我解决，而是采取最具负面效果的手段来报复他人和社会。

2013－04－17　来源：中国青年网

一、师生关系与未成年人健康人格发展

（一）什么是师生关系

师生关系（*teacher-student relationships*）主要指学校中教师与学生之间的基本人际关系，是师生之间以情感、认知和行为交往为主要表现形式的心理关系（Pianta et al，1992；Pianta et al，1997；林崇德 等，2001；王耘 等，2001）。师生关系作为学校环境的一部分，既是学校中教师与学生之间的基本人际关系，也是未成年人社会化过程中的重要社会关系之一，贯穿于整个教育的始终，直接关系到学生的健康成长（邹泓 等，2007）。

（二）师生关系的类型

师生关系与亲子关系有相似之处。皮娜塔等（Pianta et al，1994；2001；1997）根据依恋理论和互动理论，提出了师生关系研究的三个角度：

亲密、依赖、冲突。亲密包括热情和开放式交流，它对学生起支持作用；依赖指学生的占有和依恋行为，过分依靠教师作为支持的源泉，不同于亲密的积极作用，依赖型师生关系会妨碍学生的学校适应；冲突的师生关系则表现为不协调的互动和不和睦。王耘（2001）将小学3～6年级学生的师生关系划分为冷漠型、冲突型和亲密型，其中亲密型是积极的师生关系，其他两种均为消极的师生关系。

（三）师生关系对未成年人健康人格的影响

大量研究表明，师生关系不仅影响学生在学业表现、情绪情感、自我和社会适应等方面的发展（Birch et al，1998；Harmre et al，2001；O'Connor et al，2007；Pianta et al，1992；刘万伦 等，2005；王耘 等，2002；邹泓 等，2007），还对学生的亲子关系、同伴关系有重要影响（Howes et al，1994；Silver et al，2005）。温暖、亲密的师生关系是促进学生发展和减少学生问题行为的关键因素，它有利于学生思想品德的形成、学业的提高、智能的培养以及身心的全面发展；有利于儿童形成对学校的积极态度，主动参与班级、学校活动，与同学建立积极的情感关系，发展良好的个性品质和较强的社会适应能力（Adelman et al，2002；Fish et al，1998；Morganett，1991）。不良的师生关系可能使学生产生孤独感和对学校的消极情感，在学校里与老师、同学关系疏远，表现出退缩、攻击等问题行为及一些学业问题（胡胜利，1994）。

二、班级环境与未成年人健康人格发展

（一）什么是班级环境

班级环境（*classroom environment*）是教学环境中的一种社会环境、软环境。沃尔伯格（Walberg，1968）认为班级环境包括学生在班级内的角色组织、角色期待、共同的信念形成的规范与约束机制，以及学生在班级中的满足感、亲密性和摩擦等。国内学者范春林、董奇（2005）则认为，班级环境是指影响教学活动的开展、质量和效果，并存在于课堂教学过程中的各种物理的、社会的及心理的因素的总和，其中物理环境是教学赖以进行的物质基础和物理条件，主要包括教学的自然环境、教学设施和时空环境

等；社会环境是课堂中师生互动和生生互动的基本要素及状况的总和，包括师生互动与师生关系、同学互动与同学关系、课堂目标定向、课堂规则与秩序等；心理环境则是课堂参与者——教师与学生的人格特征、心理状态和课堂心理行为等。

（二）班级环境的类型

屈智勇等人（2004）对我国小学五年级到初中三年级共 38 个教学班的班级环境进行了考察，将中小学的班级环境分为团结向上型、一般型和问题型三类。团结向上型的班级环境表现为有良好的人际关系和秩序纪律，竞争气氛浓厚，学习负担适中等特点；问题型的班级环境特点是学习负担较重，竞争气氛居中，秩序纪律、人际关系特别是师生关系较差；一般型的班级环境表现为有较好的师生关系和同学关系，但在学习负担、秩序纪律、竞争气氛等方面与问题型班级比较接近。

（三）班级类型对未成年人人格的影响

班级环境对学生的认知能力、个性与社会性发展、行为适应等方面都会产生影响（Fraser，1994；DiLalla et al，2008；Wong et al，1997）。

班级环境影响学生最主要是通过学习表现出来。在不同的班级环境中，学生表现出的学习态度、学业行为有所不同。在团结向上型的班级环境中，学生会有更积极的学习态度（Wong et al，1997）。更好的学业行为和学校态度（屈智勇 等，2004）。学生在班级环境中体会到的关系状态会通过自尊水平对其成就动机产生影响（张灏 等，2009）。

福莱谢（Fraser，1994）对以往研究的元分析结果发现，学习环境与学生的认知和情感发展有密切联系，这种联系在年龄较大的儿童中表现得更为明显，且在有凝聚力、令人满意、有目标、有组织和较少冲突的课堂环境中，学生在认知和情感指标上的得分会比较高。班级环境中的师生关系、同学关系还会对学生的心理健康状况产生影响，师生关系和同伴关系较差的学生更容易出现抑郁、焦虑等情绪（袁立新 等，2008）。

此外，班级环境还会影响学生的学校行为表现，进而影响其学校适应。德利拉（DiLalla，2008）通过对同卵双生子的研究发现在同一班级环境中的双胞胎的问题行为比在不同班级环境中的双胞胎的问题行为具有更高的近似性，这说明班级环境是青少年问题行为的重要预测变量。

还有研究者认为班级环境可以调节个体行为与学校适应之间的关系。郭伯良等人（2005）研究发现，班级环境中的老师支持可以减弱退缩行为和学校适应间的负向联系，老师训诫可以减弱攻击行为与同伴接受间的负向关联，并且对退缩行为与学业成就之间的负向联系也具有削弱效果，班级环境中的同学关系可以明显增强学生问题行为与学校适应间的负向联系，而班级秩序纪律对攻击行为和学校适应间的负向关联有明显的强化效果。

第四节　网络社会与未成年人健康人格发展

案例

肖时平：警惕网瘾青少年犯罪背后的人格障碍

沉迷网络游戏，为了筹钱进网吧，15岁的小兵（化名）铤而走险，尾随抢劫成年女性，还一发不可收拾，为了网费多次抢劫。今日下午，重庆市沙坪坝区人民法院以抢劫罪判处小兵有期徒刑一年三个月，缓刑一年六个月，并处罚金1000元。

判决书中同时禁止小兵在缓刑考验期限内进入网吧上网、逗留。如三次违反“禁止令”，将被依法撤销缓刑，执行原判刑罚。据了解，这是自5月1日《刑法修正案（八）》生效以来，重庆发出的第二份“禁止令”。在法律的严令下，或许小兵会有所收敛，但是，我们仍需警惕网瘾青少年犯罪背后的不健康人格。

日前有韩国科学家指出，患有网瘾的年轻人，66.1%的人患有严重人格障碍，而且调查显示，网瘾越大，越有可能患人格障碍。其中，男性更容易患人格障碍，据统计男女比例甚至高达19:1。

2011－05－10　来源：荆楚网

一、网络社会概念

网络社会的发展离不开网络的支持，正是因为网络的迅速发展，才使得人类步入了一个全新的世界——网络世界。那么在人类社会中适用的一切原则或方法，在网络世界中就不尽适用，于是，人类经过磨合调整，逐渐掌握分析出一套适用于网络世界的原则。渐渐地，人们开始在网络世界中交往，网络社会也就应运而生。

“网络社会”是在以 Internet 为网络社会核心的信息技术作用下，人类社会所开始进入的一个新的社会阶段或所产生的一种新的社会形式，即社会是实体，网络是形式。基于不同文化背景的差异，网络社会的模式和表现形态也不同。由于新社会技术进步进程与每个社会文化和历史之间的细微交互作用，在网络社会的不同发展阶段，也表现出了不同的形态。

二、网络社会特点

网络社会（*cyber society*）的基本特点是虚拟性。在网络社会中，人们之间的交流多是通过信息的传递和交换实现的。其一，信息和物质不同，它没有物质那样的实体，而是一种既抽象又无所不在的东西。其二，网络资源的开放性与共享性也决定了网络社会的开放共享性。网络社会是一种共享的交往模式。其三，网络社会跨地域广泛性。在计算机网络将地球连成一个村落的时候，人类就已经同处于一片天空下了，网络社会中任何一个角落的组织或个人，都可以来自现实社会中的不同国家，不同地区。只要他们愿意，就可以通过计算机和互联网，在任何时间同网络社会中的任何地方的组织或个人进行各种形式的交流，以获取自己在工作、学习、生活等方面需要的信息资源。

三、网络与未成年人人格的发展

国内外关于互联网使用与未成年人认知发展的研究主要涉及的领域有未成年人认知技能、概念发展、认知能力（包括逻辑思维能力、类同与反省思维能力、推理能力、阅读能力等）以及批判性思维能力等方面。虽然研究的领域比较广泛，但却并没有公认的结论，计算机与互联网的使用对未成年人认知发展的影响如何，仍然有很多未知数。

（一）互联网使用与未成年人认知技能发展

由于上网是需要使用计算机与网络连接的，因此互联网对未成年人认知技能发展的影响包括其使用计算机玩电子游戏对其认知技能的影响及其使用计算机玩网络游戏对其认知技能的影响两个方面。

1. 电子游戏与未成年人认知技能发展

电子游戏常常是图形、声音、文字和三维画面的结合，要求游戏者先对一系列信息符号进行解码，然后快速做出决定完成任务；在操作的过程中，需要青少年具备一定的空间表征、图像技能、视觉注意等认知技能，其中不同的游戏可能需要运用不同的特定认知技能，因此会对青少年相应的认知技能有所促进（Subrahmanyama et al，2001）。

萨布莱曼耶（Subrallmanyam）等人2001年在对10岁半和11岁半的儿童研究中发现，玩一种叫作“Marble Madness”的计算机游戏比另一种计算机化的文字游戏更能稳定地提高空间成绩（如预测目标，推测空间路径等）。另一项在罗马和旧金山进行的跨文化研究中，格列夫德（Greenfield）和加玛尼诺（Camaioni）等学者发现，玩计算机游戏可以促使被试的表述风格从言语向图像转换，即被试在他们的表达中更多地使用图表和图像。格列夫德等学者还研究了大学生精通电子游戏对视觉注意分配策略的影响，他们发现精通者比新手的反应时间更快，而且玩动作游戏也提高了在多个方位注意追踪多个事件的策略。还有学者研究了心理旋转，发现儿童玩过与心理旋转有关的电子游戏后，同玩过与心理旋转无关的电子游戏的儿童相比，心理旋转能力提高了（张国华 等，2007）。

原则上，认知技能通过计算机游戏得到提高还有个前提条件是儿童达到相应的成熟水平，但是只有麦克拉格（McClurg）和切里（Chaille）做过比较年龄影响的研究，他们发现五年级、七年级、九年级的学生在计算机游戏对认知技能的影响上没有差别。弗朗茨（Frensch）研究发现，男性在玩了一种名为“Tetris”的计算机游戏后空间视觉技能得到了提高。通过“Tetris”计算机游戏所发展的空间视觉技能与韦克斯勒智力测验的物体类分测验中对成人和儿童所测的技能相似。但是并不是每一款游戏都对所有的认知技能有影响，只有一款游戏需要某种特定的技能，才会对相应的认知技能有影响。由于现有的研究都是现场实验，即被试玩过电脑游戏后立即施测，所以，玩计算机游戏对青少年认知技能的长期影响以及是否有年龄差别还需要进行更多的追踪研究。此外，玩计算机游戏是否对人的操作智商有影响也需要进一步研究。

2. 网络游戏 MUD 与未成年人认知技能发展

青少年常玩的网络游戏 MUD（multi user domain），可能会使青少年难以区分现实生活与虚拟生活，即影响青少年的现实知觉（perception of reality)。一个13岁的孩子说，在“SimLife”游戏中，“你得改变植物和动物的种类。你得保持生态平衡。你是很重要的一部分”。另外，特尔克(Turkle)发现有些儿童甚至青少年都很难理解现实生活与虚拟生活的界限。例如，一名10岁的孩子认为在“SimLife”中的一些生物是“活在游戏中的”，如果你关掉路由器，他们就走了，但如果路由器还在，那些生物就会从你的计算机跑掉去“美国在线”。一个15岁的孩子还说，游戏就是“你可以得到那些活在计算机里的东西”，就好像“我们从太阳获得能量，计算机里的有机体从墙里的光缆中获得能量”。

还有目前在青少年中流行的养“虚拟宠物”（virtual pets)，实际上也是一种互动的网络游戏，宠物需要“主人”细心的照料，要经常给它喂食、洗澡、陪它玩，送它上学、旅游，给它看病，不要让它“死掉”。养宠物也需要特定的认知技能，例如，孩子们需要掌握屏幕上代表不同意义和功能的图像符号，以促进计算机世界的认知社会化。宠物发出的声音使儿童对相应的信号做出社会化的反应，就好像成人对手机、声音邮件做出的反应一样。而且和电子游戏不同的是，儿童常常认为宠物是“真的”，这是因为宠物需要不断地注意才能生存，遭到忽视就会“死去”，所以儿童无论到哪儿都必须坚持玩这个游戏。因此有些父母用宠物来训练怎样照顾真的动物。关于养宠物对青少年的心理影响还需要进一步的更加系统的研究。

3. 互联网使用与未成年人概念发展

互联网不仅是一种工具，同时也是一个需要认识的新事物，它仅仅在人类生活中出现了几十年而已，而传统的概念，如重量等，已经有十分久远的历史了。互联网作为一个同时具有技术性质和社会性质的复杂的综合体，它具有人工合成制造（如，计算机屏幕和键盘)、社会性（如，与人交流)、类似心理系统（如，不可见的虚拟性质）三种特性。未成年人如何理解互联网这一新出现的而且高度复杂的特殊概念的，也引起了心理学家的兴趣。

卢克因（Luckin)、李尔姆（Rimmer)、罗伊德（Lloyd）2001年通过让儿童画画来描述他们对互联网的理解，发现21名9岁的儿童在有过一年的互联网使用经历之后他们对此的理解并没有提高。德汉姆（Denham）比较了285名9~10岁、10~11岁、11~12岁三个年龄组的儿童对计算机理解的心理模型，发现年长儿童倾向于把计算机理解为一种由许多部分通过多种途径连接起来的系统，而年幼儿童倾向于将其理解为一种没有多少连接和多少部分的系统。

（二）网络使用与未成年人自尊发展

互联网提供给人们宽松自由的发展空间，在这里，使用者可以通过开展相应的互动交流，或者发挥自己某方面的能力来获取自尊感，其实质是利用互联网环境中虚拟的特点来获得社会支持，这种支持剥离了使用者现实的相貌、身份及社会地位。因此，比起传统的交流方式，以计算机为媒介的人际互动方式使人减少了现实中的压力，容易以开放的态度与别人交往。低自尊的人在现实交往中因缺乏社会支持或欠缺成功经验，交往活动往往受到自我压制。而互联网恰好给低自尊的人提供了解决这一问题的途径，他们在自我保护的状态下和他人交流，这样就可以免受伤害。现有的研究已经表明互联网使用与个体的自尊存在关系，只是这种关系还在进一步的探索之中。有研究认为互联网环境不利于自尊较低的使用者。理由是互联网为适应困难的人提供了一种逃避现实的方式，所以低自尊的使用者在使用过程中会出现更多的问题（Armstrong et al，2000）。另一研究也发现，自尊和网上浏览或其他非交流活动的时间呈负相关（Rohall et al，2002）。还有研究认为互联网使用会导致社会互动的减少，会对使用者的自我价值产生负面影响（McKenna et al，2000）。而最近的研究证明，互联网的使用对青少年自尊不产生影响（苏娟娟 等，2004）。青少年较高水平的自尊有助于他们更好地调整自己的行为与心境，减少面对困难、挫折时的躯体化倾向、神经症性及精神病性反应等；反之，较低的自尊可能影响个体对环境的适应性（钱铭怡 等，1998）。研究发现热衷于玩电子游戏的女性使用者自尊水平相对较低（Funk et al，1996）。还有研究者认为互联网的使用维持和提高了使用者的社会支持发展和自尊水平（Shaw et al，2002）。

个体从现实中是否获得社会支持，可能影响其自尊水平的高低，这种影响表现在互联网使用中究竟会产生什么样的效应，关于这一问题的探讨还未达成一致结果。但研究者普遍认为个体的自尊水平和互联网使用行为的关系不容忽视，它或许是影响互联网使用的一个重要因素。

(三) 网络使用与未成年人人格发展

汉姆博格(Hamburger)和本阿齐兹(Ben-Artzi)2000 年最先证明互联网的使用与使用者人格特征之间存在着一定联系。在他们开展的一项使用不同互联网服务功能与人格特质关系的研究中，他们以 72 名以色列人为被试，采用包括 12 种不同服务功能的互联网服务问卷(Internet-Services Scale，ISS)，通过因素分析将互联网服务功能分为三个因子：社会服务(Social Services)，包括参加聊天和进入讨论组；信息服务(Information Services)，包括搜寻工作或学习；信息娱乐服务(Lesure Services)，包括无目的漫游或光顾成人网站。他们发现人格特征与互联网使用呈显著相关，且显示出明显的性别差异：对于男性使用者，外向型的人倾向于使用娱乐服务，而内向的人更不善于使用信息服务；对于女性使用者，内向型的人明显的倾向于社会服务，而越外向型的人越不容易使用社会服务。他们由此认为互联网使用者的人格是决定其网上使用行为的一个很重要的因素。

四、网络成瘾对未成年人身心发展的消极影响

(一) 网络成瘾对未成年人元认知的影响

李宁、梁宁建(2004)从认知—行为出发，分析了网络行为元认知的特点，从元认知的角度揭示了网络过度使用行为的心理机制。在他们的研究中，为确保内容效度和表面效度，查阅了大量文献，并根据专家评审意见，从网络行为的元认知知识、元认知体验和元认知技能三方面编制了包括 30 个项目的网络行为元认知量表。其中，元认知知识包括网络的知识及知识来源、行为主体的网络行为习惯、控制网络行为的策略性知识；元认知体验包括对网络的迷恋、网络行为的情绪体验；元认知技能包括制订上网计划、自我监控及戒断行为。

通过探索性因素分析，网络行为的元认知量表可以得到 7 个因子，分别命名为：目的与计划性、执行性、对外部舆论氛围的认识、自我监控、知识来源与情感体验、时间控制、戒断行为与适应性。他们的研究表明学生网络行为的元认知水平包含有七个因素，并且其总水平与网络成瘾有显著的相关。

（二）网络成瘾对未成年人的孤独感的影响

孤独感和社交因素有一定相关，也影响着社会交往方式。当社交质量下降，原有的人际关系网受损（失去或离开亲人）或社交技能不足（个性因素）时，就会产生孤独感。孤独感的产生与孤独素质有关，社交缺陷是产生孤独感的重要因素之一。有学者指出，具有孤独感、缺乏社会支持、爱与归属感不被满足者，容易在网络上寻求情感的寄托。

克拉特（Kraut et al，1998）研究网络对个人社交和心理素质的影响，发现上网越多，和家人沟通便越少、社交圈子越小、抑郁和孤独感的发生亦越多。埃里克（Eric）的研究表明，低水平的社会孤独和情感孤独与高水平的社会交往显著相关。高水平的互联网使用与低水平的社会孤独和高水平的情感孤独显著相关。所谓情感孤独是指由于缺少亲密的人际关系而产生的空虚、不安的感觉。社会孤独是指由于缺少可交流的伙伴和所归属的团体而产生的厌倦和边缘感。

网络过度使用者由于过度依赖网络上的虚拟友谊，而对日常生活中的社交活动造成排挤，对人际关系的质量造成负面影响。网络过度使用虽然扩大了虚拟的社交圈，却缩减了真实世界的社交活动。所扩大的虚拟社交圈属于人际弱联结，所削弱的真实世界的友谊却是属于人际强联结。人际弱联结是属于关系较为肤浅，主要是属于信息的提供以及社会资源的连续，无法像人际强联结一样提供强而有力的社会支持，也无法在需要时实时提供帮助。因此网络过度使用者在真实世界的社交退缩，造成的社交疏远可能是导致孤独感的原因。由于虚拟社交中这种肤浅的联系，使得有孤独感的人所需要的归属感无法得到满足，越发感到孤独。麦克纳（Mckenna，2000）的研究表明，孤独感高的人更可能在网络中与他人建立联系，但这并不会增加其孤独感。

（三）网络成瘾对未成年人社会化发展的影响

社交焦虑不仅使人们在社交活动中产生主观紧张，其社会交往方式也会受到冲击。此时不但会出现内在警觉性增高，还会不愿见人，并中断当时的行为。因此焦虑会妨碍社交活动，并使之社交主动性下降。虽然在现实社会中交往主动性下降，但是人际交往的需要和动机并不一定消失。人际交往需要有可能是导致网络过度使用的一种动机。

在网上交流时，不存在面对面交流时可能有的尴尬，这种独特的交流方式可以给人一种“传统方式”难以提供的亲密感，因此，其精神交流在深度上往往超过了“面谈”方式，可以使从未谋面的陌生人很快就成为知己。即使在日常生活中显得非常内向的人，在网上也可能是性格外向、高谈阔论。

麦克纳（2000）的研究表明，社交焦虑和网络虚拟关系成正相关。那些存在社交焦虑的人更愿意在网络中寻找朋友，因为这样可以避免在现实生活中与人面对面交流时出现的焦虑等不良情绪。

金（King）和曼基（Moreggi）1998 年在利用网络治疗社交焦虑的研究中，让受试对象在网上通过电子邮件、电子聊天室讨论他们感兴趣的话题。但是结果发现接受治疗的对象发生了对网络的依赖，受试者倾向于和网上的朋友交流而回避现实世界中的交流。这从侧面证实了社交焦虑与网络成瘾的相互关系。

洛思特（Loytsker）和艾尔罗（Aiello）1997 年经过研究得出结论，高水平的厌倦倾向、孤独、社交焦虑及自我封闭均可预测网络成瘾的发生。

另外还有研究表明，成瘾者与非成瘾者在使用网络的内容上面存在一个重要的区别：成瘾者上网是为了发展新的关系，而非成瘾者上网的目的则是维持既有的人际关系。成瘾者在网上的大部分时间是从事一些社交性的活动，如参加新闻组、进聊天室、多人连线游戏和 BBS，而非成瘾者上网的大部分时间是用于浏览信息和收发 Email。例如在网络游戏中的“高手”可能会受到万人景仰，而这点可能是在实际生活中所体验不到的。网络过度使用者在下网后有可能体会到一种失落，对社交的要求会促使其重新投入到网络社会中去。

（四）网络成瘾对未成年人人格特征的影响

纵然网络具有以上特征，但并不是每个上网的人都会过度使用网络。因此，网络过度使用行为显然与一定的人格特征相联系。

李秀敏（2004）经过对 280 名学生的网络成瘾情况和他们的个性特征及心理健康水平的研究发现，网络成瘾者与非网络成瘾者在人格特质、心理健康水平上存在显著的差异。李望舒（2005）的研究也发现不良人格特质的学生容易上网成瘾。网络成瘾者的心理健康因子明显低于非成瘾者。

张宏如（2003）的研究中对网络成瘾学生与总体学生的人格特征进行

了比较。研究发现，网络成瘾学生在有恒性、宜人性、公正性和智力开放性上与总体学生存在极其显著的差异，在自律性、情绪性、新环境成长能力方面存在显著性差异。

已有的研究显示，网络过度使用者往往具有如下的人格特征：第一，性格内向，喜欢一个人独处，不喜欢参加社会性的活动。第二，那些低自尊、自我形象不佳、具有很高的人际敏感性和警惕性的个体更容易成为网络成瘾者。对于这样的个体来说，当他们在现实生活中与他人进行面对面的接触时，由于其不佳的自我形象和较高的人际敏感性，往往会体验到巨大的来自他人的威胁，如害怕他人对自己产生不好的评价等。而上述网络的匿名的互动方式，则允许其不受约束地与他人进行交谈，并使其更容易与他人建立新的关系。第三，匿名的网上交流方式也吸引着那些喜欢标新立异、不喜欢遵守社会规范的人到网上来自由地发表其见解，如发泄愤怒、发表激进的意识形态观点、露骨的性言论、粗鲁的评论和人身攻击等。而在现实生活中，他们往往不便于表达这些观点，且很难找到听众分享他们的这些观点。

自尊作为一项重要的人格特征，也引起了研究者的兴趣。低自尊个体倾向于在网络上寻求他人的认可以及自我肯定。他们可能通过网络游戏中的不断得分，角色扮演游戏中和网友并肩作战得到网友的肯定，发表在讨论区的信息获得网友的响应或热烈讨论，以及在虚拟社区中担任重要的角色等方式，寻求自尊的提升。某些网上活动，尤其是互联网游戏可能会给具有较好的计算机技巧的人赢得尊重与地位，另外这些技巧与精通虚拟空间的能力给人以力量感。但是过度沉迷于网络，会使得现实生活中的工作表现、学业成绩、人际关系都因此而造成负面影响，反而降低了自尊感及自我效能。

阿姆斯特朗（Armstrong，2003）的研究表明低自尊者有网络成瘾倾向，且自尊量表得分可以预测网络成瘾。研究推测，网络成瘾可能是因为社交技能差，自信心低落，从而利用网络作为逃避的手段。

国内学者对网络过度使用与自尊的关系也进行了研究。

苏娟娟、连榕（2004）在网络对青少年学生自尊和自我和谐的影响研究中，用自尊量表和自我和谐量表对 345 名中学生的自尊及自我和谐与不同上网次数的学生之间的心理关系进行了测量。结果发现，从不上网、偶尔上网和经常上网的三类学生在自尊和自我和谐都不存在显著差异。因此，他们认为，网络并不影响学生的自我和谐和自尊发展。

李靖、赵郁金（2002）在“上网爱好程度、人际信任与自尊的关系研究”中发现，自尊水平在不同上网爱好程度的学生中均表现为稳定的正相关。

薛云珍、卢莉（2003）在网络成瘾的形成、表现及机制的探讨中指出，研究发现，网络成瘾者多半伴随着低自尊的问题。

关于网络过度使用与自尊的关系，以上的几项研究结果并不一致。自尊与网络过度使用的关系是怎样的呢？网络过度使用青少年与普通青少年的自尊存在差别吗？还有待于进一步研究。

（五）网络成瘾对未成年人心理健康的影响

在研究中发现，网络成瘾者的抑郁量表得分与非网络成瘾者存在差异，而且当网络成瘾者存在抑郁心境时更容易通过上网来缓解不良情绪。雍格尔（Younger，2004）的研究表明，中度至重度的抑郁水平与网络成瘾存在相关。此外，雍格尔还认为一些与抑郁相关的人格特征，如低自尊、缺乏动机、寻求外界认可、害怕被拒绝等可能是促成网络成瘾发生的原因。抑郁是显著而持久的情绪低落。抑郁的概念相当广泛，并且和许多因素有关，包括孤独感、恐惧感、悲伤、低自尊、无助感、负向认知等。在互联网中缺乏面对面沟通的交流，可以让抑郁水平高的使用者借助匿名或虚构角色的方式和他人进行交谈，这样可以有效克服他们在日常生活中和他人交往时的困难，减少负向事件，并且避免触发抑郁感。抑郁者可能在真实生活的社交活动中常有失败感，再加上在网络中交友所形成的成功经验，使得抑郁者对虚拟的友谊更加依赖，同时也在真实世界的社交中逐渐退缩，而形成更严重的抑郁。

李秀敏（2004）的研究显示，网络成瘾者与非网络成瘾者在心理健康水平上存在显著的差异。网络成瘾往往与心理问题密切相关，如抑郁、冲动控制障碍、低自尊等，一部分网络成瘾者之前也有过赌博成瘾、酒精成瘾的历史。

关键术语表

家庭结构（family structure） 是指家庭中成员的构成及其相互作用、相互影响的状态，以及由这种状态形成的相对稳定的联系模式。

单亲家庭（single parent family） 是指只有父亲（母亲）一方与其未婚的、年龄在18周岁以下，不具备独立生活能力的子女共同生活的家庭。

正式型（formal style） 即祖父母对孙子女十分关心，但不干预亲子关系，只在父母需要时才偶尔提供帮助。

寻乐型（fun seeker style） 即祖父母将孙子女看作寻找乐趣、消除孤独的对象，且他们不摆架子，在交往过程中祖孙都能得到快乐。

保持距离型（distant figure style） 即祖父母与孙子女一般不接触，只在家庭成员必须聚在一起时才偶尔相见。

代替父母型（surrogate parent style） 即祖父母承担养育孙子女的重担，照顾其日常的生活和学习。

智慧型（reservoir of family wisdom style） 即祖父母教孙子女各种技能，是孙子女的智慧源泉。

参与型（involved style） 即祖父母的行为类似父母，他们在父母工作或有困难时帮助照顾孙子女，在家里的重大事情上有发言权。

伙伴型（companionate style） 即祖父母经常遵循“不干涉原则”，不参与对孙子女的抚养、社会化和纪律管教，祖孙关系亲密不拘礼节。

疏远型（remote style） 即祖父母不经常看望孙子女，他们之间关系是正式和疏远的。

特殊家庭儿童（special children） 主要指由于家庭因素变迁而未能像大多数儿童一样享受安稳生活的儿童。

问题行为（problem behavior） 实际上就是行为问题，国内也将其翻译为行为困扰、不良行为。青少年的问题行为，是指青少年由于个人行为表现无法顺利适应这种多变的环境，致使他们开始感到适应的困难，无论在家庭、学校还是社会等各个方面，可能发生生理上的或者精神上的困扰。

父母关系（parental relationships） 是相对于子代而言，其亲代间的一种身份联系和互动关系。

亲子关系（parent-child relationships） 本是遗传学术语，指亲代与子

代之间的生物血缘关系。在心理学领域则用其说明家庭中的父母和其亲生子女、收养子女或过继子女之间形成的双向互动关系，是最基本、最重要的一种家庭人际关系。

父母期望（parental expectation）是指父母想要子女达成某种目标的愿望。

亲子沟通（parent-child communication）是指家庭中父母—子女之间交换资料、信息、观点、意见、情感和态度，以达到共同了解、信任与互相合作的过程。

亲子信任（parent-child trust）作为发生在父母与子女之间的一种人际信任，是指亲子双方对彼此的言语或行动表示信赖的信心程度。

亲子冲突（parent-child conflict）则是一种负向的亲子互动模式，指亲子双方在言语或非言语上的不一致，甚至完全对立的状况。

教养态度（rearing attitude）是指当父母在教导子女的生活常规、做人的道理，以及教养其子女的行为表现时，所采取的一套特有的态度和行为模式。

父母教养方式（parenting style）是父母的教养观念、教养行为及其对儿童的情感表现的一种相对稳定的组合方式，反映了亲子交往的实质。

权威型（authoritative style）父母对儿童有较多的温情、较明确的要求和较为一致的反应，能够在亲子间相互理解的基础上完成对儿童的约束。权威型父母教养方式被认为是最费时费力的方式，但也是最有效的教养方式。

专制型（authoritarian style）父母对儿童的成熟行为有较高的要求，但对儿童反应较少，对儿童缺乏热情，用较为绝对的标准来塑造、控制和评价儿童的行为，强调儿童要无条件顺从，崇尚权威和传统，不鼓励亲子间相互迁就，对儿童的奖励和表扬较少，对儿童的控制严厉、不妥协，且带有强制性。

放任型（permissive style）父母既不期望儿童的成熟行为出现，也不提要求，他们或者溺爱儿童或者忽视儿童，对儿童的纪律要求不一致，鼓励孩子自己表达自己的愿望，对儿童有中等程度的热情，不主动指导孩子的行为。

溺爱型（indulgent style）父母对儿童要求较少、反应较高，属放任亚型。这类父母对儿童有较多的温情和接受，经常对儿童让步，较少利用权威控制儿童，对儿童的成熟行为要求较少，主张让儿童自我管理。

忽视型（neglectful style） 父母则对儿童要求和反应都较少，属放任亚型。这类父母不指导儿童的行为，也不支持儿童的兴趣，他们沉溺于自己的事情而忽略做父母的责任。

家庭功能（family function） 是指家庭成员间的情感联络、家庭交流、家庭原则以及应对外部活动的有效性。

师生关系（teacher-student relationships） 主要指学校中教师与学生之间的基本人际关系，是师生之间以情感、认知和行为交往为主要表现形式的心理关系。

班级环境（classroom environment） 是教学环境中的一种社会环境、软环境，包括学生在班级内的角色组织、角色期待、共同的信念形成的规范与约束机制，以及学生在班级中的满足感、亲密性和摩擦等。

网络社会（cyber society） 是一个基于互联网技术的发展而产生的网络空间中人们的互动关系发生的社会形式。Internet 表面上是无数电脑终端的连接，即形成电脑网络，但实质上它连接的是作为运用和生产信息的“人”。

第六部分

未成年人健康人格与自主学习培养研究

第一节　概述

美国教育家戴尔·卡耐基在对各界名人进行广泛调查后认为，个人事业上的成功，15%是由他们卓越的学识和专业技术决定的，85%是由不凡的人格心理素质决定的（胡旋，1995）。具有健康的人格有助于人们适应急剧变化的社会，并有效地为社会服务。时代的变革必然产生层出不穷的新观念、新事物，健康人格是人们主动、积极地调节自我适应转变的根本保证。就个体身心发展而言，健康人格也发挥着积极的作用。如何塑造与培养健康人格成了亟待解决的问题。

从人格的形成过程看人格是可以培养的，在人格的形成问题上，当前研究者们的共识为：人格是在先天生理结构基础上，在后天环境教育影响下形成的。人格不仅受生物遗传因素的影响，而且更多地受社会文化、家庭环境、学校因素的影响。人格是遗传和环境交互作用的产物，人格的形成离不开个体的遗传基础，许多研究证明遗传性要在后天的社会环境和教育的基础上才能演化为人格，其中后天的家庭环境和教育对个体人格的形成起着十分重要的作用。现代西方教育非常重视人的创造精神和完满人格的培养，教育应以培养具有独立心灵的自治的个人为目的，坚持个人的真实性和自我导向，反对不假思索地迎合他人的意见，接受他人设计、操纵和灌输——一个人的行动必须是他自己的，而不是抄袭他人或假装成某种角色（杨波，2005）。自我发展的基本含义是，学生逐步学会运用元认知能力，强化自我意识，逐步主动、自觉地按照社会发展方向协同发展自己的知、情、意、行，并尝试实现自我价值。培养学生自主学习的意识、方法、习惯和能力，是实现学生自我发展的前提。自主学习是学习者独立获取知识的行为，它是终身学习、人格发展的基础。健康人格的培养，需要宽松自由的学习环境，需要自主学习与个性化教育。

一、什么是学习

学习（*learning*）是人类具有的一种重要智能行为（mental behaviour），但究竟什么是学习，长期以来却众说纷纭。心理学大辞典中将学习定义为，个体通过练习或经验而导致行为有较持久改变的过程或结果（林崇德等，2004），并指出应从生态系统中个体与环境的关系来理解学习的实质。在生态系统中个体与环境不能分离，必须适应环境，与环境保持平衡。个体对环境的适应分生理适应和心理适应两类。生理适应通过个体固有的遗传机制的成熟与成长实现；心理适应必须通过学习，不断构建新的心理机制，产生相应的心理变化。在这一意义上，学习是以心理变化适应环境变化的过程。个体心理的变化是在主、客体相互作用过程中，在主体反映现实的基础上，获得作为活动的主观产物即个体经验而实现的。个体经验源于直接经验和间接经验，相应地形成发现学习和接受学习，两种学习为人类个体经验的积累与心理发展所需，二者相互补充。

二、什么是自主学习

自主学习（*self-regulated learning*）又称为自我调节学习或自我监控学习。自主学习可以让学生主动地进入学习过程，取得行为复杂层次更高的成果。这种学习方式还可以帮助学生形成自己的理解，有助于学生对内容进行推理、解决问题并进行批判性思考（鲍里奇 等，2002）。它不仅是终身学习所必需的，也是未来工作的重要保证（Perry et al，2008）。

自主学习已经成为教育心理学、学习心理学及社会认知理论研究中的一个热点问题，对于自主学习的定义，不同的学者有着不同的认识（Paris et al，2001），主要有以下几种观点。

（一）自主学习是一种主动的、建构性的学习过程

自主学习指通过元认知（metacognition）、策略行为（如针对某一学习目标对个体学习过程进行的计划、监控、评估行为）、动机（motivation）指导学习（Boekaerts et al，2005；Butler et al，1995；Perry，et al，2006；Zimmerman，1990）。在这个过程中，个体首先为自己确定学习目标，然后监视控制、调节、控制由目标和情境特征引导和约束的认知（cognition）、动机和行为（Pintrich，1999）。自主学习包括对学习认知和情感表达方面的管理，如策略的运用、动机及行为控制，即自我约束行为选择以便达到学习目标（Boekaerts et al，2005）。学者们一致认为自主学习涉及两个主要方面：元认知监控，包括元认知知识和策略、计划、评估技巧；情感表达监控，包括确保任务完成的动机策略、意志控制策略（Garner，2009）。齐莫曼（Zimmerman）认为尽管各种理论对自主学习的界定不尽相同，但是大多数理论都强调，自主学习包括目标指向的认知、行为的激活与维持（申克 等，2003）。他对自主学习的有关定义做了系统的总结，归纳出它们共有的三个特征：强调元认知、动机和行为等方面的自我调节策略的运用；强调自主学习是一种自我定向的反馈循环过程，认为自主学习者能够监控自己的学习方法或策略的效果，并根据这些反馈反复强调自己的学习活动；强调自主学习者知道何时、如何使用某种特定的学习策略（learning strategy），或者做出合适的反应（庞维国，2003）。因而，齐莫曼指出，当学生在元认知、动机和行为三方面都是一个积极的参与者时，其学习就是自主的（庞维国，2001）。自主学习包括两个重要因素，即学习动机（learning motivation）和自我调节能力（Jones et al，2010）。

董奇等人（1994）认为，自主学习是指学生为了保证学习的成功，提高学习的效果，达到学习的目标，而在进行学习活动的全过程中，将自己正在进行的学习活动作为意识的对象，不断地对其进行积极而又自觉的计划、监察、评价、反馈、控制和调节的过程。刘儒德等人（2001）认为自我调节学习是指学习者主动激励自己并积极使用适当的学习策略的学习。

（二）自主学习是一种学习方式或模式

自主学习是指学习者自己主宰自己的学习，是与他学习相对立的一种学习方式（余文森，2001）。自主学习包括三方面的含义，即自主学习的

能力、自主学习的条件、自主学习模式。而自主学习的能力和自主学习的条件都是自主学习模式的组成部分（程晓堂，1999）。

（三）自主学习的社会认知理论

自主学习的社会认知理论由班杜拉的继承者们提出，以个体、行为、环境交互作用论和自我调节理论为基本框架。代表人物齐莫曼认为当学生在元认知、动机和行为三个方面都是一个积极的参与者时，其学习就是自主的学习动机、学习方法、学习时间、学习的行为表现。认知学派认为影响自主学习的因素很多，可以分为内部因素、行为因素和环境因素三类。内部因素包括自我效能感、学习策略、设置的目标、归因和情感等，行为因素包括自我观察、判断、反应。外部因素主要是他人提供的帮助、学习榜样和学习的物质环境等，为自主学习提供社会性和物质性的支持条件。

社会认知学派根据影响自主学习因素的分析，提出促进学生自主学习方法，增强学生学习的自我效能感，教会学生设置合适的学习目标。具体、近期、能够完成的学习目标更有助于自主学习，教师可以加以示范指导；开展系统的学习策略教学，加强策略运用的练习；对学生的学习提供合适的归因反馈；教会学生主动利用学习的社会性和物质性资源，如主动寻求他人的学业帮助，利用各种途径查阅自己需求的信息资料等。齐默尔曼等认为自主能力的获得，本质上是外部学习技能内化成自己的学习能力的过程，要经历观察、模仿、自我控制、自我调节四个阶段，因此是个相对缓慢的过程，需要经过长期的教学干预才能收到明显的成效。

（四）从不同维度来定义自主学习

庞维国（2001）主张从学习的维度和过程角度来定义自主学习：从学习维度，自主学习指从学习的诸方面来综合地规定自主学习的本质属性；从学习过程界定，自主学习是指从学习活动的整个过程来阐释自主学习的实质。韩清林（2000）认为自主学习有广义和狭义之分：广义的自主学习是指人们通过多种手段和途径，进行有目的、有选择的学习活动，从而实现自主性发展；狭义的自主学习是指学生在教师的科学指导下，通过能动的、创造性的学习活动，实现自主性发展。

三、自主学习影响因素

（一）内部因素

1. 自我效能感

社会认知学派认为*自我效能感*（*self-efficacy*）是影响学生自主学习的重要变量。自我效能感影响学生对自主学习策略的运用，通过影响学生的目标等级，直接或间接地影响学生的成绩（Zimmerman，1998）。自我效能感在自主学习的计划、行为表象和自我反思阶段都会产生影响（Schunk，2003）。学生有信心能够管理自己的学习环境，即对自主学习的自我效能感，是儿童、青少年及成人是否能进行自主学习以及学业成功的关键因素（Caprara et al，2008；Parjares et al，2002；Usher et al，2008）。有研究对员工的自主学习的影响因素进行分析，认为相对于低自我效能感者，高自我效能感者倾向选择富有挑战性的学习任务，受外界消极环境因素的影响较小，学习中的挫败能够激发学习者付出更大的努力（丁桂凤，2005）。

2. 归因

归因（*attribution*）是指个体对影响和决定自己行为、活动的原因的看法，有内控和外控之分（董奇 等，1994）。自主学习与学习归因呈显著负相关，即归因的外向性使学习者的自主学习受到削弱，学习归因对自主学习有直接的回归效应（王静琼 等，2010）。学习归因的内向性之所以能够有效促进自主学习，原因在于，学习者成功进行内部归因的时候，意识到自己的努力是有价值的，从而增强了他们的自我效能感，而对学习失败进行内部归因时，他们知道自己没有实现目标，从而激发了更强的学习动机。另外，进行内部归因时更能够帮助学习者调整学习策略和方法，从而促进学生的学习（董奇 等，1995）。

3. 目标定向

人的许多行为动力可以用目标定向（goal orientation）来解释，目标（goal）在个体的学习过程中充当着参照点的作用，个体在既定学习目标的引导下，不断调控着自己的学习过程和学习策略（庞维国，2003a）。当学生按照目标指引的方向去努力学习时，学生的这种学习行为是目标导向的行为。成功的学习者通过设定目标调节自己的学习，他们将目标设定在可能使其分散注意力的困难的任务上，能够组织学习空间和学习量，并能运用有效的学习策略（Zimmerman，2000）。沃特斯（Wolters，2003）指出，在自主学习中，当学习者完成目的性强的任务时其效率会更高，在完成复杂学习任务时学习者会希望达到各种设定的任务。

沃建中等人（2001）对高中生物理自主学习进行了研究，发现高学习目标有利于自我监控（self-monitoring）能力的发展，相反高成绩目标不利于自我监控能力的发展。连榕和罗丽芳（2003）的研究也证明学习目标与自我监控呈显著的正相关，而成绩目标只有在与学习目标联系时，才和自我监控有显著关系。

雷雳等人（2000）对小学生的自主学习进行了研究分析，结果表明，掌握目标是小学生的主导目标定向，小学生目标定向表现出一定的性别差异，男生更倾向于进行掌握定向，女生倾向于成绩定向。他们认为，目标定向是自主学习的始动机制，它影响着个体在学习中采用的认知策略，以及在失败后所选择的应对方式，而认知策略和失败应对方式则直接对学习效果产生影响。

4. 学习策略

学习策略在自我调节学习中具有重要的作用。自主学习时学习策略的运用会增加学生的学习成就（汪玲 等，2000）。自主学习过程中，计划（plan）、时间管理（time management）、认知策略（cognitive strategy）的运用、营造高效的学习环境以及社会资源的利用都是至关重要的（Kesici et al，2009）。

郭文斌（2006）的研究证实，学业成绩受批判策略、组织策略、复述策略、监控策略等因子共同影响，但复述策略阻碍学业成绩提高和发展。有研究证实，自主学习策略的运用对学业成有很大影响，学习策略的使用与否、策略的应用频率以及策略使用的坚持性都对学习成绩有影响，这三方面的影响程度依次增强（周国韬 等，2001）。而高成就组学生在学习策略三方面的表现显著高于低成就组（桑青松，2004）。

5. 元认知

有学者认为教授元认知知识比教授具体策略具有更显著的优点（Lam，2009），儿童元认知的增长，比如如何监控理解，将对儿童的学习产生更广泛的益处（刘伟方 等，2011）。元认知使个体能够控制和重组自身的认知，在思维的自我调节、学习及问题解决中，起着至关重要的作用（Akama et al，2004；Karpicke，2009；Metcalfe，2009）。马萨（Masui）和科特（Corte）2005 年的实验证明，通过对学生进行反思、归因等元认知监控活动的训练，能够促进学生的自主学习的效果。

6. 自我概念

自我概念（*self-concept*）是对自我的认知，被认为具有动力系统的功能，是学习者进行目标定向的重要基础。有研究表明，自主学习与自我概念呈显著正相关，自我概念不仅对自主学习有直接影响，而且还能够以学习归因和学习环境适应为中介影响自主学习（王静琼 等，2010）。伴随自我概念而出现的行为反应，如自我观察（self-observation）、自我判断（self-judgment）、自我反应（self-response）也会对自主学习产生一定的影响。对于自身自主学习的自我觉知（self-perceptions）也能够影响自主学习策略的使用（Caprara et al，2008）。

（二）外部因素

1. 学校教育因素

学习者的学习活动大部分都是在学校中进行的，学校中的诸多因素，如教学模式、课堂环境等都会对学习者自主学习产生一定的影响。

有研究以教学模式为自变量，自主学习水平及学习成绩为因变量进行了实验研究。实验结果表明，与传统的教学模式相比，自主学习的教学模式能够在一定程度上增强学生的自主学习能力，提高学生的学习成绩，能够为任课教师接纳和掌握，学科适用范围也较广泛（庞维国，2003a），从而为自主学习教学模式的可行性提供了依据。另外研究表明，以学生为中心的学习同学生的自主学习的关系更为密切，但学生的自主学习与师生互动之间存在着极其显著的正相关，教师如果促进学生中心的学习并教会学生自主学习的策略，学生的学习会更倾向于自主。

李子健和尹弘飚（2010）基于香港中小学生对课堂环境感观和自主学习动机与策略的两项调查，发现即使是“教师中心”的课堂环境对香港学生的自主学习同样具有促进作用。课堂中的关系因素，即学生感受到的“学生学习社群”和“教师支持与参与”增加时学生在运用认知与元认知学习策略方面的表现也会改善。进一步的研究表明，单纯的“学生协作”并不能够改善学生的自主学习，而“教师支持与参与”能够改善学生的内在价值、自我效能感和策略应用，且这种效应明显强于“秩序与学生参与”所起的作用。

2. 学习情境因素

学习情境的要求对学习者自主学习活动有重要的影响，学生能够估计任务的难度并据此调节认知活动，根据任务要求调节自己的策略。学生对学习任务的主观界定影响了其解决任务所使用的策略。研究表明，学习任务要求与时间压力对实际自主学习活动的影响是以被试的临场主观目标为中介的（李子建 等，2010）。学习任务中的外在暗示线索也对学习者的自主学习过程产生了一定的影响（刘儒德 等，2000）。刘儒德和徐娟（2009）考查了五年级、七年级学生在逐次阅读10组图文材料的过程中对阅读测试与媒体信息的关系的自我监察并据此对阅读时间分配模式的自我调节过程，结果发现，两个年级的被试能够监察阅读测试和图文之间的相倚关系，并据此对图文阅读时间分配模式进行自我调节，分配更多的时间在与测试相关的材料上。

3. 同辈群体

同辈群体（*peer group*）往往具有同质性，是具有相同特质并相互联系的团体。例如，同辈群体有类似的学业成就（Nichols et al，2001）。同辈群体的同质性通过选择和社会化形成，社会化发生在同组的成员共享和互相学习适当的行为时；选择发生在同辈群体寻求已经具备团体特质的潜在成员，或个体寻求适合自己的团体时。通过选择和社会化，同辈群体分享各种心理品质和社会属性并发展同质性。例如，高动机同辈群体能够提高小组成员的学习动机（Kindermann，2007），低成就的同辈群体对动机和学业成就产生负面影响，而让低成就团体的成员加入高成就组中其学业成就会表现得比之前要好（Altermatt et al，2005）。有研究显示，同辈群体中自我调节讨论水平较高时，其成员的自主学习也处于较高的水平（Jones et al，2008）。同伴成员之间可以相互分享学习策略，同伴互动对学业表现有一定的影响（Wentzel，2003）。还有研究表明，同辈群体之间的自主学习能力的努力控制水平相似，但其他自我控制方面并不同（Jones et al，2010）。

4. 家庭因素

家庭是个体社会化的一个重要因素，个体社会化的一个重要方面是由他律走向自律，或者说是从外部调节转向自我调节。因此，家庭因素必然会通过影响学生的自律水平进而影响他们的自主学习（庞维国，2003b）。

父母作为学生生活中的重要他人，不仅是学生模仿的榜样、行为规范的指导者以及社会援助的重要来源，同时在相当大的程度上也是学生周围环境结构的主要影响者。父母在一定的价值取向和期望的驱使下，会选择相应的教养方式。李洋和方平（2005）探讨了父母教养方式与未成年人自我调节学习的关系，其中对教养方式的考察是基于岳冬梅修订的父母教养方式的评价表 EMBU 中文版中的维度，即从父亲与母亲两个角度测量，具体因子包括父亲情感温暖、理解；父亲惩罚、严厉；父亲过分干涉；父亲偏爱被试；父亲拒绝否认；父亲过分保护。母亲情感温暖、理解；母亲惩罚、严厉；母亲过分干涉；母亲偏爱被试；母亲拒绝否认。结果表明，父母教养方式中的情感因素对未成年人自我调节学习有显著的影响，其中情感温暖因素对认知/元认知策略以及资源管理策略因素有显著的影响；惩罚、严厉因素对学习价值和学习期待因素有显著的影响；母亲的教养方式较父亲的教养方式对未成年人的自我调节学习影响更大。

四、自主学习测量技术

对自主学习的量化研究，主要集中在自主学习测量量表的编制方面。1986 年美国教育研究学会年会上，对自主学习做了一个较为全面的定义：自主学习是指学生在元认知、动机和行为方面成为自己学习主动的参与者。此定义对自主学习量表的编制起到了重要的指导作用（程宏宇，2010）。自主学习量表的编制和运用对自主学习研究的深入展开起到了极大的推动作用。

（一）传统测量技术

1. 国外自主学习量表

从 20 世纪 80 年代以来，国外学者采用定性法和定量法对学生的自主学习技能进行测量（程宏宇，2010）。定性法主要运用面谈、观察、出声思维、应激回忆对话等方法。定量法则主要是编写量表由他人（如父母、老师）或学生本人进行评定。在所有测量方法中，自陈量表因其施测方便、节省资源、操作过程标准化、数据分析简便等方面的特点，被广泛地采用，占据量化研究的主导地位。具有代表性的量表主要有以下几种。这些量表大多把自主学习看作一种包含元认知、动机和行为结构成分的能力进行测量。

《学习策略量表—第二版》（Learning and Study Strategies Inventory-2nd

edition，LASSI)，编制者为韦思斯坦（Weinstei）和帕尔梅（Palme），该量表在同类量表中是最具知名度的一个测量工具（Weinstei et al，2002）。该量表共80道题，测量学习技能、意志和自我调控策略三种能力。该分类系统与自主学习的元认知、动机和行为的结构定义相对应。学生的学习技能（或元认知）通过注意力、识别主要观点的信息处理三个子量表来测量；意志通过动机、态度和焦虑水平三个子量表来测量；自我调控（或行为）能力通过时间管理、寻求帮助、自我测试和考试策略四个子量表来测量。该量表手册提供的子量表内部一致性系数在0.68~0.86，重测稳定性系数在0.72~0.85。

《学习动机策略问卷》（Motivated Strategies for Learning Questionnaire，MSLQ）由瑞克（Pintrich）、史密斯（Smith）、加西亚（Garcia）和麦基奇（Mckeachie）于1993年编制，该量表也得到了广泛运用。MSLQ含81道题，由学习策略和动机两个主要分量表构成。学习策略分量表测量认知—元认知（包括复述精细加工、组织、批判思维及元认知控制）和资源管理（包括时间管理、学习环境管理、努力水平管理、同伴协作学习寻求帮助）能力。动机分量表则包括了内部和外部目标取向、任务价值评估、信念调控、学习自我效能、考试焦虑等子量表。量表采用李克特（Likert）7级评分法，由1到7代表从“完全不符合”到“完全符合”。该量表手册提供的子量表内部一致性系数在0.52~0.93，其中有6个子量表没有达到0.70的最低系数要求。手册中没有提供重测稳定性系数。

《学习自我调控量表》（Survey of Academic Self-regulation，SASR）是美国纽约圣路易斯学院学者杜根（Dugan，2008）在结合了各种现存量表的基础上编制的。杜根以情感、认知—元认知、自我调控的结构框架为基础，编制了5个与情感因素有关的子量表：内部动机、外部动机、兴趣、担忧/焦虑、意志；4个与自我有关的子量表：自我调控、自我奖励、自我评估和自我监控；5个与自我调节能力有关的子量表：认知技术、寻求帮助、时间和环境管理、元认知技术和计划制订。编制者提供的子量表内部一致性系数在0.71~0.86，但没有提供重测稳定性系数。据杜根等人的研究表明，这一量表具有比LASSI和MSLQ更可靠的信度和效度，因此能更好地运用与测量、诊断和矫正学生的自主学习技能。

除了上述三种量表，其他自陈量表还有《学习过程量表—修订版》（Inventory of Learning Processes-Revised，ILP-R）和《学习方法问卷》（the

Study Process Questionnaire，SPQ）等。

由于自陈量表本身具有一定的局限性，如容易受到被试各种反应偏差的影响，包括社会赞许性、默许倾向、否认倾向以及为了维护自尊而歪曲答案等。自陈量表的测量结果还取决于被测对象的记忆准确度，而这种记忆准确度有可能受到系列位置效应的影响。因而有学者对自主学习自陈量表的有效性提出了质疑。近年来，有些学者开始致力于开发新的测量工具和途径。

2. 国内自主学习量表

我国学者结合国外自主学习理论和量表，并根据实际，分别针对不同学生群体，编制了适合我国学生学习的自主学习相关量表或问卷。

（1）《大学生自主学习量表》

朱祖德等人（2005）根据齐莫曼的社会认知理论，编制了《大学生自主学习量表》，该量表由动机分量表和策略分量表两部分组成。动机分量表包括学习目标与价值、学习期望、学习归因、学习焦虑四个维度，其中学习目标与价值又包括内在、外在目标定向和任务价值信念三个次级维度，学习期望又包括学习控制感和自我效能感两个次级维度。而学习策略分量表由计划、方法、反馈、学习调节、学习总结与补救五个维度组成，其中计划维度包括计划制订和时间管理两个次维度，学习调节由学习坚持性、学习情绪管理和学习活动调节三个次维度组成。本量表共98题，其中学习分量表44题，学习策略部分64题，每一题目均为6点计分，从“非常不符合”到“非常符合”依次记为1～6分。量表各个维度的内部一致性系数除策略分量表的学习管理因子外（0.57），都在0.6～0.8；两个分量表的总体内部一致性系数达到0.8和0.9。问卷的内容效度经过专家评定比较理想；结构效度也较理想，动机分量表与总量表的得分相关系数为0.96，策略分量表为0.92。

（2）《中学生自主学习策略量表》

周国韬和张林（2002）在自主学习理论、信息加工理论和国内外有关学习策略研究的基础上编制了《中学生学习策略量表》。该量表包含两个分量表：一个是认知策略分量表，主要从信息加工过程考查学生在学习中使用的认知方法，含有四个子量表：选择信息策略、信息编码策略、深加工贮存策略以及监所引用策略。另一个是认知调控策略分量表，主要了解学生在学习过程中合理地安排和调整自己学习行为的手段，含有以下四个子量表：计划策略、监督检查策略、反馈调节策略以及总结策略。总量表共35题，采用5级评分，由“从不如此”（1分）到“总是如此”（5分）。各个子量表内部一致性信度（α系数）值在0.65～0.93，稳定性系数在0.56～0.64。其结构效度、效标关联效度都达到同类量表的水平，对学业成绩不同的学生能有效地区分。

单志艳和孟庆茂（2006）以齐莫曼的理论为基础，进行了《中学生自主学习问卷》的编制。该问卷共包含六个维度60个项目，具体为：学习内容的自主性（12题）、时间管理（8题）、学习策略（18题）、学习过程监控与调节（7题）、学习结果的评价与强化（9题）及学习环境的控制（6题）。问卷采用利克特6点量尺计分，数字1～6分别代表“非常不符合”到“非常符合”的六种情况。问卷各维度内部一致性信度（α信度）值在0.74～0.93，构想效度也较理想。

张锋（2007）对黄希庭等编制的青少年时间管理倾向量表中的部分分量表进行深入研究，编制了《中学生时间管理自我监控量表》。该量表共76题，包括整体监控和具体监控两个子量表，整体监控子量表包括主动性、开放性和有效性三个维度；具体监控子量表包括目标设置、时间规划、灵活性、自制力和检查评估五个维度。本量表的两个分量表及其维度的内部一致性系数都在0.61～0.90，分半信度也在0.62以上，重测信度系数都达到了极显著水平，说明本量表具有较好的信度。经检验，量表具有较好的结构效度和内容效度。

张锦坤等人（2008）在参考LASSI，MSLQ以及董奇编制的《学习自我监控量表》、庞维国《中小学生学习自主性量表》的基础上，编制了《中学生自我调节学习量表》，该量表为四点式量表，共65题，包含：计划与目标设定、自我检查、努力管理、自我效能感、认知策略、资源管理及动机策略七个子量表。经过探索性因素分析、验证性因素分析及信度检验等统计分析方法的综合检验，表明该量表有较好的信效度。

（二）测量技术新趋势

近年来，一些学者把自主学习看成是从开始到结束的一系列事件（event），并由此发展出一些新的测量工具。自主学习的测量技术的最新发展趋势主要体现在以下几方面。

1. 电脑环境下的跟踪日志技术

该技术是利用电脑软件系统学习者的操作痕迹进行跟踪记录，进而分析其对自主学习技能的运用情况。其中以美国学者温内（Winne）等人开发的软件 gStudy 为代表。该软件支持学习者做笔记、建立词库标签和索引、建构概念图式、搜索信息、聊天和寻求帮助等（Winne et al，2006）。与传统教学软件相比，gSduty 能够为学生的自主学习提供更好的支持。该软件还提供了一个日志分析器对学生的学习踪迹进行记录，如标注课文重点的频率和模式，对学习辅助资料的利用，是否进行总结反馈等。研究者可以利用这种踪迹来重新建构学生运用学习方法的整个过程，还可以利用这些信息来帮助学生了解自己运用各种方法策略的有效性。

2. 结构性日记测量技术

此技术被用于评估课堂训练是否有效提高学生自主学习能力等研究中（Schmitz et al，2006）。此方法以对学习者进行自我调控方法的训练为基础。训练主要涉及目标设定、时间管理、计划制订、行为自我监控、注意力等方面。学生在整个训练过程中做实时日记，即要求学生在训练的不同阶段回答一系列问题。如在计划阶段，问题主要涉及设定什么学习目标及学习计划；反馈阶段，问题主要涉及学习所花费的时间及其中的有效时间，目标是否达成、实际掌握内容的多少。

3. 超媒体环境中的出声思维技术

该技术是由阿泽维多（Azevedo）和克鲁利（Cromley）2004 年发展出来的一种精细出声思维技术，用于评估学生在超媒体环境中的自主学习情况。该技术要求学生在解决任务的同时报告他们的思维和认知过程。在超媒体环境中要求学生运用一定的自我调控方法来操作、组织和整合信息。这些方法包括目标设定、自我监控，以及对认知动机和行为的调控等。亚瑟福多曾用此技术对学生在学习人体循环系统模型时运用自主学习技术的情况进行了研究，并分析出了计划、自我监控、策略使用、任务难度和要求、动机 5 个领域的自主学习策略。

4. 微分析测量技术

该技术指运用特定的问题对学习前、学习中及学习后的自我调节过程和动机进行测量。研究者运用开放式问卷和封闭式问题对学习者在不同阶段的自主学习情况依次进行询问，分别产生定性和定量数据。为了减少问题对学习的干扰，这些问题要具有简洁明了，针对具体学习任务的特点。

如在测量自我效能感时，可以在解决问题的过程中，要求学生以从0～100的尺度评估自己有多大的信心可以完成任务。在学习过程中持续使用这种技术可以展示出学生解题时自我效能感的变化趋势。

第二节　未成年人自主学习总体现状

案例

快乐活动日：让孩子主动学习

应试体制下，孩子学得苦、学得累，不少学生的学习兴趣受到影响。怎样让孩子快乐学习？前天，市教委在闸北区举办了一场“快乐活动日”专场展示。还学生自主选择权、突破分数考核评价、多元兴趣特长发展……快乐学习成为教改新亮点。

“快乐活动日”首先从小学开始。市教委副主任尹后庆表示，小学是人生的起点阶段，小学获得快乐、好奇和创造的启蒙，将来才能探索、创新、幸福。若孩子长期只盯着分数，负担沉重，则可能扼杀有潜能的天才。设置“快乐活动日”，为学生打开了一扇新窗口。在每周半天的快乐活动中，学校主要安排团队活动、体育活动、社区服务和社会实践等，以及自主拓展探究、兴趣活动、社会调查等实践活动。活动日当天不布置学科作业，让学生在轻松愉悦的体验中激发兴趣、开发智力、强身健体，以提升学生的幸福指数。

五花八门的快乐拓展活动，把学习兴趣和选择权还给了学生。与日常学科班级组织不同，多数学校“快乐活动日”实行走班，学生按不同兴趣自主选择、自由组合。以卢湾一中为例，学校推出了100多门个性课程，书法、国画、摄影、管弦乐、国际象棋、科学素养……在课程“大超市”中，孩子总能找到自己喜欢的活动。

“快乐活动”丰富了学习经历，提升了综合素养。当下不少孩子忙于应试升学，而科学人文素养、动手能力、体育锻炼等相对薄弱，不少学校将此纳入“快乐活动日”课程。杨浦依托大学实验室、科技馆、博物馆等开发了青少年科技和图书馆系列课程；普陀区“快乐拓展日”期间学生可跨校选修，共享外校的特色课程等，让孩子获得多元“营养”。

2012－03－01　来源：解放日报

一、小学生自主学习的现状分析

（一）动机不强

1. 外部学习动机占据主导地位

在小学生的学习动机中，外部学习动机始终占据着主导地位，内部学习动机还处在不断地发展过程中，并且具有长远社会意义的自我实现动机正经历着从无到有的过程（张敏 等，2005）。这主要与儿童自我意识的发展阶段以及学习环境的特点有关。刘儒德、陈红艳（2002）对二、四、六年级小学生的数学学习观做了调查，结果发现，从学习动机的性质看，“为了自己未来的工作”、“为了学业有成，上好的学校”、“上大学”等外部动机在学习动机中占首位。但随着年级的升高，小学生的内在学习动机对学习行为的调节作用逐步增强，进而影响了学生的学习成绩。

2. 学习动机强度随年级升高呈下滑态势

小学生学习动机强度随年级升高呈下滑态势（王有智，2003）。卡芬顿（Covington）研究发现，从小学一年级开始，学生的学习动机逐年下降；学生读的书越多，反而越不愿学习（庞维国，2003）。刘儒德、陈红艳（2002）对小学生的调查结果也显示，尽管小学二、四、六年级的学生都普遍喜欢学习数学，但是数学学习的内在动机随着年级的升高而逐渐下降，六年级学生的学习动机显著低于二年级。研究者认为小学生学习动机的逐年下降，与他们对自己学习能力的评价降低密切相关，还与他们的能力观和努力观的变化有关（Thompson et al，1995）。

3. 学习动机需引导

小学生学习动机以上的这两个特点表明，在小学阶段，学生真正源自内部的学习动机比较少，如果缺乏足够的学习成功，他们对自己能力评价的降低会进一步削弱其学习动机。因此小学生的学习活动经过引导才能够做到自觉地从事学习活动。

（二）自主学习意识薄弱

正是由于自主学习不仅有利于未成年人提高学习成绩，还是个体终身学习和健康人格发展的基础，所以它已成为教育学家和心理学家共同关注的一个重要问题。目前，我国小学生的自主学习意识比较薄弱。尽管我国教育界不断地引进西方发达国家的一些先进教育思想，提倡启发式教育、探索式教育等，但是我国目前很多学校的教育模式仍然是以教师传授为主，小学生已经习惯了接受式学习，缺乏自主学习的意识；而且目前很多学校尽管口头上喊着减负，但实际上小学生的作业负担依然很重，导致小学生的知识面狭窄，欠缺发现问题、解决问题的能力，在进行自主学习时从意识上有排斥感。从对调查结果的分析可以看出，大部分小学生的自主学习状况是不理想的。曾有学者对小学生的自主学习状况做过问卷调查，随机抽取各年级段的320名学生，其中只有21.1%的学生具有自主学习意识，只有9.8%的学生借助信息技术手段参与自主学习。

二、初中生自主学习的现状分析

中学教育是培养人才的重要环节，在推行素质教育、培养自主学习能力并形成健康人格方面起着举足轻重的作用。绝大多数初中生还没有形成自主学习的意识。他们中很大一部分学生在学习方面还有待改善，主要表现在以下几个方面。

（一）内部学习动机加强

就学习的信念动机方面来说，初中生的自身需求提高，直接导致动机与行为的出现。学者们的研究发现，初中生的学习动机与自主学习行为存在密切联系，对学科有着浓厚兴趣的初中生，自我效能感高，更会使用调节自我认知策略，学习也更好；研究还发现，初中生自主学习动机受到多因素影响，比如努力程度、能力高低、目标达成度和任务难易度等，除此之外，初中生对自身能力的估量，也对他们的自主学习动机产生影响（Pintrich，1994）。此外，初中生关于努力和能力的看法，也会影响他们的自主学习动机（Dweck et al，1988）。

有研究者认为，中学生学习动机水平较高，从各动机因素来看，随着中学生年级的升高，各动机因素得分呈下降趋势（蔡琼华，2008）。中学生学习动机与中学生学习自我管理策略关系密切且成较强的相关，成就动机、任务动机、期望动机与学习自我管理策略的回归效应尤为明显（韦光敏 等，2009）。

（二）学习兴趣不大

兴趣决定态度，如果学生对所学的内容不感兴趣，那么他就不会积极地探究所学内容，其学习效果也就不会大幅度地提高。现在，我们的生活水平大大地提高了，学习的条件改善了，但未成年人的学习兴趣却大大降低了。没有学习动力，缺乏学习热情，把学习看成是一件苦事，在学习中没有目标，得过且过，其学习行为完全是一种被动的应付。表现在方法上，必然会死记硬背、投机取巧、没有计划。一个丧失学习动机的学生，必然丧失深究学习方法的兴趣。

（三）注意力不集中

注意力就是人的心理活动对一定事物的指向和集中。它使人们能够清晰地反映周围现实世界中的一定的特定事物。由于初中生年龄较小，自我控制能力较差，注意力不集中，所以很容易受外界的干扰，特别是学习差的学生。

（四）学习无计划

“凡事预则立，不预则废。”学习计划是实现学习目标的保证。大部分中学生对自己的学习毫无计划，整天忙于被动应付作业和考试，缺乏主动的安排。因此，看什么、做什么、学什么都是心中无数。他们考虑的是“老师要我做什么”，而不是“我要主动做什么”。

（五）缺少学习方法

对学习方法的重要性认识不足，很多学习不足的学生在学习方法上听之任之，看不到科学学习方法的作用和意义，不愿意花时间和精力去认真研究和掌握先进的学习方法。

（六）不能形成知识结构

知识结构是知识体系在学生头脑中的内化反映，也就是指知识经过学生输入、加工、储存过程而在头脑中形成的有序的组织状态。构建一定的知识结构在学习中是很重要的。如果没有合理的知识结构，再多的知识也只能成为一盘散沙，无法发挥出它们应有的功效。有的学生单元测验成绩很好，可一到综合考试就不行了，其原因也往往在于他们没有掌握知识间的联系，没有形成相应的知识结构。这种学生对所学内容与学科之间，对各章节之间不及时总结归纳整理，致使知识基本上处于“游离状态”。这种零散的知识很容易遗忘，也很容易张冠李戴。

三、高中生自主学习的现状分析

（一）学习动机强烈

高中学生具有强烈的学习动机。一方面，随着年龄的增大，高中学生的生理及心理趋于成熟和稳定。在智力方面，学生的观察能力、记忆能力和想象能力等方面得到发展和完善，尤其高中生的思维能力得到迅速发展，主要是学生的抽象逻辑思维能力得到迅速发展，并具有较强的学习能力。尽管高中学习内容的量和难度都在增加，但高中学生的动机以长期动机为主，所以也不会对学生的学习动机产生很大的影响。另一方面，随着上学时间的增长，也提升了高中学生的学习信心和对自我的认知。

（二）高中生自主学习能力发展趋势不平衡

高中阶段是自主学习能力培养与健康人格形成的关键时期。从高中生心理健康的标准看，高中生情绪比较稳定协调，基本上能保持较好的心境，一般情况下对自己的情绪反应能把握好时机和分寸。行事有较明确的目的，有一定的自制力和调节力，有克服困难的恒心和毅力，基本上懂得对自己的行为负责。能将绝大部分的精力投入学习，有正确的学习动力，有一定的学习自主性，不断追求新的学习目标。自尊、自重，能正确地认识和悦纳自己，在法律和道德所允许的范围内能适度追求和满足自身需要。了解高中男女学生基本的生理、心理特点，与异性同学有广泛友好的接触，对外界的各种诱惑有较强的抵制能力。能面对现实并以积极的态度适应环境，个人目标和行为经过努力能与社会、学校的要求基本一致，能识别和抵制不良的社会影响。

一名合格的拥有健康人格的高中生，以上的六点标准表明都与自主学习能力有关，它们是相辅相成的，但也有一部分学生在学习中对自己的情绪反应不能很好地把握时机和分寸；行事没有明确的目的，自制力和调节能力差；在学习中没有正确的学习动力。自主学习能力是高中生能否顺利完成学业的关键，并进而扩展为终身的学习能力，高中生自主学习能力发展趋势：从高一到高三逐步上升发展趋势，高一到高二发展趋势快，高二到高三发展趋势相对较慢。普通中学高中生的自主学习能力发展水平也处于不平衡状态（黄亚涛，2007）。

第三节　未成年人自主学习培养

案例

自主学习培养切莫“跑偏”

某校召开高一学生家长会，几名家长反映：“孩子最近成绩不理想，学习不得要领，希望老师加强指导。”老师答曰：“现在是自主学习，老师该讲的讲了，该强调的强调了，学生怎么学是学生自己的问题了。”老师此番言论，听起来似乎合情合理，仔细分析，实是对自主学习认识的“跑偏”。

上述老师的观点绝非个别。“新课改”提出和强调自主学习以来，有的教师认为教师的角色应逐步淡化，于是有的教师上课便叫学生自己看书，没有指导、没有提示和具体要求，没有检查也没有反馈；学习内容由学生自己定，学习方式由学生自己选，学习效果由学生自己评估……结果，这种有意无意对教学活动放弃组织干预的“自主学习”实际上变成了“自流学习”。此种情况，引发了众多学生和家长的担忧。

诚然，“新课改”所提出和倡导的自主学习，强调了学生在学习过程中的主体作用，但绝不意味着教师作用的降低。因为，学生毕竟是学生，无论是自主学习的意识还是能力，既要依靠自身努力，更需要老师的悉心培植，才能有所提高。因此，倡导自主学习，并不是限制甚至取消教师主体性的发挥，而是在更高的层面上对教师的教学标准、教学艺术提出新要求和新挑战——既要保证学生充分地自主学习，还要在学习过程中促使学生学得更快、更好，最终使学生形成终身学习和可持续发展的良好素质和强大潜能。可见，自主学习对教师的要求是更高而不是降低，教师的责任更大而不是变小。那种淡化教师角色甚至想退避三舍的思想和观念，显然是偏颇的。

2011－10－31　来源：光明日报

一、自主学习教学方式

随着科技的进步和自主学习研究的深入，学习与教学的方式也逐渐从以教师为中心转移到了以学生为中心，自主学习中教学方式（teaching method）也有了相应的改变。从这个角度来看，学习者要对自己的学习负更多的责任，学习者能够有意识地、理性地认识到概念之间的关系，并能够描述出自己学习的过程。学习者应该成为一个独立的学习者，而不是依赖于教师。有研究表明，学生相信并认识到自己能够成为独立的学习者，与学业成就有高度的相关（Sungur et al，2006）。这种观点导致研究者们更加强调课堂情境和其他语境因素对学习及学习动机的影响。因而教育心理学研究者将研究的焦点集中到通过特定的信念和过程应用学习策略来管理学业成就上。而自主学习正是基于这种理念的有效学习形式。在自主学习中，适用的教学方式主要有以下几种。

（一）支架式教学方式

支架式教学（*scaffolding instruction*）是在苏联著名心理学家维果斯基的理论基础上发展起来的一种教学方法。维果斯基认为，儿童的心理发展存在两种水平：第一种水平是实际发展水平，第二种水平是现在发展水平，亦即儿童在他人帮助或同伴合作的条件下所达到的发展水平。在这两个发展水平之间的区域称为“最近发展区”（庞维国，2003b）。教学应该根植于学生的最近发展区，走在儿童发展的前头。这种适用于自主学习的教学方式中，教师应该是通过为学生提供学习支架，把管理学习的任务逐渐由教师转移给学生。具体来说，教师首先在学生的现有知识水平和学习目标之间建立一种帮助学生理解的支架，然后在这种支架的支持下帮助学生掌握、建构和内化所学的知识技能，最后再撤除支架，让学生完成对学习的自我调节。

支架式教学由以下几个环节组成。

（1）搭脚手架（scaffolding）——围绕当前主题，按“最近发展区”的要求建立理解框架。

（2）进入情境——将学生引入一定的问题情境。

（3）独立探索——让学生独立探索问题情境中所蕴含的意义，抽取出问题的实质，努力解决这一问题。

（4）协作学习——进行小组协商、讨论。

（5）效果评价——对学习效果的评价包括学生个人的自我评价和学习小组对个人的评价，评价内容包括：自主学习能力、对小组协作学习所做的贡献、是否完成对所学知识的意义建构。

随着支架式教学的不断改进，超媒体被逐渐应用到自主学习的研究中（Azevedo et al，2011；Greene et al，2010）。有研究者以青少年为研究对象对自主学习中运用支架式教学进行了研究，对三种情况进行了比较，即自适应脚手架、固定脚手架及无脚手架，来考查在一种超媒体环境中的自主学习状况，结果表明，与固定脚手架的情况相比，其他两种条件下学习者能获得更多的陈述性知识。在自适应脚手架条件下的学习者能更好地转变心理模式，这是因为学习者可以通过计划、激活先前获得的知识、监测自己的认识活动、学习目标的进展、使用学习策略及获得学业求助等来调节自己的学习（Azevedo et al，2005）；在无脚手架的条件下，有效策略运用率很低；在固定脚手架的条件下，一些策略的运用反而阻碍了学习者的学习。为了培养学生的自主学习，研究者强调自适应超媒体环境的应用。超媒体环境有可能增加学生学习具有挑战性和复杂性的知识，如科学课题—循环系统。在这种环境中，为了访问多个表达的信息，学习者必须拥有有效的调节能力，以控制指令序列和学习的时间。而缺乏自我调节能力的学习者，不能很好地利用超媒体环境的潜力。

（二）基于问题的教学方式 PBL

*基于问题的学习（problem-based learning）*简称 PBL，在 PBL 情境中，学生作为“专家”面临着结构不良的问题。第一，要对此结构不良的问题下一个清晰的界定；第二，制定假设；第三，查阅、分析并使用不同的数据来源；第四，根据收集的数据来修改最初的假设；第五，依据证明结果

和推理选择或调整解决方案。因此，在基于问题的教学方式中学生必须寻找线索，查阅学习材料，并在小组学习中面对结构不良的问题，能够与同学或老师进行沟通和交流（Rosing，1997）。基于问题的教学方式能够促进批判性思维、沟通、互相尊重、团队精神以及人际交往技能的发展，并能够增强学生的学习兴趣（Gordon et al，2001；McBroom et al，2001；Savoie et al，1994；West，1992）。对学生在生物学习中PBL以及传统教学方式对自主学习的影响，研究者将被试分为两组，实验组被试安排在基于问题的情境中，以结构不完善的问题为基础，进行学习；而控制组被试接受传统的教学方式，以教师为中心，课本为导向、实验结果表明，与控制组相比，实验组即在PBL情境中的学生在内在目标导向、任务评估、学习策略运用、批判性思维、元认知自我监控、努力调节、同伴学习等方面均处于更高水平。因而可以说，与传统教学方式相比，基于问题的教学方式更适用于自主学习（Sungur et al，2006）。

（三）信息化教学方式

随着科技的进步和自主学习研究的深入，自主学习中相应的教学方式也有了改变。与信息技术相结合的教学方式得到了广泛的应用。信息化教学方式是指以电脑、网络技术和多媒体技术为主要内容的现代信息技术作为支持平台，运用现代教学理念将信息技术与课程有机整合，以提高教学质量和效益的一种教学形式。信息化教学的特征表现为以下四个方面：协作性；交互性；高起点、高效率、大容量；超时空性。信息化教学方式的有效性目标体现在：教师应当重视学生对数学知识的意义建构；信息技术支持下的教学情境应包含丰富的“明确知识”和“默会知识”。

有研究者开发出了支持教学学习的计算机环境，通过虚拟的社会互动来实现包含概念图、脚手架、自主学习策略的使用等自主学习活动（Biswas et al，2009）。这个虚拟的计算机环境中，设置了一个虚拟的学习者贝蒂（Betty），学生通过教导贝蒂如何学习，从而巩固自己的知识，如果让学生承担教导的责任，就能够鼓励他们更深入地了解材料。此环境通过对话框嵌入式提示自主学习与支持，让学生自己学习并将学到的知识教授给贝蒂，学习者可以监控贝蒂如何回答问题并对其出现的错误进行改正，通过这个互动的过程学习者能够更好地自主学习。由于虚拟学习者的错误直接反映了学习者本身的知识，因而这个旨在通过教来学的环境非常适合于帮助学生掌握知识，并对自己的认知和推理负责，最终培养出学生会学习和能够为未来学习做准备的学习技能。

二、未成年人自主学习的策略

（一）自主学习策略的含义

自主学习是指学习者自我管理学习的能力（Holec，1981），也被定义为学习者独立做出选择的能力和意愿（Littlewood，1996）。能力是指具备为自己的学习做出选择的知识和实现这个选择所需的技巧；意愿是指为自己的选择承担责任所需的动机和信心。因此自主学习既是一种学习态度，也是一种独立学习能力。

（二）小学生自主学习策略

小学生对学习策略的认识还是初步的、模糊的。迈尔（Mayer）等考查了学习与记忆中的复述策略、分类组织策略和表象加工策略，并指出儿童认知策略的发展经历了早期、过渡期和后期三个阶段。小学阶段，策略发展处于过渡阶段。这时，儿童已自发地掌握了许多策略，但是他们并不能有效地运用这些策略来提高学习效率。倘若成人给他们在策略的运用上以清晰的指导，他们能利用已有的策略来改善自己的学习。霍福尔（Hofer）等人指出，小学生正在形成关于认知策略的元认知知识和概括性的自我调节策略，与初高中的学生相比，他们需要更多的时间练习应用认知和元认知策略。小学生认知学习策略的发展特点告诉我们，为了帮助小学生更好地自主学习，让他们学会学习，必须在学习策略方面给予他们有效的引导。

个体在遇到学业困难时多采用的应对策略，对学业成绩也有重要影响，采用消极的应对策略甚至会抑制学习活动。汪玲等人通过对五、六年级小学生的问题解决、情绪反应、遗忘、寻求社会支持、自我谴责五种困难应对策略进行了研究，结果显示，这五种策略之间存在着显著差异，问题解决的平均等级最高，其余依次为自我谴责、遗忘、寻求社会支持、情绪反应。这表明，在遇到学业失败时，小学生一般是采取问题解决的策略，且伴随有一定的自我谴责，而情绪反应较少。研究者还对学业成绩与应对方式之间的关系进行了分析，结果表明，问题解决策略与学业成绩间具有显著相关，而情绪反应及寻求社会支持均与学业成绩呈显著负相关。失败时采用问题解决的应对策略有利于学习，而情绪反应较强或四处诉苦寻求心理平衡，都不利于学习成绩的提高。

（三）初中生自主学习策略

在学习策略方面，初中生的学习策略有了明显的改善。在日常的课堂情境中，运用认知和元认知策略是他们学习和成就中的重要组成部分。初中生能够使用基本的学习策略，包括记笔记、做小结、画图表、稍微整理、总结加工等知识组织策略，元认知控制策略贯穿其中，计划、调节和自我监控方法帮助他们在学习上取得进步。这些策略的使用，在初中生的学业成功中起到了极为重要的作用（韦光敏 等，2009）。初中生也意识到环境和时间的重要，能有意识找寻合适自己学习的环境，安排自己的学习娱乐时间，同时他们也开始有意识地使用学业求助策略。

但是初中生自主学习策略的发展并不完善，大多数初中学生在预习、听课、课堂小结、作业、复习等方面处于消极被动的多，主动思考的少，依赖性较强，独立性相对薄弱，总体上而言，还没有掌握适合独立的学习策略。对学生而言，课堂学习、预习、复习、完成作业等是他们学习生活中的重要内容，而考试是检验其学习情况的一个重要手段，因此我们考虑在学习策略维度将学生这些学习侧面的具体行为表现渗透到其自主学习能力中。

（四）高中生自主学习策略

高中生要做到自主学习，就必须掌握一定的学习策略，并在学习的过程中能够有效地运用这些策略。认知心理学认为，人类从世界学习的知识主要包括两类：陈述性知识和程序性知识。与之对应，认知学习策略分为陈述性知识的学习策略、程序性知识的学习策略和问题解决策略三类。学生在自主学习策略方面水平偏低。在学生认知学习策略方面，学生能够认识到这些策略的重要作用，但是在学习过程中对于这些策略的应用不够，主要表现在学生的主体性发挥不足，这也直接影响到了学生自主学习的效果。

在元认知学习策略和资源利用学习策略方面，学生在目标设置、时间管理、自我监控、自我评价、资源利用等方面存在不足。内容选择、目标设置过分依赖教师，资源利用方面的调查结果也对此进行了印证。学生对自己学习过程的反思尤其少。由于学习内容的被动选择，学习时间的主动计划性不够，学习过程的自我监控、自我评价较少，较多依赖他人和考试分数评价。学习者选择学习环境时要在满足必要的自然条件的基础上，采取有力的措施改变不利的社会环境，充分利用有利的环境，如主动寻求外界帮助，营造有利的学习场所，掌握选择图书资料、学习用具、互联网等方法，这些都是学生具有自主学习能力的表现。调查的结果显示尽管现在的经济相对发达、图书资料丰富、计算机网络技术有了较大发展，但高中学生的学习在对资源环境的利用方面没有明显的、突出的改变。

三、未成年人自主学习的培养

培养未成年人的自主学习能力符合其健康人格发展的要求，但自主学习能力并不是与生俱来的，而是在长期的实践活动中逐渐形成，不断完善起来的。自主学习能力的发展呈现出由他控到自控、从被动依赖到自觉能动、从有意识到自动化等方面的规律性。人本主义学习论认为，要理解人的行为，就必须理解行为者所知觉的世界。要改变一个人的行为，首先必须改变他的信念和知觉。人本主义学习论强调，学习主要包括 4 个步骤：学习具有个人参与的性质，即整个人（包括情感和认知两方面）都投入学习活动；学习是自我发起的，即便在推动力或刺激来自外界时，但要求发现、获得、掌握和领会的感觉是发自内部的；学习是渗透性的，即它会使学生的行为、态度乃至个性都发生变化；学习是自我评价的，因为学生最清楚这种学习是否满足自己的需要，是否有助于了解他想要知道的东西，是否明白自己原来不甚清楚的某些方面。

（一）小学生自主学习培养

培养小学生自主学习能力的一个主要形式是小组合作学习，这种学习方式把学生由传统教学中被动的接受者，转变为教学活动的积极参与者。这种教学情境中，学生之间可以优势互补、各尽所能，从而能达到人人教我、我教人人的效果。每一名学生都有更多的机会感受周围同学们的思维方法和学习策略，并且可以在这方面做深入交流。在小组合作学习的过程中，教师是不在场的，活动的程序、解决问题的方法都是学生们自己决定的。小组学习使学生参与学习的自主性可以得到一定保障。这种对课堂教学的积极参与，不仅有利于学生加深对知识的理解，加大知识保持的强度，同时使老师能顺利地进行分组教学和个别辅导，能较好地顾及所有学生的基础条件和认知活动的特点，有利于学生的创造性发展，为学生的自主性发展提供了良好的环境和条件。另一个培养小学生自主学习能力的方法是培养起学生的自我管理规划和探究能力。自主学习能力的形成贵在持之以恒的积累。在学生每一个发展阶段都要帮其确定学习目标、安排学习进度，要让学生做到自觉约束自己、监控自己的行为，并找到失败或成功的原因，及时进行调整。

（二）初中生自主学习培养

初中生自主学习的培养，重点在于引导初中生正确的归因，激发其学习动机。成功的体验对于未成年人发展良好的自我意识，形成健康的人格是非常重要的。从初中生的心理特点来看，他们会更多地关注新奇、形象、生动的事物，可以创设能给学生带来直观感受刺激的教学情境，运用现代信息技术，来增强学生的兴趣，唤醒学生学习的自主意识。由于成功的体验，不仅为学生积极主动的行为提供了强烈的学习动机，而且能促进学生形成良好的态度、稳定的情绪情感、崇高的理想和信念，养成其健康的人格。引导学生对成功与失败进行正确的归因，帮助学生分析失败的原因，寻求获得成功策略，让每一个未成年人都能体验成功。尤其对那些挫折多于成功、沮丧多于快乐的学生，更要为他们提供机会和条件体验成功，从而让他们相信自己能学习、会学习，相信自己。这样，每个学生都能在原有基础上得到理想的发展。因此，学生对学习具有浓厚的兴趣，具有持久的学习动力，自主学习能力也会随之提高。在教给学生自主学习方法的同时，还要使自主学习的方法运用习惯化和迁移化，使内化完成从诱发性监控向无意识监控转化。

（三）高中生自主学习培养

根据心理语言学理论，学习动机分为内在动机和外在动机。内在动机是指人们对学习本身的兴趣所引起的动机，而外部动机则指人们由外部诱因所引起的动机。为此，教师需灵活运用各种途径，如课件、趣味故事、英文歌、英文电影等增加学生的学习兴趣。另外，心理学家张大均曾指出，使学生了解知识的价值对刺激学生的内在学习动机非常重要。因此，教师必须让学生明白：英语是在人类生活各领域中使用最广泛的语言，而随着社会的信息化和经济的全球化，其重要性日益突显。另外，为激发学生学习的外部动机，可利用表扬、奖励等方法。正如教育心理学家盖杰和伯令纳所说："表扬是一种最廉价、最易于使用且最有效的激发学生学习动机的方法。"

世界上没有什么东西比成功更能增加满足的感觉，也没有什么东西比成功更能鼓起进一步成功的努力。因此，教师应尽量创造机会让每个学生都有成功的体验，例如，让优、中、差生都能完成力所能及的教学活动，从而增强学习的信心，教师继而鼓励其继续努力。引入竞赛形式，采取自己与过去的竞赛、个人间的竞赛及集体间的竞赛相结合的形式，激发学生的学习动力。

关键术语表

学习（learning）是指个体通过练习或经验而导致行为有较持久改变的过程或结果。

自主学习（self-regulated learning）指通过元认知、策略行为（如针对某一学习目标对个体学习过程进行的计划、监控、评估行为）、动机指导学习。

自我效能感（self-efficacy）是指个体相信自己有能力完成某种或某类任务，是个体的能力和自信心在某些活动中的具体体现。

归因（attribution）是指个体对影响和决定自己行为、活动的原因的看法，有内控和外控之分。

自我概念（self-concept）是个体对作为一个整体的自己的意识和体验相对稳定的观念系统。

同辈群体（peer group）是由年龄、身份、社会地位等极为接近的人组成的群体。

支架式教学（scaffolding instruction）是建构主义的一种教学模式，它是一种以学生为中心，利用情境、协作、会话等学习环境要素，充分发挥学生的主动性、积极性和首创精神，最终达到使学生有效地实现对当前所学知识的意义建构目的的教学方式。

基于问题的学习（problem-based learning，PBL）是基于现实世界的以学生为中心的教育方式，1969 年由美国的神经病学教授 Barrows 在加拿大的麦克马斯特大学首创。PBL 强调以学生的主动学习为主，将学习与更大的任务或问题挂钩，使学习者投入于问题中。

参考文献

中文文献

阿德顿·维吉.2005. 说谎心理学［M］. 北京：中国轻工业出版社.

阿德勒.2004. 阿德勒人格哲学（第1版）［M］. 多林，译. 北京：九州出版社.

艾娟，高峰强.2006. 当代人格研究范式的新进展［J］. 湖南师范大学教育科学学报，5（5）.

毕重增，黄希庭.2009. 青年学生自信问卷的编制［J］. 心理学报，41（15）.

曹丽娟，夏经炜，郑小琳，等.2007. 4～6岁儿童行为问题及感觉统合能力调查结果分析［J］. 中国妇幼保健，22（19）.

曹守莲，司继伟.2003. 创造性研究的社会心理学取向［J］. 西南师范大学学报（1）.

曹秀菁，陶芳标，张洪波，等.2002. 小学生感觉统合失调与各科学业成绩关系的探讨［J］. 中国校医，16（6）.

曹秀琴，陶芳标，张洪波，等.2004. 儿童感觉统合失调及其影响因素分析［J］. 中国公共卫生，20（4）.

曹旭东.2007. 大冶市农村隔代家庭教育现状研究［D］. 武汉：华中师范大学.

常若松.2004. 健康人格论［M］. 沈阳：辽宁人民出版社.

朝阳区“中学生厌弃学”课题组.1990. 中学厌弃学状况的调查报告［J］. 教育科学研究（4）.

车丽萍.2002. 当代大学生自信特点研究［D］. 重庆：西南师范大学.

陈灿锐，高艳红，申荷永.2012. 主观幸福感与大三人格特征相关研究的元分析［J］．心理科学进展（20）．

陈晨．2010. 北京市城区中学生考试焦虑及影响因素分析［J］．中国学校卫生，31（11）．

陈道明．2004. 现代背景下的青少年学生退缩性行为探析［J］．当代教育科学（1）．

陈海燕，姚树桥，侯婵娟，等．2012. 青少年认知情绪调节策略与抑郁的关系［J］．中国健康心理学杂志，20（11）．

陈会昌，张宏学，阴军莉，等．2004. 父亲教养态度与儿童在4～7岁间的问题行为和学校适应［J］．心理科学（5）．

陈枚．1991. 儿童与青少年交友需要及友伴群关系的特点［J］．心理科学（1）．

陈美英，曹素贞，陈玉妹．2009. 青少年抑郁障碍影响因素及其干预探讨［J］．重庆医学，38（7）．

陈顺珍，曾芳，唐辉屏，等．2004. 桂林市儿童注意缺陷多动障碍的流行病学调查及相关因素分析［J］．中国临床心理学杂志，9（4）．

陈天娇，季成叶．2010. 北京市中学生伤害相关危险行为流行现状分析［J］．中国学校卫生，31（3）．

陈益．1996. 解决人际问题的认知技能对4～5岁儿童同伴交往行为的影响的实验研究［J］．心理科学（5）．

陈祉妍．2002. 中学生负面评价恐惧与考试焦虑的相关性［J］．中国心理卫生杂志（12）．

程文红，刘漪，范娟，等．2007. 青少年抑郁障碍患者的早期创伤史研究［J］．中国心理卫生杂志，21（5）．

程文红，王祖承．2005. 青少年抑郁发病家庭因素研究［J］．上海精神医学，17（1）．

程玉兰，崔伊薇，吴汉荣．2000. 儿童学习困难影响因素的研究［J］．中国学校卫生，21（1）．

春丽，钱铭怡．2005. 家庭因素对青少年抑郁的影响［J］．中国临床康复，10（6）．

崔丽霞，史光远，张玉静，于园．2012. 青少年抑郁综合认知模型及其性别差异［J］．心理学报，44（11）．

邓长明，陈光虎，石淑华．2003. 隔代带养儿童心理行为问题对比分析

[J]．中国心理卫生杂志（3）．

邓世英，刘视湘，郑日昌．2001. 西方有关父母教养方式与青少年问题行为关系的理论及其研究综述［J］．心理发展与教育（2）．

董奇．1985. 西方关于儿童创造力发展研究综述［J］．外国心理学（1）．

杜林致，赵鸣九．2000. 独生子女与非独生子女在成就归因上的差异性［J］．心理科学，23（3）．

方双虎．1999. 乐学与厌学学生心理健康状况、人格特征的对照［J］. 江西教育科研（3）．

方晓义，徐洁，等．2004. 家庭功能：理论、影响因素及其与青少年社会适应的关系［J］．心理科学进展（4）．

封丹，安畅，刘盈．2013. 中学生抑郁状态和应付方式［J］．中国健康心理学杂志，21（3）．

冯夏婷．2003. 关于 3～7 岁攻击性儿童的社会认知发展状况的研究［D］．广州：华南师范大学．

冯正直，张大均，汪凤．2005. 中学生抑郁症状的影响因素分析［J］. 中国临床心理学杂志，13（4）．

傅安球，聂晶，李艳平，等．2002. 中学生厌学心理及其干预与学习效率的相关研究［J］．心理科学（1）．

傅根跃，王玲凤．2005. 为集体或为个人情境下小学儿童对说谎或说真话的理解和道德评价［J］．心理学报，28（4）．

高利兵．2004. 中学生厌学的归因与矫治［J］．教育科学研究（7）．

高玉洁．2008. 儿童说谎的心理分析及教师的教育策略［J］．心理健康教育（1）．

关明杰，徐能义．2002. 包头市昆区中学生厌学状况及其影响因素［J］．中国学校卫生，23（6）．

郭建华，满立新，甘小红，等．2005. 感觉统合失调儿童血锌原卟啉和某些神经递质水平研究［J］. 中国儿童保健杂志，13（3）．

郭兰婷，张志群．2003. 中学生抑郁情绪与童年经历、家庭和学校因素分析［J］．中国心理卫生杂志，17（7）．

郭敏红．2010. 基于韦纳的成败归因理论对小学教师的建议［J］．当代教育论坛（10）．

郭秀英，喻兴波．2013．中学生厌学原因及对策分析［J］．吉林省教育学院学报，2（29）．

郭玉芹．2000．儿童感觉统合失调的原因训练方法及其疗效研究［J］．中国妇幼保健，15（12）．

贺雯．2001．认知方式研究的进展［J］．心理科学，24（5）．

洪明，王洪礼．2002．家庭教育失误导致中学生考试焦虑的分析与对策［J］．心理科学（6）．

侯永梅．2004．心理社会因素对心身疾病的影响［J］．中国临床康复，8（12）．

候佳捷，郑涌．2007．归因方式与学生健全人格养成［J］．保健医学研究与实践，4（2）．

胡明，郑磊，夏强，等．2007．湖南省中学生焦虑情绪现况调查及其相关因素分析［J］．中国临床心理学杂志，15（6）．

胡卫平，林崇德，申继亮．2003．英国青少年科学创造力的发展研究［J］．心理科学（5）．

黄广文，苏林燕．2006．儿童对立违抗性障碍的危险因素［J］．中国心理卫生杂志，20（8）．

黄娟，静进，许景明，等．2003．儿童感觉统合失调及其影响因素的调查分析［J］．中国行为医学科学，12（2）．

黄曼娜．1999．中学生自卑感的特点及其克服［J］．心理发展与教育（4）．

黄秋香．2008．积极的归因模式和归因训练方式［J］．湖南医科大学学报，10（6）．

黄四林，林崇德，王益文．2005．创造力的内隐理论研究：源起与现状［J］．心理科学进展，13（6）．

黄希庭．2002．人格心理学［M］．杭州：浙江教育出版社．

黄希庭．1996．心理学导论［M］．北京：人民教育出版社．

黄希庭，等．2000．中学生应对方式的初步研究［J］．心理科学，23（1）．

嵇家俊．2010．青少年情绪调节能力及其与家庭功能的关系研究［D］．上海：上海师范大学．

纪林芹，张文新．2007．儿童攻击发展研究的新进展［J］．心理发展与教育（23）.

季成叶.2007. 中国城市青少年健康危险行为调查报告［M］. 北京：北京大学医学出版社.

姜峰，刘晓莉，李若玲，等.2004. 家庭环境对儿童感觉统合能力的影响研究［J］. 中国儿童保健杂志，12（3）.

姜季妍，李晓非.2003. 儿童少年情绪障碍260例分析［J］. 中国全科医学（3）.

姜月，杨丽珠.2011.7～9岁儿童自信心发展特点及其对学业成绩影响的研究［J］. 中国健康心理学杂志，19（1）.

蒋索，何姗姗，邹泓.2006. 家庭因素与青少年犯罪的关系研究述评［J］. 心理科学进展（3）.

静进.2002. 儿童心理行为及其发育障碍［J］. 中国实用儿科杂志（10）.

鞠红珍，李作香，刘丰团，等.2000. 感觉统合与感觉统合失调［J］. 中国行为医学科学（5）.

康廷虎，白学军.2007. 中国青少年心理健康素质——归因风格的研究［J］. 心理与行为研究（4）.

来松海.2005. 昆明市小学儿童感觉统合能力的研究［D］. 昆明：云南师范大学.

李白珍.1992. 移情能力培养与幼儿亲社会行为研究［J］. 心理发展与教育（3）.

李伯黍，等.1993. 教育心理学［M］. 上海：华东师大出版社.

李丹，张革，盛洪.1998. 感觉统合失调对儿童学习成绩及生长发育的影响［J］. 中国康复（4）.

李丹.1994. 儿童角色采择能力与利他行为发展的相关研究［J］. 心理发展与教育（2）.

李丹.2001. 儿童亲社会行为发展研究述评［J］. 心理科学（2）.

李丹.2000. 影响儿童亲社会行为的因素的研究［J］. 心理科学（23）.

李丹.1996. 中学生利他态度和行为倾向的调查研究［J］. 心理发展与教育（1）.

李峰.2011. 关于未成年人性道德教育缺失与对策的思考［J］. 中国

校外教育（理论）（1）.

李凤梅.2007. 中小学生焦虑倾向透析［J］. 四川文理学院学报（自然科学）（2）.

李慧民.2003. 犯罪青少年父母教育方式及自身文化程度的关系［J］. 健康心理学杂志（1）.

李俊.1994. 3～9 岁儿童的攻击性行为调查［J］. 心理发展与教育（4）.

李黎，曾拓.2001. 儿童利他行为的研究综述［J］. 绍兴文理学院学报（21）.

李胜男.2003. 10～16 岁儿童诚信价值观现状的心理学研究［D］. 上海：上海师范大学.

李寿欣，贾广珍.2008. 高中生的认知方式与焦虑和学习成绩的关系［J］. 山东师范大学学报（1）.

李寿欣，许芳.2006. 中国人格量表在师范大学生中的应用及其与认知方式关系的探讨［J］. 山东师范大学学报（5）.

李寿欣.2006. 认知方式的理论与应用［M］. 北京：中央文献出版社.

李望舒.2004. 关于自卑心理的成因及应对策略［J］. 思想理论教育导刊（2）.

李闻戈.1994. 儿童利他行为发展的实验研究［J］. 福建师范大学学报（3）.

李小雁，路金虎.2005. 对大学生迷恋网络情况的调查分析［J］. 陕西师范大学学报（1）.

李新宇.2004. 归因理论在教学实践中的运用［J］. 重庆三峡学院学报（4）.

李兴英.2004. 枣庄八中学生考试焦虑状况调查［J］. 中国校医（18）.

李旭，钱明怡.2000. 青少年归因方式与父母教养方式的关系研究［J］. 中国临床心理学杂志（2）.

李旭东，黄悦勤.2001. 感觉统合失调的研究进展［J］. 中华儿科杂志（9）.

李雪榴，许闯.2012. 归因方式研究综述［J］. 青年与社会（3）.

李雅妹，王文强．2003．儿童学习障碍的病因及影响因素的研究现状［J］．中国儿童保健杂志（3）．

李艳菊，姜勇．2008．3～6岁幼儿同伴交往能力的结构与发展特点［J］．幼儿教育（教育科学）（7）．

李由华，段红，郭玉宾．2001．大学生心理健康教育［M］．北京：中国林业出版社．

李幼辉，吴敏．1999．中小学生焦虑倾向与影响因素分析［J］．中国民政医学杂志（6）．

李幼穗，等．1992．儿童利他行为发展的实验研究［J］．天津师大学报（6）．

李幼穗，等．1996．角色训练对幼儿助人行为影响的实验研究［J］．天津师大学报（5）．

李岳玲，钱秋瑾，王玉凤．2007．儿童注意缺陷多动障碍成人期预后及其预测因素［J］．北京大学学报（医学版）（3）．

李云，季建林．2005．不同背景的中学生抑郁障碍及其影响因素调查［J］．中国心理卫生杂志（7）．

李志专．2010．浅谈儿童情绪障碍的成因及其干预［J］．赤峰学院学报（11）．

梁宁建．2007．中小学生的逻辑推理能力、元认知与学业成绩的相关研究［D］．上海：华东师范大学．

廖凤林，廖桂春，李江雪，等．1999．幼儿对不同被助对象的助人观念及其行为发展的研究［J］．心理发展与教育（1）．

林崇德．1999．发展心理学［M］．北京：人民教育出版社．

林崇德．1999．培养和造就高素质的创造性人才［J］．北京师范大学学报（1）．

林东，覃玫，韦弘．2007．广西高中生的心理健康状况及影响因素分析［J］．中国临床心理学杂志（5）．

林馨，周权，刘建，等．2010．福州市青少年健康危险行为现状分析［J］．中国学校卫生（3）．

林振庆．2012．初中生厌学心理的探析及对策［J］．现代阅读（6）．

蔺国宪，等．1986．汉密顿焦虑量表在神经症中的应用［J］．中华神经精神科杂志（6）．

凌宇，杨娟，钟斌，等.2009.童年创伤经历与自尊对青少年抑郁的影响［J］.中国临床心理学杂志（1）.

刘宝花，黄悦琴，王燕玲，等.2001.幼儿感觉统合失调与父母教养方式的多因素分析［J］.中国心理卫生杂志（3）.

刘长根.2009.高中生厌学心理产生的原因及解决办法［J］.中学教育参考（9）.

刘海玲，赵国祥，李浒.2012.感觉统和训练治疗儿童情感行为的障碍临床研究［J］.内蒙古中医药（8）.

刘继亮，孔克琴.2001.人格特质研究的新进展［J］.心理科学（3）.

刘金同，孟宪鹏，徐清芝.2005.高中生考试焦虑与应对方式的关系［J］.中国公共卫生（9）.

刘丽娟.2008.高中生自信与其父母教养方式的关系研究［J］.中国健康心理学杂志（6）.

刘盛.2010.高中生主观幸福感与气质关系的研究［J］.现代中小学教育（8）.

刘文，李明.2010.儿童创造性人格的研究新进展［J］.湖南师范大学教育科学学报（3）.

刘文.2007.创造性人格与儿童气质研究［M］.北京：中国大地出版社.

刘贤臣，孙良民.1999.暴雨灾害后青少年抑郁症状及其相关因素研究［J］.中国临床心理学杂志（1）.

刘翔平，张微.2005.ADHD儿童亚分类与人格类型的关系［J］.中国健康心理学杂志（2）.

刘秀丽.2004.学前儿童欺骗发展的研究——从心理理论视角透析学前儿童欺骗的发展［D］.长春：吉林大学.

卢家楣，刘伟，贺雯.2009.我国当代青少年情感素质现状调查［J］.心理学报（12）.

卢乐珍.1999.幼儿道德启蒙的理论与实践［M］.福州：福建教育出版社.

芦炎，张月娟.2008.初中生抑郁与依恋、自我效能感的关系研究［J］.心理发展与教育（1）.

芦咏莉，董奇，邹泓 . 1998. 社会榜样、社会关系质量与青少年观念和社会行为关系的研究［J］. 心理发展与教育（1）.

罗伏生，沈丹，张珊明 . 2009. 青少年焦虑和抑郁情绪特征研究［J］. 中国临床心理学杂志（4）.

罗均令 . 2000. 感觉统合与儿童发展理论与应用［M］. 台湾：台北心理出版社 .

罗彦红，石文典 . 2010. 创造力与人格关系的研究评述［J］. 心理学探新（2）.

聂衍刚，郑雪 . 2005. 儿童青少年的创造性人格发展特点的研究［J］. 心理科学（2）.

聂衍刚，郑雪 . 2004. 中学生人格特点和发展现状的研究［J］. 心理科学（4）.

庞丽娟 . 1991. 幼儿同伴交往类型、成因与培养的研究［D］. 北京：北京师范大学 .

庞维国 . 2000. 90 年代以来国外自主学习研究的若干进展［J］. 心理学动态（4）.

庞维国 . 2003. 中学生自主学习的教学指导模式研究［J］. 心理科学（2）.

庞维国 . 2003. 自主学习：学与教的原理和策略［M］. 上海：华东师范大学出版社 .

彭聃龄 . 2004. 普通心理学［M］. 北京：北京师范大学出版社 .

彭贤，马素红 . 2006. 大学生认知风格的性别差异［J］. 中国健康心理学杂志（3）.

皮亚杰 . 1990. 儿童的道德判断［M］. 济南：山东教育出版社 .

戚元丽，于瑞丽，王祖承，等 . 2005. 美国注意缺陷多动障碍症状量表在中国试用的信效度研究［J］. 中国心理卫生杂志（9）.

祁珍华，陈瑨，江虹，等 . 2012. 大学生的归因方式及灵活性与心理健康［J］. 中国心理卫生杂志（4）.

秦忱 . 2009. 学生厌学心理原因分析及矫正策略［J］. 科教纵横（5）.

秦东波，郑晓宁，黄铎，等 . 2009. 大学生自信与归因方式关系的研究［J］. 西南大学学报（自然科学版）（12）.

邱炳武，王极盛 . 2000. 抑郁研究中的素质—压力理论述评［J］. 心理科学（3）.

邱传谦 . 2006. 品行障碍患儿父母教养方式及应对方式的研究［J］. 临床精神医学杂志（4）.

屈卫国 . 2000. 初中生同伴关系的特点研究［J］. 湖南教育学院学报（3）.

屈智勇，邹泓，王英春 . 2004. 不同班级环境类型对学生学校适应的影响［J］. 心理科学（1）.

饶淑园 . 1998. 跨世纪人才心理素质探讨［J］. 心理学（4）.

申继亮，王鑫，师保国 . 2005. 青少年创造性倾向的结构与发展特征研究［J］. 心理发展与教育（4）.

沈德立，等 . 2009. 中国青少年心理健康素质调查研究［M］. 北京：经济科学出版社 .

沈理笑，金星松，张劲松，等 . 2002. 智力正常学习困难儿童的感觉统合训练［J］. 临床儿科杂志（11）.

师保国，申继亮 . 2007. 家庭社会经济地位、智力和内部动机与创造性的关系［J］. 心理发展与教育（1）.

宋淑娟 . 2002. 攻击行为理论研究综述［J］. 社会心理科学（17）.

宋维虎 . 2008. 未成年人网络成瘾原因剖析［J］. 教学与管理（理论版）（11）.

宋怡，孔克勤 . 2004. 文化与人格关系研究综述［J］. 心理科学（1）.

苏朝霞，康妍，李建明 . 2011. 青少年抑郁及其相关影响因素研究［J］. 中国健康心理学杂志（5）.

苏娟娟，连榕 . 2004. 网络对青少年学生自尊和自我和谐的影响研究［J］. 心理科学（1）.

孙玲，陈会昌，单玲 . 2004. 儿童期社交退缩的亚类型及与社会适应的关系［J］. 心理科学进展（3）.

孙铃，王永丽 . 2002. 高中生人格特征与父母养育方式的关系［J］. 健康心理学杂志（3）.

孙雨竹，陈刚 . 2012. 学生高考前考试焦虑状况及其影响因素研究［J］. 中国健康心理学杂志（6）.

田录梅，陈光辉，王姝琼，等 . 2012. 父母支持、友谊支持对早中期青少年孤独感和抑郁的影响［J］. 心理学报（7）.

万晶晶，周宗奎 . 2005. 社会退缩青少年的友谊特点［J］. 心理发展与教育（3）.

王才康，刘勇 . 2000. 一般自我效能感与特质焦虑、状态焦虑和考试焦虑的相关研究［J］. 中国临床心理学杂志 .

王纯，张宁 . 2005. 大学生归因方式与人格的相关研究［J］. 中国临床心理学杂志（1）.

王纯，张宁 . 2004. 抑郁的归因理论与归因训练［J］. 中国心理卫生杂志（6）.

王芙蓉 . 2000. 家庭背景与幼儿感觉统合能力的关系［J］. 中国临床心理学杂志（3）.

王钢，张大均，吴明霞 . 2011. 中学生自尊与主观幸福感：学业自我的中介作用［J］. 心理与行为研究（4）.

王高华，唐纪华，王晓萍，等 . 2006. 抑郁障碍青少年父母养育方式、应对方式、归因风格及其相关性研究［J］. 中国行为医学科学（2）.

王冠军，景艳玲，石少波 . 2005. 57 例厌学中学生 MMPI 测试分析［J］. 山东精神医学（3）.

王极盛，丁新华 . 2003. 初中生主观幸福感与生活事件的关系研究［J］. 心理与行为研究（2）.

王敬群 . 2003. 高校新生的心理健康和自信心分析及其相关研究［J］. 中国神经精神医学杂志（1）.

王兰枝 . 2000. 5 ~ 7 岁蒙、汉族幼儿利他行为试验研究［J］. 内蒙古师大学报（4）.

王丽 . 2010. 中小学生焦虑状况与父母期望的调查与分析［J］. 中国健康心理学杂志（4）.

王平 . 2005. 学前儿童对说谎的理解与评价及与实际行为的相关研究［D］. 曲阜：曲阜师范大学 .

王晓笳，胡玉珍，徐银儿，等 . 2003. 6 ~ 12 岁儿童感觉统合失调及影响因素的对照研究［J］. 中国心理卫生杂志（4）.

王燕，马宁 . 2008. 大学生归因方式与父母教养方式关系的研究［J］. 中国健康心理学杂志（5）.

王志香．2003．社会标定对一般情境下小学生利他行为影响的研究［D］．大连：辽宁师范大学．

魏运华．1999．父母教养方式对少年儿童自尊发展影响的研究［J］．心理发展与教育（3）．

温盛林，王玲．2003．综合医院心理咨询门诊儿童咨询者临床资料分析［J］．健康心理学杂志（2）．

毋静芳．2012．4～6年级儿童在数学测验自阅情境中的说谎行为研究［D］．湖南：湖南师范学院．

吴汉荣．2006．儿童学习能力障碍的病因构成与防治［J］．中国学校卫生（4）．

吴汉荣．2003．儿童学习障碍的预防及矫治［J］．中国学校卫生（5）．

吴文峰，卢永彪，谭芙，等．2010．儿童抑郁量表中文版在中小学生中的信效度［J］．中国心理卫生杂志（10）．

辛占香．2005．浅析培养少年儿童健康人格的途径与方法［J］．中国教育学刊（8）．

辛自强，陈诗芳，俞国良．1999．小学学习不良儿童家庭功能研究［J］．心理发展与教育（1）．

辛自强，池丽萍．2003．家庭功能与儿童孤独感的关系：中介的作用［J］．心理学报（2）．

辛自强，俞国良．2001．学习不良儿童研究的社会认知取向［J］．心理科学（5）．

徐芬，王卫星，张文静．2005．幼儿说谎行为的特点及其与心理理论水平的关系［J］．心理学报（1）．

徐速，朱燕初．2001．中学数学学习中教师归因与学生自我归因的比较研究［J］．心理科学（1）．

徐勇．2006．儿童青少年常见的心理卫生问题［J］．中国学校卫生（5）．

许积德，张劲松．2000．儿童的心理行为发展和障碍［M］．上海：上海医科大学出版社．

闫秀萍，郑毅，崔永华．2010．注意缺陷多动障碍与青少年犯罪（综述）［J］．中国心理卫生杂志（8）．

杨碧秀，袁国桢．2006. 中小学生心理问题及干预对策研究［J］．中国临床心理学杂志（3）．

杨丽珠，刘文．2004. 社会抑制性与父母教养方式对幼儿利他行为的影响［J］．心理发展与教育（1）．

杨丽珠．2006. 毕生发展心理学［M］．北京：高等教育出版社．

杨丽珠，等．2006. 儿童人格发展与教育的研究［M］．长春：吉林人民出版社．

杨平．2004. 中小学学生厌学的原因与对策［J］．教育实践与研究（7）．

杨秀花．2006. 归因理论及其对家庭教育的启示［J］．四川教育学院学报（12）．

叶平枝．2005. 儿童社会退缩的概念分型及干预研究述评［J］．学前教育研究（11）．

于凤杰，赵景欣，张文新．2013. 高中生的个人规划与抑郁的关系：性别的调节作用［J］．心理发展与教育（1）．

于增艳．2007. 小学中高年级退缩儿童同伴关系与社会信息加工特点［D］．哈尔滨：哈尔滨师范大学．

俞国良．1999. 学习不良儿童的家庭心理环境、父母教养方式及其与社会性发展的关系［J］．心理科学（5）．

曾会珍，金波．2008. 抑郁理论及抑郁认知特点的研究现状［J］．心理研究（5）．

曾琦，等．1997. 父母教养方式与儿童的学校适应［J］．心理发展与教育（2）．

张大均．2003. 教育心理学［M］．北京：人民教育出版社．

张大均．2012. 青少年心理健康与心理素质培养的整合研究［J］．心理科学（3）．

张光健，钱铭怡．1998. 社会关系问题解决能力缺陷与抑郁症的关系［J］．中国临床心理学（4）．

张国华，雷雳．2007. 儿童青少年使用电脑对其认知技能发展的影响［J］．教育科学研究（2）．

张和平．1998. 2 岁半至 3 岁半幼儿交往能力和利他行为的实验研究［J］．学前教育研究（1）．

张丽梅，姚坚，吴晓琴 . 2004. 高考前学生的焦虑状态［J］. 健康心理学杂志（1）.

张利燕，郑雪 . 2005. 认知操作、认知方式与严谨性人格特质的关系［J］. 湖南师范大学教育科学学报（4）.

张明红 . 2007. 学前儿童社会教育［M］. 上海：华东师范大学出版社 .

张其龙 . 1999. 移情训练对幼儿助人行为的影响［D］. 南京：南京师范大学 .

张微，刘翔平，顾顺，等 . 2007. 六城市 ADHD 流行病学调查［J］. 中国临床心理学杂志（1）.

张文新，谷传华，王美萍，等 . 2000. 中小学生欺负问题中的性别差异的研究［J］. 心理科学（4）.

张文新，林崇德 . 1998. 青少年的自尊与父母教育方式的关系——不同群体间的一致性与差异性［J］. 心理科学（6）.

张文新，谷传华，王美萍 . 1998. 中小学生创造力发展［M］. 北京：华艺出版社 .

张文新，王益文，鞠玉翠，等 . 2001. 儿童欺负行为的类型及其相关因素［J］. 心理发展与教育（1）.

张文新，张福建 . 1996. 学前儿童在园攻击性行为的观察研究［J］. 心理发展与教育（4）.

张文新 . 2002. 中小学生欺负——受欺负的普遍性与基本特点［J］. 心理学报（3）.

张向葵，盖笑松，陈彩琦，等 . 1996. 当前社会形式下儿童——老年助人行为发展的实验研究［J］. 心理发展与教育（2）.

张兴贵，郑雪 . 2005. 青少年学生五大人格与主观幸福感的关系研究［J］. 心理发展与教育（2）.

张兴贵，郑雪 . 2002. 人格心理学研究的新进展与问题［J］. 心理科学（6）.

张秀 . 2002. 归因理论研究综述［J］. 教育教学研究（42）.

张野，张东宁 . 2002. 初中生自我概念与父母养育方式的关系［J］. 中国心理卫生杂志（12）.

张运红 . 2006. 网络成瘾青少年的心理分析及矫正研究［D］. 西安：

陕西师范大学.

章志光. 1996. 社会心理学［M］. 北京：人民教育出版社.

赵晶，陈传峰. 1996. 学习困难：概念演变、认知表现及其影响因素［J］. 心理研究（3）.

赵靖茹. 2007. 我国未成年人网络成瘾问题：表现、成因与对策［D］. 上海：复旦大学.

赵凯，周策，葛明贵. 1994. 应用心理测量学——学习、考试、心理健康教育［M］. 合肥：中国科技大学出版社.

郑键成，潘洁，李博黍. 1990. 儿童利他行为发展研究［J］. 儿童心理发展与教育（2）.

郑全全，余国良. 1999. 人际关系心理学［M］. 北京：人民教育出版社.

郑淑杰，陈会昌，陈欣银. 2005. 儿童社会退缩行为影响因素的追踪研究［J］. 心理科学（28）.

郑希付. 2004. 高中生元担忧与考试焦虑［J］. 心理科学（2）.

郑雪，等. 2007. 健康与人格［M］. 广州：暨南大学出版社.

钟祖荣. 2012. 近20年西方创造力研究进展：心理学的视角［J］. 北京教育学院学报（4）.

周碧薇，黎文静，刘源. 2008. 少年儿童自尊发展影响因素综述［J］. 中国健康心理学杂志（7）.

周国韬，张林，付桂芳. 2001. 初中生自我调节学习策略的运用与学业成就关系的研究［J］. 心理科学（5）.

周慧娟. 2003. 高中生人格发展特点及教育对策的研究［D］. 杭州：浙江师范大学.

周立山，魏抗美. 2002. 创新教育与素质研究［M］. 武汉：华中师范大学出版社.

朱爱所，张彩芬，史秀琴. 1994. 初中学生厌学情况的调查报告［J］. 山西大学学报（2）.

朱庆庆. 2007. 注意力缺陷多动障碍儿童身心发育研究［D］. 苏州：苏州大学.

朱婷婷. 2006. 同年中期社交退缩及其与孤独感的关系［D］. 武汉：华中师范大学.

邹泓，李彩娜. 2009. 中学生的学业行为及其与人格、师生关系的相关［J］. 北京师范大学学报（社会科学版）（1）.

邹泓，屈智勇，叶苑. 2007. 中小学生的师生关系与其学校适应［J］. 心理发展与教育（4）.

左银舫，李梓，李凌. 2006. 中学生自我和谐与心理健康及其关系的研究［J］. 中国健康心理学杂志（5）.

英文文献

Anderson C A, Berkowitz L, Donnerstein E, et al. 2003. The influence of media violence on youth［J］. Psychological Science in the Public Interest（4）.

Beardslee W R, Gladstone T G, Wright E J, et al. 2003. A family-based approach to the prevention of depressive symptoms in children at risk: evidence of parental and child change［J］. Pediatrics, 112（2）.

Benight C C, Harper M L. 2002. Coping Self-efficacy prospection as a mediator between acute stress response and long-term distress following natural disasters［J］. Traumatic Stress, 15（3）.

Brook J S, Zheng L, Whiteman M, et al. 2001. Aggression in toddlers: Associations with parenting and marital relations［J］. Journal of Genetic Psychology, 162（2）.

Buhs E S, Ladd G W. 2001. Peer Rejection as an Antecedent of Young Children's School Adjustment: An Examination of Mediating Processes［J］. Developmental Psychology（37）.

Caplan M, Vespo J E, Pedersen J, Hay D F. 1991. Conflict over resources in small groups of 1-and 2-year-old［J］. Child Development（62）.

Cheah C SL, Park S Y. 2006. South Korean mother's belifs regarding aggression and social withdrawal in preschoolers［J］. Early Childhood Research Quarterly（21）.

Cheah C SL, Rubin K H. 2004. European American and Mainland Chinese mother's responses to aggression and social withdrawal in preschoolers［J］. International Journal of Behavioral Development（28）.

Clifon R T, Gill D L. 1994. Gender difference in self-confidence on a feminine – type task [J] . Journal of Sport & Exercise Psychology (16) .

Coie J D, Lochman J E, Terry R, Hyman C. 1992. Predicting early adolescent disorder from childhood aggression and peer rejection [J] . Journal Clinic Psychology (60) .

Crazier W R. 1995. Shyness and self-esteem in middle childhood [J]. British Journal of Educational Psychology (65) .

Edward C M, Regan L. 2004. Selective Search for Conjunctively Defined Targets by Children and Young Adults [J] . Journal of Experimental Child Psychology, 89 (1) .

Fits S D, Selby R A, Zlokovich M S. 2009. Humor styles as mediators of the shyness-loneliness relationship [J] . North American Journal of Psychology (11) .

Fleith D S. 2003. Teacher and Student Perceptions of Creativity in the Classroom Environment [J] . Roeper Review, 22 (3) .

Fox N A, Rubink H, Calkins S D, et al. 1995. Frontal activation asymmetry and social competence at four years of age [J] . Child Development (66) .

Garon N, Bryson S E, Smith I M. 2008. Executive function in perscholoers: A review using an intergrative framework [J] . Psychological bulletin, 134 (1) .

Gaynor R, Joni R, Runco M. 1992. A Family size, birth-order, age-interval, and the creativity of children [J] . Journal of Creative Behavior, 26 (2).

Gazelle H, Rudolph K D. 2004. Moving toward and away from the world: social approach and avoidance trajectories in anxious solitary youth [J] . Child Development (75) .

Gervais J, Tremblay R E, Gervai L D, et al. 2000. Children's persistent lying, gender differences, and disruptive behaviours: A longitudinal perspective [J] . International Journal of Behavioral Development (2) .

Greene J A, Bolick C M, Robertson J. 2010. Fostering Historical Knowledge and Thinking Skills Using Hypermedia Learning Environments: The Role of Self-Regulated Learning [J] . Computers & Education, 54 (1) .

Hankin B L, Abramson L Y. 2001. Development of gender differences in depression: an elaborated cognitive vulnerability-transactional stress theory [J]. Psychological Bulletin, 127 (6) .

Harrist A W, Zai A F, Bates J E, Dodge K A, Pettit G S. 1997. Subtypes of social withdrawal in early childhood: sociometric status and social cognitive differences across four years [J] . Child Development (68) .

Hart C H, Yang C, Nelson L J, et al. 2000. Peer acceptance in early childhood and subtypes of socially withdrawn behavior in China, Russia, and the United States [J] . International Journal of Behavioral Development (24) .

Hirschy A J, Morris J R. 2002. Individual differences in attributional style: The relational influence of. Self-efficacy, self-esteem, and sex role identity [J]. Personality and Individual Difference (32) .

Huebner E S. 1994. Preliminary Development and validation of a Multidimensional Life Satisfaction Scale for Children [J] . Psychological Assessment (6) .

Jacobs J E, Potenza M. 1991. The Use of Judgment Heuristics to Make Social and Object Decisions: A Developmental Perspective [J] . Child Development (62) .

Jang K L, Vernon P A, Livesley W J. 2001. Behavioural-Genetic Perspectives On Personality Function [J] . Canadian Journal of Psychiatry (46) .

Kashani J H, Allan W D. 1995. A Examination of Family Functioning Utilizing the Circumplex Model in Psychiatrically Hospitalized Children with Depression [J] . Journal of Affective Disorders (35) .

Kelly J B, Emery R E. 2003. Children's Adjustment Following Divorce: Risk and Resilience Perspectives [J] . Family Relations, 52 (4) .

Kelly K E. 2006. Realtionship between the Five-Factor model of personality and the scale of creative attributes and behavior: A validational study [J]. Individual Differences Research (4) .

Kemple K M, Nissenberg S A. 2000. Nurturing Creativity in Early Childhood Education: Families Are Part of It [J] . Early Childhood Education Journal (28) .

Konrad K, Neufang S, Christiane M T. 2005. Development of Attentional Networks : An Fmri Study with Children and Adults [J] . Neuron Image, 28 (2) .

Koyama A, Miyake Y, Kawakami N, et al. 2010. Lifetime prevalence, psychiatric comorbidity and demographic correlates of "hikikomori" in a community population in Japan [J] . Psychiatry Research (176) .

Ladd G W, Profilet S M. 1996. The child behavior scale: A teacher-report measure of young children's aggressive, with drawn, and prosodical behaviors [J] . Developmental Psychology (32) .

Lehmann M, Hasselhorn M. 2007. Variable Memory Strategy Use in Children's Adaptive Intratask Learning Behavior: Developmental Changes and Working Memory Influences in Free Recall [J] . Child Development (78) .

Lundeberg M A, Fox P W, Brown A C, et al. 2000. Cultural influences on confidence: Country and gender [J]. Journal of Educational Psychology, 92 (1) .

Mazar N, Ariely D. 2008. The Dishonesty of Honest People: A Theory of Self-Concept Maintenance [J] . Journal of Marketing Research (45) .

McDowd J M. 2007. An overview of attention: behavior and brain [J]. JNPT (31) .

Mills R SL, Rubin K L. 1990. Parental beliefs about problematic social behaviours in early childhood [J] . Child Development (61) .

Mirowsky J, Ross C E. 2002. Depression, parentlood, and age at first birth [J] . Soc Sei Med, 54 (8) .

Mufson L, Dorta K P, Wickramarate P, et al. 2004. A randomized effectiveness trial of interpersonal psychotherapy for depressed adolescent [J] . Arch Gen Psychiatry, 61 (6) .

Mullen M, Snidman N, Kagan J. 1993. Free-Play behavior in inhibited and uninhibited children [J] . Infant Behavior and Development (16) .

Nation K, Adams J W, Bowyer-Crane C A. 1999. Working Memory Deficits in Poor Comprehenders Reflect Underlying Language Impairments [J]. Journal of Experimental Child Psychology (73) .

Newcomb A F, Bukowski W M, Pattee L. 1993. Children's peer relations: A meta-analytic review of popular, rejected, controversial and average sociometric status [J] . Psychological Bulletin, 113 (1) .

Ouyang Y, Zhu M. 2008. Elorm: Learning Object Relationship Mining-Based Repository [J]. Online Information Review, 32 (2).

Peter F. 2007. Time, money, peers, and parents: Some date and theories on teenage behavior [J]. Journal of Population Economics, 20 (1).

Pivot W, Dinner E D. 1993. Review of the satisfaction with life scale [J]. Psychological Assessment, 5 (2).

Riding R J, Rayner S G. 1998. Cognitive styles and learning strategies [M]. London: David Fulton.

Riding R J. 1997. On the nature of cognitive style [J]. Educational Psychology (17).

Rubin K H, Chen X, Hymel S. 1993. Sociol-emotional characteristics of aggressive and with drawn children [J]. Merrill-Palmer Quarterly (39).

Rubink H, Cheahcs I, Fox N. 2001. Emotion regulation, parenting and display of social reticence in preschoolers [J]. Early Education & Development (12).

Rubink H, Coplan R J. 2004. Paying attention to and not neglectiong social withdraw aland social isolation [J]. Merrill-Palmer Quarterly, 50 (4).

Sander J B, Mccartv C A. 2005. Youth depression in the family context: Familial risk factors and models of treatment [J]. Clin Child Fam Psychol Rev, 8 (3).

Sapp M. 1997. Test Anxiety: Applied Research, Assessment, and Treatment Interventions (2nd ed) [M]. Lanham: University Press of America.

Schmitz B, Wiese B S. 2006. New Perspectives for the Evaluation of Training Sessions in Self-Regulated Learning: Time-Series Analyses of Diary Data [J]. Contemporary Educational Psychology, 31 (1).

Shii T, Takahashi O, Kawamura Y, et al. 2003. Comorbidity in attention deficit hyperactivity disorder [J]. Psychiatry Clin Neurosci, 57 (5).

Stevens V, Bourdeaudhuij D, Oost PV. 2002. Relationship of the family environment to children's involvement in the byully/victim problems at school [J]. Youth and Adolesc, 31 (6).

Stuhlman M W, Pianta R C. 2002. Teachers' narratives about their relationships with children: Associztions with behavior in classrooms [J] . School Psychology Review (31) .

Talwar V, Lee D, Bala N, et al. 2002. Children's conceptual knowledge of lying and iys relation to their actual behaviors: Implicaions for court competence examination [J] . Law and Human Behavio (4) .

Talwar V, Lee K. 2002. Development of lying to conceal a transgression: Children's control of expressive behavior during verbal deception [J]. International of Behavioral Development, 26 (5) .

Talwar V, Lee K, Bala N, et al. 2004. Chindren's Kue-Telling to Conceal a Parent's Transgression: Legal Implications [J] . Law and Human Behavior (4) .

Thomas W F, David B E, Jennifer L B, Keri K O, Neal, Beverley D C. 2003. Rejected Bullies or Popular Leaders? The Social Relations of Aggressive [J] . Developmental Psychology, 39 (6) .

Tremblay R E, Nagin D S, Seguin J R, et al. 2004. Physical aggression during darly childhood: Trajectories and predictors [J] . Pediatrics (114) .

Underwood M K. 2003. Social aggression among girls [Z] . New York: Guilford Press.

Valdivia I A, Schneider R H, Chavez K L, Chen X. 2005. Social withdrawal and maladjustment in a very group-oriented society [J] . International Journal of Behavioral Development (29) .

Vosburg E S. 2004. Toward triadic communication: a crisis in Japanese family relationships [J] . Journal of Family Psychotherapy (15) .

Wade T J, Cairney J, Pevalin D J. 2002. Emergence of gender differences in depression during adolescence: national panelresults from three countries [J]. An Accad Child Adolescence Psychiatry, 41 (2) .

Weber E U, Blais A, Betz N. 2002. A Domain-Specific Risk-Attitude Scale: Measuring Risk Perceptions and Risk Behaviors [J] . Journal of behavioral decision making (15) .

Webster R L, Ellis T S. 1996. Men's and women's self-confidence in performing financial analysis [J] . Psychological Reports (79) .

Wilson A E, Smith M D, Ross H S. 2003. The Nature and Effects of Young Children's Lies [J]. Social Development (1).

Witkin H A, Goodenough D R. 1996. Field Dependence and Interpersonal Psychology [J]. Psychological Bulletin (16).

Yates. 2000. Applying Learning style research in the classroom [J]. International perspectives on individual differences (1).

出 版 人　所广一
责任编辑　张　璞
版式设计　孙欢欢
责任校对　贾静芳
责任印制　曲凤玲

图书在版编目（CIP）数据

未成年人健康人格自主培养研究 / 常若松主编. —北京：教育科学出版社，2014. 9
ISBN 978－7－5041－8601－0

Ⅰ. ①未…　Ⅱ. ①常…　Ⅲ. ①青少年心理学－人格心理学－研究　Ⅳ. ①B844. 2

中国版本图书馆 CIP 数据核字（2014）第 119464 号

未成年人健康人格自主培养研究
WEICHENGNIANREN JIANKANG RENGE ZIZHU PEIYANG YANJIU

出版发行	教育科学出版社		
社　　址	北京·朝阳区安慧北里安园甲 9 号	市场部电话	010－64989009
邮　　编	100101	编辑部电话	010－64981232
传　　真	010－64891796	网　　址	http://www.esph.com.cn
经　　销	各地新华书店		
制　　作	北京博祥图文设计中心		
印　　刷	保定市中画美凯印刷有限公司		
开　　本	169 毫米×269 毫米　16 开	版　　次	2014 年 9 月第 1 版
印　　张	26	印　　次	2014 年 9 月第 1 次印刷
字　　数	413 千	定　　价	58.00 元

如有印装质量问题，请到所购图书销售部门联系调换。